何以
中国

在这里，读懂中国

何以
中国

宋代
士大夫政治下
的权力场

君臣

王瑞来

著

浙江人民出版社

图书在版编目（CIP）数据

君臣：宋代士大夫政治下的权力场 / 王瑞来著.
杭州：浙江人民出版社，2024.7. — ISBN 978-7-213
-11537-0

Ⅰ．D691.71

中国国家版本馆CIP数据核字第2024FB1436号

君臣：宋代士大夫政治下的权力场

王瑞来 著

出版发行：浙江人民出版社(杭州市环城北路177号 邮编 310006)
　　　　　市场部电话：(0571)85061682　85176516

责任编辑：诸舒鹏　　　　　　　　　营销编辑：张紫懿

责任校对：王欢燕　　　　　　　　　责任印务：程　琳

封面设计：尚燕平

电脑制版：杭州天一图文制作有限公司

印　　刷：浙江新华数码印务有限公司

开　　本：880毫米×1230毫米　1/32　　印　　张：14.75

字　　数：362千字　　　　　　　　　插　　页：9

版　　次：2024年7月第1版　　　　　印　　次：2024年7月第1次印刷

书　　号：ISBN 978-7-213-11537-0

定　　价：98.00元

如发现印装质量问题，影响阅读，请与市场部联系调换。

宋太祖坐像轴（台北故宫博物院藏）

宋太宗立像轴（台北故宫博物院藏）

宋真宗坐像轴（台北故宫博物院藏）

宋真宗后刘娥坐像轴（台北故宫博物院藏）

《景德四图卷》之一《契丹使朝聘图》（台北故宫博物院藏）

《景德四图卷》之二《北寨宴射图》（台北故宫博物院藏）

真宗以大雨辛
咸平五年七月啟聖
興國相寺上清宫致
醮過龍衛營見合垣
兩壞坊賜之又出朝
陽門周覽水浮還宫
景德三年六月汴
水溢壞廬舍合水外

堤中夜侍五修寨乃止
甲駕臨視賜兵錢官船渡行人溺者

廙之
臣等曰
帝王深拱清念青滄之變不遑寧居意
使蚩蚩庶民知憂人之憂弗以黃屋自
貴安寧衆心夫責成不貳誠亦君臨
之美委之匪民不止願怠亦可戒矣

《景德四图卷》之三《舆驾观汴涨图》（台北故宫博物院藏）

景德四年三月召輔臣劉太清樓啟局館觀
太宗聖躬御書四部羣書
太宗親抄詩日錄今秘書子之几
太部書一萬四千一百九十二卷文章九十二卷
總萬家殊進御故宫之中施水亭故生池又
綆史慶校定言小記他書不預翔駕

儀作風五祭曰乘清宴之閒博覽書林玩古自
工侍杜修欽敬太清玉宫之藏得許先詞遺
工曰束主閣眺望詩命官置酒
得其迹開卷惟正經校史慶校定言小記
見之事多吴註以先聖人寧褒翰景合周覽
政之重也

《景德四图卷》之四《太清观书图》（台北故宫博物院藏）

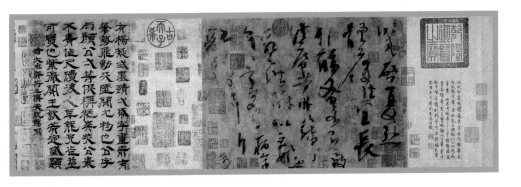

上为杨凝式《夏热帖》；左为《夏热帖》后纸，有王钦若题跋（台北故宫博物院藏）

宋徽宗赵佶《文会图》(台北故宫博物院藏)

出版者言

中华文明源远流长，文化博大精深，历史悠久深邃。"何以中国"是时代之问，是历史之问，我们给予积极回应。

本书系从不同角度展开解读，致力于展现中国历史文化全貌，内容涵盖中国独特的国家运转机制、社会道德秩序，特殊的文化制度、技术成就，关键历史节点、人物等方面，结合文明互鉴的视角，助力读者更好地理解中华文明起源、发展，文化嬗变，历史变迁的深层原因与具体历程。

本书系兼具学术性与可读性。作者有着不同专业背景、思维方式与研究方法。不同作者的成果，能让读者突破成见，看到多面的中国历史，甚至一探中国之为中国的深邃底蕴，以及文明自我更新的可能之道。

所选书目，表述上也各有所异：有的是整体俯瞰，有的是细处观摩；有的是通史分析，有的是断代剖析；有的是他者视角，有的是自我反思。但所通的是，都以各自的方式溯源历史、寻脉中华，希望读者能在这里读懂中国，读懂中华文明。

知所从来，方明所往。

何以中国？是以中国。

浙江人民出版社

重版序言

从将近四十年前整理《宋宰辅编年录》（《宋宰辅编年录校补》，中华书局，1986），并主要从中挖掘史料写下《论宋代相权》《论宋代皇权》（分别刊《历史研究》1985年2月、1989年1月）起，我就较为留意中央政治中的君臣关系问题。后来游学东瀛，接受日本学者的认识，将宋代政治的主要形态归纳为士大夫政治。在本世纪初由日本汲古书院出版的我的博士论文《宋代の皇帝権力と士大夫政治》，就直接以"士大夫政治"入题。士大夫政治可以说是贯穿我研究生涯的一条研究主线。

何以会长期专注于士大夫政治研究？与我对历史关注的方向有关。近二十年来，我着力于开辟第二条研究主线，就是宋元变革论。这是关于传统中国社会如何从近世走向近代的研究，是向下看的研究。其实，我的士大夫政治研究，从一定意义上说，也是向下看的研究。向下看，就是面向未来回顾历史。多数历史学者无论明确认识与否，或者是否愿意承认，内心其实都潜藏着现实的情怀。历史长河从远古奔腾到今天，又呼啸着涌向未来。我们处于长河中流，观察上流的经历，思索下流的走向。传统社会的思想家往往有着为救世开处方的意识，尽管这并不是今天历史学者的主要任务，但审视思考前人走过的步履，汲取前人的思想精华，丰富我们的精神世界，为人类更好地走向未来，无疑是历史学者的重要使命。

士大夫古已有之。古老的《周礼》中便有这样的表述："坐而论道，谓之王公；作而行之，谓之士大夫。"说到士大夫政治，有的学者也会将目光投向东汉的清议、党锢以及太学生运动。不过，我立足于宋代的研究，将士大夫政治赋予了新的内涵。

那么，宋代的士大夫政治与以往又有何不同呢？宋朝开国，五代以来重文的社会潜流，朝廷重文抑武战略转向，行政管理人员的大量需求，诸多方面的历史合力，让隋唐以来涓涓细流的科举规模，犹如开闸泄洪般骤然扩大，一次科举登第人数由几十人增至几百人、上千人。这一在太宗朝肇始的祖宗法，一直贯穿了两宋三百年。龚延明、祖慧先生主编的皇皇14巨册《宋代登科总录》（广西师范大学出版社，2014），就是那个时代辉煌的历史记录。一个技术性的操作，可以说改变和规定了历史走向。

文彦博跟宋神宗讲的那句有名的"为与士大夫治天下"，就清晰地表述了士大夫政治的特征，即君臣共治。不过，宋代的君臣共治并不是像东晋"王与马共天下"那样的权力共享，而是士大夫主导下的君臣共治。实现这样的共治，也并不是由于宋代士大夫拥有东晋世家大族那样的军政大权，而是以科举出身的士大夫实现了从中央到地方的行政全掌控，这种实力绝非某个人或某个集团所能企及的。在历代相承并不断完善行政制度的框架内，士大夫政治从上到下有序操控，也挤压了君主的行政空间，让皇权进一步走向象征化，更多地以巨大的权威性来为士大夫政治增加分量。这种形式的共治摆脱了特定个人或集团的权力独运，是皇帝的象征力与士大夫的政治力的充分结合。

科举规模扩大的太宗朝后期，士大夫政治初成气候，太平兴国五年（980）进士李沆、寇准已进入执政中枢，登上政界的制高点。进入真宗朝，科举出身的士大夫就实现了全面主宰。如本书所述的五个宰相——李沆、王旦、寇准、王钦若、丁谓，所谓的"真宗五友"，在这一时代叱咤风云，各领风骚。为善为恶，姑不具论，在中央政治层面，把士大夫政治在此后三百年的各种作为几乎都预演了一遍。这是我之所以把宋真宗朝作为论述重点的主要考量。

除了澶渊之盟，真宗朝戏剧性的事件实在很少，所以历来也不大为研究者所过多关注。其实，继太祖、太宗统一全域的建国期之后，真宗朝对宋朝制度建设的完善，宋辽百年和平期的开启，士大夫对宋朝第一位正常继统皇帝的皇权形塑，都极大地影响了此后几百年的宋代历史乃至后世。

士大夫政治并不仅仅止于行政施策，影响波及社会的各个方面。科举规模扩大的直接产物是士大夫政治。同时，金榜题名的荣耀，光宗耀祖的愿望，改变命运的企求，还带动了全社会的向学之风。除了"学而优则仕"，在唐宋变革的平民化趋势之下，全社会的向学，也带来了教育的普及，提升了全民的文化水准。

"邦有道,则仕；邦无道,则可卷而怀之。"从《论语·季氏》记载的孔子所言看，隐逸也从来不是道家的专有。在乱世，读书人"卷而怀之"，只能做"格物、致知、正心、诚意、修身、齐家"之功夫。到了宋代，士大夫政治主宰的氛围，让士人、士大夫极大地激发出入世的"治国、平天下"之志。一直沉睡在《礼记·大学》之中的儒学"八条目"，正是在这样的背景之下，被宋代士大夫重新挖掘出来，成为涵盖个人、家庭、国家以及世界的政治理想。这种政治理想赋予了宋代一批士大夫高度的责任感与强烈的事业心。

科举并不仅仅是"鲤鱼跳龙门"改变命运的跳台，以儒学为主要内容的考试，也让应试的士人在习举业的过程中接受了有形无形的熏陶，让进入仕途的士大夫拥有一定的道德意识。关于这一点，甚至充分走向汉化的女真人金朝皇帝都有明确认识。金世宗就曾这样讲过：

"起身刀笔者，虽才力可用，其廉介之节，终不及进士。"当然，必须承认，士大夫是一个复杂的群体，具有高度责任感与强烈事业心的士大夫精英与无耻的败类都是少数的存在，多数是顺应潮流的籍籍无名的"循吏"。毫无疑问，士大夫精英是潮流的引导者。

制度建设基本底定的真宗朝过后，在士大夫政治大盛时期的仁宗朝，范仲淹、欧阳修等一批士大夫精英发起了道德清理的精神建设。不仅逆转评价冯道等五代贰臣，还从先秦思想资源中汲取限制诸侯国国君言论，将错就错，挪移用来限制皇权，从而奠定了士大夫政治的理论基础。儒学成为主流的意识形态之后，特别是在理学支撑的宋代士大夫政治氛围之下，士大夫是经典诠释者，君主也要服从他们的诠释。从这个意义上讲，士大夫占据了一个君主无法比肩的道德与学问的制高点。碾压皇权，道统高于政统。

其实，士大夫精英的一个理想目标，是将君主塑造成自己可以进行精神沟通的同类。《宋史》卷三三七《范祖禹传》记载了范祖禹的一段话，这是对因夏天炎热不愿意听经筵讲课的年轻宋哲宗讲的："陛下今日之学与不学，系他日治乱。如好学，则天下君子欣慕，愿立于朝，以直道事陛下，辅佐德业，而致太平。不学，则小人皆勤其心，务为邪谄，以干富贵。且凡人之进学，莫不于少时。今圣质日长，数年之后，恐不得如今日之专，窃为陛下惜也。"君主好学，与士大夫好尚接近，同类相应，同气相求，所以士大夫就会对君主有好感，愿意同在朝廷，一起干一番事业。士大夫对君主劝学的一种企望，就是把君主也变成士大夫中的一员。之所以宋代能够形成士大夫政治主宰的君臣共治，这表明士大夫精英改造君主的努力是比较成功的，宋代皇帝的确基本上是朝着士大夫精英引导的方向走的。

我们进一步审视，士大夫政治激发出的宋代士大夫的理想还从政治层面有了更高的提升。正是在宋仁宗朝，相传受教于范仲淹的理学大家张载，就发出了高亢的宣言："为天地立心，为生民立命，为往圣继绝学，为万世开太平。"立心，立命，继绝学，开太平，这一切是为天地，为生民，为往圣，为万世。纵横时空，继往开来，这是何等的气魄！已经完全超越了政治层面的君臣共治，笑傲江湖，我主沉浮。这种自信，这种自豪，这种苏世独立的觉醒，只有在宋代士大夫政治的背景之下才会激发出来。

以上讲述了宋代的士大夫政治与以往历代的不同。关于我之所以会长期专注于士大夫政治研究，前面讲了一句，是"向下看的研究"。宋代以后的元代、明代、清代，政治生态都与宋代有着极大的不同。但一直没有改变的，是宋代那个时代涵养的士大夫精神。不论如何时移事变，"为天地立心，为生民立命，为往圣继绝学，为万世开太平"，一直为不少读书人所秉持，在政治、社会、学术等不同领域践行，成为各个时代"中国的脊梁"。这种来自宋代的士大夫精神，到了近代，便成为传统知识人与世界接轨转型的内在促因。这样一笔宝贵的精神遗产，很值得我们立足于宋代，并超越宋代，俯瞰近代，进行深入研究，思索中国知识人精神结构的来路。士大夫政治研究的"向下看"，此之谓也。

"溥天之下，莫非王土；率土之滨，莫非王臣。"进入20世纪，传统的中国发生了巨变。帝政走向了共和，王臣变成为国民。不过，思想的遗传，传统的惯力，不仅让士大夫风骨得到传承，也让皇权意识在人们的思想中顽固地遗存下来。消除皇权意识，人们才能完全从精神上站起来，但这还需要长久地努力。因此说，研究皇权，在今天仍然没有失去重要的现实意义。

此书并非完全是日文版的翻译，在内容上有不少增删调整，主题内容集中在宋真宗一朝。此书在2010年由中华书局以《宰相故事——士大夫政治下的权力场》为题初版，后来又易名为《君臣——

士大夫政治下的权力场》，先后于2015年、2019年在北京联合出版公司和四川人民出版社出版。其间又承罗振宇先生的"罗辑思维"推介，也赢得了学术圈外众多读者的喜爱。此次承浙江人民出版社的厚意，再度推出，我期待更多的读者通过此书来了解一个时代，一个让华夏文化造极的时代，由此理解中国传统知识人的精神特质，并思索在今天的继承。

此次推出，从总编到责编，十分用心，重新做了精致的优化设计，并增插有多幅彩页，强化了本书视觉印象。责编舒鹏曾这样跟我解释过目录的上方所置图片采用宋徽宗赵佶《瑞鹤图》宫顶及若干瑞鹤的思路与意图："《瑞鹤图》自来解说纷纭，名为'瑞鹤'，也有指其不祥的说法。与设计师商议选此图，主要意在其画与本书'君臣'关系似颇有暗合之处。如宫阙原为汴梁宣德门，帝王居所，可喻皇权，而鹤在古代虽颇有仙姿，但也往往比喻人臣。观图中，殿堂与瑞鹤，相辅相成。若无殿脊，瑞鹤自然无处立足，而瑞鹤立于殿脊，高于殿堂，其势竟隐隐在帝王之上。正如宋代的君王与宰臣，互借其势，互为依靠。而空中群鹤夭矫，绕殿飞翔，似争欲落足殿脊，占一足之位，也颇耐人寻味。"对于每章前的辑封页，设计亦有巧思。舒鹏如是云："左侧图片为宋陈容《五龙图卷》截图，因话题颇为有趣，暗合五位宰臣宦海浮沉，各具性格。书中五相，虽忠奸有别，但各擅胜场，又时代相近，各有牵扯，与群龙盘缠一起，有许多可供联想之处。故目前依照章节、任相时间前后，与画卷右左顺次，一一对应。完成后发现龙行与宰相事迹，竟颇有相合之处。如第一条龙对应'圣相'李沆，隐于涛下，且与其他四条拉开距离；第二龙比之王旦，面色和善，却能将第三龙按在爪下；第三龙寇准居于图中，怒目圆睁，须发皆张，气势极盛，几遮没第四龙；第四龙比之'瘿相'王钦若，虽被第三龙摁压死死，却终究露出口鼻，险招暗藏；而第五龙便如丁谓，其余几条都不以之为意，竟让他最终全身显露出来，而其竟作势欲咬第三龙寇准，与史实更是暗合。这一些当然纯系牵强附会，但说来竟也似有几分意思，颇为有趣。"

序文引述责编的两段话，似乎有些过长。但不在这里引述，恐怕编辑的用意，"妙处难与君说"，只能凭由有慧眼的读者"悠然心会"，还不如我在这里援引出来，以见各位编辑的匠心独运。我这也是学苏东坡写《表忠观碑文》，全文援引赵抃的奏疏，只在最后加了一段铭文。这样的写法被王安石称赞是司马迁《三王世家》的体式。效颦画虎，幸毋见笑。一部不大枯燥的学术书，益以图文并茂，想必会赢得更多的受众。谨此，我和读者都要对浙江人民出版社的精心制作致以深深的谢意。

此外，尽管"士大夫政治"已逐渐特指宋代的政治特征，还是接受总编赵波先生的建议，在书名中明确点名时代，加入"宋代"二字。曾打算将书名中的"权力场"改为意思显豁的"权力纠缠"。在量子力学里，当几个粒子在彼此相互作用后，由于各个粒子所拥有的特性已综合成为整体性质，无法单独描述各个粒子的性质，只能描述整体系统的性质，便把这种现象称为"量子纠缠"（quantum entanglement）。不过后来想想，"权力纠缠"尽管表述具体，但不如"权力场"拥有想象张力。最后，还是用了既无形又可感知的物理学"场"（field）的概念。

谨此为序如上。

王瑞来

甲辰初夏识于日本印西户神台寓所

引　言　写在书前的后记
——感言与寄语

　　大凡称作"后记"，毫无例外，都是放在书后。我将后记置于书前，似乎有悖常规。将这样的文字置于书前，自有我的理由。首先，这不是一篇正规的导言或者绪论，叙述的大多是我的学术经历和思路历程。我觉得这样可以更快地贴近读者，使读者成为愿意听我絮叨学术心声的朋友。此外，从叙述本书的写作经过、写作方式和大致内容开始，也可以使读者尽快地进入"角色"。

　　我希望读者做一个什么样的角色呢？读历史论著，我希望读者通过历史的"时光隧道"，进入彼时彼地的具体情境之中，回到历史现场，做个"在场者"，具体地感受历史，触摸历史，唤起一些被长久遗忘的记忆。至少是做一个历史演习场外的观察员。这样，读者既可以与所阅读的历史人物、事件息息相关，又可以登临绝顶，一览众山。不仅是文学作品，历史学论著同样有读者填充想象的空间。叙述的完成有待于读者的阅读、想象与品评。因此，以我的阅读经验，便想站在读者的角度，先告诉读者这本书写的是什么，为什么要这样写。

＊　　＊　　＊

我把考察的时空范围凝缩在短短的北宋真宗朝二十六年间，分六章考察了贯穿其间的五个宰相的活动和一群作为宰相预备队的翰林学士。这六章依次为：第一章"定位皇权，肇始宰辅专政：'圣相'李沆"；第二章"寻常作为，塑造皇权：'平世之良相'王旦"；第三章"左右天子为大忠：'使气之寇准'"；第四章"佞臣如何左右皇权：'瘿相'王钦若"；第五章"宋代权相第一人：'罔上弄权'的丁谓"；第六章"代王言者：真宗朝的翰林学士"。此外，又加上第七章"从具体到集约"，做一个并不太长的归纳。

采用这样的方式来阐述我的皇权论，可以将考察的视点聚焦，窥一斑以见全豹，使我可以有足够的能力深入挖掘并充分运用这二十六年的全部史料。不过，这种看似易于操作的方式，却无异于自课难题。因为无论对自己有利还是不利的事实，我都必须面对，做出合理的解释。从这个角度说，采用这种方式难度更大。因为一般仅仅采用对自己的观点有利的事实进行佐证的泛泛而论，是不会遇到这样的难题的。然而，如果能够跨越这道难关，则会使我的论述更具说服力。因为我的结论，读者无论赞同与否，都无法回避和否认我所列举的事实。

当然，内容决定形式。让我决定采用这种方式的，还是我所要考察的时代。这就是下面我要回答的另一个相关的问题。

论述皇权问题，即使是立足于宋代，两宋有十八位皇帝、三百多年的历史，为什么要选择北宋真宗朝呢？因为真宗朝在宋代历史上是一个具有典型意义的时代。秦皇汉武，唐宗宋祖，历数中国历史上具有雄才大略、丰功伟业的皇帝，似乎怎么也轮不到宋真宗。因为在今人看来，宋真宗实在过于平庸。那么，这一时代的典型意义又在哪里呢？

这是因为继宋朝开国皇帝太祖和亚开国皇帝太宗之后，真宗是宋代历史上第一个以正常方式即位的君主。宋朝的各种制度整备完成在这一时期，皇权的定位也在这一时期。进入真宗朝，具有宋代特色的新型士大夫政治开始真正展开。这就是这个时代的特色。我以为平庸才是皇帝的常态，平常也是历史的常态。不过，尽管在今人眼里看真宗平庸，但在宋代，说到比较狭义的所谓"祖宗法"，也还是把真宗朝的行事加入在内的。其实，这正反映了宋代士大夫的认识，反映了宋代士大夫对士大夫政治开始于真宗朝的肯定。真宗，是这个时代的代名词。

在太祖、太宗朝，从中央到地方，政务几乎都由后周及江南诸国入宋的旧臣所把持。太宗朝开始扩大科举取士规模，每科都有成百上千及第进士、诸科及特奏名走上仕途。加上以其他途径采用的官僚，十几年下来，宋王朝自己培养的士大夫逐渐取代了前朝旧臣，成为政治舞台的主角。比如本书所考察的对象——宰相李沆、王旦、寇准都是太宗太平兴国五年（980）进士，而王钦若、丁谓则同是太宗淳化三年（992）进士。士大夫阶层的空前崛起，拉开了中国历史上新的官僚政治——士大夫政治的序幕。根据我对宋代历史的考证，这是一个相当重要的时期，正是在这一时期形成的士大夫政治，影响了此后宋代乃至中国数百年历史。关于这一时期具体的时代特征，还是请读者通过正文的叙述来了解。

真宗在位不过二十余年，以上五个宰相几乎主宰了真宗朝的主要政治运作。这五个宰相的政治活动，从君臣关系的视点看，几乎囊括了传统中国社会宰相的基本类型，揭示了左右皇权的基本方式。这便使我的叙述更具典型意义。将皇权这样一个重大的课题，放到较为具体的历史场面加以讨论，在视觉上会显得更加清晰。这种认识也是我执意要用五个宰相将北宋真宗朝政治史贯穿起来的一个因素。这种贯穿不是人为的硬性操作，而是一种符合时序的现成存在。不过，本书并不是一部全方位的真宗朝政治史，舞台的聚光灯只打在以皇帝和宰相为主的一群人身上，来透视君臣关系与皇权消长。所以，在聚光灯之外，我要省略许多场景。

本书并不是讲故事，也不是五个宰相的传记合集。我试图将历史叙述凝缩在一个具有典型意义的时段内，通过典型人物的活动个案，以管中窥豹、滴水映日的方式，使历史上君臣之间的合作与角力可以有一个清晰而细密的具象，而个案考察的集合，便构成了一幅完整的画面。对考察中国历史上皇权的走向，可以给出一个具体的剖面，从而为我所主张的皇权论建立一个坚实的根基。就是说，从个性化的诠释出发，以期达成总体解释的目的。

因此，我的考察不是通常那种望远镜式的，不是气势宏大的高屋建瓴，而是显微镜式的，将往往会被研究者忽略的细部尽可能地放大，纤微毕现。用地图来比喻，我画的不是比例尺百万分之一的地形图，而是万分之一的街区图。就是说，我的研究不是登高望远，指点江山，而像田野考古，不过是爬梳于文献史实之间。

*　　*　　*

历史研究领域十分广阔，研究方式也是多种多样，并无轩轾之分。不过，我最为倾心的还是以人物为中心的研究。这是因为，除自然外，社会历史都是由人的活动构成的。离开了人，历史便被抽空了。人是历史舞台的主角，聚光灯应当主要打在人的身上。我理解的历史，也是一种三维空间，是由时、地、人构成的，缺一不可。

那么，人的历史又应当如何写呢？这一直是我多年来思考和探索的问题。在三十年前的1985年，我在自己的读书笔记中写下过类似随笔的思考。重新翻检，发现这则随笔光标题就反复修改过三次。最初是《还历史人物以"人"的形象》，然后改为《发掘历史人物活的灵魂》，最后改作《死历史与活灵魂》。这三个标题，基本意思都差不多。就是说，多数史书中记载的历史人物形象是苍白呆滞的，了无生气，就像一具具风干了的木乃伊。而在当年，他们都是活跃在各个领域的活生生的人，就像我们在生活中看到的接触到的人一样。我们需要让一具具木乃伊复活。

我们常常讲还原历史。还原历史，最重要的是还原给历史人物一个鲜活跃动的灵魂。这不仅需要调动研究者的史料挖掘本领和考证功夫，还需要在文献不足征的情况下，根据人物性格与彼时彼地的具体情境，运用心理学知识等手段，进行合乎逻辑的想象推理，来填补史料的不足，重构历史现场，给只剩下骨骼的历史人物以丰满的血肉，使之具有音声动感、喜怒哀乐，复活在我们的笔下，让被抽象得过于苍白的历史再现生命的绿。历史研究不仅要追求表面事实的真实，更应追求内在逻辑的真实。

以往，为历史人物注入活的灵魂这项工作都是由文学家来承担的。然而，他们那种"不必尽出于虚，而亦不必尽由于实"的"七实三虚"的写法，与历史人物的本来面目往往相去甚远。历史研究者应当在充分把握史实的基础上，还原出历史上形形色色、千姿百态的人。逝去的历史其实是无法完全复原的，但经过我们的努力，可以取得一个近似值。这个近似值则可以提供给文学家参考，不至于在他们的笔下写出太离谱的"戏说"。文学家、艺术家通过提炼生活来解释人生，解剖人生，启迪人生，历史学家则通过回顾历史来完成这项工作。历史可以重释，但史实则不容虚构。

还原历史的另一面，其实就是历史的重塑。诚如克罗齐所言，"一切历史都是当代史"。对于维纳斯的那只断臂，不同时代的人，会根据不同的理解、不同的想象、不同的目的去补塑。对于历史人物的评价，即使是力图追求客观，甚至可以超越传统认识，但实际上也很难突破当下的认识框架。从这个意义上说，历史研究之树常青。

历史是座丰富的矿藏，不断被不同的人出于不同目的进行挖掘。历史就是这样不断被挖掘。历史就像记忆，既可以被过滤，又可以被放大。而历史的叙述又造成了新的记忆，甚至包括幻觉记忆。顾颉刚先生"古史是层累地造成的"的命题，其实是克罗齐"一切历史都是当代史"的另一个角度的阐释。加诸历史身上的各种添加物，重重油彩，都是各个时代的历史叙述者基于当代认识的产物。包括今天的历史学家在内，谁都无法摘掉因时代价值观而戴上的有色眼镜，难以做到绝对客观。只能站在今天的认识高度，尽可能地做到客观公允，在现代语境下诠释历史。不过，不能悲观地将这个事实看作历史学家的无奈，每个时代的历史重释同样都会给人以新的启示。这种历史再释又构成新的思想史。这也是历史学的意义之一。我以为柯林伍德"一切历史都是思想史"命题的用意正在于此。或许正是出于这样的认识，我在研究政治史时，常常喜欢并习惯进行思想史式的思考。

许倬云先生在他的《中国古代文化的特质》演讲集中谈到，历史研究的主观性使历史学无法成为精密的科学。我以为，能否被称为科学的标尺不应当只是自然科学。以自然科学论，当然要摒除一切主观性。但人文科学有其特殊性，有人的思想意识存在，自然会有主观性附着，这丝毫不妨碍将包括历史学在内的人文科学视为科学。我恰恰以为，其实是人的活动的不确定性，使得历史学无法像自然科学那样成为精密的科学。文理殊途，性质不同，难以类比。作为人学的一种，历史学是感性的科学。所以，就历史学来说，客观性是其骨骼，主观性是其灵魂。没有思想的历史学，不过是史料堆积的历史陈迹的原生态。

说到历史的重塑，我想到古典文学中的演义传统。在过去，历史小说多冠以"演义"的名称。这说明小说作者的宗旨并不仅仅停留于讲故事，而是要推演和宣传一种"义"。这个"义"就是小说作者的历史观所折射的对历史人物的评价。《三国演义》中人物的忠奸，妇孺皆知，这就是罗贯中的成功。他成功地把自己的历史认识传达给了亿万人。有几个人关于三国的历史知识不是来自《三国演义》呢？当然罗贯中也有继承，但他更多的是集成。欣赏演义，并不是希望所有的历史研究者都去写历史小说，而是借鉴和接受启示，如前面所言，在史实的基础上，给历史人物注入活的灵魂，用严密的历史科学方法来演我们的义。当逝去的时光成为历史，便转化为一种精神资源，不断影响和介入后世的生活。从这个意义上说，历史所呈现出的状态，并不是一种沉寂的死。历史一直活着，无形地活着，犹如空气一般，浸透于我们生活的每个角落。

＊　　＊　　＊

从演义传统中值得借鉴和接受的启示，还有论著的可读性，无论是古代的修史，还是近代以来的历史研究，向来都是少数人的事业。有人说，中国没有宗教，历史便是中国人的宗教。且不论此话有没有道理，中国是一个史学大国却不能不承认。经史子集，排在儒学经典之后的便是史籍，不说浩如烟海，也是蔚为大观。然而，我要问一句，如许之多的史籍又有几个人去读呢？包括现在为数甚多的历史研究论著在内，向来都是象牙塔中物。

我无意褒贬前人史籍与今人历史研究论著的内容，仅仅是从可读性着眼。我认为无论是极为专业的课题，还是面向普通大众的作品，在技术层面的要求，可读性当是第一要义。佶屈聱牙，自然拒人于千里之外。历史研究论著可以是象牙塔中物，但也要玲珑剔透，让人有兴趣去窥视，去观赏。我还是希望多数的历史研究论著能够走出象牙塔，不要孤芳自赏，或只是少数人阅读品评的对象。那样便会大大降低历史学的意义。无论是在塔内塔外，可读，便会让人接近。

其实古代的典籍在可读性方面也能给我们带来经验教训及启示。同样是记载春秋时期鲁国史事，孔子整理过的《春秋》犹如流水账，且味同嚼蜡，传说被王安石斥为"断烂朝报"。而《左传》则有血有肉，生动鲜活，精彩纷呈。再举个例子，司马光的《资治通鉴》本来文笔优美，不乏精彩的篇章，但由于是编年记事，又篇幅过长，让人难以捕捉事件的原委头绪，古代人读起来，要不了十来页也会昏昏欲睡。然而，被袁枢改编为以事件为中心的《通鉴纪事本末》之后，就顿然变得眉清目朗了。无怪梁启超称赞"善钞书者可以成创作"。相比较起来，一心只顾着讲说"微言大义"的朱熹就缺少袁枢的聪明，他改编的《通鉴纲目》，虽然简化了《通鉴》，但并不好读。这两个例子给我们的启示是，历史研究论著也要注意可读性，也要讲究构思。形式是载体，不好的形式构架无疑会影响内容的表达与读者的阅读。

我原本是左撇子，在上学前被家长硬扳为右手写字，这常常成为我写不好字的理由，对写字好坏也不甚措意。但小时候，父亲让我练字时说的一句话，我至今还清楚记得，那就是，"字是写给别人看的"。其实不仅是字，除了日记，文章也是写给别人看的。怀有这样的意识，尽量把文章写得可读性强一些，不仅使自己的文章增色，内容易于他人理解，也是给予阅读者的一分尊重。对读者，应当永远怀着一颗虔敬的心。

上述议论，尽管是有感于多数历史研究论著在表达上过于枯燥乏味的现状，但更多的是一种自勉，自我期许。让读者易于阅读，尽可能把文章写得平易一些，一直是我的企望。前面从精专与普及的角度说，学术著作不能孤芳自赏。然而，从文字表达的角度说，文章则首先要孤芳自赏。试问，自己写的文章，自己都不忍卒读，哪里还能指望别人去欣赏呢？文章首先要在自己这里通得过。这就像穿衣服，连自己看着都不满意，也别指望别人欣赏。

严复提出的翻译标准"信、达、雅"，实在也应当成为历史研究论著写作的技术标准。历史论著的"信"应当是忠于史实，有几分证据说几分话，不是向壁虚造。"达"则是把自己的所思欲言充分透彻地表达出来。"雅"便是一种更高标准的要求了。就是说即使是依据史料，把自己的所思欲言表达出来，也不能信马由缰，怎么想就怎么说，结构上须有构思，遣词上亦应修辞。文学体裁的散文尽管也有故事性的叙述，但大多呈现出文笔的优美。如果历史论著在信实的前提下，有几分散文的优美，则会大为减少门可罗雀般的冷落。

三十多年前，我从北大中文系古典文献专业毕业，到中华书局做编辑，接手的第一部书稿就是黄仁宇先生的《万历十五年》。当一部分又一部分由社科院文学所沈玉成先生润色过的书稿陆续交到我的手中时，与以往的写作风格和构架迥异的书稿带给我的那种新鲜与欣喜，至今令我记忆犹新。至于对《万历十五年》的学术价值如何评价另当别论，但这部书走出象牙塔，赢得了无数读者，影响了一代人，则是毋庸置疑的。我后来写历史人物，写历史论文，尽管与《万历十五年》没有直接的关联，但受之无形的影响则是不能否认的。尽管在大学时代跟历史系的同学一起听了两年多的中国通史课，后来也出于喜爱而走上研究历史的道路，但内心潜在的自卑感则源于自己不是历史系科班出身，因而早期论文也充满了对习见的历史论文模式及话语的刻意模仿。在接触了《万历十五年》，而后又经历20世纪90年代最初几年脱离中文环境的沉淀，我的写作风格有了一定的改变。

从大学二年级发表第一篇论文算起，我从事学术活动已经三十多年。三十多年过去，依然在探索、学步。20世纪80年代，我曾与朋友在《光明日报》上讨论历史研究的通与专的问题，我主张"治史尤应专"（见《光明日报》1987年6月17日）。当时话虽这么说，但我走的路，实在是一条博而杂的路。为此，我也时常自我揶揄为"杂家"。我的读书兴趣广泛，各种不同领域的著述都能在不同程度上激发出我的阅读乐趣。我觉得我的知识结构正是得益于"杂"。我一向以为，知识都是融会贯通的，各个看似并不相关的领域的知识，就像一条条地上或地下的河流，总有交汇之处。因此，我很喜欢一种有序的"杂"。我自己有一个网页，主页的背景颜色，我没有用传统表示史部的红色，而是用了表示子部的蓝色，是一面广袤的青空。这也寓意着我的杂家理念。在此书的整理完成后，我为了方便读者阅读，编了一个本书的引用文献书目放在卷末。从这篇不长的书目中，读者大约可以看出我的几分"杂"。做学问，有时也须"跳出三界外，不在五行中"。如此方可开阔眼界，不至于僵化。

其实，这里讲到通与专的问题，也出于现实感触。我在日本教书，接触不少优秀的年轻学子，他们写出的许多博士论文都可以成为该问题研究的阶段性成果。不过，跟他们聊起来，当话题从他们研究的领域稍稍离开一点的时候，则发现他们居然所知甚少。这使我强烈地感到了多数年轻学子在知识结构上的缺陷。他们的论文所反映的知识结构，就如同在日本常见的那种独立家屋，一幢幢看起来很别致精巧，但绝称不上高耸入云的大厦。因此说，通与专实在不可偏废。之于丝丝相连的历史，没有通的视野，对具体问题的研究，也难以达到一定的认识深度。由博返约，绝对是一条走向成功的重要途径。对此，我也一直心仪，且试图力行。

* * *

以上所述，算是个楔子。通过这些叙述，读者可以了解我在写法上的追求和我对历史研究论著的期待。不过，在这里我还是有意回避了对本书主要内容的介绍，请读者自行阅读正文。因为无论我在这里如何说，也至多是篇不甚切题的影评，影片还是要由观众自己去品鉴。在后面的第七章"从具体到集约"，我代读者做了一个简单概括，介绍我选择这样一个时代、这样几个人物的理由，让读者经历了具体之后再走向抽象。最后，我在书后加上了"延伸阅读"部分，这是我的"皇权论"综述。

请原谅我的"本末倒置"，本该是前言的部分，我放在了书后。书后的"皇权论"综述，在具体内容上与前面的宰相故事拉开了一定距离，没有直接联系，但有逻辑关联。有兴趣的读者，可以在同我一起经历了显微镜式的微观考察之后，再拿起望远镜，登高远眺，进行宏观瞭望，超越真宗朝二十六年，广角与景深涵盖整个宋代，指向整个中国历史。我要读者亲自印证，宰相故事所述说的正是一些具有共性的事像，结论与宏观考察完全一致，一斑与全豹丝毫不爽。

还要请读者原谅的是，书后的"皇权论"综述篇幅很长，并且没有前面的宰相故事那么好读。不过，这也是考虑到不同的读者层面、不同的阅读需求的做法。这篇皇权论综述，是我二三十年前在《历史研究》相继发表《论宋代相权》和《论宋代皇权》以来，首次较为完整地就这个问题进行的正面阐述。这部分中文稿的很多文字其实早在赴日之初的1990年便已写就，当时正是为了回应反响而作，但一直置于箧底，没有拿出发表。后来不断修修补补，并将其中的大部分内容移译到我的日文著作之中。不过，这部分内容并不广为国内学界所知。

国内学界谈及皇权和相权，还是以我20世纪80年代的文章来介绍我的观点。最近在网上看到一篇对著名宋史学者张邦炜先生的访问记，其中，张先生说："80年代前期，在杭州国际宋史研讨会上，听血气方刚的王瑞来兄讲他的'宋代相权加强、皇权削弱说'，真可谓振聋发聩。"接下来，张先生在表述了与我不同的观点之后说道："瑞来兄90年代即远走日本，后来没有机会就这个问题同他进一步交换意见，相信他仍有不同看法。"（《两宋历史的多角度探讨——访张邦炜教授》，访问者：何玉红、刁培俊。）那两篇文章产生了一定的影响，我有所了解，但不曾想到，二十多年后，还会给人留有如此深刻的记忆。在读过访问记之后，刚好有机会在学会上见到张邦炜先生。我一是向他表示了我的惊讶，二是说明我的观点已经有了很大的补充与修正。因此，将我较为全面阐述的"皇权论"公之于众，也是受责任感的驱使。

* * *

书中所叙述的宰相人物论，实际上都是在十多年前写成的单篇文章。日文版已见于我在2001年出版于东京汲古书院的《宋代的皇权与士大夫政治》，中文版多数也在国内的书刊中发表过。由于是在君臣关系的主题下写出的系列文章，所以可以将这几篇单独抽出，奉献给读者。只选这几篇文章，是因为这几篇讲的都是可触摸、可感受的具体的人与事，并且还稍具可读性。不过也要请读者原谅，本书各篇所述，大多是在短时期这些人物所共同经历的事件，所以在史料使用及具体叙述上不免有重复之处。由于是独自成章，读者既可以依序阅读，亦可跳跃浏览。通过轻松的阅读，自可体会著者论述之大旨。

将旧作数篇汇集成书并非难事，但如何定名则让我颇为踌躇。前前后后想了不少，最后才有现在的书名——《君臣：士大夫政治下的权力场》。历史在一代君臣之间展开，这一代君臣的作为，奠定了新时代的全新的君臣关系。副题的"士大夫政治"一语，是有特定的旨归。这是从宋代真宗时期发轫的政治形态，寓含时代印记。我很喜欢物理学中"场"（field）的概念，既无形又可感知。不仅仅限于自然科学，在社会学领域内，又何尝不有一个个的"场"存在。我的书主要论述皇权，但却叫作"权力场"，不直言皇权，这也有我的考量。

固然，在历史上，皇权是一种主要的政治权力，但并不是唯一的一种。在权力场中，纽结有各种各样的权力，皇权不过是其中比较重要的一种。以"权力场"为题，把皇权纳入整个权力场的大视野下进行考察，要比就皇权论皇权更具广度与深度。并且，在叙述皇权的同时，可以呈现各种权力的纠合与角力，透视各种关系的和谐与紧张，全方位地展示一个时代的政治态势。

"通鉴"不仅仅在于"资治"。读历史书，读历史学研究论著，既可以用于研究，亦可以从中获取智慧，感悟人生。在历史学家那里，时间变得可逆，电影被得知结果后倒放。不过，并不索然无味，事后诸葛亮后验的历史认识，一定会带给走向未来的人们以先验的启迪。对读者，我只有最低限的企望，那便是对本书还能够读下去。

当我们久久地仰望苍穹，俯观瀚海，那广阔，那雄大，会让人产生一种无力感。这种无力感，在长久地面对浩瀚如烟海的历史时，我也常常生出。尽管无力，我依然乐于瀚海弄扁舟，从中，也时时能体味到海明威在《老人与海》中所描述的那种搏击的乐趣。曾经看到过一个比喻，说历史像一块块碎布，历史学家就是裁缝。接着这个比喻，我想说，没有人会做得天衣无缝。因此，我对读者的另一个期待，那就是批评。

王瑞来

戊子中秋记于东京，乙未初春再订

第一章

定位皇权，肇始宰辅专政：「圣相」李沆

一　何以选择李沆

对于李沆，恕我寡闻，迄今为止尚未看到专门论述的文章。大概是因为在众多的宋代士大夫中，李沆实在不太引人注目的缘故吧。他仕于宋初太宗、真宗两朝，官至参知政事和宰相。虽居高位，决策主政，但在他的任期内，既没有发生什么惊心动魄的事件，也缺少有声有色的作为，仅仅是承平时期的正常作为。因此，在后世，曾经被称为"圣相"①的李沆便成了一个为人遗忘的"大人物"。而引起我注意的，首先是李沆所处的时代。

作为政治家，李沆主要活动于太宗末、真宗初。这是一个承前启后的时代。在这个时代，王朝的草创期业已结束，各种制度初具规模，一代创业的君臣也渐渐凋零。而在和平环境下成长的士大夫群，则随科举规模的扩大迅速崛起。他们以不同于以往的观念和方式影响乃至主导着整个朝廷的政治运作，李沆则是他们当中的出类拔萃之

---

① "圣相"的称谓，见《东都事略》卷四十《李沆传》、《宋宰辅编年录》卷二及《宋史》卷二百八十二《李沆传》卷末元人论赞。

辈。从君主的角度看，随着"亚开国皇帝"①太宗的逝去，第一位正常继统的皇帝真宗的登场，宋代历史开启了新的一页。

在传统的权力构架中，君臣关系往往决定着政治走向。新君即位，君臣关系如何定位，又决定着皇权如何定位。环境塑造着人，士大夫占主导地位的社会环境也改变并塑造着君主。而对第一位正常继统的真宗的塑造，则对此后漫长的宋代历史乃至后世历史中皇权的走向产生着至关重要的影响。在真宗即位前后，李沆作为太宗指定的太子师傅和真宗亲擢的宰相，对真宗影响甚大。因此，考察李沆的作为，对于了解宋代中央政治，特别是皇权演变之渐，我想绝非毫无意义。

二 真宗及其时代

至道三年（997）三月，患病月余的宋太宗驾崩②，皇太子奉遗制即皇帝位于柩前，是为宋真宗。这一年，宋真宗刚好三十岁③，正可谓"三十而立"。在宋代历史上，宋真宗是第一位正常继统的皇帝。从这个意义上说，他的即位，开启了一个新的时代。然而，即皇帝位对于宋真宗来说，也许并不能使他踌躇满志，感受到坐江山的愉悦，倒可以说是一份过重的负担。

---

① 参见笔者《略论宋太宗》，载《社会科学战线》1987年第4期。"亚开国皇帝"是我对与开国皇帝共建王朝的第二任皇帝的指称。与第一代开国皇帝相比，这些第二任皇帝大多带有篡位嫌疑，通过不正常的手段即位。例如唐太宗、宋太宗、明成祖（成祖尽管为第三任，但他是以武力颠覆了第二任建文帝的统治）等。他们几乎与开国皇帝拥有同样的强势政治支配力。

② 《宋史》卷五《太宗纪》。

③ 据《宋史》卷六《真宗纪》，宋真宗生于乾德五年十二月二日（968年1月4日）。

李沆像

李沆（947—1004），字太初，洺州肥乡（今属河北）人。太平兴国五年（980）举进士甲科，为将作监丞、通判潭州，召直史馆。雍熙三年（986），知制诰。雍熙四年，迁职方员外郎、翰林学士。淳化三年（992），拜给事中、参知政事。出知河南府，迁礼部侍郎兼太子宾客。咸平初年，自户部侍郎、参知政事拜同中书门下平章事，监修国史，咸平四年改中书侍郎，又累加门下侍郎、尚书右仆射。谥号文靖。像载《三才图会》，明万历刻本。

首先是皇位继承的问题。自从宋太宗在"烛影斧声"之夜打乱了皇位继统的正常程序之后，皇位继承就成了一个变数。无论是皇叔皇弟，还是皇子皇孙，谁都可能成为下一任皇帝。宋朝的皇帝，把皇位这把交椅看得格外重，并不轻易指定接班人，往往到了在位的晚期，病入沉疴之际，才在大臣们的劝说下，确定皇太子。被确定的皇太子，也未必是长子，这又是一个变数。皇太子的确立，乃至新皇帝的即位，也并不是在位皇帝一个人所能决定得了的事，一定要与主要大臣相商，获得赞同之后才能决定。因此，其幕后往往隐伏着朝廷中的派系之争。

我们来看一下宋真宗即位的背景。他是宋太宗的第三子，在宋太宗去世的一年多前，才被立为皇太子。在此之前，凡是向宋太宗建议立皇太子的人，都被其盛怒拒之。"时太宗在位久，冯拯等上疏乞立储贰，帝怒，斥之岭南，中外无敢言者。"①我一向称宋太宗为"亚开国皇帝"，这不仅是因为宋太宗参与导演了陈桥兵变黄袍加身的政

---

① 《宋史》卷二百八十一《寇准传》。

宋太祖像

宋太祖赵匡胤（927—976），字元朗，宋朝开国皇帝。祖籍涿郡（今河北省涿州市）。

变剧，更因为他是在"烛影斧声"之后，不明不白即的位①。以这样一位向来被认为拥有强权的君主，在确定继承人的问题上，也不得不同大臣相商。也许他知道，他可以在活着的时候拒绝别人立储的建议，但却管不了身后之事，而他的大臣们还要与新君共事，因此后继新君必须获得他们的支持。

《宋史·寇准传》载：

> 准初自青州召还，入见。帝足创甚，自褰衣以示准，且曰："卿来何缓耶？"准对曰："臣非召不得至京师。"帝曰："朕诸子孰可以付神器者？"准曰："陛下为天下择君，谋及妇人、中官，不可也；谋及近臣，不可也；唯陛下择所以副天下望者。"帝俯首久之，屏左右曰："襄王可乎？"准曰："知子莫若父，圣虑既以为可，愿即决定。"帝遂以襄王为开封尹，改封寿王，于是立

① 参见笔者《"烛影斧声"事件新解》，载《中国史研究》1991 年第 2 期。

为皇太子。①

　　寇准回答宋太宗的话，说得极为委婉，但宋太宗听得出来，我们也看得出来，寇准实际上是赞同宋太宗的提案的。这就使宋太宗做出了从诸子之中选择真宗的决定。而据《五朝名臣言行录》卷四的记载，宋真宗被立为皇太子则是由于寇准的直接提名。总之，这些都是宋真宗被立为皇太子的幕后操作。

　　然而，靠非正常方式登基的宋太宗，心胸狭隘多疑。他虽然因为自己的病情，在不得已的情况下立了真宗为皇太子，但总有些不情愿。接着上面引述的《寇准传》的记载，就有如下的叙述："（皇太子）庙见还，京师之人拥道喜跃，曰：'少年天子也。'帝闻之不怿，召准谓曰：'人心遽属太子，欲置我何地？'"如果宋太宗只是偶尔心情不快，也还算是人之常情。但宋太宗在对待皇位问题上，已经不是第一次这样表现了。在他登基后的第三年，太祖实际上的长子燕王德昭与其一起征伐幽州，"军中尝夜惊，不知上所在，有谋立德昭者，上（太宗）闻不悦"。以致当德昭向太宗建议行军赏时，太宗竟勃然大怒，说出了"待汝自为之，赏未晚也"的话来，逼得德昭自刎而死②。这是太祖之子，对他的皇位存在威胁，情在理中。然而皇太子是自己亲生，自己选立，还显得如此醋意，就有些过分了。在这样的父皇手下做皇太子，真宗的精神压力可想而知。

　　为了巩固自己的皇太子地位，真宗谨小慎微，生怕惹太宗不快。但无论他怎么做，都难以避免被心胸狭隘的太宗猜忌。他在判开封府

---

① 又见《续资治通鉴长编》（下简称《长编》）卷三十八至道元年八月壬辰条，然《寇准传》所记较《长编》明确。

② 《宋史》卷二百四十四《燕王德昭传》。

期间，遇到旱灾，免除了十七个县的租税，被攻击他的人说成是收买人心。太宗听了也感到不悦①。他只好倍加勤勉职事，"留心狱讼，裁决轻重，靡不称惬，故京狱屡空"，因而得到了"太宗屡诏嘉美"②。

另一方面，真宗对大臣也毕恭毕敬。他在被立为皇太子刚刚一个多月时，就向太宗提出不要让大臣对他自称臣下③。他这样做，一方面是让太宗减少一国二主的不快，另一方面也是为了自己的将来而笼络大臣。

《宋史》卷六《真宗纪》载：

> 故事，殿庐幄次在宰相上，宫僚称臣，皆推让弗受。见宾客李至、李沆，必先拜，迎送降阶及门。

这样做的结果，固然使他顺利地登上了皇位，但也无形中在内心埋下了庸懦的种子。甚至他在即位后，这种性格特征也没有改变。

即位前后的真宗，战战兢兢、如履薄冰的另一个原因，就是他还面临着来自手足的潜在威胁。"烛影斧声"的事件，虽然被宋朝的史家们记载得隐隐约约，扑朔迷离。但处于宫禁之中，作为当事者太宗的儿子，想必比谁都知晓内幕。在真宗即位时，其上尚有其兄、太宗长子楚王元佐。依照惯例，长子继承皇位名正言顺。但元佐因为反对太宗在即位后迫害秦王廷美，被太宗废为庶人④。

太宗驾崩之际，围绕着新君即位问题，虽说没有"烛影斧声"那

---

① 《长编》卷四十二至道三年十一月丙寅条载："及开封府以岁旱蠲十七县民租，时有飞语闻上，言按田官司欲收民情，所蠲放皆不实。太宗不悦。"

② 《宋史》卷六《真宗纪》。

③ 《宋史》卷五《太宗纪》，《长编》卷三十八至道元年十月乙亥条。

④ 《宋史》卷二四五《汉王元佐传》。

般惊险，却也有几分惊心动魄。

《宋史》卷二百八十一《吕端传》载：

> 太宗不豫，真宗为皇太子，端日与太子问起居。及疾大渐，内侍王继恩忌太子英明，阴与参知政事李昌龄、殿前都指挥使李继勋、知制诰胡旦谋立故楚王元佐。太宗崩，李皇后命继恩召端，端知有变，锁继恩于阁内，使人守之而入。皇后曰："宫车已晏驾，立嗣以长，顺也，今将如何？"端曰："先帝立太子正为今日，今始弃天下，岂可遽违命有异议邪？"乃奉太子至福宁庭中。
>
> 真宗既立，垂帘引见群臣。端平立殿下不拜，请卷帘，升殿审视，然后降阶，率群臣拜呼万岁。以继勋为使相，赴陈州；贬昌龄忠武军司马；继恩右监门卫将军，均州安置；旦除名流浔州，籍其家赀。[1]

设想一下，如果不是凭着吕端机警，及时扣押了握有内廷兵权的大太监王继恩，又驳斥了一向主张立长子元佐的李皇后的提议，真宗的即位，很有可能成为泡影。并且，吕端作为阅历丰富的老臣，深知新君即位之际的变幻莫测，特别是因为有了刚刚险些发生的变故，对新君垂帘引见群臣充满警觉。他立而不拜，上殿看清楚之后，才率群臣下拜，承认了新君的即位。我们不妨再做一个设想，如果藏在殿上帘后的新君被内侍或李皇后换成了长子元佐，吕端糊里糊涂地率群臣下拜，那岂不是生米煮成了熟饭，让李皇后等人的阴谋得了逞？看了上面的记事，不禁使人油然想起太宗评价吕端的那句有名的话——

---

[1] 又见《长编》卷四十一至道三年三月癸巳条、四月甲戌条。

宋太宗像
宋太宗赵光义（939—997），字廷宜，宋朝第二
代皇帝。本名赵匡义，后因避其兄宋太祖名讳
改名赵光义，即位后又改名赵炅。

"大事不糊涂"①。所以，经历了这样惊心动魄的事件，也就不难理解即位后的真宗为何每每见到吕端等大臣都又揖又拜。这里面，既有感激又有敬畏。同时，这一未遂的宫廷政变，想必对真宗有着相当深的刺激。

为了避免夺位的悲剧降落到自己头上，他在即位之后不到十天，就对五个弟弟和一个侄子封王封公，加官晋爵，以期笼络和安抚。同时，又加强了对军队的控制，任命侍卫马步军都虞候傅潜、殿前都指挥使王超、侍卫马军都指挥使李继隆、侍卫步军都指挥使高琼四人并领诸军节度，以期互相牵制。这种对军队的人事调整，相信是出自吕端等大臣的主意。并且，把他的潜邸旧僚李至、李沆除拜参知政事。由前面的引述可知，真宗为皇太子时，就对李至、李沆毕恭毕敬，自然对成为参知政事的他们也是言听计从。

不仅对两位参知政事如此，对其他宰辅大臣，真宗也是恭敬有

---

① 《宋史》卷二百八十一《吕端传》载："时吕蒙正为相，太宗欲相端。或曰，端为人糊涂。太宗曰：'端小事糊涂，大事不糊涂。'决意相之。"

宋真宗像
宋真宗赵恒（968—1022），宋朝第三代皇帝，宋太宗第三子。初名赵德昌，后改赵元休、赵元侃。登基前曾被封为韩王、襄王和寿王，曾任开封府尹。997年以太子继位，改名赵恒。

加。"上（真宗）居忧日，对辅臣于禁中，每见吕端等，必肃然拱揖，不以名呼。端等再拜而请，上曰：'公等顾命元老，朕安敢上比先帝？'"①他也许意识到了，一旦发生宫廷政变，能保护他的，只有他悉心维护的大臣。因为在太宗驾崩之际，真宗得以顺利即位，这与宰相吕端的机警和帮助是分不开的。因此，长此以往，习惯成自然，宋真宗庸懦的性格终于因严酷的客观现实与巨大的心理压力而铸就。

那么，需要探讨的是，真宗的这种性格特征，给宋代政治带来了什么影响呢？他在位二十六年，作为皇帝，作为常人，他也有自己的喜怒哀乐。然而他的喜怒哀乐却难以表露，难以发作。在多数情况下，作为正常人的七情六欲，因利弊权衡而受到压抑，因他庸懦的性格而受到压抑。作为正常继统的第一位皇帝，又并非幼主，他有走上君主独裁道路的可能。并且，其父太宗的强权也在他的内心打下了深刻的烙印。但同时，其父总想效法唐太宗虚怀纳谏的姿态，也给他留下了很深的印象。

---

① 《宋宰辅编年录》卷三。

宋代皇帝的角色定位，到了宋真宗，进入一个很微妙的时期，也处于一个决定性的时期。是一如他的父辈皇帝太祖、太宗，主要以行政长官的面目出现，事无巨细无所不统；还是做一个象征性的君王，把行政长官的职事交付给宰辅大臣；抑或居于两者之间，做一个半是象征性君主，半是行政长官的角色？

然而，这并不是新即位的宋真宗凭自己的主观意志所能决定得了的。因为主观选择是一回事，事实上能否行得通又是另一回事。即便依照自己的意愿做出了抉择，但路还要自己去走。在途中，因行路难等诸种原因而改变路线的事情，亦是时常有之。人世间，无论是贵为天子，还是平头百姓，都常常有许多无奈。

这位宋真宗，我想他绝对不会不想成为强权君主，但客观现实与他的实际处境，使他在这条道路上经常碰壁。受阻就只好迂回，改变路线，只有在与执政集团的利益相吻合时，方能走得通。翻检真宗朝的史册，我们可以看到，作为君主，真宗不乏主见，也有盛气凌人之时，有些决策似乎也出自其手。但多数情况下，这位既无创业之功又是非长而立的新君，还是要接受和听从宰臣的意见。有时，他需要动点脑筋，玩点小花招，才能使自己的想法在宰臣那里通过。

真宗与其父辈太祖、太宗不同。太祖、太宗是打天下者。他们当初也许并没有想到后来能当上皇帝。他们的为君之道都是在当上皇帝以后才慢慢学的。所以，在他们身上还散发着"和尚打伞，无法无天"的野性。但真宗则不然。他自幼接受的是宫廷的正规教育。据他自己对王旦等人讲，他在东宫时，光是听讲《尚书》就听了七遍，《论语》和《孝经》也听过四五遍①。因此，传统经典的为君之道，等于在真宗头脑中设置了一圈政治伦理规范，使他只能继承其父辈的

———————

① 《长编》卷七十二大中祥符二年九月乙亥条。

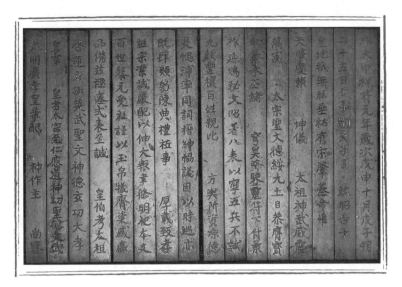

大中祥符年间的天书玉册

值得称道的一面，即从谏如流。

正统的为君之道教育，加之自身的谨畏性格，使身为君主的真宗自律意识很强。从史籍中他处理政务的大量记载看，几乎是"每事问"，根据宰执大臣的意见作出决定。当他的意见遭受抵触时，则很少固执己见。这样一来，久而久之，又在无形之中创立了许多新的"祖宗法"。而在重视"祖宗法"的宋代，他的行为又为后世君主所取法，为后世的大臣所称颂。

或许可以这样说，没有宋真宗，也就不会产生"百事不会，只会做官家"①的宋仁宗。对于宋真宗来说，保持皇位本身，维护自身的正统地位，要比握有实际的权力更为重要。

后人多不解真宗之世降天书封禅之事，《宋史》卷八在《真宗纪》结尾的赞语中就说："及澶渊既盟，封禅事作，祥瑞沓臻，天书屡降，

---

① 《北窗炙輠录》卷上。

导迎奠安，一国君臣如病狂然。吁，可怪也。"《宋史》编者继而推测道："意者宋之诸臣，因知契丹之习，又见其君有厌兵之意，遂进神道设教之言，欲假是以动敌人之听闻，庶几足以潜消其窥觎之志欤？"

我认为《宋史》编者只说对了一半。作为威慑敌国的外交因素固然是原因之一，而另一方面，难道就没有以天书来强调自身正统地位的内在因素吗？关于这一点，我们来盘点一下天书的内容便可清楚。在天书前面写有二十一字："赵受命，兴于宋，付于恒。居其器，守于正，世七百，九九定。"①如果真是所谓的天意，那么，两宋加起来也不过三百余年，与天书所说的"世七百"并不相合，可见其伪。在我看来，天书的关键在于"付于恒"三个字，即天意将大宋王朝的江山付与他真宗赵恒的。这就从宗教法理上消解了他人窥觎皇位的可能。因此说，天书闹剧的一个方面，不过是宋真宗借天意来强调其皇位正统性而已。

一般而言，作为宰辅大臣，由于传统社会的宗法关系，很少有窥觎皇位的野心。所以皇位的正统性并不是他们所关心的事情。他们最为关注的是在政治运作中的权力问题，本来他们就处于一人之下、万人之上的地位。一旦顶头的一人变得无关紧要，就为他们的纵横驰骋提供了机会与可能。可以说，在真宗之世，君臣两方的行为，共同为后世的君臣关系定了格，共同把宋代政治推向了宰辅专政的轨道②。

---

① 此据《宋会要辑稿》瑞异一之三十、《长编》卷六八大中祥符元年春正月乙丑条。《宋史》卷一百回《礼志》七将"付于恒"误作"付于昚"。按，赵昚为南宋孝宗之名，于史不合。

② 对应目前为止在史学界流行的君主独裁或君主专制的说法，我提出了"宰辅专政"的命题。所谓的"宰辅专政"，是指以宰相为主的执政集团在中央政治运作中的决策形态。在宰辅专政制下，并不排斥皇帝的作用。应当说皇帝也是同一执政集团的成员之一，只不过从实际作用上说，并不在决策过程中起决定性作用而已。严格地说，宰辅专政制这个说法并不理想，本应叫作"中央集权"。但鉴于现有的中央集权的提法，已被用于形容中央与地方的政治关系。为了避免概念混淆，姑且如此称之。

在宋代，出现了那么多的权相，出现了那么激烈的党争，似乎都可以从这一时代觅得端倪。

历史就像一条奔腾不息的大河，在时空中流淌。虽说不可中断，却也是由经年累月的时光和一段一段的流域构成，各个时段都有其特色。因此，学者们对于历史也根据各个时期的特征进行了分期划段。在各种时代划分中，日本学者首先提出的"唐宋变革论"，在近年又重新引起了注目。这种注目，有赞同，有修正，也有批判。日本学者寺地遵就对"唐宋变革论"提出过如下质疑：

> 在内藤湖南提倡以来，唐宋之间是中国社会的一大变革期和转换点的见解，作为日本学者对中国史具有独创性的理解，引出了各种各样的话题。然而，通过观察宋代政权运行的整个历史，却很难说能够证明这种变革。……纵观宋代政权的诞生、发展、衰退、灭亡的全过程，它与唐王朝究竟有何不同？秦汉以来的皇帝官僚制是一个共同的框架，两者之间的社会发展在政治形态和政治运行上，又显现出哪些差异？对这样的问题，几乎没有研究加以回答。[1]

这的确是提出了一个难以回答的问题。我承认在唐宋之间中国社会发生了巨大变革。以前所发表的论文，作为不言自明的前提，在无形中接受先贤的学说，遵从"唐宋变革论"，来叙述宋代的时代特征。然而，我所理解的"唐宋变革论"，与历来的通说有一些不同之处，或者说略有修正。

在魏晋南北朝时期，门阀士族是政治舞台的主角，即所谓的"上

---

[1] 寺地遵，《宋代政治史研究方法试论》，载《宋元时代史的基本问题》。

品无寒门，下品无士族"①。这种门阀制度及其观念的残余一直影响到唐代。经历唐末五代的混乱，社会急剧动荡，较为彻底地荡涤了残存的门阀观念。比如到宋代就出现了"婚姻不问阀阅"②的局面。并且，政权像走马灯似的不断更替，紊乱了固有的政治秩序，打破了传统的政治结构。在这样的背景下，宋王朝逐渐形成了"与士大夫治天下"③的政治构造。这种士大夫政治，正是与魏晋南北朝时期的门阀士族政治及唐代的地域集团贵族政治的不同之处。如果宋代没有这样的政治形态，单从王朝的兴亡观察，的确与宋以前的王朝并无大的区别。

问题是，这种变革具体说来究竟起于何时？我认为正是开始于我所论述的宋真宗朝。

从后周时代起，中原地域的社会已经处于相对安定的状态。北宋和平的政权交替与江南的顺利接收，没有引发新的社会动乱，全国统一为经济带来了恢复和繁荣。这是太祖朝和太宗朝政治设计和政治实施的基础。

进入真宗朝，宋代以士大夫政治为特色的新的官僚政治开始真正形成。在宋朝建国前期的太祖、太宗朝，从中央到地方，政务几乎都由后周及江南诸国入宋的旧臣所把持。太宗朝开始扩大科举取士规模，常常有数百乃至上千的及第进士、诸科及特奏名走上仕途。加上以其他途径采用的官僚，十几年下来，宋王朝自己培养的士大夫逐渐取代了前朝旧臣，成为政治舞台的主角。

---

① 《晋书》卷四十五《刘毅传》。
② 《通志》卷二十五《氏族略》。
③ 《长编》卷二百二十一熙宁四年三月戊子条。此语虽是身任宰相的文彦博在熙宁四年对神宗说的，但反映的则是整个宋代士大夫作为一种强大势力业已崛起的客观事实。

正如"满朝朱紫贵，尽是读书人"①的诗所描写的那样，士大夫作为一个独立的社会阶层与政治势力获得了空前的成长。由于"取士不问家世"②，读书人只要耐得寒窗苦读，在机会基本均等的竞争之下，其中的出类拔萃之辈便能够脱颖而出，通过科举而跃入统治层，成为统治结构中的一分子。入仕后的多数士大夫，不再因难跳"龙门"而顾影自怜。恰恰相反，社会环境的改变，入仕的成功，"兼济天下"之志的再度激发，使他们以所投入的政权安危为己任，不再充当冷眼观世的局外人。这一切强化了一代士大夫的责任感与事业心。

伴随着科举规模的扩大，士大夫的身份角色由政权的雇用者转变为主人公。这种身份角色的转化带来了士大夫精神层面的变化。正如日本学者近藤一成指出的："作为士大夫官僚再生产装置的科举，并不仅仅是一种官僚选拔制度，它作为由唐宋变革而产生的新的中国世界的统合系统发挥着作用。应当从这一点着眼，来思考士大夫政治出现的历史意义。"③

意义还不仅仅止于科举的层面，士大夫政治也给社会结构带来了变化。儒学的"格物、致知、诚意、正心、修身、齐家、治国、平天下"所赋予的道德要求与政治理想，使士大夫在重视个人道德修养的同时，作为国家管理的演习，最初实施于家族管理。家族管理的好坏，关系到士大夫的行政能力。因此，同对国家抱有政治责任感一样，士大夫对家族也抱有强烈的责任感。从实际既得利益的角度看，确保子子孙孙的出人头地，确保官户等特权，是成功后的士大夫对家族应尽的义务。范仲淹为家族设立义庄，便出于这样的义务与诉求。

① 《贵耳集》卷下。
② 《通志》卷二十五《氏族略》。
③ 近藤一成，《宋代士大夫政治的特色》，载《岩波讲座·世界历史》第九《3至13世纪中华的分裂与再生》。

科举考试，表面上社会的多数人都可以参加，并且"一切以程文为去留"①，显示出前所未有的平等，但长期的应试准备，则需要有巨大的财力支持。这种支持有时候像赌注一样倾注在有前途的子弟身上。背负着全家族希望的子弟在成功之后，则必须向家族报恩。一代一代如此循环，从宋代开始，家族或宗族的根便深深扎下。存留至今的中国人的族谱，可以明确追溯根源的，几乎都始于宋代。这一事实也诉说着宋代士大夫及其家族的兴隆。

　　仅仅是家族内经营还不够，同有势力、有潜力的人结成婚姻关系，将优秀士人作为新鲜血液导入家族，士大夫间的互相联姻，结成人际网络，也是相当普遍的事实。因此，从宋代开始，形成了与魏晋南北朝的"士族"全然不同的新士族。有着农耕民族传统的中国人，家族意识相当浓厚。这是结成地域势力与政治集团的基础之一。士大夫之所以是一个强有力的阶层，还在于其拥有巨大的人际网络。这是由婚姻、师生、同年、同乡、同僚等纽带而结成的复杂而广泛的网络。

　　此外，在官僚任用上，较之恩荫等出身者，重用科举出身者的举措，也是出于让士大夫阶层永远由精英引领的政治设计。寺地遵说，"宋王朝权力体的基本主体运作者是科举合格者层"。在我看来，士大夫阶层是较之科举合格者层更为广泛的社会阶层。从宋代真宗朝开始，以士大夫政治为特色的政治体制形成，在此基础上，中央政治运行进入了宰辅专政的时代。在这样的政治气氛之下，进入仁宗朝，政治变革更进一步带来了精神层面的变革。

---

① 《老学庵笔记》卷五载："本朝进士，初亦如唐制，兼采时望。真庙时，周安惠公起，始建糊名法，一切以程文为去留。"据此可知，凸显科举制公平的"一切以程文为去留"，亦始自真宗朝。

三 "首蒙大用"

李沆于太平兴国五年（980）举进士甲科，授将作监丞、通判潭州，任内以郊祀恩迁官太子右赞善大夫。在通判潭州时，转运使赵昌言"谓其有台辅之量，表闻于朝"[①]。而当时长沙守何承矩也"厚待之，以为有公辅器"[②]。相对皇帝来说，士大夫官僚整体可以视为一个阶层。而这个阶层内，又由于各种利益关系、出身及政见，划分为不同的集团。同一集团的人互相汲引已属常事。李沆入仕后，很幸运地得到前辈官僚的汲引，对其以后的升进，可以说起到不小的作用。

太平兴国八年（983），任满还朝，转著作郎。李沆的政绩或才干，加之关系网背景下的舆论褒扬，使其名已为太宗所知。正如杨亿撰写的墓志铭所言，"稔熟于上听，喧塞于公议"。因而，"中谢日，太宗命中贵人送丞相府试文一通，以本官直史馆，赐五品服"[③]。《宋史》本传对此事的记载是，"相府召试约束边将诏书，既奏御，太宗甚悦，命直史馆"[④]。不管怎么说，李沆首先是以文才见知于太宗的。

此后过了三年，雍熙三年（986），右拾遗王化基上章自荐。对于非正常继统的皇帝来说，怕的是士大夫们不合作。如果有人伸手要官，则是正中下怀。因此，对于王化基的自荐，太宗很高兴，对宰相说："化基自结人主，诚可赏也。"这时，太宗还想起了在文才上给他

---

① 《宋史》卷二百六十七《赵昌言传》。
② 《宋史》卷二百七十三《何承矩传》。
③ 杨亿所撰李沆墓志铭《李公墓志铭》载《武夷新集》卷十。
④ 本章所述李沆事迹未注明出处者，见《宋史·李沆传》。

留下很深印象的李沆和宋湜。就说："李沆、宋湜皆嘉士也。"于是，让中书一并召试三人。然后，三个人都被授以右补阙、知制诰。在这三个人中，看来太宗还是最赏识李沆。由于李沆官阶最低，所以同是知制诰，他排在最后。太宗特地把他升到最前边。在"各赐钱百万"之后，"又以沆素贫，负人息钱，别赐三十万偿之"①。

太宗这次可以说是唯才是举。因为他在任用知制诰上是有过教训的。《长编》在上述三人被任命为知制诰后记载：

> 上尤重内外制之任。每命一词臣，必咨访宰相，求才实兼美者。先召与语，观其器识，然后授之。尝谓左右曰，词臣之选，古今所重。朕早闻人言，朝廷命一知制诰，六姻相贺，以谓一佛出世，岂容易哉！郭贽，南府门人，朕初即位，因其乐在文笔，遂命掌诰。颇闻制书一出，人或哂之。盖其素乏时望。业已进用，朕亦为之报颜。然亦终不令入翰林也。

此后，太宗一直对李沆赏识信任有加。雍熙四年（987），他与翰林学士宋白同知贡举。由于宋白把关过严，大部分举子落榜，致使"谤议蜂起"。但所有的"谤议"都是冲着主持了三次贡举的宋白去的，史载"时知制诰李沆亦同知贡举，谤议独所不及"②。此后不久，李沆反而被升官为职方员外郎，并且"召入翰林为学士"。过去太宗不让郭贽成为翰林学士，而对李沆则提拔得相当快。

淳化二年（991），翰林学士李沆被任命为同判吏部流内铨，同时，翰林学士贾黄中、苏易简也被任命为干当差遣院。《长编》说

---

① 此段引文见《长编》卷二十七雍熙三年十月庚子条。
② 见《长编》卷二十九端拱元年闰五月壬寅条。

"学士领外司自此始也"①。通过自己的秘书官来掌管人事，这恐怕是太宗试图掌控任官权的一种努力。对于这项兼职，墓志铭说李沆"掌选部，澄汰流品，旌别淑慝，清通简要，时誉归之"。

李沆担任翰林学士，为他进一步深结太宗提供了绝好的机会。墓志铭在叙述李沆的这段经历时说："公之在内署也，或乙夜观书之余，备前席受厘之问。风规蕴藉，占对娴雅，弼违献可，上多沃心，称善举能，言皆有味。"从墓志铭的记载看，李沆在交结君主之际，也并不是一味奉承，而是时刻履行着宋代士大夫的责任，不忘"风规"教育君主。

李沆担任翰林学士期间，为他与太宗之间密切的君臣关系打下了重要的基础，使他深深受知于太宗。"天子知其才可以缉熙帝载，察其德可以镇厚风俗，乃有意于大用也。"②不仅仅是才华，就连风度气质，也为太宗所欣赏。"沆初判吏部铨，因侍曲宴。上目送之曰：李沆风度端凝，真贵人也。"果然，"不数月，遂与（贾）黄中俱蒙大用"。李沆在以翰林学士兼任同判吏部流内铨的同一年，就顺利地进入了中央政治中枢的决策层，担任相当于副宰相的参知政事③。对于几乎没有什么地方官经历的李沆来说，这种晋升是相当快的。

在参知政事任上，李沆干了整整两年，淳化四年（993）十月，罢守给事中本官。这次罢政，不独是李沆一个人，而是几乎整个执政集团的旧有成员全部大换班。从宰相李昉到参知政事贾黄中、同知枢密院事温仲舒全被罢免。留任的只有在六月刚刚任命的参知政事吕端、知枢密院事柴禹锡、同知枢密院事刘昌言。同时还再度任命吕蒙

---

① 见《长编》卷三十二淳化二年闰二月己丑条。

② 见李沆墓志铭。

③ 以上引文及所述事实，见《长编》卷三十二淳化二年九月己亥条。

正为相，赵熔、向敏中为同知枢密院事，苏易简为参知政事。而后又任命赵昌言为参知政事，再度出任执政①。

这次执政集团大换班，表面原因是由于当时连绵阴雨百余天，形成涝灾。传统的看法是，以宰相为首的执政集团除了行政工作，还有调节天人关系的职责。因而，发生自然灾害，当然就要归咎于他们的失职。

现在看来，以这种理由来罢免政府首脑，不免有些荒唐。但透过荒唐，我们何尝不可以看到这也是一种"神道设教"在政府首脑身上的运用呢？就是说，所谓的天灾不过是一种政治斗争的借口。以此为借口，在野的敌对政治势力则可以发动对执政的政治集团的合理攻击。因此，可以说政治斗争才是导致执政集团大换班的根本原因。这方面，我们从翰林学士张洎对太宗说的一番话中可以窥见一斑。他说："昉因循保位，近霖淫百余日，陛下焦劳惕虑，忧形于色，昉居辅相之任，职在燮理阴阳。乖戾如此，而昉宴然自若，无归咎引退之意。"②这里，张洎以冠冕堂皇的理由对李昉进行的攻击，可以说是代表了一定政治势力发言。而参知政事贾黄中则早就成为被攻击的对象。史籍记载他"在中书畏慎过甚，政事颇稽留不决"，因此为人所指责，"时论弗许之"③。"时论"也就是舆论。舆论者也，虽有不含背景自然发生的，但更多的还是人为制造的。

至于李沆罢政的原因，不管是否受舆论评价贾黄中的影响，总之，理由也同贾黄中一样，用太宗的话说，是"黄中等循默守位故罢谪"④。这里的"等"自然包括李沆在内。其实，李沆罢政，除此之

---

① 上述宰辅任免见《宋宰辅编年录》卷二。

② 见《长编》卷三十四淳化四年十月辛未条。

③ 见《长编》卷三十四淳化四年十月辛未条，又见《宋宰辅编年录》卷二。

④ 同上。

外，似乎还有别的原因。

是年六月，张齐贤罢相。罢相的原因，就与李沆有关。史载，"先是，殿中丞朱贻业，参政李沆之姻，与诸司副使王延德同监京庾。延德托贻业白沆求补外官。沆以语齐贤，齐贤以闻。太宗曰：延德尝事晋邸，不自陈而辄干执政。遽召见责之。延德言未尝有请。遂召齐贤质之。齐贤言得于贻业。而贻业不以实对。齐贤不欲援沆为证，乃自引咎。由此太宗疏之，遂致罢相"[1]。对这件事，太宗恼火是有其理由的。这个以不正常的方式即位的皇帝，最忌讳的是官僚间的结党，这会对他的地位造成威胁。他希望的是，每个官僚都巴结他，用他的话来说就是"自结人主"。不过，官员们则觉得有时候走宰相与执政们的后门，对于升迁调转似乎更为直接有效。这大概是太宗尚没有明确意识到的事。

士大夫作为一个强大的势力阶层，以科举为纽带在宋代已经形成。而以此为基础的宰相集团，则是这个阶层的中坚。虽然不是在名义上，但在实质上，有时整体的力量要强于君主个人的力量。

太宗不是白痴，张齐贤虽然没有说出李沆的名字，但这并不等于太宗就不知道事情的原委底细。他虽然欣赏李沆，直至罢参政为止也未提过李沆的名字，保全了李沆的面子。但太宗心里未尝不存有芥蒂。因此，在六月张齐贤罢相过了一段时间，借李昉罢相之机，连同李沆也罢免了。

不过，对这批执政的罢免，在方式上比较温和，没有贬往外地，仍然被留在朝中，"以本官罢，奉朝请"。因此，我猜测，这次李沆等人的罢免，除了有一定的党派斗争的背景，还与太宗想另换一批人马来刷新政治有关。两方面因素的合力形成了这次李沆等人的罢免

---

[1]《宋宰辅编年录》卷二。

结局。

由于太宗对李沆等人并没有特别的恶感，因此这批人很快就得到了不同形式的重用。拿李沆来说，在罢政不久，即赶上母亲去世丁忧。但没过多久，就被"优诏起复"。在"辞不得请"的情况下，被任命"以本官知升州"。但太宗在召见李沆时，君臣间一番谈话之后，"天子留而不遣，改命知河南府，兼留守司事"，"才及满岁，召归阙庭"①。就是说，李沆在除京城外的最重要的地区河南府也仅仅刚做了一年地方官，就被召回中央，委以了名副其实的继往开来的重任。即于至道元年（995）八月，与李至同兼太子宾客，辅导未来的君主。《长编》卷三十八至道元年八月癸巳条载：

> 以尚书左丞李至、礼部侍郎李沆并兼太子宾客，见太子如师傅之仪，太子见必先拜，动皆咨询。至等上表恳让。诏不许。至等入谢，上谓至等曰："朕以太子仁孝贤明，尤所钟爱。今立为储贰，以固国本，当赖以正人辅之以道。卿等可尽心调护，若动皆由礼，则宜赞成。事或未当，必须力言，勿因循而顺从也。至如礼乐诗书之道，可以裨益太子者，皆卿等素习，不假朕多训尔。"至等顿首谢。

皇子元侃，即后来的真宗，实际上是太宗所立的第三任太子。第一任准太子为长子元佐。因反对太宗在篡位后迫害秦王廷美，被太宗废为庶人②。第二任的既定太子为次子元僖，后来因失宠于太宗，父子关系相当紧张，几乎到了兵戎相见的地步。最后病死时，被诏罢册

① 见李沆墓志铭。
② 《宋史》卷二百四十五《汉王元佐传》。

礼，其宠妾被太宗下令缢死，左右的人也被下狱①。这两次拟立太子的经历，对本来就心胸狭窄的太宗刺激很大。使得他对这个问题特别敏感，讳莫如深。在其晚年，正如前面曾引述过的史料所载，"冯拯等上疏乞立储贰，帝怒，斥之岭南，中外无敢言者"。后来，在寇准的推荐下，才在病重的情况下不情愿地立了第三子元侃。但当他听到人们称太子为"少年天子"时，也好一阵不高兴。对寇准抱怨说，"人心遽属太子，欲置我何地"。亏得寇准左劝右劝，才勉强接受了现实。

太宗把二李作为正人加以选择，委以辅佐太子之重任。让李至、李沆以"礼乐诗书之道"来教育太子，这也反映了这个半个武夫出身的"亚开国皇帝"对传统的政治道德规范的认同和归心向化。对此，我认为是整个官僚层，特别是历届执政集团共同在有形无形之中对君主耐心改造的结果。当然，也是在这样的过程中太宗自律性逐渐增强的表现。

元侃在这样的背景下，在这样的父皇手下为太子，自然是战战兢兢，如履薄冰。而太宗则接受前两次的教训，决心对太子严加管束。他顺水推舟，接受太子的请求，让太子对李至、李沆事以师傅礼，每见必拜。这等于从一开始就打掉了这个未来天子的自尊心。并且，"动皆咨询"，一举一动都要请示这两个师傅。同时，太宗让李至、李沆以"礼乐诗书之道"来教育太子，使之将来在传统的政治道德规范之内，谨行为君之道。

太宗的这些做法，对未来的真宗产生了相当深远的影响，使得他还未即位便已失去了其父辈那种创业君主的强权势态，变得谨小慎微，过于自律，而在即位后也难在大臣面前挺直腰身。这种来自君主

————————————

① 《长编》卷三十三淳化三年十一月丙辰条正文及注。

自身的原因，为宋代中央政治从正常继统的首位皇帝真宗开始真正走向宰辅专政化打下了基础。

对李沆来说，在太宗后期出任太子师傅，则为其交结新君创造了最为有利的条件。因为无论从惯例来看，还是从君臣的个人关系来看，历朝新君即位，总是一朝天子一朝臣，而且，总是优先采用潜邸旧僚。

四 太子之师帝王友

至道三年（997）三月末，太宗驾崩，真宗即位。即位后，在《长编》中记载的第一项人事任命，就是任命他的两个太子宾客为参知政事，加入决策中枢。真宗这样做，无疑首先是从巩固自己的地位、加强自己的决策参与力度方面着想的。这表明，已届而立之年，并不年幼的真宗，从已有的政治观察和实践中，充分认识到了以宰相为首的执政集团的重要性。这是一个大到可以干预皇帝废立，小到无所不统的强大的权力机构。皇帝若想巩固地位，强化权力，只有选择与执政集团合作，而不能是对立。这一点，对于并非靠打江山起家的正常继统的真宗来说，尤为重要。因此，他对执政集团的成员毕恭毕敬。《长编》卷四十一至道三年（997）六月甲辰条载："上居忧日，对辅臣于禁中，每见吕端等，必肃然拱揖，不以名呼。端等再拜而请。上曰：公等顾命元老，朕安敢上比先帝。又以端肤体洪大，宫庭阶梯颇峻，命梓人为端纳陛。"而对李沆、李至，由于曾任前朝参政，又曾事以师傅礼，每见必拜，所以现在尽管做了皇帝，也还是恭谨有加。

尽管李沆在太宗朝曾担任过两年参知政事，但对于他的政治生涯来说，这不过是一种高层政治运作的演练。太宗朝的政治环境与真宗

宋真宗手迹

朝完全不同。在太宗朝，是一种强权政治下的君臣合作，君臣之间还时有改造与反改造的冲突。到了真宗朝，则开始了弱势君权下的君臣合作。官僚层对于正常即位的君主不存在改造的问题，而是如何塑造和引导的问题。

真宗即位不久，在宋代历史上首次设置翰林侍读学士一职，反映了官僚层对塑造和教育君主的重视。当然，也反映了君主有向学之意。《东都事略》载：

> 讲读之职，自唐有之。五代以来，时君右武，不暇向学，故此职亦废。太宗崇尚儒术，尝命著作佐郎吕文仲侍讲，寓直禁中，然名秩未崇。真宗奉承先志，首置此职，班秩次翰林学士，禄赐如之。①

在《长编》卷三建隆三年二月壬寅条记载"上谓近臣曰：'今之武臣，欲尽令读书，贵知为治之道。'近臣皆莫对"之后，李焘在注中引李沆等人的评说说："史臣李沆等曰：昔光武中兴，不责功臣以吏事。及天下已定，数引公卿郎将讲论经义，夜分乃罢。盖创业致治自有次第。今太祖欲令武臣读书，可谓有意于治矣。近臣不能引以为对，识者非之。"这段话反映的是李沆等宋代士大夫的见解，表面上

---

① 《东都事略》卷三十七《夏侯峤传》。

是针对武臣是否应该读书引发的议论，实际上另有深意。

作为人臣，最头痛的是君王不守为君之道，任意妄为。而人臣又不具有限制君王的绝对权力，强行制止只会引起君臣间不愉快的冲突。因此，在士大夫们看来，最有效的办法是唤起君王的自制意识。而这种自制意识的形成，则在于长时期的引导和熏陶。方法之一就是引导君王读书，让君王对儒家的为君之道归心向化，这样才会行不逾矩。在宋代，这种帝王教育，对非文化人出身的太祖、太宗和首位正常继统的真宗来说，尤有必要。在这里，既然太祖提出了读书的事情，则是诱导君王的绝好机会。因此，李沆对"近臣不能引以为对"，极不以为然，用"识者非之"进行了批评。

李沆所在的执政集团，在"大事不糊涂"的前朝宰相吕端的率领下，开启了真宗朝的政治运作。不过，吕端这个对真宗有拥立之功的宰相，在真宗即位一年半之后就因病恳辞引退了。他主政时，真宗"召端等访以军国大事、经久之制，端陈当世急务，皆有条理"[1]。

继吕端之后，谁来任相？这不仅有不同政治势力之间角逐的问题，还关系到今后的执政路线，以及与君主如何共处。由于吕端不是因获罪被罢，因此他在继任者问题上是有发言权的。尽管没有史料表明是他向真宗推荐了李沆。但我们完全有理由相信，如果吕端想要维护自身集团利益，并且不改变政策路线，他是会推荐与他合作得还算愉快的李沆的。反之，吕端如果从中作梗，真宗纵使有心任命，恐怕也难以实现。

从真宗的角度看，他对继任者则首先会属意曾是他的潜邸师臣的参知政事李沆与李至。但因李至也于吕端罢相的同一天"以目疾解机务"，罢参知政事，唯一的选择只有李沆。君臣两方面的综合因素，

---

① 《长编》卷四十一至道三年七月乙丑条。

便决定了由李沆来继任宰相。但与吕端在真宗即位前后单独任相不同的是，这次同时还任命了张齐贤为相，并且是首相①。

张齐贤曾任太宗朝宰相。真宗之所以重新起用，大概是觉得李沆资望尚浅，不足以服众。所以把张齐贤这个前朝元老请出山，作为一种过渡。同时，因张齐贤在太宗朝为相时，曾回护过当时作为参知政事的李沆。史籍说"事涉干请，而辞连参知政事李沆，齐贤独任其责，物论美之"②。由于有这样的背景，无论是真宗还是执政集团，都毫无疑问地认为二人会合作得很好。因此，建立了张、李主政体制。尽管张、李二人共相，合作得并不协调，但这也是后话。总之，从此，李沆在权力金字塔的顶端，开始了一番平平静静却意义深远的作为。

五 "总文武大政"

真宗即位以来，一直面临着来自北方契丹的威胁。咸平二年（999）末，面对契丹的进攻，真宗首次亲征。当此即位时间不长之时，应当说最令真宗不安的是，离开京城后，会不会有被太宗废黜的楚王元佐或其他兄弟被拥立篡位这样的问题。因为真宗即位之际便有些争议，所以，借某种机会将他取而代之，并非一点可能都没有。大概是出于这样的考虑，真宗亲征时，在辅佐他即位的宰相吕端不在相位的情况下，选择了曾为自己老师的现任宰相李沆来担任东京留守，而没有选择同为宰相、资格老于李沆的张齐贤。理由很简单，张齐贤

①　上述宰执人事变动，参见《宋宰辅编年录》卷三。
②　《宋宰辅编年录》卷二。

同真宗的关系，远不如李沆同真宗密切。《长编》卷四十六咸平三年正月庚子条载："李沆为东京留守，不戮一人，而辇下清肃。"《宋史》本传载："会契丹犯边，真宗北幸，留沆留守，京师肃然。真宗还，沆迎于郊。命坐置酒，慰劳久之。"真宗对李沆"慰劳久之"，不难想象，里面包含有对他为自己守护皇位的感激。

宋因五代之制，于中书之外，又设枢密院主兵。由于"三省、枢密院不同班进呈，以是事多不相关白"，所以有"枢密院调发军马而三省不知，三省财用已竭而枢密院用兵不止"的状况发生[1]。宋初的君主这样做，无疑是想把军权牢牢抓在自己手中，但未曾料到后来会出现上述弊病。

到了真宗时代，这个并非强权的皇帝，也许既没有强烈的揽权欲望，又不敢承担军事失败的责任，所以，他对军事方面的事情，总是让宰相及中书的执政也参与。比如，对应否修筑绥州城用来屯兵积谷，真宗就召开中书、枢密院联席会议来讨论[2]。对是否放弃灵州，也征求李沆等人的意见[3]。对河东转运副使郑文宝的令强壮户市马以备征役的建议，真宗也召开中书、枢密院联席会议来讨论，最后听从了李沆等人的意见[4]。

宋初两代皇帝，皆军人出身，所以每遇战事，常常拟定阵图，即作战方案，交给将领执行，由于太祖谙熟军事，所以还没什么大问题。到太宗朝，这种做法已屡见弊端。尽管真宗遵照惯例，根据枢密院的意见拟定阵图，但他实在是没有把握，在交给将领执行之前，还是首先详细征求李沆等人的意见。他说："朕虽画此成谋，以授将帅，

---

① 《建炎以来系年要录》卷八十六绍兴五年闰二月乙卯条。
② 《长编》卷五十咸平四年十二月丁未条。
③ 《长编》卷五十咸平四年十二月丁卯条。
④ 《长编》卷五十四咸平六年六月己未条。

尚恐有所未便，卿等审观可否，更共商榷。"①除了商量阵图，其他有关军事方面的事情，真宗也几乎都同李沆等中书执政相商。如河北边军的屯田、防秋等事②。尽管中书、枢密院在执务方面有明确分工，但主要负责政务的中书，在李沆为相时，事实上已相当多地参与了军事方面的决策。因此，中书预兵事，在真宗朝便成了一种惯例。

无论在任何时代、任何地区，惯例一旦形成，就像一架滚动着的车子，想要使其停下来很困难，非得使用制动闸不可。但在通常情况下，不到万不得已，是不会也没必要使其强制停止的。这样，就只能随着其滚动。而伴随着滚动的加速度增大，其滚动的速度也越来越快。宋代的许多所谓"祖宗法"，实际上就是最初某个人在某件事上开了先例，从而形成的惯例。然而，人们在自己开创的惯例面前，往往显得无能为力。这与地位无关，无论是帝王，还是大臣，都难以抗拒惯例，在多数情况下，只能顺从惯例。这不仅是力学上的惯性抵抗问题，更是现实的惯性抵抗和人们心理上的惯性抵抗问题。人们对陌生事物的本能排斥，对熟悉事物的亲切与认同，都是使加速度增大的原因。因而，形成越久的惯例，也就越难改变，正所谓"积习难改""积重难返"。因此，人们在法律之外，对惯例亦极为重视，尤其是在重视"祖宗法"的宋代。同样是惯例，也有正负两种，即有正面效应的惯例和有负面效应的惯例。在政治上，不同集团站在不同立场上，总是设法开创对己方有利的惯例，对已形成之惯例，也往往设法朝着于己有利的方向做某种微调。

中书的宰相、执政参与军事，不仅对于强化执政集团的权力有利，也符合整个王朝的总体利益。因此，无论皇帝还是宰相都乐于为

---

① 《太平治迹统类》卷四。
② 《长编》卷五十五咸平六年八月甲戌条、九月甲子条，卷五十六景德元年五月丁丑条。

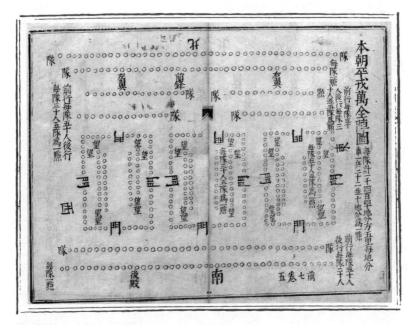

宋太宗《平戎万全阵图》（《武经总要》前集卷之七）

目前传世的宋朝御制阵图中最著名的一幅，即赵光义所作《平戎万全阵图》。根据记载，该阵以三个各周长20里的步兵方阵为核心，"前锋""殿后""左翼"和"右翼"四部骑兵为辅助。全阵共需要步兵110280人，骑兵30650人，用作防御的大车1440辆。这个阵一旦展开，其正面将达到17里。

之。《长编》卷五十七景德元年九月丁酉条载："上每得边奏，必先送中书。谓毕士安、寇准曰：'军旅之事，虽属枢密院，然中书总文武大政，号令所从出。向者李沆或有所见，往往别具机宜。卿等当详阅边奏，共参利害，勿以事干枢密院而有所隐也。'"从这条史料可见，在李沆去世后，真宗依然遵循李沆在世时的惯例，让中书过问军事。他为了打消毕士安、寇准两个继任宰相的顾虑，专门举了前任宰相李沆的例子。并且，用"中书总文武大政"的说法，为中书主兵在名义上正了名。从此，中书主兵便成为名正言顺之事。

在此之后的仁宗时代，宰相兼任枢密使，其在"祖宗法"方面的根据，亦当源于此。而仁宗时代宰相兼任枢密使的成例，又为南宋政权所援引，终成不易之制。就真宗朝来说，我们可以想象，如果没有李沆开创的中书主兵的成例，在李沆死后不久的澶渊之盟时，寇准以宰相的身份大刀阔斧地主持军政，就会显得名不正言不顺。

六　"最得大臣体"

作为官僚阶层代表的宰相李沆与作为皇权代表的真宗之间的关系，基本上可以说是一种颇为协调的合作关系。能够建立和保持这样的关系，自然既有前述的两人关系的历史背景，又有共政共处中的互相维护。君臣关系的好坏，应当说是一个政权的政治是否正常和能否稳定的标尺。在历史上固然有权臣独裁形成的相权强盛，但更多的表现形式则是倚托于皇权的宰辅专政。

前面说过，是真宗与执政集团共同选择了李沆。所以，真宗处处注意维护李沆的威望。咸平二年（999）春，真宗因干旱诏中外臣庶直言极谏："时有上封指中书过失请行罢免者，上览之不悦，谓宰相曰：'此辈皆非良善，止欲自进，当谴责以警之。'李沆进曰：'朝廷比开言路，苟言之当理，宜加旌赏，不则留中可也。况臣等非材，备员台辅，如蒙罢免，乃是言事之人有补朝廷。'上曰：'卿真长者矣。'"①当李沆和张齐贤上表要求宰相朝会立班"序位于诸王下"时，真宗专门下诏，"以先朝定制，不许"②。

由于李沆在真宗即位前曾做过真宗的太子宾客，所以，真宗一直

①《长编》卷四十四咸平二年闰三月己丑条。
②《宋会要辑稿》帝系二之八。

事以师傅礼。真宗即皇帝位后，史籍记载也是"上雅敬沆"①。处于这样一个有利的地位，出于宋代士大夫所特有的责任感，李沆时刻不忘继续塑造、教育这个已过而立之年的首位正常继统的皇帝。

限于宗法关系，一般说来，除非面临万不得已的非常事态，作为人臣，是没有权力罢免皇帝的。与其同皇帝对立，不如因势利导改造教育皇帝，从而左右皇帝。这当然是最聪明的做法。

真宗是在和平环境下，接受正规的帝王教育成长起来的新一代皇帝。在真宗身上下功夫，可以说是从头做起的塑造。这是一种平平静静的作为。但对于后世所带来的意义，并不亚于寇准在澶渊之盟之际叱咤风云的作为。

《元城语录解》卷中载：

> 李丞相每朝谒奏事毕，必以四方水旱盗贼不孝恶逆之事奏闻，上为之变色，惨然不悦。既退，同列以为非，问丞相曰："吾侪当路，幸天下无事，丞相每以不美之事，以拂上意，然又皆有司常行不必面奏之事，后幸已之。"公不答。数数如此。因谓同列曰："人主一日岂可不知忧惧也，若不知忧惧，则无所不至矣。"

这里的同列，包括当时任参知政事的王旦，因为有的史籍记载是李沆回答王旦的话。其记载如下："上之初即位，沆日取四方水旱盗贼奏之。参政王旦以为，此细事不足烦圣听。沆曰：'人主少年，当使知人间疾苦。不然，血气方刚，不留意声色犬马，则土木、甲兵、祷祠之事作矣。吾老，不及见，此参政他日之忧也。'沆没后，真宗

---

① 《长编》卷五十六景德元年六月丙戌条。

朝陵展礼，封山行庆，巨典盛仪，无所不举。且为相，每思沆之言，叹曰：'文靖，圣人也。'时号'圣相'云。"同时还记载："时西北用兵，边奏日耸。便殿延访，或至旰昃，弗遑暇食。（王）旦慨然谓沆曰：'安能坐致太平，吾人得优游宴息乎？'沆曰：'国家强敌外患，足为儆惧。异时天下晏然，人臣率职，未必高拱无事，君奚念哉？'"①

真宗从做了皇太子那天起，就一直充满着危机感。当他坐稳了皇位后，那种时刻担心失去皇位的危机感逐渐减弱。这时，他的师傅李沆又不断向他灌输另一种危机感，即对社稷江山的危机感。为此，李沆倒是希望常常有强敌压境。由这种危机感出发，引导真宗关注国计民生，强化他的忧患意识。不断有危机感、有忧患意识压着皇帝，则易使皇帝对宰相与执政集团的意见言听计从。

后来的理学家刘安世在讲述李沆的这件轶事时，并没有去追寻李沆这种忧患意识产生的思想根源。曾担任过翰林学士和史官的李沆，其忧患意识，不仅仅是由现实生出，可以说还有历史的借鉴。尽管刘安世没有提及，但熟读经史的李沆，一定熟知柳宗元的《敌戒》：

> 皆知敌之仇，而不知为益之尤；皆知敌之害，而不知为利之大。秦有六国，兢兢以强。六国既除，讪讪乃亡。晋败楚鄢，范文为患。厉之不图，举国造怨。孟孙恶臧，孟死臧恤，"药石去矣，吾亡无日"。智能知之，犹卒以危。矧今之人，曾不是思。敌存而惧，敌去而舞。废备自盈，祇益为愈。敌存灭祸，敌去召过。有能知此，道大名播。惩病克寿，矜壮死暴；纵欲不戒，匪

---

① 《宋宰辅编年录》卷三。

愚伊耄。我作戒诗，思者无咎。①

观此《敌戒》，李沆的思想与之如出一辙。反映历史经验教训的柳宗元的《敌戒》，自然是李沆忧患意识产生的思想根源之一。

对李沆的做法，后来的理学家刘安世给予极高的评价。他说："本朝名相固多矣，然最得大臣体者，惟李沆丞相。"他列举了两件事来说明李沆得大臣体者之所在。一件是李沆说的"沆在政府，无补报国，惟四方所上利害，一切不行耳"。刘安世评价说："此大似失言，然有深意。且祖宗之时，经变多矣。故所立法度，极是稳便。正如老医看病极多，故用药不至孟浪杀人。且其法度不无小害，但其利多耳。后人不知，遂欲轻改，此其害纷纷也。"另一件事就是前面所引述的。刘安世总括评价说："惟此两事，最为得体。在汉之时，惟魏丞相能行此两事。……后之为相者，则或不然。好逞私智，喜变祖宗之法度，欲蔽人主，恶言天下之灾异。喜变法度，则纪纲乱；恶言灾异，则人主骄，此大患也。"②刘安世的评价，固然有影射攻击王安石变法的成分，但从稳定朝廷政策和防止皇权膨胀的角度看，自有其一定的道理。

李沆这种强化君主危机意识的做法，不仅刘安世评价很高，也影响到南宋，为士大夫所取法。在孝宗朝，"臣僚言：臣闻天之爱君，则时出灾异之证；臣之爱君，则时陈警惧之说。李沆事真宗，日取四方水旱盗贼奏之。或者以为细事不足烦上听。不知四方艰难之事不闻，则警惧之念有时而忘。忠臣爱君，正不当以水旱盗贼为细故而略

---

① 《柳河东集》卷一十九。
② 《元城语录解》卷中；《宋宰辅编年录》卷三；《五朝名臣言行录》卷二。

之也。"①连哄带吓，即是爱君，这不能不说是宋代士大夫的一种很特殊的解释。

一个王朝的政治运作，简单说就是君臣合作。但这种合作并不是均等合作，而是在以宰相为首的官僚层主导下的合作。所谓主导，又并非是在名分上的主导，因为在名分上皇帝居于金字塔的最顶端，至高无上。但自古以来，中国的政治思想家们已经逐步摸索出一整套软的和硬的限制君主暴政的理论。于是，在天子之上，就有了道理、法律、天道。官僚们即可以依据这些理论来对君主实行软的教育，启发其自律。如不奏效，则施以硬的强谏乃至将其废黜。实际上，在中国存在君主的时代，多数情况下，官僚们正是依据这些理论来左右名义上尊崇的君主，主导政治运作。

与多数士大夫一样，李沆除了以危机感和忧患意识来儆惧真宗，还运用历代士大夫常用的"神道设教"的方式，以天道来约束真宗。自做太子以来就处于弱势状态的真宗，颇为信神信鬼。这大概是无力改变现实的弱，转而求助于另一个世界，以期获得一种心理平衡吧。所以，以天道来约束真宗，显得特别有效。

《长编》卷五十五咸平六年十一月甲寅条载："有星孛于井鬼，大如杯，色青白，光芒四尺余，犯五诸侯，历五车入参，凡三十余日没。"对于这一自然天象，真宗诚惶诚恐，对宰相说："垂象如此，其咎安在？"李沆回答："陛下修德布政，实无所阙，第恐分野有灾耳。"对李沆这样的解释，真宗并未能释然。他说："朕德薄，致此谪见，大惧灾及吾民。密迩诞辰，宜罢称觞之会，以答天谴。"对于真宗如此笃信天象，连生日都不敢过了，李沆自然高兴。他连忙赞扬真宗说："星文变异，陛下克禁天戒，此甚盛德也。"

---

① 《宋会要辑稿》职官七八之五八。

仁宗时的宰相富弼就说过："人君所畏惟天，若不畏天，何事不可为者！"富弼认为，如果君主不在乎天命，那么，"辅弼谏诤之臣无所复施其力"，即难以控制君主了①。富弼的认识可以说是当时士大夫们的共识。

除了借用各种方式来教育、约束真宗，在许多情况下，李沆还直截了当地拒绝或驳回真宗的一些要求。李沆的行为也明显起到了提醒真宗作为君主必须行不逾矩的作用。李沆性格温厚，不像后来的寇准那样咄咄逼人。但他由于曾是潜邸旧僚、太子宾客，背景比较特殊，所以，他的意见分量较重。对他颇为敬畏的真宗，即便是内心不甚愉快，也几乎是没有不接受的。

《五朝名臣言行录》卷二引《吕氏家塾记》载："公为相，真宗尝夜遣使持手诏问，欲以某氏为贵妃如何。公对使者自引烛焚其诏书，附奏曰：'但道臣沆以为不可。'其议遂寝。"这是一件很有名的事，为《东都事略》《宋史》等李沆的传记所广泛征引。手焚皇帝诏书，拒绝皇帝的提议，这可不是一般官僚有勇气能做得到的。

在人际关系上，人们或许大多都有过这样的体验，即对关系较为疏远的人，往往保持着比较客气的关系，但对较为亲近的人，即使偶尔做出一些过分的行为，对方也往往不以为忤。我想李沆之于真宗，就是这样的关系。在这样的君臣关系下约束君权，就自然具有一定的弹性，不至于引起因君主的自尊心受挫而出现的强烈反弹。

真宗有要求时，还要偷偷摸摸地去求李沆。反过来，李沆则很少偷偷摸摸地向真宗打"小报告"。对此，真宗问李沆曰："人皆有密启，卿独无，何也？"李沆回答："臣待罪宰相，公事则公言之，何用

---

① 《宋宰辅编年录》卷七。

密启？夫人臣有密启者，非谗即佞，臣常恶之，岂可效尤！"①与太宗希望官僚们都主动"自结人主"一样，真宗也希望官僚们什么事都向他汇报，成为皇帝个人的私党。然而李沆作为宰相，站在执政集团的立场上，则不希望下面的人越过他来直接与皇帝发生联系。此外，李沆自然也有其顾虑。在党派斗争中，这种密启，犹如暗箭，会离间他和君主之间的关系。因此，他出于防微杜渐，痛斥进密启者"非谗即佞"，从一开始就不让真宗养成偏听偏信的习惯。

对真宗有些不妥当的提议，李沆有时显得很固执。《五朝名臣言行录》卷二引《金坡遗事》载："驸马都尉石保吉求为使相。真宗（原误作"仁宗"）以问公（李沆），公曰：'赏典之行，须有所自。保吉因缘戚里，无攻战之劳，台席之拜，恐腾物论。'他日，再三询之，执议如初，遂寝其事。及公薨数日，乃卒拜焉。"据《长编》卷五十六、五十七记载，李沆景德元年（1004）七月丙戌（四日）卒，八月丙子（二十三日）石保吉方拜为使相。可知石保吉拜为使相距李沆卒已相隔将近两个月，并非"数日"。由此看来，真宗还是颇为顾忌李沆的。李沆在世时，这项任命一直没能行得通。由"再三询之，执议如初"的记载，我们可以看到李沆固执强硬之一斑。李沆反对这项任命的借口，是"恐腾物论"，即恐怕招致舆论的非议。

除了天、道、法是限制皇权的有效手段，对于有一定自律意识的皇帝来说，士论即士大夫的舆论也是遏制皇权膨胀的有效方式之一。所以，官僚们总是设法引导君主重视舆论，顾忌舆论。有一次，由于京城地震，真宗同宰相李沆谈道："朝廷命令尤宜谨重，每出一令，舆人不免谤议，或稍抑之，又塞言路。"这时，李沆便顺势说："人之

---

① 《宋宰辅编年录》卷七。

多言固可畏也。"①让皇帝畏惧人言，不仅符合宰辅专权的需要，更符合整个官僚层的利益。

真宗对李沆的各种意见基本上都言听计从，但李沆对真宗则并非如此。在君臣关系上，宰相吕蒙正曾对太宗说过的"臣不欲用媚道妄随人主意以害国事"②，这也是李沆所恪守的原则。李沆神道碑说他"不喜诡随"，"执直无矫"，对君主"纳诲尽规，有犯无隐"。

在与西夏对峙期间，对位于前线的灵州，由于供给困难，有人建议放弃。真宗拿不定主意，"访于左右辅臣，咸以为灵州乃必争之地，若失之则缘边诸州亦不可保。上颇然之"。这时，如果李沆附和众议，也就君臣一致，皆大欢喜了。但李沆并没有这样做。史载，"宰相李沆奏曰：若迁（李继迁）贼不死，灵州必非朝廷所有"。意即放弃灵州势在必行，早放弃比晚放弃要主动。在中国传统思想中，皇天后土，向来把每一寸国土都看得分外重。因此，对李沆的意见，"上愕然曰：卿何独与众异也？"李沆回答："臣谓莫若发单车之使，召州将部分戍卒居民，委其空垒而归。如此，则关右之民息肩矣。"③

李沆主张放弃灵州，既是出于战略考虑，又是出于减轻西北军民负担的考虑。李沆的这种民本思想，我想既有传统儒家思想的影响，又与其自身贫困，入仕后仍负巨债的经历有关。史载其"尝喜读《论语》，或问之。沆曰：为宰相，如《论语》中'节用而爱人，使民以时'两句尚未能行之，圣人之言，终身诵之可也"④。李沆身居相位，节俭廉洁，也与上述影响与经历有关。《五朝名臣言行录》卷二引《温公训俭》载："公为相，治第于封丘门内，厅事前仅容旋马，

① 《长编》卷五十六景德元年正月丁未条。
② 《宋宰辅编年录》卷二。
③ 《长编》卷五十咸平四年十二月丁卯条。
④ 《长编》卷五十六景德元年六月丙戌条。

或言其太隘，公笑曰，居第当传子孙。此为宰相厅事诚隘，为太祝、奉礼厅事亦宽矣。"就是这样狭窄的住宅，《宋史》本传载其"至于垣颓壁损，不以屑虑"。

前面所述关于灵州弃否之争，《宋史》本传记载了结果："方众议各异，未即从沆言。未几而灵州陷，帝由是益重之。"本来，李沆在真宗那里就有威信，类似灵州之争的事情经历几次之后，真宗对李沆自然是"益重之"。李沆的发言权也就变得更为强有力。

李沆在官员任免上掌握着相当大的权力。在李沆为相之初，真宗问他"治道所宜先"，李沆回答："不用浮薄新进喜事之人，此为最先。"真宗让他举出具体人来说明，李沆说："如梅询、曾致尧等是矣。"后来，派曾致尧作为温仲舒的副手一同去安抚陕西。曾致尧"于阁门疏言仲舒不足与共事。轻锐之党无不称快，沆不喜也。因用他人副仲舒，罢致尧"[1]。而对梅询，真宗曾"欲命知制诰，李沆力言其险薄望轻，不可用"[2]。

李沆的同年进士寇准，最初"与丁谓善，屡以谓才荐于沆，不用"。可以说李沆是颇具知人之明的。对于李沆不对丁谓委以重任，寇准很不理解，跑去问李沆。李沆说："顾其为人，可使之在人上乎？"寇准问："如谓者，相公终能抑之，使在人下乎？"对于寇准的反问，李沆不置可否，只是说了句："他日后悔，当思吾言也。"后来，为宰相寇准所汲引的丁谓，果然把寇准迫害得远死瘴海之地。直到那时，寇准"始伏沆言"[3]。

《避暑录话》卷上载：

----

① 《宋史》李沆本传。
② 《宋史》卷三百零一《梅询传》。
③ 《宋史》李沆本传。

李文靖公沆为相，专以方严重厚镇服浮躁，尤不乐人论说短长附己。胡秘监旦谪商州，久未召。尝与文靖同为知制诰，闻其拜参政，以启贺之，历诋前居职罢去者云，吕参政以无功为左丞，郭参政以失酒为少监，辛参政非材谢病，优拜尚书，陈参政新任失旨，退归两省，而誉文靖甚力，意将以附之。文靖愀然不乐，命小史封置箧曰："吾岂真有优于是者？亦适遭遇耳。乘人之后而讥其非，吾所不为，况欲扬一己而短四人乎？"终为相，旦不复用。

真宗对李沆信任之深与言听计从的程度，从李沆死后多年还牢记李沆的话并恪守之，便可概见。《五朝名臣言行录》卷二引《东坡志林》载："或荐梅询可用。真宗曰，李沆尝言其非君子。时沆没二十余年矣。"对此，当时的士大夫们颇为感慨。"欧阳文忠（修）尝问苏子容（颂）云：'宰相没二十年能使人主追信其言，以何道？'子容言：'独以无心耳。'"苏轼接着议论道："轼谓陈执中俗吏耳，特以至公，犹能取信主上，况如李公才识而济之无心邪？"苏轼所提到的陈执中，在后来的仁宗朝也曾位至宰相。从李沆到陈执中，我们可以看到在君主信任下宰辅专政之一斑。

俗话说"人走茶凉"，又说"盖棺论定"。从李沆去世时真宗的反应与态度上，也可以看出君臣之间的亲密关系，已经到了无以复加的程度。《宋会要辑稿》礼四一之一五载："（景德元年）七月四日，幸宰臣李沆第临奠。先是，幸，问疾。既还，沆以不起闻。即日，复临奠，哭之恸。"恸者，哀之至极，大哭也。只有如丧考妣，才可能有如此之深的哀痛。接着，礼官奏："沆品秩虽应举哀，又缘国朝以来，惟赵普、曹彬曾行此礼。今来事系特旨。"为此，真宗"诏特择日举哀"。《宋会要辑稿》礼四一之七于此事之后云："自是宰相卒者用此礼。"李沆丧事在规格上创出的成例，也使后来的宰相借了光。而从李沆始，则反映了真宗与李沆不同寻常的关系。

君臣之间，由李沆创下的"第一"实在不少。比如，《宋会要辑稿》礼四五之三三载："咸平二年十一月八日，以南郊礼毕，宴近臣李沆第。自后，凡大礼毕，皆就私第赐会。"

君主信任是宰辅专政的基础与前提。而在真宗朝，可贵的是，对皇帝角色的定位，李沆等宰执大臣与真宗都比较明确。这里仅举一例。《宋会要辑稿》礼五五之一载：

> 真宗景德元年三月十五日，明德皇太后崩。十七日，宰臣李沆等上表，请听政。不允。十九日，再上表。二十一日，沆等诣万安宫门请对。帝号泣见之。沆曰："军国事繁，不可暂旷。愿以天下为念，早俞众恳。"于是，继上四表，犹不许。沆等复请对，言西北边屯重兵，机务不可暂滞。帝曰："梓宫在殡，四方之事，各有司存。所请听政，朕情所未忍。"

对于李沆等宰执大臣来说，皇帝对天下有着巨大的象征意义，不可或缺，所以，他们劝告真宗要"以天下为念"。因为，李沆等人的发号施令，离不开皇帝这颗橡皮图章。而真宗则认为，"四方之事，各有司存"。真宗的回答颇值得玩味。就是说，作为皇帝的他，听政不听政，都无关紧要，对正常运营的政务没有什么影响。而宰相正是"各有司存"的总首脑，所以，宰相总揽国政，强化权力，在真宗看来，亦是理所当然，并无不妥。

七　时人的评价与李沆的意义

与李沆同为太平兴国五年（980）进士的宋代名臣张咏，曾这样评论过他同榜中最杰出的几个人：

> 吾榜中得人最多，慎重有雅望，无如李文靖（沆）。深沉有德，镇服天下，无如王公（旦）。面折廷争，素有风采，无如寇公（准）。①

作为真宗朝名臣，张咏列举的三个人，极为妥当，当可为定论。但他评论李沆的主要特色是"慎重有雅望"，没有完全评论到点子上。李沆固然"慎重有雅望"，但这并不是李沆所特有的，而是任何时代的名臣都可能有的特征。倒是元代的《宋史》编撰者在《李沆传》后写下的"论赞"，我觉得较为近实。其曰：

> 宋至真宗之世，号为盛治，而得人亦多。李沆为相，正大光明，其焚封妃之诏以格人主之私，请迁灵州之民以夺西夏之谋，无愧宰相之任矣。沆尝谓王旦，边患既息，人主侈心必生，而声色、土木、神仙祠祷之事将作，后王钦若、丁谓之徒果售其佞。又告真宗不可用新进喜事之人，中外所陈利害皆报罢之。后神宗信用安石变更之言，驯致梦扰。世称沆为"圣相"，其言虽过，诚有先知者乎！

---

① 《五朝名臣言行录》卷二。

元人的论赞，在我看来，除了"请迁灵州之民以夺西夏之谋"一事是外交，其余均属内政，而且多是涉及君臣关系的事。从"格人主之私"，到"告真宗不可用新进喜事之人"，无一不是限制和告诫君主的行为。在真宗作为第一代正常继统的君主即位之始，李沆的这些行为，意义相当深远。他从开始担任太子宾客之时，便着手塑造新一代君主了。直到他去世为止，李沆一直没有停止对真宗的塑造与教育。这种塑造与教育既是刻意所为，又寓于言传身教的潜移默化之中。通过李沆的诸多行为，从第一代正常继统的君主开始，新的君臣关系得以定型，皇权得到定位。由李沆所形成的示范，在李沆死后的真宗时代，通过继任宰相王旦长达十多年的继续努力，得到充实完善，又通过"面折廷争"的宰相寇准，得到了加强。宋代的君臣合作下的宰辅专政，实由李沆肇始。

　　由此说来，李沆在当时被誉为"圣相"，虽然编纂《宋史》的元人有几分不服气，但洵非浪得虚名。从现存的记载看，"圣相"之称，较早见于主要生活于北宋后期邵伯温的《邵氏闻见录》卷七，说"当时谓文靖为圣相"。此后，"圣相"之称，被南宋人的《东都事略》《宋宰辅编年录》及元人所编的《宋史》引述。自古以来，可以称得上"圣相"的实在不多。孔子任相鲁国，被晏子称为"圣相"①，这是有关"圣相"的最早记录。在唐代，李商隐称裴度为"圣相"②。在宋代，李沆则为"圣相"第一人。此后，除了秦桧在专权时期被人佞称为"圣相"③，再无第二人。须知，在宋代常常说到"列圣相

---

① 《晏子春秋·外篇》。
② 《李义山诗集》卷上《韩碑》有句云"帝得圣相相曰度"。
③ 《能改斋漫录》卷十一《曾郎中献秦益公十绝句》。

承"，其"圣"是专指皇帝的。将李沆称为"圣相"，可以说是高到不能再高的评价了。我以为，当时人之所以予以李沆如此之高的评价，正是由于李沆所开启的士大夫政治背景下的宰辅专政。对这一点，宋人或许没有明确的认识，但也一定隐约地感觉到了，所以，方有如此之评价。

第二章

寻常作为，塑造皇权：

『平世之良相』王旦

一　平淡无奇的平世循吏

向来，政治舞台的聚光灯总是投射在少数名人和具有戏剧性的事件上，而对凡人常事则过于吝啬。王旦虽然贵为宰相，但在权相林立的宋代，名声并不显赫。他似乎既乏惊人的伟业，也无专横之恶名，平淡无奇，是典型的循吏，没有什么特别可书可写的。因而，后世的宋史学者也往往对其略而不论。然而，我以为，历史的长河并不总是波澜壮阔，更多的还是平静地流淌，平静地走过一程又一程。历史的绝大部分景观可以说都是平淡的，没有浓墨重彩。但平淡也是不应忽视的存在，平静地流淌往往铺垫着波澜壮阔。

就王旦而论，他主要活动于宋真宗时代。这并不是一个英雄时代。在这个时代，创业的君主们业已逝去，留给了宋代历史上第一位正常继统的宋真宗一个偌大的江山。较之在血雨腥风中创业，或许在莺歌燕舞中守成更难。而在已经确定的"与士大夫治天下"的基本框架之内，从第一位正常继统的皇帝开始，君臣关系如何定位，也不容回避地首先摆在这一时期的君主和宰相们面前，是启宋代君主独裁之滥觞，还是开宰辅专政之端绪，则关乎历史的走向。我们无法推测王

王旦像

王旦（957—1017），字子明，大名莘县（今属山东）人。太平兴国五年（980）进士。以著作郎预编《文苑英华》。宋真咸平年间累官同知枢密院事、参知政事，景德三年（1006）拜相，监修《两朝国史》。天禧元年（1017），因病罢相，以太尉掌领玉清昭应宫使。同年九月卒，赠太师、尚书令兼中书令、魏国公，谥号文正。像载《东沙筑塘王氏宗谱》，天全堂1946年木活字印刷。

旦和当时的宰相们是否有着明确的认识，但他们的实际行为，则确实把宋代政治推向了宰辅专政制的轨道，而不是人们通常所认为的君主独裁制。

在宋真宗在位的二十多年内，担任宰相长达十余年的王旦，被宋人誉为"平世之良相"[1]，其作用可以说是相当重要的。到目前为止，尽管在宋史学界对王旦尚鲜有专论，但我主要并不是想对其做人物褒贬论，而是意在分析其诸种行为背后所蕴含的意义及所产生的影响。

二 一朝宰相

在政务方面，皇帝日常接触最多的，就是与皇帝坐而论道的宰执大臣。为了清楚起见，尽管枯燥，我还是想把真宗在位二十六年间

---

① 《长编》卷九十天禧元年九月己酉条。

（997—1022）担任宰相的人名列表如下，以便概观俯视。

宋真宗朝宰相列表

人名	任相起讫	备注
吕　端	997—998	任相一年余。以疾免。前朝相。
张齐贤	998—1000	任相二年余。以朝会失仪免。曾任前朝相。
李　沆	998—1004	任相近六年。薨于位。自参政任，曾为太子宾客。
吕蒙正	1001—1003	任相二年余。以疾免。曾任前朝相。
向敏中	1001—1002	任相一年余。以违诏免。自前朝参政任。
毕士安	1004—1005	任相一年余。薨于位。自参政任。
寇　准	1004—1006	任相近二年。以事免。曾任前朝参政。
王　旦	1006—1017	任相近十二年。以疾免。自参政任。
向敏中	1012—1020	再入相近八年。薨于位。
王钦若	1017—1019	任相近二年。以事免。自枢密使任。
寇　准	1019—1020	再入相一年余。以事免。
李　迪	1020—1020	任相近半年。以事免。自参政任。
丁　谓	1020—1022	任相近二年。1022年真宗崩，仁宗即位后，以事免。自枢密使任。
冯　拯	1020—1023	任相近三年。仁宗即位后，以疾免。自枢密使任。

资料来源：此表据《宋史·宰辅表》编制。

从上表的统计看，真宗在位前期，李沆任相近六年，王旦任相最久，近十二年。与王旦同期稍后，向敏中再度入相亦长达近八年。此外，在王旦任相之前与之后，寇准合计任相约三年多。从真宗时代的全部历史看，在新君即位的调整适应期之后，王旦担任宰相期间，几乎贯穿了真宗作为皇帝的正常执务的全过程，而且其中有将近六年多是独自为相。王旦辞任病逝不久，真宗患病，处于神志不太清醒的状态。真宗朝政治也从此进入后期的混乱状态。因此，研究真宗一朝正常时期的历史，是绝对离不开王旦这个重要人物的。

三　三槐成荫

王旦幼时，其父王祐于自家庭院栽下三棵槐树，充满自信地说道："吾之后世，必有为三公者，此其所以志也。"[1]果然，几十年后，王旦为相长达十多年，位至三公之一的太尉。

考察王旦一生仕履，一帆风顺，为党争激烈的宋代政坛所少见。这种一帆风顺，有一部分可以说是其父为其铺就的。王祐在太祖朝位至知制诰，曾深得太祖信任。在太祖与太宗的明争暗斗中，被任命为权知大名府，实际上的使命是监视并伺机陷害太宗的岳父魏州节度使符彦卿。太祖向王祐暗示，事成之后，任命他为宰相。也许是他为人正直，也许是他具有政治远见，总之他并没有按太祖的旨意去做。还朝后，太祖追问他："汝敢保符彦卿无异意乎？"王祐回答："臣与符彦卿家各百口，愿以臣之家保符彦卿家。"又说："五代之君，多因猜忌杀无辜，故享国不长，愿陛下以为戒。"有辱太祖的使命，却还理直气壮，惹得太祖恼羞成怒，因而被贬，但符彦卿却免于获罪。由此，王祐虽然得罪了太祖，但却深深交结了后来的太宗。

传说王祐被贬，亲友送行时对他说，本来以为你会做到宰相王溥

---

① 《宋史》卷二百八十二《王旦传》。

的位置。他回答："某不做，儿子二郎者须做。"①二郎就是王旦。他特别器重这个儿子，曾预言说"此儿当至公相"②。因而，他不惜用身家性命做赌注，为儿子铺就前程。

此外，他还广泛交结，为王旦编织了一张颇大的关系网，这对将来王旦仕途的顺利起到相当大的作用。《宋史》卷二百六十九《王祜传》载："祜知贡举，多拔擢寒俊，毕士安、柴成务皆其所取也。后与其子旦同入两制，居中书。"《宋史》卷二百八十一《毕士安传》也载："（毕士安）凡交游无党援，唯王祜、吕端见引重，王旦、寇准、杨亿相友善，王禹偁、陈彭年皆门人也。"

社会是一张网，朋友的朋友往往可以成为互为党援、互为同盟的基础。这里的吕端为太宗末、真宗初的宰相，毕士安为真宗朝的参知政事，并先于王旦为相。寇准则从太宗朝起先后出任枢密副使、参政，并在真宗朝两度任相。陈彭年亦在王旦任相期间出任参政，而杨亿、王禹偁则是代王言的著名词臣。另外，真宗朝先为御史中丞、后为枢密副使的王嗣宗，史载其"以文谒王祜，颇见优待"③。真宗朝任知制诰的李若拙，史载其"举进士，王祜典贡举，擢上第"④。真宗时文坛名士柳开，"王祜知大名，开以文挚，大蒙激赏"⑤。文人李建中"为王祜所延誉，馆于石熙载第，熙载厚待之"⑥。《宋史》卷二百九十六《杨徽之传》载："徽之寡谐于俗，惟李昉、王祜深所

---

① 以上见宋人张镃撰《仕学规范》卷三十。按，"某不做，儿子二郎者须做"之语，较早见于《邵氏闻见录》卷六之记载。其中所误记之王祜仕履，已为李心传《旧闻证误》卷一所辨驳。然此处所记，王祜对王旦的器重当为属实。

② 《宋史》王旦本传。

③ 《宋史》卷二百八十七《王嗣宗传》。

④ 《宋史》卷三百零七《李若拙传》。

⑤ 《宋史》卷四百四十《柳开传》。

⑥ 《宋史》卷四百四十一《李建中传》。

推服。与石熙载、李穆、贾黄中为文义友。"上至达官贵人，下至一般文士，末至隐士常人，都可以成为王祜交结的对象。隐士李渎，"王祜典河中，深加礼待"，"王旦、李宗锷与之世旧"①。王祜知大名期间，甚至还有毫不相识的士人"闻王祜笃义"，专门赶去向他借钱②。真宗即位之初，即拜为参知政事的李至，也极为佩服王祜的为人，曾写过《五君咏》，其中就有王祜③。

或许是受其父的言传身教，王旦在入仕之后，也颇注意交结。《宋史》卷二百七十三《何承矩传》载："典长沙日，李沆、王旦为佐，承矩厚待之，以为有公辅器。"又《宋史》二百六十七《赵昌言传》载："昌言喜推奖后进，掌漕湖外时，李沆通判潭州，昌言谓有台辅之量，表闻于朝。王旦宰岳州平江，昌言一见，识其远大，以女妻之，后皆为贤相。"

种瓜得瓜，种豆得豆。入仕后的王旦，着实得益于父子两代经营的关系网不浅。观其仕履，王旦在太平兴国五年（980）进士及第后，除知平江县。在这里，王旦结识了当时任转运使的赵昌言，成了他的乘龙快婿。既是名臣之后，又是现任高官之婿，加之本人的品行，自然为人们所高看。紧接着，在知县任满后，监潭州银场时，又被郡守何承矩推荐到朝中担任著作佐郎，参与编修《文苑英华》这部大型类书。此后，王旦通判濠州，又被父子两代的旧交王禹偁所推荐，担任转运使。到了京师后，王旦因"不乐吏职"，经过召试后，任命为直史馆。逾年，拜右正言、知制诰④。可谓一帆风顺、直线上升。

---

① 《宋史》卷四百五十七《李渎传》。
② 《宋史》卷四百四十《柳开传》。
③ 《宋史》卷二百六十六《李至传》。
④ 以上所述王旦仕履，见《宋史》王旦本传。

澶渊城

笔者摄于澶渊之盟缔结一千年之际。

　　中国传统社会的政治，从根本上说是一种派系政治（factional politics）。政界的人物之间有着各种各样的表面的或内在的联系。正是这张网将王旦托起。当然，王旦的迅速崛起与其父王祜深结太宗有着极大的关系。

　　王旦任知制诰之后的表现亦不俗。《宋史》王旦本传载："钱若水有人伦鉴，见旦曰：'真宰相器也。'与之同列，每曰：'王君凌霄耸壑，栋梁之材，贵不可涯，非吾所及。'李沆以同年生，亦推重为远大之器。"这些人的言论，无异于为王旦的进一步上升制造着锦上添花的舆论准备。在人事任免上，无论是皇帝的钦命，还是大臣的专权，都不能无视舆论之可否。好的评价，作为重要的舆论基础，既是升任的保障，又促进着升任。而在派系政治之下，舆论也不是简单地自然发生的，往往是由一定势力为一定的目的暗中操纵和人为制造的。

后来，其岳父赵昌言出任参知政事，王旦不失时机地向太宗提出避嫌辞职的请求。这一行为更得到太宗的赏识，"嘉其识体"，改为礼部郎中、集贤殿修撰。而就在赵昌言罢参政出知地方的当天，王旦就被重新任命为知制诰，并且"令复班在知制诰之首"①，即为首席知制诰。到真宗即位前，王旦已官至兵部郎中②。在地位与资历上，此时的王旦已经具有了进入执政集团的条件与可能。作为新一代的执政大臣，已是呼之欲出。

四 "朕心所属"

至道三年（997），宋真宗即位。除了有佐立之功的前朝顾命大臣吕端继续任相，立即拔擢了潜邸旧僚事以师礼的李沆、李至。说起来，王旦与真宗之间，并不像其父王祐与太宗那样，有着特殊的关系。但是，此时的政治形势，对王旦很有利。吕端与王旦父子早有旧交。李至又极为敬佩王旦父亲的为人，曾经作文颂扬过。而李沆与王旦的关系则更为密切，他们同为太平兴国五年（980）进士，李沆颇为推重王旦。从前朝留任的同知枢密院事钱若水，也对王旦赞不绝口，目为有宰相器。同为同知枢密院事的向敏中也是王旦的同一榜进士。面对这样的一张网，刚刚即位又谨小慎微的真宗不可能不正视。并且，此时的人事调整，吕端等顾命元老有着相当的决定权。不管怎么说，王旦也被委以重任，担任中书舍人、翰林学士，替真宗代言，并且兼知审官院、通进银台封驳事。

---

① 《宋会要辑稿》仪制三之五。
② 《宋史》王旦本传。

除了与现任的执政集团有着密切的关系，真宗本人对王旦也是比较赏识的。《宋史》王旦本传载：“帝素贤旦，尝奏事退，目送之曰：‘为朕致太平者，必斯人也。’”真宗“素贤旦”，并不只是听到许多赞誉，而是有他的理由的，可以说是他平素观察的结果。欧阳修写的《文正王公神道碑铭》[①]就记载：“真宗即位，拜中书舍人，数日，召为翰林学士，知审官院、通进银台封驳事。公为人严重，能任大事，避远权势，不可干以私。由是真宗益知其贤。”

澶淵誓書

宋真宗誓書

維景德元年歲次甲辰十二月庚辰朔七日丙戌大宋皇帝謹致誓書于契丹皇帝闕下共遵誠信虔守歡盟以風土之宜助軍旅之費每歲以絹二十萬疋銀一十萬兩更不差使臣專往北朝只令三司差人搬送至雄州交割沿邊州軍各守疆界兩地人戶不得交侵或有盜賊逋逃彼此無令停匿至於壠畝稼穡南北勿縱搔擾所有兩朝城池並可依舊存守淘濠完葺一切如常即不得創築城隍開掘河道誓書之外各無所求必務協同庶存悠久自此保安黎庶〇又作獻謹守封陲質于天地神祇告于宗廟社稷子孫

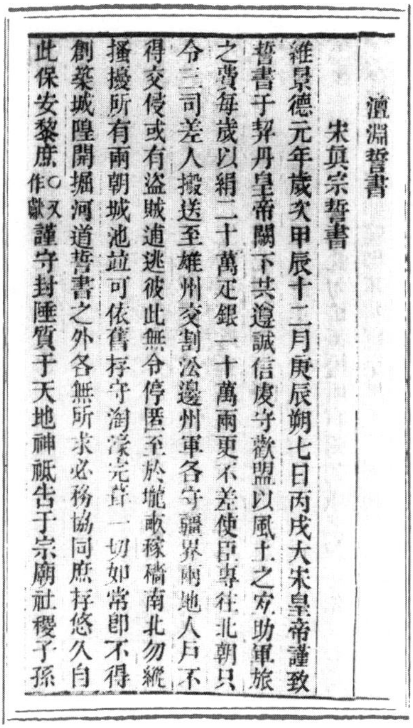

澶渊誓书

在真宗即位之初，同知枢密院事钱若水因母老乞解枢务时，真宗特地把他召到宫内。君臣有如下对话：

> 上问：“近臣谁人可大用者？”
> 若水言：“中书舍人王旦有德望，宜任大事。”
> 上曰：“此固朕心之所属也。”[②]

① 欧阳修所撰《文正王公神道碑铭》，载《居士集》卷二十二。

② 《长编》卷四十一至道三年六月甲辰条。

"宜任大事"和"固朕心之所属也"，有的史书记载为"堪任大事"和"吾固已知之矣"①。总之，都反映了王旦得到了来自两方面的推许和肯定，即具有广泛基础的官僚层与处于政界制高点的皇帝。如此看来，此时的王旦，进入执政集团，实际上只是一个时间问题了。这里，主要存在执政大臣是否有空缺的问题。咸平三年（1000）二月，枢密使王显被罢免。当日，王旦即被任命为同知枢密院事。同时还有另外二人被任命为知枢密院事。恐怕是以王旦资历尚浅，而除为地位稍下的同知。但作为过渡阶段，这成为王旦跨进执政集团门槛的第一步。王旦在同知枢密院事任上刚刚一年，就被除授为相当于副宰相的参知政事②。

五 "堪任大事"

王旦担任参知政事的第四年，发生了在他执政历史上所遇到的第一次大事件，也堪称是宋代历史上的大事件之一——澶渊之盟。

景德元年（1004）七月，与宋相持已久的契丹纠集十万兵马，号称二十万，大举南下。辽军绕过河北边境诸城，悬师深入，"围瀛州，直犯贝、魏，中外震骇"③。这是真宗即位以来第一次遇到的来自外部的危机。这一危机不仅危及其皇位，而且危及大宋王朝的江山社稷。

偏偏就在这个月，真宗从即位的第二年开始就一直任用为宰相的

---

① 参见《宋史》王旦本传与《东都事略》卷四十《王旦传》。
② 关于王旦同知枢密院事和参知政事的任命，参见《宋宰辅编年录》卷三与《宋史》卷二百一十《宰辅表》。
③ 《宋史》卷二百八十一《寇准传》。

李沆又遽然病逝①。深所倚信的李沆的去世，使真宗感到格外空虚，面对契丹的进犯，不知所措。身为执政的参知政事王钦若和签书枢密院事陈尧叟极力主张南逃金陵或成都②。但继李沆为相的毕士安和寇准则力排众议，促使真宗大驾亲征③。

尽管不情愿，毕竟还是要以社稷为重。因为没有江山也就没有他这个皇帝。而如果举措失当，只顾自家性命，则也会贻人以口实，危及其皇位。左右权衡之后，真宗总算勉勉强强出征了。整个亲征过程，真宗一直处于被动状态。到了澶州南城，面对强敌，又犹犹豫豫，不敢渡河，在寇准和殿前都指挥使高琼的催促下，才渡过黄河，登上澶州北城门楼。由于皇帝身先督阵，士气大振，各地援军也聚集了几十万之多。辽军处于不利处境，而这时统军挞览又被宋军伏弩射死，因而不得不求和。谈判结果，以宋每年输辽币银十万两、绢二十万匹，双方约为兄弟之国。这就是历史上有名的澶渊之盟④。

后世的史家把澶渊之盟与南宋的绍兴和议都看成屈辱性的和约，这是有些偏颇的。至少当时的宋人并不都这么看，澶渊结盟，解除了外来威胁，颇使朝野上下欢欣鼓舞。实际上这种和约方式的背后，反映了历史进入宋代之后，人们在观念上发生的某些变化。在汉唐时代，中原王朝用和亲的方式同周边的民族结盟，这是用血缘关系形成的和平维系。但到了宋代，这种方式已不可靠，也行不通。反之，在商品经济逐渐开始发达的社会，一切都可以用钱来买，包括和平。至于二三十万钱物，对于庞大的宋王朝来说是微不足道的，用王旦的话

---

① 李沆薨于景德元年七月丙戌。记载见《宋史》卷七《真宗纪》。

② 《宋史》卷二百八十一《寇准传》。

③ 《宋史》卷二百八十一《毕士安传》。

④ 关于以上所述澶渊之盟的经纬，参见《宋史》卷二百八十一《寇准传》。

说，还不到与契丹战争时所用军费开支的百分之一①。而南宋绍兴和议的签订，则有着更为复杂的因素。其中既有高宗极欲取得外交承认的主观因素，也有双方军事实力基本相当的客观因素，更有效仿澶渊之盟的"祖宗法"依据。

我们回到原来的话题。澶渊结盟的成功，是在真宗的配合下，执政集团勠力合作的结果。当时，真宗尽以军事委于宰相寇准，而首相毕士安本来卧病在床，也让人抬着，追到了澶州②。这次亲征，本来参知政事王旦也随行前往了，但又负有特别使命，秘密潜回了京城。

皇帝外出亲征，例行要选一个东京留守，在京主持日常事务。不知真宗出于什么心理，亲征前，选了两三年前就一直卧病在床的弟弟雍王元份为留守。或许是因为病入膏肓的皇弟对他的皇位构不成威胁？结果，真宗一行刚到澶州，就从东京传来了元份因惊吓病危的消息。战事胜败未卜，继续找一个健康的弟弟为留守就有可能对他的皇位造成威胁，况且，险些先于他即位的其兄元佐也在京师，几年前还被真宗从庶人恢复了楚王的王位③。所以，这时他想到了"堪任大事"的王旦，命其当天就迅速返回东京，权留守事。《宋史》王旦本传载，返回东京前，"旦曰：'愿宣寇准，臣有所陈。'准至，旦奏曰：'十日之间未有捷报时，当如何？'"在胜败未卜的情况下，这实际上是王旦让真宗当着宰相寇准的面交代后事。这时，真宗"默然良久"，最后极不情愿地挤出一句话来："立皇太子。"

就这样，王旦秘密潜回了东京。"旦既至京，直入禁中，下令甚严，使人不得传播。"王旦不暴露自己回京留守身份的目的，是表面

---

① 《长编》卷七十大中祥符元年十一月癸未条载："（王）旦曰：'国家纳契丹和好已来，河朔生灵方获安堵。虽每岁赠遗，较于用兵之费，不及百分之一。'"
② 《宋史》卷二百八十一《毕士安传》。
③ 元佐被恢复楚王地位是在真宗即位三个月后，见《宋史》卷六《真宗纪》。

上仍由元份为留守，免得使其他皇兄弟生出非分之想。王旦这样做，既为真宗保全了皇位，也稳定了政局。由于王旦做得极为隐秘，连他的家人也不知道他已回到了京城。以至凯旋时，家人都去了郊外迎接。这时，忽然从背后的城内传来清道的吆喝声，家人这时才知道王旦早已回到了京城[①]。

这件事之后，真宗愈加觉得王旦"堪任大事"。所以，在景德三年（1006）一月寇准罢相的当天，王旦就被任命为宰相[②]。从此，王旦开始了近十二年的宰相生涯，而且，最初六年居然是他一个人单独为相，时间之久，是宋朝开国以来所未有的，在真宗朝也是空前绝后的。

六 "务行故事"

在王旦任相之前，长期为相的是和他同榜进士的李沆。李沆较王旦年长，与王旦既是同榜又是旧交。在他任相期间，王旦被任命为参知政事。李沆为王旦素所尊敬，为相的作为与作风，都对王旦影响很大。李沆有句名言，亦为宋代的各种史籍所援引。即"沆在政府，无以补报国家，但诸处有人上利害，一切不行耳"。朱熹编纂的《五朝名臣言行录》卷二引用元城先生刘安世的评论云："此大似失言，然有深意。且祖宗时经变多矣，故所立法度，极是稳便。正如老医看病

---

① 以上均见《宋史》王旦本传，参见《长编》卷五十八景德元年十二月癸巳条。按，关于这条立皇太子的史料，有些疑点。当时真宗尚无子嗣，因而立太子之说似乎无从谈起。然考量在战事胜败未卜的情况下，王旦让真宗事先交代后事，当为可信。只不过继承人未必是皇子，也可能是皇兄皇弟。不过后来由于这种可能并未发生，所以当时的指名也就成了永远的秘密。
② 《宋史》卷二百一十《宰辅表》。

极多，故用药不至孟浪杀人。且其法度不无小害，但其利多耳。后人不知，遂欲轻改，此其害所以纷纷也。"朱熹自然也是赞同刘安世的评论，所以才引用。虽然这种评论隐含着对王安石变法的攻击，但就真宗时期的具体情况看，还不失偏颇。李沆自己也对他的这句话有所解释，他说："朝廷防制，纤悉备具，或徇所陈情，施行一事，即所伤多矣。陆象先曰'庸人扰之'是已。憸人苟一时之进，岂念厉民耶？"①

在特定的形势下，无为即是大有为。历史的辩证法也许就是如此。宋王朝到了真宗时期，经过太祖、太宗两朝经营，各种制度已臻于完备。特别是在"契丹修和，西夏誓守故地，二边兵罢不用"②之后，宋王朝迎来了它的鼎盛时期。所以，李规王随，王旦"谓宋兴三世，祖宗之法具在。故其为相，务行故事，慎所改作"③。王旦不仅自己"务行故事，慎所改作"，还经常告诫其他人少生事端。王旦也曾这样告诉过真宗："陛下所守者祖宗典故。典故所无，不可听也。"但祖宗典故并非一应俱全，如果找不到怎么办呢？接着，王旦说："当问诸有司。"这就是说，请不要擅自做主④。"当问诸有司"还有另一层深意，这就是明确指出，"祖宗法"的解释权在士大夫主持的各个政府部门。

当然，如果仅仅王旦一个人"务行故事"，也难以持久。可以说，"务行故事"是北宋前期，特别是真宗时期君臣们的共识。《长编》卷六十三景德三年六月戊子条载：

---

① 《宋史》卷二百八十二《李沆传》。

② 《宋史》王旦本传。

③ 《名臣碑传琬琰集》卷二《王文正公旦全德元老之碑》，《宋宰辅编年录》卷三。

④ 《长编》卷三十一大中祥符六年七月丙申条。

知制诰朱巽上言："朝廷命令不可屡改。自今有陈述利害更张法制者，请先付有司，议其可否，如经久可行者行之，不可者止之。苟罔辨是非，一切颁布，恐失重谨之道。"上谓宰相曰："此甚识治体，卿等志之。且事有可否，执政者所宜尽言，无有隐也。"

从真宗的角度讲，谨小慎微的性格也决定了他走"务行故事"的路线。他曾对王旦等宰执大臣说："凡裁处机务，要当知其本末。朕每与群臣议事，但务从长。虽言不尽理，亦优容之。所冀尽其情也。若果决行事，岂足为难？周世宗固英主，然用刑峻急，诛杀过当，享祚不永，岂不由此乎？"①不管是不是真宗为自己的谨小慎微、优柔寡断找借口，但毕竟与王旦等宰执大臣的为政方针是一致的。

在"务行故事"方面，《宋史》王旦本传列举了几件事。

其一："石普知许州不法，朝议欲就劾。旦曰：'普武人，不明典宪，恐惇薄效，妄有生事。必须重行，乞召归置狱。'乃下御史按之，一日而狱具。议者以为不屈国法而保全武臣，真国体也。"②

其二："薛奎为江、淮发运使，辞旦，旦无他语，但云：'东南民力竭矣。'奎退而曰：'真宰相之言也。'"

其三："张士逊为江西转运使，辞旦求教，旦曰：'朝廷榷利至矣。'士逊迭更是职，思旦之言，未尝求利，识者曰：'此运使识大体。'"③

其四："张咏知成都，召还，以任中正代之，言者以为不可。帝

① 《长编》卷六十三景德三年八月丁丑条。

② 又见《长编》卷八十八大中祥符九年十一月戊申条。

③ 又见《长编》卷六十八大中祥符元年四月己未条。

问旦，对曰：'非中正不能守咏之规。他人往，妄有变更矣。'"①

王旦选拔进士，也不选喜欢标新立异之人。《宋史》本传载：

> 李迪、贾边有时名，举进士，迪以赋落韵，边以《当仁不让
> 于师论》以"师"为"众"，与注疏异，皆不预。主文奏乞收试，
> 旦曰："迪虽犯不考，然出于不意，其过可略。边特立异说，将
> 令后生务为穿凿，渐不可长。"遂收迪而黜边。②

然而，王旦并不是绝对墨守成规，拒绝一切变革。特别是对有些
不合理的制度或法令，他还是赞成改革和完善的。但他主张慎重从
事，稳步改革。《长编》卷八十大中祥符六年六月甲子条载：

> 监察御史张廓上言："天下旷土甚多，请依唐宇文融所奏，
> 遣官检括土田。"上曰："此事未可遽行。然今天下税赋不均，富
> 者地广租轻，贫者地蹙租重。由是富者益富，贫者益贫。兹大弊
> 也。"王旦等曰："田赋不均，诚如圣旨。但改定之法，亦须驯
> 致。或命近臣专领，委其择人，令自一州一县条约之。则民不扰
> 而事毕集矣。"③

王旦等人的改革方针循序渐进，由点到面，由此也看出其稳健。

对于将要实行的改革或新政策，王旦也主张经过缜密调查之后施
行。如在大中祥符六年（1013），枢密副使王嗣宗"请复天下幕职州

---

① 又见《长编》卷六十三景德三年六月戊戌条。
② 又见《长编》卷五十九景德二年三月甲寅条。按，此为王旦任参知政事时事。
③ 又见《宋会要辑稿》食货一之一八。

县俸户",王旦则说:"此事恐未可遽行,俟检详奏闻。"①

在今天看来,王旦的想法和做法似乎有些保守。但保守并不见得就是一个贬义词,也未必就是革新的对立面。在需要守成的特定的历史环境下,一味变革也许会适得其反,而保守则恰恰是在稳定中完善,在完善中前进。在日语中,"保守"一词有时是维修或管理的意思。正是由于王旦的稳健,在长达十余年间保持政策的一贯性,才使大宋王朝走向了鼎盛。

七 "有谤不校"

论才能和魄力,王旦也许不如在他之前和之后为相的寇准,但论胸怀和气度,寇准则远远比不上王旦。这一点,连寇准本人也自叹弗如。《宋史》寇准本传载:

> 寇准数短旦,旦专称准。帝谓旦曰:"卿虽称其美,彼专谈卿恶。"旦曰:"理固当然。臣在相位久,政事阙失必多。准对陛下无所隐,益见其忠直,此臣所以重准也。"帝以是愈贤旦。②

王旦任相期间,由于王旦的推荐,寇准曾一度出任枢密使。在此期间,曾发生过一些事,也颇可见王旦的度量。例如:"中书有事关送密院,事碍诏格。寇公在枢府,特以闻。上以责公(王旦)。公拜谢引咎,堂吏皆遭责罚。不逾月,密院有事送中书,亦违旧诏。堂吏

---

① 《长编》卷八十一大中祥符六年七月丁巳条,《宋会要辑稿》职官五八之四。
② 又见《长编》卷八十二大中祥符七年六月乙亥条。

得之，欣然呈公。公曰：'却送与密院。'吏出白寇公。寇大惭。翌日见公曰：'同年，甚得许大度量！'公不答。"①

留下记载的，还有类似的事情："王文正公在中书，寇莱公在密院。中书偶倒用印，寇公须勾吏人行遣。他日，密院亦倒用了印，中书吏人呈覆，亦欲行遣。文正问吏人：'汝等且道，密院当初行遣倒用者是否？'曰：'不是。'文正曰：'既是不是，不可学他不是。'更不问。"②

在寇准得知将要被罢免枢密使时，托人求王旦，希望能成为地位较高的使相。对于寇准的这种请求，王旦很吃惊，说担任使相怎么可以自己请求呢？并表示他不私下接受别人的请托。王旦的这种态度使寇准又羞又恼。但当真宗问起王旦，寇准罢枢密使应当给他个什么官时，王旦却说："准未三十，已蒙先帝擢置二府，且有才望，若与使相，令处方面，其风采亦足为朝廷之光也。"在寇准为使相的任命颁出后，"准入见，泣涕曰：'非陛下知臣，何以至是！'上具道旦所以荐准者。准始愧叹，出与人曰：'王同年器识，非准所可测也。'"③

不仅是同他所欣赏的寇准之间，王旦有如此大度。在同他素所厌恶的人相处，他也能保持大家风度。《皇朝仕学规范》卷十一载：

真庙出《喜雨诗》示二府，聚看于上前。王文正公袖归。因喻同列曰："上诗有一字误写，莫进入改却。"王冀公曰："此亦无害。"钦若退而阴有陈奏。翌日，上怒谓公曰："昨日朕诗有误写字，卿等皆见，何不奏来？"公再拜称谢曰："臣昨日得诗，未

---

① 《五朝名臣言行录》卷二。
② 《自警编》卷一。
③ 《长编》卷八十四大中祥符八年四月壬戌条。

暇再阅，有失奏陈，不胜皇惧。"诸公皆再拜，独马知节不拜，具言公欲奏白而钦若沮之。又王某略不自辨，真宰相器也。上顾公，笑而抚喻之。

大概这样的事很多，所以《宋史》本传对王旦的胸怀，总括言之："旦任事久，人有谤之者，辄引咎不辨。"范仲淹在《杨文公写真赞》中赞扬了与杨亿交往的三个著名人物，其中就有王旦。范仲淹写道："昔王文正公居宰府仅二十年，未尝见爱恶之迹，天下谓之大雅。"①何谓"大雅"？自然是指王旦有政治家的雅量与胸怀。

在我看来，有时候，政治家的胸怀比才华更重要。胸怀与度量和人品相联系，才华和能力相关联。作为政治家，周围总会有些幕僚为其出谋划策，况且居于高位后，各种事情都有制度制约，因此即使能力差一些也并不妨事。但胸怀与度量则是别人代替不了的。特别是在传统的派系政治的社会里，得人者昌，失人者亡。对于政治家来说，最可怕的莫过于众叛亲离了。有容乃大，政治家的政治生命与其胸怀和度量紧密相连。

与王旦形成鲜明对比的，就是寇准。寇准心胸狭隘，刚愎自用。尽管忠心耿耿，真宗也不大喜欢他。无论在中央还是在地方，又屡遭周围人的攻击。一生坎坷曲折，在政坛几起几落，最后还是遭到政敌丁谓的暗算，贬死远方。而王旦则是十年为相，享尽荣华，老死相位。对此，欧阳修在王旦神道碑铭中感叹："孰不为相，其谁有终？"身在政界最高层，固然是"无限风光"，可又何尝不是"在险峰"？古今中外，有多少人显赫一时，却难得善终。

在北宋的历史上，有过权相，有过独相，但近十二年任相，没有

———————————————

① 《范文正公文集》卷七。

沉浮，君臣关系始终如一的，除了王旦，我们真还找不出第二个人来。个中道理，王旦深明。他曾说过："大抵好杀则敛怨，弄权则败亡。"①专权而不弄权，这大概可以说是王旦得以善终的一个原因吧。

八　"进贤退不肖"

"宰相所以进贤退不肖也"②，这是寇准为相时的一句名言。王旦也说过，"中书当言者，惟进贤退不肖"③。所以，应当说这也是宋代宰相们的一种共同认识。当然，何为贤何为不肖的标准则是因人而异。历来，人们研究宋代历史，都说宰相虽主文武大政，但官员任免的人事权还是握在皇帝手中。从制度设置上看，这种说法并没有错。但相对凝固化的静态的制度与动态的实际政治生活，总是有不少差异的。

在实际的政治生活中，宋代官员的任免，或由宰相等直接提名，经由皇帝认可，或由皇帝提名，与宰相等相商，获得同意。总之，在正常的情况下，一定要双方意见一致后才履行任免手续。作为制度，正如王旦对真宗所云："盖除授差使，大小悉秉圣旨，进熟画可，始降诏命。"④所谓的"进熟"，就是向皇帝提出宰相等拟订的方案。一方独断的情况自然也存在，但似乎宰相一方的独断要比来自皇帝一方的多。当然，这也与皇帝主动放权于宰执大臣有关。如真宗根据其任开封府尹时的经验，"以府事繁剧，欲增置推判官"，便"令（王）旦

---

① 《长编》卷八十五大中祥符八年九月甲寅条。

② 《宋史》卷二百八十一《寇准传》。

③ 《长编》卷八十四大中祥符八年四月甲子条。

④ 《宋会要辑稿》职官二之四三。

等择人而任之"①。

我们来看一下王旦任用官员的原则和具体事例。

作为原则，王旦"用人不以名誉，必求其实。苟贤且才矣，必久其官"②。他虽然握有任免大权，但并不独断，"众以为宜得某职然后迁"③。他在向真宗列举中书的主要工作时，把"进贤退不肖"作为第一项。王旦经常注意考察各级官员："（大中祥符）七年，王旦至自兖州，旦言河北转运使李士衡、张士逊，知兖州王臻等莅事干集，望赐诏褒喻。莱州通判徐怀式等舆论颇无治声，望令转运提刑察之。"对此，史籍记真宗"诏可"④，表示听从了王旦的意见。

王旦由于平时留意考察，所以对官员的情况都很清楚。史载："时（曹）玮数上章求解州事，上问王旦谁当代玮者。旦荐（李）及可任。上即命之。众议皆谓及虽谨厚有操行，非守边才，不足以继玮。秘书监杨亿以众言告旦，旦不答。……不日声誉达京师。亿闻之，复见旦，具道其事。……旦笑曰：……夫以曹玮知秦州，羌戎慑服。边境之事，玮处之已尽其宜矣。使他人往，必矜其聪明，多所变置，败坏玮之成绩。旦所以用及者，但以及重厚，必能谨守玮之规模而已。亿由是益服旦之识度。"⑤李及的任命，王旦排除众议，一言而定。其任用的另一个原则，即采用忠厚稳健之人，斥退狡黠生事之徒。这与如前所述王旦为政的守成大原则是一致的。

与此事类似，史载："中书尝请以工部侍郎、知制诰盛度权知开封府。上曰：'可更问王旦。'时属疾在告，中书具圣语就问之。旦

---

① 《长编》卷六十六景德四年七月壬申条。

② 《长编》卷九十天禧元年七月丁巳条。

③ 《名臣碑传琬琰集》卷二。

④ 《宋宰辅编年录》卷三。

⑤ 《长编》卷八十八大中祥符九年十一月壬子条。

曰：'度必不乐此任。'既而，度果诣中书，自言幸以文字进，不愿处繁剧。"在这件事之后，真宗对中书的执政们说："王旦铨量才品极当，人人各得其所，此岂可不问也?"[1]

"铨量才品极当，人人各得其所"，这可以说是对王旦任用官员的最高评价。所以，王旦"当国岁久，上益倚信，所言无不听"[2]。"言无不听"，就等于在君臣互相信任的前提下，把包括人事权在内的权力，全盘交给了宰相王旦。王旦与宋代后来的权相不同的是，他尊重真宗，起码在形式上时时征求真宗的意见，这至少会使真宗得到一种作为君主存在的满足感。他在人事任免方面，"每有差除，先密疏四三人姓名以请，所用者帝以笔点之。同列不知，争有所用，惟旦所用，奏入无不可"[3]。王旦尊重真宗，这是君臣得以密切合作的基础。反过来，在君臣密切合作的基础上，真宗对王旦"言无不听"，一切放行，也为王旦得以专政树立了权威。

王旦任用官员，并不仅仅着眼于一时，而是注重长期培养和考察。当有人向他推荐某人时，他说："诚知此人，然历官尚浅，人望未著。且俾养望，岁久不渝而后擢任，则荣途坦然，中外允惬。"[4]

王旦选拔人才，并不主张求全责备。在真宗感叹唐朝人才众多时，王旦对真宗说："方今下位，岂无才俊? 或恐拔擢未至尔。然观前代求贤，不求其备，不以小疵掩大德。今士大夫孰为无过? 陛下每务保全之，然流言稍多，则不便于任使。大都迭相称誉近乎党，过相纠讦近乎公。鉴其爱憎，惟托上圣，则庶几无弃人矣。"[5]

---

① 《宋宰辅编年录》卷三。
② 《长编》卷九十天禧元年七月丁巳条。
③ 《宋史》王旦本传。
④ 《皇朝仕学规范》卷二十三。
⑤ 《长编》卷八十五大中祥符八年十月壬午条。

由于宋代官员的任命迁转，都需要有一定数量的高级官员推荐，这也助长了官僚们奔走于权门的风气，王旦则很反感有人来走他的后门。《宋史》本传载："旦为相，宾客满堂，无敢以私请。察可与言及素知名者，数月后，召与语，询访四方利病，或使疏其言而献之。观才之所长，密籍其名。其人复来，不见也。"有个叫张师德的人，本来王旦很欣赏，曾多次同真宗说起。但他两次去王旦家，王旦都拒而不见。这使张师德很恐慌，以为别人在王旦面前说了他的坏话。于是又转托向敏中去问。王旦说："张师德名家子，有士行，不意两及吾门。状元及第，荣进素定，但当静以待之耳。若复奔竞，使无阶而进者当如何也？"[1]

由此看来，王旦颇为留意奖掖后进，特别是汲引那些无权无势的读书人。时称"五鬼"之一的翰林学士陈彭年向王旦进呈政府科场条目，大概是过于苛刻，王旦看了扔在地上说："内翰得官几日，乃欲隔截天下进士耶？"吓得陈彭年"皇恐而退"[2]。对自己儿子、侄子，王旦也阻止他们应考进士，他说："吾常以太盛为惧，其可与寒士争进？"[3]

除了进贤，在退不肖方面，王旦也是不遗余力。举一个典型的例子。真宗几次想要任命被当时另一位人称"五鬼"之一的王钦若为宰相，都被王旦所阻止。他对真宗说："臣见祖宗朝未尝有南方人当国。虽古称立贤无方，然须贤士乃可。臣为居元宰，不敢沮抑人，此亦公议也。"在这里，王旦搬出了"祖宗法"和"公议"这两大撒手锏，使得真宗不得不作罢。直到后来，在王旦去世之前，王钦若才当上了

---

① 《五朝名臣言行录》卷二。

② 《宋史》王旦本传。

③ 《五朝名臣言行录》卷二。

宰相。他愤愤不平地对人说："为王子明故，使我作相晚却十年！"①

王旦虽然属于忠厚之人，但在严肃吏制方面，相当坚持原则。前面说过，官员的任命迁转，都需要有一定数量的高级官员推荐。从制度规定上，被推荐者如犯赃罪等，推荐人也要连坐处罚。但这在实际上往往难以行得通。景德四年（1007），兵部员外郎邵煜保荐的著作佐郎李随坐赃罪除名。这时，要不要连坐处分邵煜，大理寺、审官院反复讨论也形不成一致意见。最后事情闹到真宗那里，真宗又推给宰相王旦。王旦则态度坚决地说："煜因随得罪，随不该减削，煜亦不在原降之例。今朝廷举官者甚众，若遇赦悉免，则是永无连坐之法矣。"②毫不犹豫地做了处罚。

在人事任免上，王旦有时显得过于固执，不近人情。他的同年进士边肃因坐赃受到处分后，经过了很长时间，同为同年进士的宰相向敏中对王旦说："边同年责已久，牵复可乎？"王旦说："为近臣，坐赃，岂得更升进耶？"后来，向敏中向王旦求情，王旦强硬地说："旦非于同年无情，公若欲用之，须旦死可也。"③

也许是长期留意人事的关系，王旦颇有知人之明。《五朝名臣言行录》卷二载：

> 公尝与杨文公评品人物。杨曰："丁谓久远果何如？"对曰："才则才矣，语道则未。他日在上位，使有德者助之，庶得终吉。若独当权，必为身累。"后谓果被流窜。④

---

① 《长编》卷九十天禧元年八月庚午条。
② 《长编》卷六十六景德四年八月戊申条。
③ 《长编》卷九十天禧元年六月甲申条。
④ 又见《宋史》王旦本传。

王旦手中握有的，不仅仅是一般官员的任免权，包括执政集团内的人事调整，他也都有着充分的发言权。比如他就曾推荐过寇准任枢密使。此外，《长编》卷八十六大中祥符九年正月丙辰条在记载张旻为枢密副使时，叙述了这项人事任命的背景：

> 先是，旻被旨选兵，下令太峻，兵惧，谋欲为变。有密以闻者。上召二府议之。王旦曰："若罪旻，则自今帅臣何以御众？急捕谋者，则震惊都邑，此尤不可。"上曰："然则奈何？"旦曰："陛下数欲任旻以枢密，臣未敢奉诏。今若擢用，使解兵柄，反侧者当自安矣。"上从其言，故诸帅皆递迁，军果无他。上语左右曰："王旦善处大事，真宰相也。"

从这段记载中，我们可知，真宗曾几次想任命张旻为枢密副使，都被王旦阻止，而这次又是由于王旦的提名，被任命为枢密副使。可见王旦在人事方面的发言权之大。王旦这样做不但没有招致真宗的不满，反而由于王旦的妥善处置，或许使真宗想起了十多年前，钱若水向他推荐王旦时所说的"堪任大事"那句话，所以不禁由衷地赞叹王旦"善处大事"。

被一些学者目为皇帝、宰相之外的第三势力谏官御史的任用[1]，也大多取于王旦的意见。如大中祥符九年（1016），凌策从成都任满还朝，王旦向真宗说"策性质淳和，临莅强济"，因而被任命为权御

---

[1] 关于台谏为第三势力的说法，参见富田孔明，《北宋的政权结构与太学生上书》，载《中国社会与文化》1999年第14号；张其凡，《北宋皇帝与士大夫共治天下略说》，载《宋初政治探研》卷一，暨南大学出版社，1995年；虞云国，《宋代台谏系统的破坏与君权相权之关系》，载《学术月刊》1995年第11期。

史中丞①。此外，替皇帝代言的翰林学士的任命，也需要得到宰相的首肯。"大中祥符末，（杨）亿自汝州代还，久之不迁。或问王旦曰：'杨大年何不且与旧职？'旦曰：'大年顷以轻去上左右，人言可畏，赖上终始保全之。今此职欲出自清衷，以全君臣之契也。'"②王旦虽然是杨亿的朋友，但在起用杨亿这件事上，他不愿插手，把牌推给了真宗。可以说既是明哲保身，又是识君臣大体。但杨亿因没有王旦的提名，在六年后才被重新任命为翰林学士。

王旦身居高位，直到去世，一直以"进贤退不肖"为己任。王旦晚年病重，真宗让人把王旦抬进宫中，问以后事："卿万一有不讳，使朕以天下事付之谁乎？"王旦开始并不直接回答真宗的提问，仅说："知臣莫若君。"真宗没办法，只好一一列举人名问，王旦都不表态。最后，真宗坚持让王旦推荐："试以卿意言之。"王旦这才说："以臣之愚，莫若寇准。"但真宗对寇准的性格不满意，说："准性刚褊，卿更思其次。"这时，王旦固执地坚持："他人，臣不知也。"结果，"公薨岁余，上卒用准为相"③。可以说是活真宗最终还是服从了死王旦。

王旦病重期间，不止向真宗推荐了寇准一个人。神道碑载："公累官至太保，以病求罢，入见滋福殿。真宗曰：'朕方以大事托卿，而卿病如此。'因命皇太子拜公。公言皇太子盛德，必任陛下事，因荐可为大臣者十余人。其后不至宰相者，李及、凌策二人而已。"以十余人计，从王旦去世直到仁宗前期，在政治舞台上活跃的主要人物，可以说多数是王旦所汲引提携的。包括仁宗为太子时讲说经书的

---

① 《长编》卷八十八大中祥符九年九月丙午条。
② 《长编》卷九十五天禧四年三月丁亥条。
③ 《五朝名臣言行录》卷二。

老师，都是王旦向真宗推荐的①。这对于保持为政方针与政策的一贯性，乃至宋王朝的稳定发展，都具有重要的意义。

九 "事无大小，非旦言不决"

真宗是宋代第一位正常继统的皇帝，即位后，时时处处想效法太祖、太宗，插手朝廷行政事务。当然，从制度上说，他也有这个权力。但由于他长期养成的谨畏性格，加之缺乏丰富的政治经验，并且总想做个从谏如流的好皇帝，所以，他的建议或决定，在朝廷中遇到阻力后，便很快缩回，常常是以修正自己的意见来同大臣达成一致。这种情形，在王旦为相之前已为常事。但在王旦以前，身为宰相的大臣都有特殊的背景。比如吕端，是前朝宰相、顾命大臣，真宗见了，唯恐恭敬之不及。再如寇准，是前朝参知政事，性格倔强到拉着太宗的衣服，让太宗听从他的意见的地步。太宗尽管不愉快，还是要做做姿态，说句"朕得寇准，犹唐文皇之得魏郑公也"②。对于这样的大臣，真宗自然是畏避三分。又如李沆，资格虽说不老，但是太宗为真宗指定的太子师傅，真宗对其也一直是恭恭敬敬的。

在王旦任相之前，李沆任相时间最长。李沆的行为，对在位初期的真宗影响相当大。李沆与真宗之间君臣关系的模式，为王旦担任宰相后的君臣关系打下了坚实的基础。同时，素为王旦所尊敬的李沆，其言行也直接影响了王旦。我们具体看一下李沆言行。

朱熹编《五朝名臣言行录》，在卷二引用刘安世对李沆的评价，

---

① 《长编》卷九十六天禧四年七月辛酉条。

② 《五朝名臣言行录》卷四。

认为"最得大臣体"。其中，列举了这样的事："李丞相每朝谒奏事毕，必以四方水旱盗贼不孝恶逆之事奏闻。上为之变色，惨然不悦。既退，同列以为非。问丞相曰：'吾侪当路，幸天下无事。丞相每奏以不美之事以拂上意，然又皆有司常行不必面奏之事，后幸已之。'公不答。数数如此。因谓同列曰：'人主一日岂可不知忧惧？若不知忧惧，则无所不至矣。'"李沆这样做的目的，是让真宗时刻充满危机感，使其不敢轻易为所欲为。这样就便于宰相等执政大臣按正常程序来处理政务了。在君主权力尚未完全定位的微妙时期，李沆的这种防微杜渐的做法是有其深谋远虑的。

而上述不理解李沆的这种行为的"同列"，大约就包括当时担任参知政事的王旦。因为在《宋史·李沆传》中有这样的记载：

> 沆为相，王旦参政事，以西北用兵，或至盱食。旦叹曰："我辈安能坐致太平，得优游无事耶？"沆曰："少有忧勤，足为警戒。他日四方宁谧，朝廷未必无事。"后契丹和亲，旦问何如，沆曰："善则善矣，然边患既息，恐人主渐生侈心耳。"旦未以为然。沆又日取四方水旱盗贼奏之，旦以为细事不足烦上听。沆曰："人主少年，当使知四方艰难。不然，血气方刚，不留意声色犬马，则土木、甲兵、祷祠之事作矣。吾老，不及见此。此参政他日之忧也。"[1]

后来诸种事情的发生，正应了李沆的预言。因而，王旦叹服道："李文靖真圣人也。"可见，李沆为相时的言行对王旦影响很大。

---

[1] 又见《长编》卷五十六景德元年七月丙戌条。李焘于此事之后辨误云："《记闻》称和好成，沆独忧。盖因此事误也。沆死于七月，十二月和好始成。司马光偶未考耳。"

李沆在处理君臣关系上的行为，同样使王旦印象很深。前引《五朝名臣言行录》载："驸马都尉石保吉求为使相，真宗以问公。"公曰：'赏典之行，须有所自。保吉因缘戚里，无攻战之劳，台席之拜，恐腾物论。'他日，再三询之，执议如初，遂寝其事。"这里，李沆以"恐腾物论"为借口，不管真宗怎么求情，坚持拒绝了真宗的请求。

有时，李沆对于真宗的提议，不加任何解释，就直接拒绝。同样是《五朝名臣言行录》载："公为相，真宗尝夜遣使持手诏，问欲以某氏为贵妃如何？公对使者自引烛焚其诏书，附奏曰：'但道沆以为不可。'其议遂寝。"这种拒绝，对于君主来说，不仅大胆，而且有几分强硬，没有丝毫的缓和余地。《宋史》编者在论中称赞李沆"焚封妃之诏以格人主之私"等行为，认为"无愧宰相之任"。看来，在一定程度上限制君主的权力，自古以来就为士大夫所认同。

李规王随，王旦在处理君臣关系上的行为，完全复制李沆的模式。

在欧阳修撰写的王旦神道碑中，集中记载了这样几件事。

其一："大中祥符中，天下大蝗。真宗使人于野得死蝗，以示大臣。明日，他宰相有袖死蝗以进者。曰：'蝗实死矣，请示于朝，率百官贺。'公独以为不可。后数日，方奏事，飞蝗蔽日，真宗顾公曰：'使百官方贺，而蝗如此，岂不为天下笑邪？'"据《长编》卷八十七大中祥符九年七月辛亥条记载，在出现蝗灾后，真宗去玉清昭应宫开宝寺灵感塔焚香祈祷，又禁宫城音乐五天，然后派人去郊外捡来死蝗，以示其诚感应上天。既然是真宗派人捡来死蝗，王旦不会不明白是真宗的旨意让百官进贺。但王旦还是坚决反对这种不顾事实掩饰灾害的做法。当时也许有忤上意，但客观上最终还是避免了真宗的一次尴尬。

其二："宦者刘承珪以忠谨得幸，病且死，求为节度使。真宗以语公曰：'承珪待此以瞑目。'公执以为不可。曰：'他日将有求为枢密使者奈何?'至今内臣官不过留后。"这次，真宗是明确请求，志在必得，但也被王旦从朝廷大局出发拒绝了。王旦的处理，便作为制度被规定下来，从而形成一项"祖宗法"。

其三："荣王宫火，延前殿，有言非天灾，请置狱劾火事，当坐死者百余人。公独请见，曰：'始失火时，陛下以罪己诏天下，而臣等皆上章待罪。今反归咎于人，何以示信？且火虽有迹，宁知非天谴邪？由是当坐者皆免。'"王旦晓以朝令夕改、失信于人的利害关系，制止了真宗的行为，从而保全了一百来人的性命。

其四："日者上书言宫禁事坐诛，籍其家，得朝士所与往还占问吉凶之说。真宗怒，欲付御史问状。公曰：'此人之常情，且语不及朝廷，不足罪。'真宗怒不解。公因自取尝所占问之书进曰：'臣少贱时，不免为此。必以为罪，愿并臣付狱。'真宗曰：'此事已发，何可免？'公曰：'臣为宰相，执国法，岂可自为之，幸于不发而以罪人？'真宗意解。公至中书，悉焚所得书。既而真宗悔，复驰取之，公曰：'臣已焚之矣。'由是获免者众。"王旦把自己抬出来，拿出了一副要抓就连我一起抓的架势，态度之强硬，使得真宗再发怒也不得不压下去。接着，王旦又迅速地销毁了证据，叫真宗即使恼火也无可奈何。《长编》卷八十九天禧元年二月癸巳条记载，所谓的"既而真宗悔，复驰取之"，实际上是"既而大臣有欲因是以挤己不快者，力请究治，上令就旦取书"。派系政治，往往是以皇帝之名，行派系之实。从上面的记事亦可概见。总之，王旦挺身而出，避免了朝廷的一次动荡。

王旦十八年的执政与任相，有许多可记可载的。但欧阳修在神道碑中却以赞赏的口吻大篇幅地叙述了王旦的上述行为，自然也反映了欧阳修这一有代表性的宋代士大夫的思想倾向。

欧阳修在叙述以上事情时，说王旦"虽人主盛怒，可辨者辨之，必得而后已"。王旦可以说是个性格温厚的宰相，绝对称不上强权，甚至像王旦自己所说的"仆在政府几二十年，每进对忤意，即蹙缩不能自容"①。然而即使是这样一个宰相，居然也不畏天威，"必得而后已"。如果换成强权的宰相大臣，君主会处于什么样的境地呢？其实，王旦的行为并不是过分的行为，不过是平常宰相的平常作为而已。俗话说滴水映日。从王旦的行为中，我们似乎可以明了，所谓的君主独裁，不过是一种似是而非的虚构。

上述"蹙缩不能自容"，是王旦把当时的参知政事王曾的行为同自己加以比较时说的一番话。王旦全话是这样说的："王君介然，他日勋业德望甚大，顾余不得见之耳。……王君昨以避让会灵观使，颇拂上意，而进退详雅，词直气和，了无所慑。且始被进用，而能若是。仆在政府几二十年，每进对忤意，即蹙缩不能自容。以是知其伟度矣。"这表明，王旦不仅自己抵制君主的错误言行，对他人勇于抵制君主的行为也很欣赏。可以说，这句话从一个侧面反映了王旦的皇权观。

王旦虽然处处抵制和制止来自真宗的各种不当的决定，但在天书封禅这件事上却做了妥协。因而，《宋史》编者在《王旦传》后的论赞部分，对王旦倍加称赞之后说，"惟受王钦若之说，以遂天书之妄，斯则不及李沆尔"。《长编》卷九十也在天禧元年（1017）九月乙酉记载王旦卒时，援引别人的议论说，"议者谓旦逢时得君，言听谏从，安于势位，而不能以正自终，或比之冯道云"。

在我看来，这种议论有失偏颇。冯道当于唐末五代乱世，历仕四朝十君，被宋代的道学家视为没有政治节操的人物。用冯道来比喻王旦有失公允。首先，时代不同，王旦身处治世，而非乱世。其次，王旦也并没有同王钦若、丁谓等佞臣同流合污。再说，对冯道，宋代道学家的认识也有问题。不错，冯道历仕四朝十君是事实。但他身当唐

① 《自警编》卷一。

末五代乱世，在各朝为相，尽其所能，做了许多安定社会、恢复经济、弭平战乱的事①。他主观上或许有贪生安位的意识，但在客观上却做了不少好事。只要有益于社会，有益于百姓，又何必拘泥于政治上的从一而终呢？我们今天的史学家，在评论历史人物时，往往或多或少地为传统的评价所左右。事实上，许多的传统评价颇有值得再商榷之处。

说到王旦，其实，在天书封禅这件事上，王旦有他的苦衷。因为经过了许多类似上述的事情，真宗对王旦颇有几分敬畏。所以，当王钦若向真宗提出伪造天瑞的事情之后，《宋史》王旦本传载，真宗"心惮旦，曰：'王旦得无不可乎？'"最后，真宗为了使这件事能在王旦那里通过，便耍了一点心眼。他把王旦召去喝酒，君臣之间，其乐融融。宴后，真宗送给王旦一坛酒，说这酒特别好，拿回去和你的老婆孩子一起喝吧。王旦把酒坛拿回家打开一看，竟是一坛珍珠。"由是，凡天书、封禅等事，旦不复异议。"且不说王旦究竟是贪财，还是给真宗面子，就真宗做这件事

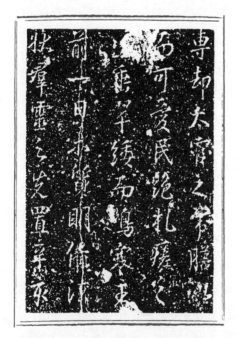

王旦撰《大宋封祀坛颂》石碑局部拓片

---

① 参见《旧五代史》卷一百二十六《冯道传》。日本学者砺波护所著《冯道》，也对冯道给予了肯定性的评价。

本身来看，尊为君主，在想做什么事时，居然事先要向大臣行贿，封住其口才行。这是不是显得有些本末倒置？但这就是实实在在的事实。可以说，至少在真宗时期，很难说是君主独裁。

历史常常惊人相似。《明史》卷一百六十八《陈循传》记载明景帝欲更换太子，"内畏诸阁臣，先期赐循及高谷白金百两，江渊、王一宁、萧镃半之。比下诏议，循等遂不敢诤。"几百年前的宋代真宗赐珠与几百年后的明代景帝赐金，两件看上去偶然类似的个别事件，其内在的联系，恰恰揭示了传统社会中皇权无力的一面。

至于王旦对天书的态度，《宋史》本传载，"旦为天书使，每有大礼，辄奉天书以行，恒邑邑不乐"。在真宗组织宗室和大臣们一起观看《祥瑞图》时，王旦公然声明说："臣顷为大礼使，有奏祥瑞，非臣亲见也，据司天监邢中和状耳。愿令史官并书其实。"①王旦这番话想说明的是：第一，我虽为大礼使，但并没有亲眼看到降祥瑞之事，是根据有关部门的报告；第二，请史官如实记下这一事实，包括他说的这番话。不管王旦当时是否意识到天书之事将来会遭受非议，但他这番立此存照的表白，明显是在为将来开脱自己保留余地。古代的士大夫，比之生前的荣辱，似乎更看重留名青史。不枉费王旦的一番苦心，李焘在编纂《长编》时，就记录了王旦的这番话。

对真宗，王旦可以给面子，但对下属则不买账。同是《宋史》王旦本传载："时向敏中同在中书，出彭年所留文字，旦瞑目取纸封之。敏中请一览，旦曰：'不过兴建符瑞图进尔。'"由此可以看出，王旦对天书，特别是对怂恿真宗从事这种活动的人深恶痛绝。此外，王旦一直压着天书封禅的始作俑者王钦若，至死也不让他任相，似乎也可以反映出王旦对天书封禅的态度。

---

① 《长编》卷七十九大中祥符五年十二月丁亥条。

真宗在心中对王旦的敬畏程度，在王旦为相之初，虽然比不上吕端、寇准、李沆，但在长期为政中，王旦一直对真宗很尊敬，君臣之间建立了牢固的信任。这正是王旦在十多年间得以专政的主要因素。

欧阳修撰写的王旦神道碑铭就曾这样发问："孰不事君，胡能必信？"而王旦在真宗那里，就达到了"必信"的程度。《长编》卷八十九天禧元年五月戊申条记载真宗"素重其德望，委任莫二"。王旦处理政务，"有不经上览者，公但批旨奉行"。这种行为，类似权臣所为。北宋后期，蔡京当政，就曾自拟御笔，让徽宗抄写后颁布①。而王旦似乎超过了后来的蔡京，不经真宗过目，便批上奉圣旨来施行。但这并不是王旦专权，而是真宗给予的特权。由于王旦并没有向别人炫耀过这件事，因而同在中书的参知政事王曾、张知白、陈彭年都不知道。他们看到王旦这样做之后，先是质疑王旦，继而又向真宗反映。真宗的回答则令他们大为吃惊。真宗说："旦在朕左右多年，朕察之无毫发私。自东封后，朕谕以小事一面奉行。卿等当谨奉之。"②信任大臣，放权于大臣，特别是放权给像王旦这样和谐共事已久的大臣，这可以说是真宗的自觉认识。他曾对王旦等宰执大臣说："朕观古今事，若君臣道合，上下同心，何忧不治？"③

真宗对王旦相当尊重。《长编》卷六十六景德四年九月己卯条载："宰相班位与枢密使、参知政事重行。上每见王旦班与王钦若等立位太迫，谓左右曰：'殿庭仪石以南颇为隘狭，故朝集仅若同行。'即诏阁门移宰相班位于仪石之北，余立其南。"具体序位虽然已不很清楚，但毫无疑问，真宗是不想让王旦与王钦若等人挤在一起，而是想有所

① 《宋史》卷四百七十二《蔡京传》。
② 《宋史》王旦本传。
③ 《长编》卷六十四景德三年九月丙辰条。

区别。他把宰相班位移于仪石之北，显然是想突出王旦的位置。在古代，南向为尊，故皇帝均坐北朝南。原来宰相和枢密使、参知政事等均在南边面向北面的真宗。当把宰相班位移于仪石北边之后，是否同真宗成为同一方向，面对枢密使、参知政事等人了呢？我们虽难以考知，但在立朝仪式上，确实是突出了宰相的地位。不用说，景德四年（1007）九月起，这又成为一项新的"祖宗法"被固定下来。这可以说是一件具有象征意义的事。

《长编》卷九十天禧元年七月丁巳条记载王旦因老疾罢相，归纳王旦为相说："当国岁久，上益倚信，所言无不听。虽他宰相大臣有所议，必曰王某以为如何？事无大小，非旦言不决。"看来，尽管真宗"谕以小事一面奉行"，但实际上是"事无大小，非旦言不决"。

我们来看一下"非旦言不决"的具体例子。景德四年（1007）九月，因知杭州的官员任满，讨论后任时，参知政事冯拯说："余杭比诸道易治。"真宗抢白他说："方面之任，古诸侯也。常时无事，则为易治。吴人轻巧，苟豫备非常，安可谓之易也？"他撇开冯拯等，拿着班簿，指着孙仅、王济的名字，直接问王旦二人孰优。王旦回答："济有吏干，可副是选。"于是王济被任以工部侍郎、知杭州①。

为相十二年，这种"非旦言不决"，铸成了真宗时代君臣关系的特征。从君主方面来看，这与真宗的主动放权有关。而这种放权，既属明智，又属无奈。真宗在同王旦议论唐朝政治时，举了陆贽"德宗英睿，有独御寰中之志"的话，然后评论，"天下至大，人君何由独治也"②。由于真宗认为君主一人独裁是不可能的，所以才放手让宰执集团去管理。

---

① 《长编》卷六十六景德四年九月庚午条。
② 《长编》卷八十四大中祥符九年二月乙酉条。

实际上，正常环境下宰辅大臣在皇帝的信任下专政，非正常环境下宰辅大臣控制皇帝进而独裁，当是有宋一代不争之事实。而王旦则是从第一个正常继统的皇帝开始，开宰辅专政之端的重要人物之一。因而，重新审视宋代政治，王旦的作为不可忽视。

十　宰辅专政：君臣协作的合力

以前，我曾探讨过宋代的皇权与相权的问题，着重点均在二者的此消彼长上[①]。具体说来，固然可以如此分析和考察。但总的说来，皇帝与宰辅大臣都属于同一个执政集团。通过前面考察王旦为政为相的历史，我们不难看出，没有同真宗的密切关系，没有真宗的充分信任，也就不可能有王旦作为宰相的专权。因此说，朝廷各种政策的制定、诏令的颁布、人事的任免、制度的兴废，都是君臣双方的共同行为。这类似于物理学上的合力（resultant of forces）。朝廷的一切重大举措，可以说都是某种合力的结果，具体说，是朝廷中各种派系相互作用的结果，而往往不是来自哪一方面单独的分力。当然，即使是合力，也并不意味各方的分力都是均等的。如果细致划分，就有一个我以前所讨论的皇权与相权彼此消长的问题。

关于皇权与相权，从一般形式上看，如果用公文的颁布做比喻，相权犹如公文内容，皇权则如公文上的公章。只有公章，没有公文，就等于没有实际内容的一纸空文；而只有公文，不加盖公章，则公文就没有效力，两方缺一不可。然而，较之公文本身，公章应当说更具

---

① 参见笔者《论宋代相权》，载《历史研究》1985年第2期；《论宋代皇权》，载《历史研究》1989年第1期。

象征意义。尤其在宋代，皇权这枚公章，更多的时候确实只是一枚象征性的"橡皮图章"。

　　这里把王旦作为个案提出，加以讨论，是觉得王旦这个并非擅权的平常宰相，较之宋代历史上那些大大小小的权相，更具典型性，因而，也就更有说服力。不知学界诸君以为然否？

第三章

左右天子为大忠：

『使气之寇准』

一　政界的另类

俗语说"江山易改，本性难移"。就是说，改变一个人的性格，甚至比改朝换代还难。这种与生俱来又被后天所塑造的性格，有时候，可以左右一个人一生的命运。寇准的一生，有过富贵荣华，权势鼎盛，位极人臣，有过贬黜流放，落至谷底，匹夫弗如。跌宕坎坷，大起大落。这一切，绝大部分原因，是由其性格所致。

作为士大夫，寇准留下的文字并不多。比较集中的，是《寇忠愍公诗集》三卷①。读其诗，观其行，我觉得他本是一个诗人，实在应当加入魏晋时代"竹林七贤"的行列，或者应当与李白、杜甫为伍。不幸的是，他生活在科举盛行的宋代，昔日那放浪山水、高隐林泉已渐成微音绝响。士大夫们奔竞于仕途，读书做官，成为读书人的必由之路。寇准为潮流所裹挟，其身由己也好，不由己也好，总之是别无选择。

然而，其生也幸，遭逢的是一个政治全面开放、士大夫势力全面

---

① 《寇忠愍公诗集》，常见版本有《四部丛刊》三编本。《全宋诗》卷八九至九一收录。

寇准像

寇准（961—1023），字平仲，华州下邽（今陕西渭南）人。太平兴国五年（980）进士，授大理评事、知归州巴东县，改大名府成安县。累迁殿中丞、通判郓州。召试学士院，授右正言、直史馆，为三司度支推官、转盐铁判官。历同知枢密院事、参知政事。后两度入相，一任枢密使，出为使相。乾兴元年（1022）数被贬谪，终雷州司户参军，天圣元年（1023）九月，病逝于雷州。皇祐四年（1052），仁宗诏翰林学士孙奭撰神道碑，谥"忠愍"，复爵"莱国公"，追赠中书令，仁宗亲篆其首曰"旌忠"。画像藏台北故宫博物院。

崛起的时代。由穷而达，这个时代，已使士大夫们不满足于"独善其身"式的"修身齐家"，而是把视野投向"兼济天下"，欲舒展压抑已久的"治国平天下"之志。而时代也给予了宋代士大夫得以纵横驰骋的广阔天地。欣逢其时，寇准顺利地登上了政治金字塔的顶端，在君臣之间，展开了一番诗人以外的作为。

寇准其人，尽管在仕途上几起几落，屡经波折，但在党争剧烈的宋代，却非议不多。基本上是作为正面形象厕身于宋代士大夫之列，也厕身于当世与后世的史册中。

寇准的政治活动，横跨太宗、真宗两朝。太宗作为亚开国皇帝，真宗作为第一个正常继统的君主，分别代表着不同的时代。而寇准的政治地位与政治活动，在新旧交替时期，对皇帝权力的走向及中央政治的定型，都有一定的影响。并且，寇准个人的屡贬屡起，终不见弃的政治生涯，也反映了饶有意味的君臣关系。从这个角度切入，研究寇准的还不多，因此，这里在考察寇准的性格对其政治行为影响的同时，主要意在考察其政治行为在君臣关系规范方面的意义。

二　君臣际会

"十九中高第，弱冠司国章。"①太平兴国五年（980），寇准登进士第，是年十九岁。这个年龄在有宋一代的进士中，可以说是凤毛麟角②。尽管宋太宗取士，习惯于"临轩顾问"③，但这时的寇准似乎并未引起太宗的特别关注。而《五朝名臣言行录》卷四记载的"太宗幸魏也，公年十六，以父陷蕃，上书行在，辞色激昂，举止无畏，上壮之。命有司记姓名。后二年进士及第，浸以贵显"，似亦近乎不实之传闻。寇准进士及第后，就被授官大理评事，派往遥远的归州巴东县任知县。在知县任上，一干就是五年，才被调任大名府成安知县④。在两处知县任内，寇准颇有治绩。"其治一以恩信。每朝会赋役，未尝出符移，惟具乡里姓名揭县门。而百姓争赴之，无稽违者。"⑤此后，"三迁殿中丞，调兵食于西夏。还，差通判郓州。得召见，称旨。遂给札试禁中，授右正言⑥，分直东观。中谢日，赐绯袍银鱼。罢汶上之命，充三司度支推官，俄转盐铁蠲司判官公事。会诏百官言边事，准极疏利病，天子器之。擢署尚书虞部郎中，充枢密直学士，赐金紫，判吏部东铨"⑦。

---

① 《寇忠愍公诗集》卷上《述怀》。

② 参见现存两种宋代进士登科录《绍兴十八年同年小录》《宝祐四年登科录》。

③ 《宋史》卷二百八十一《寇准传》。

④ 此据《东都事略》卷四十一《寇准传》载"五年不得代"，然《名臣碑传琬琰集》上集卷二《寇忠愍公准旌忠之碑》则记作"三年"，疑误。

⑤ 《长编》卷三十端拱二年七月己卯条。

⑥ 《长编》卷三十端拱二年七月己卯条记作"左正言"。

⑦ 《名臣碑传琬琰集》上集卷二《寇忠愍公准旌忠之碑》。

此时，才真正是太宗与寇准君臣际会的开始。

不过在此之前，君臣之间似乎已有接触。有一条较为隐秘的史料，为各种史籍所不载，仅见于《长编》卷三十三淳化三年十一月丙辰条的注中。在这条注中，李焘引用北宋张商英撰写的《寇准传》云：

> 寇准通判郓州，得召见。太宗谓曰："知卿有深谋远虑，试与朕决一事，令中外不惊动。此事已与大臣议之矣。"准请示其事。太宗曰："东宫所为不法，他日必有桀、纣之行。欲废之，则宫中亦自有兵甲，恐因而召乱。"准曰："请某月日令东宫至某处摄行礼，其左右侍卫皆令从之。陛下搜其宫中。果有不法之器，俟还而示之，隔下左右，勿令入，而废之，一黄门力尔。"太宗以为然。

李焘有些怀疑这条史料的真实性，故仅录于注中。但李焘的《长编》注文，还有另一种情况，即出于某种考虑，不便记入正文的史实，有时也以注的形式写出。比如，堪称千古之谜的"烛影斧声"事件。李焘把这条他认为"诬谤特甚"的有关寇准的史料放在注中，大概是有自己的考虑的。而我则有几分相信这条史料的真实性，因为比较符合太宗其人的性格特征。

在太宗后期，立储是一个敏感的问题。后党、阉党及朝中各种势力之间颇有明争暗斗。原拟立为太子的太宗长子元佐就被太宗废掉。而这条史料涉及的次子元僖，原来也是作为继承人培养的，但到后来，也失宠于太宗，死时诏罢册礼，其宠妾被太宗下令缢死，左右的人也被下狱。这些都是见于《长编》正文的史实，可与张商英所记相参证。同时，这条史料也与前引寇准神道碑"差通判郓州。得召见，称旨"的记载相印证。

至于为什么特地招来寇准,大概是太宗觉得有兵变之虞,还是找一个局外人商量为妥。如果真是如此,那么,太宗无疑对寇准早已有所了解。以前,我总是对太宗与寇准之间那超乎寻常的关系百思不得其解。为何屡屡委以重任,最后又密询立储之事。看来似乎都可以从这件事上找出渊源。

对"准极疏利病,天子器之"这件事,《长编》卷三十端拱二年七月己卯条具体记载:

> 初,左正言、直史馆下邽寇准承诏极言北边利害。上器之,谓宰相曰:"朕欲擢用准,当授何官?"宰相请用为开封府推官。上曰:"此官岂所以待准者耶?"宰相请用为枢密直学士。上沉思良久,曰:"且使为此官可也。"

从这一记载可以看出,在君臣际会之始,太宗就对寇准极为赏识。当然,这种赏识,与寇准入仕后的政绩也是颇有关系的。从这一记载还可以看出,在官员任用上,太宗虽然征求宰相的意见,但最终还是由他一锤定音。这也是太宗作为"亚开国皇帝"的强权政治的一个特征。

"赴义忘白刃,奋节凌秋霜。"[1]寇准性格耿直,颇有些路见不平拔刀相助的侠肝义胆。遇有不满,则是如鲠在喉,不吐不快。他的这种性格,自己也很清楚。用他自己写下的诗来说,就是"孤立敢言逾素分"[2]。君主强权,臣子倔强,一起共政,冲突在所难免,"尝奏

---

[1] 《寇忠愍公诗集》卷上《述怀》。

[2] 《寇忠愍公诗集》卷中《书怀寄唐工部》。

事殿中，语不合，帝怒起，准辄引帝衣，令帝复坐，事决乃退"[1]。犯颜直谏，在历代史籍中屡屡可见，但到了动手拉住皇帝的衣服，强令皇帝坐下来听其意见的程度，似乎还不多见。一向强权的太宗恐怕也是初次遇见这样的臣子，怒不得恼不得。后来不知是想通了，还是故作虚怀纳谏的姿态，"上嘉叹曰：此真宰相也。又语左右曰：朕得寇准，犹唐太宗之得魏郑公（魏征）也"[2]。这也是一心想成为唐太宗的宋太宗的无奈。

淳化二年（991），"岁大旱，天子以为忧，尝辇过馆中，泛以问。众皆曰，水旱天数也，尧舜所毋奈何。准独曰：朝廷刑罚偏颇，凡天旱，为是发耳。上怒起，入禁中。顷之，召准问所以偏颇状。准曰：愿召两府至前，臣即言之。有诏召两府入。准乃言曰：某子甲坐赃若干，少尔，罪乃至死。参政王沔，其弟准盗所主财至千万以上，顾得不死，刑罚非偏而何？上顾问沔。沔顿首谢。即皆罢去"[3]。最初，太宗之所以发怒，是因为寇准说"朝廷刑罚偏颇"而遭天谴。这样说无异于指责太宗为政不明。同样是神道设教，借天威来压君威是人臣的惯用手段。

在这里，实际上寇准挑战的对象是同太宗一体的执政集团成员。他所揭发的王沔，据记载，当时"赵普出守西洛，吕蒙正以宽简自任，王沔怙恩招权，政事多决于沔"[4]。因此，寇准这样做，不仅冒犯主威，还冒犯了当政权贵。冒双重风险，是需要有一定勇气的。然而，政治有时往往就像赌博，孤注一掷，背水一战，死而后生。果

---

① 《宋史》寇准本传。
② 《长编》卷三十八至道元年八月壬辰条。
③ 《五朝名臣言行录》卷四。
④ 《长编》卷三十二淳化二年四月辛巳条。

然，对寇准的行为，"上大喜，以准为可用，遂骤进"①。这次"骤进"，《宋史》寇准本传记为"即拜准左谏议大夫、枢密副使，改同知院事"。从此，寇准进入宋王朝最高的执政决策中枢，他那跌宕起伏的生涯也由此开始。

寇准不仅与太宗时有捍格，与同僚也常有抵牾。与寇准同时出任执政，立班位于寇准之上的知枢密院事张逊，就与寇准合不来。"逊素与准不协，数争事上前"，结果，寇准遭到了暗算。有一天，寇准与同为枢密副使的温仲舒一起退朝骑马回家，在途中被一狂人迎着马首高呼万岁。这在当时，尤其在敏感的太宗那里，是极犯忌讳的事。当时的街使判左金吾王宾，过去曾经被张逊保举过。所以，张逊抓住这件事，唆使王宾上奏。当太宗问起这件事时，"准自辨云，实与仲舒同行，而逊令宾独奏臣。逊执宾奏斥准，辞意甚厉。因互发其私。上怒，故贬逊而罢准"②。

涉及皇位，太宗最为敏感，所以，罢免势在必行。然而，即使是罢免，寇准与张逊也是有区别的。张逊被责授右领军卫将，而寇准只是罢守本官，暂时被挂了起来。这期间，还让寇准和其他高级官员一起各荐举两个人担任京官。

寇准自六月罢守本官，到十月才予以差遣，以左谏议大夫出知青州。但太宗实在是特别赏识寇准。《长编》卷三十四淳化四年十月壬申条在记载寇准出知青州之后，接着记载：

> 上顾准厚，既行，念之，常不乐。语左右曰："寇准在青州乐否？"对曰："准得善藩，当以为乐也。"累数日，辄复问。左

---

① 《五朝名臣言行录》卷四。
② 《长编》卷三十四淳化四年六月壬申条。

右对如初。其后，有揣帝且复召用准者，因对曰："陛下思准不少忘，闻准日置酒纵饮，未知亦念陛下否？"上默然。

"上默然"，大概是一种付出宠爱而未得到回报的伤心。尽管如此，太宗也没有改变对寇准的赏识，出守地方不到一年，寇准又被召回朝中，再次进入执政集团，担任参知政事。对于寇准的再次起用，太宗特地向宰相吕蒙正做了说明："寇准临事明敏，今再擢用，想益尽心。朕尝谕之以协心同德。事皆从长而行，则上下鲜不济矣。"①

寇准性刚，不容人，大概为朝中人所皆知，因此，在执政集团内，无论是宰相，还是参政，似乎都让他三分。在寇准出任参政的半年后，吕蒙正被罢相，参知政事吕端接任。吕端任相刚刚五六天，太宗就下诏参知政事与宰相分日知印、押班。这是太祖当年为了削弱宰相赵普权力的做法。但这次却纯粹是为了参知政事寇准才重新实行的。这不光是太宗的意见，也是宰相吕端首先提议的。史载：

> 诏自今参知政事宜与宰相分日知印押正衙班。其位砖先异位，宜合而为一。遇宰相、使相视事及议军国大政，并得升都堂。先是，赵普独相，太祖特置参知政事以佐之。其后普恩替，始均其任。既而复有厘革。吕端初与寇准同列，及先任宰相，虑准不平，乃上言，臣兄余庆任参知政事日，悉与宰相同，愿复故事。上特从其议，亦以慰准意云。②

被太宗誉为"大事不糊涂"的吕端，主动避开寇准锋芒，而太宗

---

① 《长编》卷三十六淳化五年九月乙亥条。
② 《长编》卷三十七至道元年四月戊子条。

亦乐为此事，这就使参知政事寇准的地位与权力得到极大的提高。参知政事"悉与宰相同"，作为一项"祖宗法"，亦被延续下去。《宋史》卷一百六十一《职官志》在"参知政事"条专门记载了这件事："至道元年，诏宰相与参政轮班知印，同升政事堂。押敕齐衔，行则并马，自寇准始，以后不易。"后来，王安石最初以参知政事的身份，能够得以实行变法，自然与拥有这样的权力资源有关。

太宗对寇准相当信任，几乎到了言听计从的程度。对立太子这样讳莫如深的大事，也同寇准商量，并听从了他的建议。如前所述，在太宗后期，宫廷内外围绕着立储问题，斗争相当激烈。在太宗耳边吹风的，有后党，有阉党，还有朝廷中的各种政治势力。最初既定的太子元佐被废，继之既定的太子元僖又不明不白地病死，无不与上述斗争有关。因此，在这种背景下，太宗能屡屡与寇准相商，可见太宗对寇准信任之深。《宋史》卷二百八十一《寇准传》载：

> 准初自青州召还，入见。帝足创甚，自褰衣以示准，且曰："卿来何缓耶？"准对曰："臣非召不得至京师。"帝曰："朕诸子孰可以付神器者？"准曰："陛下为天下择君，谋及妇人、中官，不可也；谋及近臣，不可也。唯陛下择所以副天下望者。"帝俯首久之，屏左右曰："襄王可乎？"准曰："知子莫若父，圣虑既以为可，愿即决定。"帝遂以襄王为开封尹，改封寿王，于是立为皇太子。

寇准回答宋太宗的话，说得极为委婉，但宋太宗听得出来，寇准实际上是赞同他的提案的。这就使宋太宗做出了从诸子之中选择真宗的决定。而关于这一记载的另一种版本，则是宋真宗被立为皇太子是出于寇准的直接提名：

公在青州，太宗久不豫。驿召还，问后事。公曰："知子莫若父，臣愚，不知也。"固问之，公再拜曰："臣观诸皇子，惟寿王得人心。"上大悦，遂定策，以寿王为皇太子。[①]

不管真宗被册为皇太子是否出于寇准的直接提名，太宗与寇准商量立储大事，并听从了寇准的建议，当可为定论。这一点，另有史料可为佐证。《长编》卷三十六淳化五年九月壬申条，在记载寇准除参知政事的乙亥条之前，载："以襄王元侃为开封尹，改封寿王。用寇准之言也。"于此后，李焘注云："准言见至道元年八月。"即寇准刚刚从青州被召还之际。寇准于后来的真宗有拥立之恩、定策之功，故于真宗之世，虽几次遭贬，但从个人感情上，真宗始终对寇准眷顾颇深。至于最后没能阻止寇准被流放烟瘴，则是反映了皇权在政治斗争中的无能为力，与真宗个人无关。

此外，在上述寇准回答太宗的话中，值得注意的还有寇准说到的选择君主的目的与成为君主的条件。在寇准看来，这两者都集中在"天下"二字上。目的是"为天下择君"，条件是"副天下望"。"副天下望"，也就是上述另一条史料所说的"得人心"。这种认识已经超越了单单是帝系继统一家私事的范畴，是一种关怀天下人利益的大视野。在这样的视野下，作为皇帝的条件，先主喜爱不喜爱已经是次要的，最主要的是要得到全体臣民的拥护。寇准的这种认识应当说是宋代士大夫的共同认识。

在制度上，参知政事地位与权力被太宗大幅度提高之时，与寇准同为参知政事的还有张洎。此人是经寇准推荐成为参政的。史载

————————————

① 《五朝名臣言行录》卷四。

"初，寇准知吏部选事，泊掌考功。考功为吏部官属。准年少，新进气锐，思欲老儒附己。泊夙夜坐曹视事，每冠带候准出入于省门，揖而退，不交一谈。准益重焉。因延与语。泊捷给善持论，多为准心伏。乃兄事之，极口荐泊于上"。在政界，信任往往可以成为强化权力的润滑剂。由于有了太宗的信任，作为参知政事的寇准甚至可以插手参知政事的任命，援引同党。太宗原来对张泊印象不好，在任命张泊一事上有些犹豫。但架不住寇准"数荐泊不已"，志在必得，太宗也只好任命张泊为参知政事。"既同执政，泊奉准愈谨，事一决于准，无所预。"①张泊与寇准的关系，大体上反映了互为党援而形成的政治集团内部的主从关系。

当时的执政集团，按后来攻击寇准的人说，宰相吕端和参知政事张泊、李昌龄都是寇准荐引的。因此，对寇准，"端心德之，泊曲奉准，昌龄畏懦，皆不敢与准抗，故得以任胸臆，乱经制"②。前面引用的史料说到过"事一决于准"。特别是在人事方面，寇准尤为专权。在至道二年（996），行郊祀庆，内外官员依惯例加官进秩。寇准"遂率意轻重，其素所喜者，多得台省清秩，所恶者及不知者，即序进焉"。

广州左通判冯拯因为得罪过寇准，所以，这次进秩时，寇准就把他排在了右通判彭惟节的下面。但彭惟节在奏章列衔时，依旧把自己排在冯拯的下面。寇准就以中书札子把彭惟节提到上面，并"切责拯"。本来就窝一肚子火的冯拯，实在忍无可忍，说："上日阅万机，宁察见此细事？盖寇准弄权尔！"因而向太宗上疏揭发寇准。冯拯的话实际上道出大部分权臣弄权的基本特征，即借皇帝的名义弄权。

---

① 以上引文见《长编》卷三十七至道元年四月癸未条。
② 《长编》卷四十至道二年七月丙寅条。

这件事使太宗很恼火。他把宰相吕端叫来责问。吕端说："除拜专恣，实准所为也。准性刚强自任，臣等忝备大臣，不欲忿争，虑伤国体。"吕端所言，一方面是推诿责任，另一方面说的也是实情。的确，对于寇准，即使在执政集团内，众人也都是退避三舍的。

寇准刚愎自用，不肯轻易认错。在冯拯这件事上，当太宗问起他时，他一口咬定是同吕端等人一起商量过的。这也许是事实。但以寇准那样的性格，当他提出意见之后，谁又能提出异议呢？寇准倒是觉得受了冤枉，争辩不已。太宗本想压下此事，就说，这件事如果拿到朝廷中去争辩是非，太有失你们大臣的体统了。但寇准则不依不饶，争辩不休。气得太宗说出了这样的话："雀鼠尚知人意，况人乎？"意思是说，我让你下台阶，你却不给我面子，你怎么就不会像小鸟依人那样乖巧一点呢？寇准不仅不乖巧，而且又拿出当年扯着太宗衣服使之听他的意见的劲头，第二天又把一堆中书的档案记录抱到太宗面前，非要辩个是非曲直不可。结果，太宗彻底生气了，罢免了寇准的参知政事①。

作为政治家，应当说这次是寇准的错。他破坏了一个原则，或者说打破了一种平衡。在传统政治的构架内，宰辅专权是常见的现象，不足为奇。虽然会有非议，但一般并不会危及其政治生命。然而，前提是，宰执如果力不足以钳制君主，那么就必须同君主保持良好的关系，取得君主对他的充分信任与支持。然后，方可能以皇帝的名义，拉大旗做虎皮，发号施令。一旦破坏了这个原则，打破了这种平衡，宰辅就在一定程度上失去了专权的基础。这次寇准的失误，应当说是由他那非政治家的性格所导致的。

前面说到寇准用中书札子升降冯拯和彭惟节。在传统政治的权力

---

① 以上引文见《长编》卷四十至道二年七月丙寅条。

运作中，中书札子的出现与强化，可以说是对皇权支配力的脱逸，实质上是对皇权的抗衡。因此，常常遭到来自君主，特别是来自试图强化权力的君主的制止。这次冯拯上疏时，把寇准颁出的中书札子也一同交给了太宗，因而引起了太宗的注意。他说："前代中书以堂帖指挥，乃是权臣假此名以威福天下也。"太宗的前代，即是太祖朝，所谓权臣当指赵普。果然，太宗接下来的话就指出了当年赵普专政时期的情形："太祖朝赵普在中书，其堂帖势力重于敕命。"就是说比以皇帝的名义颁发的敕命还有权威。这种事情后来被太祖所制止。因此，太宗质问道："今何却置札子？札子、堂帖大同小异耳。"参知政事张洎回答："札子是中书行遣小事文字，亦如京百司有符牒关刺。札子废之，则别无公式文字可指挥常事。"对此，太宗说："自今但干近公事，须降敕处分，其合用札子，亦当取旨后行。"①

　　这实际上是一场君臣之间关于宰辅权力范围的讨论。张洎不愧是寇准所援引，而且，如前引史料所云，"捷给善持论"。作为执政集团一员的参知政事，张洎既是为寇准回护，又是在回护他所置身的执政集团的权力。结果，纵使强权的太宗，也没能废除中书札子，而是做了妥协，保留中书札子，但在颁行时，须经其批准。这无异于肯定了中书札子存在的合法性。这样一来，太宗作为强权君主可以控制，到了后世，所谓"奏裁"，亦不过是走形式而已。

　　寇准被罢免参知政事不久，就被命出守地方，为邓州知州。这是寇准与太宗君臣际会的最后。此后不到一年，太宗便去世了。

　　寇准出知邓州，是他进入政治中枢后的第二次跌落。在邓州，他在《南阳夏日》一诗中写道："世间宠辱皆尝遍，身外声名岂足量。

---

① 《宋会要辑稿》职官一之七一。

闲读《南华》真味理，片心惟只许蒙庄。"①中国过去的士大夫，在政治得意之时，受儒家经世济民思想的激励，出世心重，但当遭受打击，政治失意之际，则往往心向老庄，神往林泉。在士大夫的这种两面性中，前一面是主流，而后一面不过是一种不情愿的无奈。比如寇准，虽然此时"片心惟只许蒙庄"，但很令人怀疑这里面有多少真意。他不会甘于寂寞，正如他在另一首诗中所自勉的那样，"休学严夫子，荒凉老钓台"②。的确，寇准是不甘心"荒凉老钓台"的。他在诗中所说的"世间宠辱皆尝遍"，实际上，到当时为止，刚刚三十六岁的寇准，宠则有之，辱尚未焉。只要他继续在仕途上跋涉，在政坛上搏击，那么，等待着他的宠辱，正未有穷期。这是寇准的性格所决定的。

寇准与太宗的君臣际会，是太宗在位的后期。我在读史时，一直有这样的感觉：中国传统社会的历朝创业的君主，几乎无一不为以宰相为首的士大夫们所改造。把原本充满野性的，甚至是文盲的武夫，改造为合格的"内圣外王"的标准帝王。改造的方式，除了读经读史，潜移默化，更主要的是上言进谏。较之温和的读书，进谏是一种带有强制性的手段。这种改造尽管多数能得到君主本人的配合，但其间也充斥着不少不愉快的乃至激烈的冲突。最终，桀骜不驯也好，刚愎自用也罢，都统统被纳入传统的为君之道的规范之内。宋代的太祖、太宗都不例外。在太宗后期，事实上这种君主改造过程已经基本完成，但君主的行为依然处于群臣士大夫的监督规范之中。前述寇准的牵衣之谏、天谴之诚，可以说都属于规范君主的行为。这种对创业君主的规范改造的行为，对后世继统的君主起到正面的示范作用。而

---

① 《寇忠愍公诗集》卷中。
② 《寇忠愍公诗集》卷上《秋夜独书勉诗友》。

君主自律意识的增强，无疑为逐渐强化的宰辅专政消除了阻碍。

三 左右天子

至道三年（997）三月，太宗驾崩，真宗即位。继创业君主之后，真宗是第一个正常继统的皇帝。这意味着一个新时代的开启。

真宗被立为太子，寇准起了决定性的作用。但在太宗驾崩之际，寇准远离朝廷，没有参与当时激烈的即位之争，即对真宗的即位，并没有直接的定策之功。同时，寇准也不是太宗为真宗选定的顾命大臣。这一切，决定了寇准还要被"晾"上几年。

真宗即位后没有立即起用寇准，恐怕是因为当时的宰相吕端。在太宗朝，吕端为相，寇准任参知政事，着实领教过寇准的专权独断。吕端当时就处处对寇准退避三舍，而今寇准既然不在朝中，对这个避之唯恐不及的棘手之人，又何必把他召来，自寻麻烦呢？而在吕端之后，前朝宰相张齐贤、吕蒙正和曾为真宗潜邸太子宾客的参知政事李沆又相继为相，一时还轮不到寇准。然而，寇准毕竟是一个不可忽视的重量级人物，起用不过是迟早的事。实际上，不管真宗是感激寇准当年赞同他做皇太子，还是觉得他可担重任，总之，一直有起用之心。我们来先看一下真宗即位后寇准的仕履：

> 真宗即位，迁尚书工部侍郎。咸平初，徙河阳，改同州。三年，朝京师，行次阌乡，又徙凤翔府。帝幸大名，诏赴行在所，迁刑部，权知开封府。六年，迁兵部，为三司使。时合盐铁、度支、户部为一使，真宗命准裁定，遂以六判官分掌之，繁简始

适中。①

从上述寇准的仕履可以看出，寇准实际上正一步一步重新接近权力中枢。

在传统政治构架下的人事任免，官员用舍，往往不能简单地取决于皇帝，或者取决于宰相。在很大程度上，还取决于各种政治势力角逐的反映形式——舆论。就是说，对一个人舆论反映的好坏，并不是单纯的、毫无背景的，往往包含着某些集团的利益诉求。皇帝也好，大臣也罢，在进行人事任免时，不可能置舆论反映于不顾。这也是寇准迟迟不被起用的一个因素吧。寇准难容人，也就势必不易为人所容。不仅仅是在中央政治中枢如此，寇准在任地方官期间，也曾与同僚有冲突，被人告到朝廷。

上述寇准的仕履中，寇准从知同州徙知凤翔府，据史载，就是"为通判刘拯所讼故也"②。至于刘拯因何讼寇准，史籍中没有详细记载。根据《长编》中一条李焘的注文，大约此事与当时朝中的宰相张齐贤有关。注文引国史《张咏传》，说张齐贤"与寇准相倾"③。果真如此的话，从真宗即位第二年开始就担任宰相的张齐贤也曾是寇准进入权力中心的阻碍之一。在政治上，某种结果的形成，往往是由于各种因素所汇集的合力的作用，而并非仅仅由于某个单方面因素。

由于寇准是前朝执政，又于真宗最初有拥立之功，并且在真宗即位以后，历任知开封府、权三司使等要职，卓有政绩。所以，几乎朝野都认为寇准肯定会担任宰相。寇准在知开封府时，曾向王禹偁的儿

---

① 《宋史》寇准本传。
② 《长编》卷四十七咸平三年五月丁亥条。
③ 注文见《长编》卷四十七咸平三年十一月甲午条。

子王嘉佑询问外界对他知开封府所作所为的反映。两个人的对话
如下：

> 准知开封府，一日，问嘉佑曰："外间议准云何？"
>
> 嘉佑曰："外人皆云丈人旦夕入相。"
>
> 准曰："于吾子意何如？"
>
> 嘉佑曰："以愚观之，丈人不若未为相。为相则誉望损矣。"
>
> 准曰："何故？"
>
> 嘉佑曰："自古贤相所以能建功业、泽生民者，其君臣相得，
> 皆如鱼之有水，故言听计从，而功名俱美。今丈人负天下重望，
> 相则中外以太平责焉。丈人之于明主，能若鱼之有水乎？嘉佑所
> 以恐誉望之损也。"[①]

这段对话，很有意思。不仅反映了外界的舆论，还反映了寇准的
朋友对寇准的认识。因为王嘉佑是寇准的后辈，所以他话说得很婉
转，但意思已经明明白白地表达了出来。即以您的性格，与皇帝是搞
不好关系的，因此还是不要做宰相为好。对自己的性格，寇准很清
楚，所以在听了王嘉佑的话后，称赞他有"深识远虑"。

其实，这段对话，饶有深意的还在于，揭示了一个并非秘密的秘
密。即权臣专权，必须建立在与君主保持密切关系的基础上。用王嘉
佑的话说，就是"其君臣相得，皆如鱼之有水"。只有这样，君主才
能达到对权臣"言听计从"的程度。

景德元年（1004），寇准入相。当时，前朝执政老的老，死的死，
寇准以其年龄优势，为朝中仅存。特别是当真宗深所倚信的宰相李沆

---

① 《长编》卷五十五咸平六年十一月己亥条。

在景德元年七月薨于任上之后，又适逢北方契丹大举进攻。内无宰相，外有强敌，任用寇准为相，不管真宗是否愿意，也是别无选择，势在必行。尽管如此，鉴于寇准与太宗及臣僚曾发生的种种龃龉，真宗总是有些顾虑。《长编》卷五十六景德元年七月庚寅条载："李沆死，中书无宰相，上意欲擢任三司使寇准，乃先置宿德以镇之。庚寅，迁翰林侍读学士、兵部侍郎毕士安为吏部侍郎、参知政事。士安入谢。上曰：未也，行且相卿。"真宗接着问毕士安："谁可与卿同进者？"毕士安便顺势推荐了寇准："准天资忠义，能断大事，臣所不如。"这时，真宗把他迟迟不用寇准的顾虑和盘托出："闻准刚，使气奈何？"对此，毕士安向真宗做了解释和说服工作。他说："准忘身徇国，秉道嫉邪，故不为流俗所喜。今天下之民，虽蒙休德，涵养安逸，而北敌跳梁未服。若准者，正宜用也。"毕士安的一番话，可以说打消了真宗的一些顾虑，"不阅月，（毕士安）遂与准俱相"。

寇准成为宰相，登上了政治金字塔的顶峰。对他来讲，可以说是既幸又不幸。幸者，寇准实现了中国士大夫政治上的最高理想，在这个制高点上可以大展治国平天下的作为。不幸者，从本质上说，寇准并不适合做一个政治家，更不适合做一个政治集团的领袖。在读书做官几乎是当时士大夫的必由之路的环境下，寇准做到足以保证他得以悠游山水、吟风咏月的经济条件的官位即可，就像苏轼那样。因为在寇准身上，有着许多作为政治家所不应有的缺陷。他耿直任性，刚愎自用，心胸狭窄，又争强好胜，虚荣心强，并且还爱许愿，让人领情。此外，又嗜酒如命。我常常有些困惑不解，寇准进士出身，精通儒学经典，为何在他身上居然见不到一点士大夫的温文尔雅，敦柔淳厚。

《五朝名臣言行录》卷四援引的野史，记载了寇准入相后他的朋友张咏的反应：

张忠定守蜀，闻公大拜，曰："寇准真宰相也。"又曰："苍生无福。"门人李畋怪而问之。曰："人千言而不尽者，准一言而尽。然仕太早，用太速，不及学耳。"

对于二人的关系，野史接着记载道：

张、寇，布衣交也。公（寇准）兄事之，忠定常面折不少恕，虽贵不改也。公在岐，忠定自蜀还，不留。既别，顾公曰："曾读《霍光传》否？"曰："未也。"更无他语。公归，取其传读之，至"不学无术"，笑曰："此张公谓我矣。"

我理解张咏说寇准"不及学"及"不学无术"，主要是指政治经验与权术，而不见得是指一般的知识与学问。

景德元年（1004）九月，与宋相持已久的契丹辽朝纠集十万兵马，号称二十万，大举南下，辽军绕过河北边境诸城，悬师深入，"围瀛州，直犯贝、魏，中外震骇"[1]。此时寇准被任命为宰相，可以说是受命于危难之际。

契丹来势凶猛，寇准与毕士安"合议请真宗幸澶渊"[2]。面对强敌，真宗对亲征显得犹犹豫豫，在寇准的强硬坚持下才下定决心。史载：

寇准已决亲征之议，参知政事王钦若以寇深入，密言于上，

---

① 《宋史》寇准本传。
② 《宋史》卷二百八十一《毕士安传》。

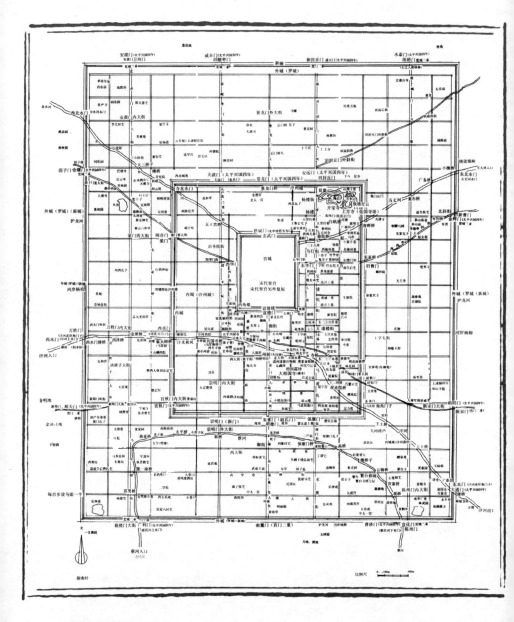

北宋东京城复原图

原载张驭寰：《中国城池史》，百花文艺出版社2003年版，第160页。

请幸金陵。签书枢密院事陈尧叟请幸成都。上复以问准。时钦若、尧叟在旁。准心知钦若江南人，故请南幸，尧叟蜀人，故请西幸，乃阳为不知，曰："谁为陛下画此策者，罪可斩也！今天子神武，而将帅协和。若车驾亲征，彼自当遁去。不然，则出奇以挠其谋，坚守以老其众。劳逸之势，我得胜算矣。奈何欲委弃宗社，远之楚蜀耶？"①

寇准的这一席话，可以说具有双重威慑力量。既指向王钦若、陈尧叟，又指向真宗。结果是无论谁都不敢承担"委弃宗社"的罪名，这才使亲征成行。

野史对寇准强邀真宗亲征一事，记载得更富有戏剧性：

契丹犯澶渊，急书一夕凡五至。莱公不发封，饮笑自如。明日，同列以闻，真宗大骇。取而发之，皆告急也。大惧，以问公。曰："陛下欲了欲未了耶？"曰："国危如此，岂欲久耶？"曰："陛下欲了，不过五日尔。"其说请幸澶渊。上不语。同列惧，欲退。公曰："士安等止候驾起，从驾而北。"上难之，欲还内。公曰："陛下入，则臣不得见，而大事去矣，请无还而行也。"遂行。六军百司追而及之。②

其实，真宗亲征并没有如此仓促，九月议定之后，十一月才出征。这是此条史料的不实之处。但对真宗畏懦寡断和对寇准举重若轻的描述，则是相当传神的。

_____

① 《长编》卷五十七景德元年九月乙亥条。
② 《五朝名臣言行录》卷四。

真宗在亲征澶渊的途中，又有了动摇，再次萌生了南逃的想法。《长编》卷五十八景德元年十一月甲戌条载：

> 先是，诏王超等率兵赴行在，逾月不至。寇益南侵。上驻跸韦城，群臣复有以金陵之谋告上且宜避其锐者。上意稍惑，乃召寇准问之。将入内，闻内人谓上曰："群臣辈欲将官家何之乎？何不速还京师？"准入对，上曰："南巡何如？"准曰："群臣怯懦无知，不异于向者老妇人之言。今寇已迫近，四方危心。陛下惟可进尺，不可退寸。河北诸军，日夜望銮舆至，士气当百倍。若回辇数步，则万众瓦解。敌乘其势，金陵亦不可得而至矣。"上意未决。
>
> 准出，遇殿前都指挥使高琼门屏间，谓曰："太尉受国厚恩，今日有以报乎？"对曰："琼武人，诚愿效死。"准复入对，琼随入，立庭下。准曰："陛下不以臣言为然，盍试问琼等？"遂申前议，词气慷慨。琼仰奏曰："寇准言是。"且曰："随驾军士父母妻子尽在京师，必不肯弃而南行，中道即亡去耳。愿陛下亟幸澶州，臣等效死，敌不难破。"准又言："机会不可失，宜趣驾。"时王应昌带御器械侍上侧。上顾之，应昌曰："陛下奉将天讨，所向必克。若逗留不进，恐敌势益张。或且驻跸河南，发诏督王超等进军，寇当自退矣。"上意遂决。

读这段记载，总给我一种寇准联合武将高琼对企图南逃的真宗实行兵谏的感觉。看吧，寇准慷慨激昂，再申前议，高琼则以士兵不从南逃作威胁。真宗面对的，与其说是辽军的威胁，不如说是眼前可能发生的兵变。作为皇帝，二百多年前唐玄宗西逃途中被迫缢死杨贵妃才平息兵变的事情，真宗是不会不清楚的。当他把似乎是求援的目光投向手持武器的侍卫时，没想到侍卫也站在寇准和高琼一边。在这种形势之下，真宗不得不从谏，断了南逃之念。从这件事也可以想象得出，为什么后来王钦若进谗言说寇准把真宗当作孤注一掷的赌徒筹码一发即中，这实在是触动了真宗内心深处最为屈辱窘迫的一幕。

真宗一行在寇准等人的催促下，勉勉强强地总算到达了澶州。澶州以黄河为界，分为南北两部分。真宗又不愿渡过黄河到北城去，因为要直接与辽军对阵，而且，一部分辽军已迂回进入了河北，所以比较危险。史载："天子北巡至澶州，虏骑已过魏府矣。上疑，不欲渡河，驻南澶州。准劝上北渡，以固众心，毋令虏得乘胜。上犹豫未决。"寇准向依然想南逃的真宗晓以利害说："今一旦弃去，（社稷）非复陛下所有，若盗贼因缘而起，陛下当何归乎？"

然而，兵临城下，大概性命比皇位还要重要，因此，在寇准再次劝真宗北渡时，他还是犹豫不决。这时，寇准又动员了在真宗身边的武将高琼：

> 准谓琼曰："事当奈何，太尉胡不一言？"琼曰："相公谋之庙堂，琼何敢与知？相公所以谓上何？"准曰："今渡河，则河北不劳力而定，不渡则虏日益炽，人心不敢自固。虽有智者，不能善其后矣。"琼呼曰："陛下听准语，准言是也。"

听了高琼的呼喊，本来已经打算回到内室的真宗，不得不回来，与寇准重新商量。这时，寇准就给高琼使眼色，让他带侍卫的部队先渡河。"准即映琼，以其兵先渡"，同时"又自牵马奉上"。就这样，真宗等于被寇准、高琼等人硬拉着过了黄河[1]。

---

[1] 以上引用史料见《五朝名臣言行录》卷四。

皇帝亲征，其象征意义远远大于军事意义。这就是寇准一再强迫真宗北进的原因。在真宗渡过黄河后，寇准又进一步让真宗登上城楼，检阅诸军。寇准对真宗说："六军心胆在陛下身上，今若登城，必擒贼矣。"于是，"上因御澶之北门。将士望见黄屋，皆呼万岁，声震原野，勇气百倍"①。

在整个亲征过程中，真宗的一切行动都是在寇准的勉强下进行的，所以极为消极。"上尽以军事委准"，他把所有的事都推给了寇准。寇准也就当仁不让，"准因承制专决"②。实际上，在亲征之前，边事既开，就已经处于这种局面了。"上每得边奏，必先送中书。谓毕士安、寇准曰：军旅之事，虽属枢密院，然中书总文武大政，号令所从出。向者李沆或有所见，往往别具机宜。卿等当详阅边奏，共参利害，勿以事干枢密院而有所隐也。"③制度的变迁，往往是由变例到常例，而成定制。宰相参与军事，此时一开先例，庆历之后，便有了宰相兼枢密使之形态。而到了南宋，便成为不易之制。

寇准临阵掌兵，"号令明肃，士卒喜悦。虏数千骑乘胜薄城下，有诏吏士迎击之，斩获太半。虏乃引退，不敢复逼"。真宗即使把全权交给了寇准，但能否取胜，心里没有底，当与寇准不在一起时，常派人窥视寇准的状况。史载："会暮，上还宫，留准居城上。上使人视准何为。曰准方饮酒歌笑，上未尝不释然也。"又载："公在澶州，每夕与杨亿饮博讴歌，谐谑喧呼，常达旦。或就寝，则鼾息如雷。上使人觇之，喜曰：得渠如此，吾复何忧！"④寇准如此举止，恐怕不仅仅是真的有类似曹操横槊赋诗那样的雅兴，而是为了安定君心与安

---

① 《五朝名臣言行录》卷四。

② 《五朝名臣言行录》卷四。

③ 《长编》卷五十七景德元年九月丁酉条。

④ 以上引文见《五朝名臣言行录》卷四。

定军心而故作潇洒，可谓用心良苦。当时的人把寇准比作东晋淝水之战时临阵博弈的谢安①。

"相持十余日，其统军挞览出督战。时威虎军头张瑰守床子弩，弩撼机发，矢中挞览额。挞览死，乃密奉书请盟。"由于宋朝处于有利形势，所以一开始寇准并不同意议和。辽使"来请益坚，帝将许之"②。这时，寇准打算提出很苛刻的讲和条件。即一是让契丹称臣，二是收回五代时期被契丹所占领的燕云十六州。这是连太宗想要完成都未完成的事业。但消极的真宗只想早点结束战事，这时又有人"谮准幸兵以自取重者"。来自内部的掣肘，使寇准不得不同意与辽朝讲和③。

宋朝派曹利用为议和使者。辽朝最初提出条件，要求割让河北。曹利用说，这个条件我不敢回去汇报，可以每年给钱帛二十万。辽朝嫌少，第一次谈判没有成功。曹利用回来汇报之后，真宗因急于还朝，就交代了岁币的底线："百万以下皆可许也。"但曹利用临出使之前，又被寇准召去，对他说："虽有敕旨，汝往所许毋得过三十万。过三十万，勿来见准，准将斩汝。"史书上描写，"利用股栗。再至虏帐，果以三十万成约而还"④。这次议和，就是历史上有名的澶渊之盟。

以三十万达成澶渊之盟后，在真宗那里又闹了一场近乎笑话的虚惊。曹利用结盟回来后，真宗急于想知道结果。当时，真宗正在吃饭，不便见人，就让内侍问曹利用。曹利用卖关子说："此机事，当面奏。"真宗再次派内侍问等在外面的曹利用，让他简单说个大概。

---

① 《长编》卷五十八景德元年十二月戊戌条。谢安事迹见《晋书》卷七十九《谢安传》。

② 《宋史》寇准本传。

③ 《宋史》寇准本传。

④ 《五朝名臣言行录》卷四。

曹利用不肯说，只是把三个指头放在脸上做了个手势。于是，内侍进到里边告诉真宗说："三指加颊，岂非三百万乎？"真宗不禁失声惊叹"太多"。但过了一会又说："姑了事，亦可耳。"就是说，即使多也认了。由此也看出真宗急于摆脱不安境地的心理。后来得知是三十万，才转惊为喜。真宗把以三十万成约看成是曹利用的功劳，从此加以重用①。岂不知如果没有寇准的威吓，曹利用大概是不可能坚持以三十万成约的。

澶渊之盟是在寇准主持下与邻国达成的第一个重大和平条约。对宋朝当时的对外关系及后来一百多年和平局面的维持有着重要意义。众所周知，在汉唐时代，中原王朝多以和亲的方式，用血缘关系来维持与周边其他民族政权的关系，以保持和平局面。大约从五代后晋向辽供岁币开始②，改用以经济关系来维系和平局面，而血缘和亲的方式则渐渐消失。这不能不说是一个重大变化。这种现象是不是可以说明，随着商品经济逐渐发达的时期的到来，单纯靠血缘关系已不足以维系双边关系了，而经济意识的增强，使人们越来越认同，似乎和平也可以用钱来买。这也是利益与和平的等价交换。

在现代人看来，澶渊之盟以宋纳辽岁币三十万告成，于宋无疑是一个不平等条约。但在当时似乎人们并不如是观。因为这点钱对于大宋王朝来说，无异于九牛一毛，按后来的宰相王旦的计算，还不及开战所用军费的百分之一③。用些许钱帛换来百年和平，似乎并无不妥。而且，受各种情况制约，这种结果亦可以说是客观形势下的产物。在此之后，北宋末及南宋的几次议和方式，无不受澶渊之盟模式

---

① 《长编》卷五十八景德元年十二月丁亥条。

② 《旧五代史·晋书》卷七十八《高祖本纪》内《旧五代史考异》："（会同二年）八月己丑，晋遣使贡岁币，奏输戌、亥二岁金币于燕京。"。

③ 《长编》卷七十大中祥符元年十一月癸未条。

的影响。这也可以算作一项"祖宗法"吧。对这些和议的是非功过，我们似应尽量摆脱现代意识，从事件的历史渊源与彼时彼地的客观情境去评说。

澶渊之盟的成功，应当说是群臣同心同德的结果，特别是寇准与毕士安这两个宰相密切合作的结果。在亲征前，"士安与寇准条所以御备状，又合议请真宗幸澶渊"。当下诏亲征后，"而议者犹哄哄，二三大臣有进金陵及成都图者。士安亟同准请对，力陈其不可，惟坚定前计。真宗严兵将行，太白昼见，流星出上台北贯斗魁。或言兵未宜北，或言大臣应之。士安适卧疾，移书准曰：'屡请舁疾从行，手诏不许，今大计已定，唯君勉之。士安得以身当星变而就国事，心所愿也。'已而少间，追至澶渊，见于行在"①。毕士安扶病追至澶渊。二相同心协力，也使寇准的分量增重了许多。

对于二相的勠力合作，后人给予相当高的评价。宋人吕中曾说：

> 一相独任，则有专权之私。二相并命，则有立党之患。然以赵中令权专任重，而能与新进之吕蒙正共事。以毕士安德尊望隆，而能与使气之寇准共政。不惟无分朋植党之风，抑且尽同寅和衷之义。②

元代的《宋史》编者也在卷二百八十一论赞中写道：

> 契丹大举而入，合辞以劝真宗，遂幸澶渊，终却巨敌。……景德、咸平以来，天下乂安，二相协和之所致也。

---

① 《宋史》卷二百八十一《毕士安传》。
② 《长编》卷四十七咸平三年十一月辛卯条。

不过，真宗在澶渊之盟前后的表现，可以说相当消极，几乎所有行动都是在寇准的督促甚至强求下做出的。因此，对寇准的行为，后来就有了正反两个角度的评论。曾主张真宗南逃的王钦若，说"澶渊之役，准以陛下为孤注，与虏博耳"①。而仁宗时代的参知政事范仲淹则说："寇莱公当国，真宗有澶渊之幸，而能左右天子，如山不动，却戎狄，保宗社，天下谓之大忠。"②就是说，寇准把真宗作为筹码孤注一掷的行为，天下公论则认为是忠君保国。

同时，在范仲淹看来，天下谓寇准大忠，正在于他"能左右天子"。这里的"左右"，与现代汉语的动词"左右"语义相同。以能够左右天子为大忠，这大概是从宋代士大夫开始才有的观念。宋人还有类似的表达。南宋中期刘炎的《迩言》卷七有"人臣以进谏为大忠"之语，可与之两相映照。"进谏"已是对君主的行为进行的一种限制，而"左右"已超过"进谏"，可以说是对君主的行动的支配了。当然，同样是作为宰相左右天子，如蔡京之于徽宗，秦桧之于高宗，史弥远之于理宗，则无人认为是大忠。这里，评价的标准大概是左右天子的目的究竟是为公还是为私吧。寇准为政的一生，可以说就是力图并且实践左右天子的一生。但他之所以获得的是正面评价，可能就与毕士安当年向真宗推荐寇准时所说的"忘身徇国"有关。南宋初年的宰相吕颐浩谈到澶渊之盟时，也说寇准"不以家谋，专以国计"③。

寇准临危受命，果然不负君望，更不负众望，写下了他从政历史上最辉煌的一页，也为大宋王朝开创了一百多年的和平局面。宋人陈

---

① 《涑水记闻》卷六。

② 《范文正公集》卷五《杨文公写真赞》。

③ 《宋会要辑稿》帝系九之二七。

莹中就说："当时若无寇准，天下分为南北矣。"①

四　政界沉浮

经过澶渊之盟，寇准的权力与威望达到了前所未有的顶峰。"契丹既和，朝廷无事，寇准颇矜其功，虽上亦以此待准极厚"②，因而，寇准得以毫无顾忌地大权独揽，实行宰相专政。然而，这不过是一种表面现象。

在君臣关系上，寇准与后来的宰相王旦不同，不是在尊重的前提下谋求支持，而是居高临下、咄咄逼人地左右君主。因而，彼此关系不是"君臣相得皆如鱼之有水"，而是制与受制。不要说君臣之间，即使是普通的人际交往，长此以往，任何人都难以忍受，最终关系的破裂也就不可避免。这是寇准在性格上的致命弱点。

寇准以独挽狂澜的社稷再造之功，被朝野视为大英雄。在这种氛围之下，投鼠忌器，真宗即使有不满，也无可奈何，只能忍受，不好发作或有所动作。而寇准的政敌们，也不敢轻举妄动，以恐招致舆论谴责的灭顶之灾。然而，危机却潜伏着，而且这种危机随着和平的到来、战争的远去，以及寇准大权独揽所不断蓄积的不满，正一天一天地临近。可怕的是，为成功冲昏头脑而得意忘形的寇准，对即将到来的危机竟毫无知觉。

特别是在人事任免上，包括本来在制度规定上不应当由宰相插手的御史的任用，寇准都大权在握。史载："准在中书，喜用寒俊，每

---

① 《类编皇朝大事记讲义》卷七。
② 《长编》卷六十二景德三年二月戊戌条。

御史阙，辄取敢言之士。"寇准以"进贤退不肖"为己任，不愿遵守惯例，论资排辈。"尝除官，同列屡目吏持簿以进。准曰：宰相所以器百官，若用例，非所谓进贤退不肖也。因却而不视。"①或许是与此事类似的事，或许是同一件事，在野史中还记载："章圣（真宗）尝谓两府，欲择一人为马步军指挥使。公方议其事，吏有以文籍进者。公问其故。曰：例簿也。公曰：今朝廷欲用一牙官，尚须检例耶，安用我辈哉？坏国政者正由此耳。"②

寇准在人事任免上还有着当时流行的偏见，即排斥南方人。这是从太祖开始就有的偏见。据说太祖曾立下过不用南人为相的"祖宗法"。后来真宗朝宰相王旦也曾以这项"祖宗法"来阻止南方人王钦若为相③。景德二年（1005），后来成为仁宗朝名臣的晏殊，十四岁以神童召试，"宰相寇准以殊江左人，欲抑之"④，而在此之前，寇准对后来也成为仁宗朝名臣的青州人王曾，态度则截然不同。本来，按规定，"试文当属学士舍人院"，但"宰相寇准雅知曾，特召试政事堂"⑤。大概寇准又拿出了任官不用例簿的架势，结果，将作监丞王曾被任命为著作郎直史馆。

对南方人存有的偏见，也许寇准一生都没有消除。他在后来任枢密使时，进士赐第，在真宗挑选状元，接见王钦若的同乡举子江西人萧贯后，寇准表示了反对意见。他反对的理由直截了当："南方下国人不宜冠多士。"当反对成功后，寇准得意地扬言："又与中原夺得一

---

① 《长编》卷六十二景德三年二月戊戌条。
② 《五朝名臣言行录》卷四。
③ 《五朝名臣言行录》卷二。
④ 《长编》卷六十景德二年五月己未条。
⑤ 《长编》卷五十九景德二年三月己巳条。

状元。"对此，史家评论说："准性自矜，尤恶南人轻巧。"①这大概也是寇准与出身于南方的王钦若一直不和的一个原因吧。

《宋史》卷二百八十三《王钦若传》载，王钦若因"素与准不协"，当寇准任相时，"累表愿解政事"，真宗"为罢资政殿学士以宠之"。但寇准为了贬抑王钦若，"定其班在翰林学士下"。寇准的做法与他当年在太宗朝贬抑冯拯完全一样。结果，也被王钦若告到皇帝那里。也许是因为寇准正值权力鼎盛，又同样深得真宗信任，对这件事，真宗没有像太宗那样追究寇准，只是给王钦若在"资政殿学士"的头衔上加了个"大"字，提升了他的立朝班序，算是摆平了这件事。

这一时期，寇准正逢盛年，可以说处于他一生最为得意的时期。他经常把两制等高级官员邀到他的府邸聚饮，当喝到"酒酣气盛"之时，常常把大门一锁，强留下客人，通宵达旦地喝酒②。

"皎皎者易污，峣峣者易折。"寇准独裁，又得真宗信任，一时权势如日中天，自然会引起来自各个方面的嫉恨与攻击。这正如《宋史》卷二百八十一《毕士安传》所云，"准为相，守正嫉恶，小人日思所以倾之"。前面说过，宰相专权的最稳固的基础，是君臣之间"相得皆如鱼之有水"一样的密切关系。如果要想打击哪个宰相，最能击中要害的，莫过于离间君臣关系了。景德二年（1005），有一个叫申宗古的平头百姓不知受了谁的唆使，诬告寇准勾结真宗的兄弟安王元杰谋反。

真宗即位本来就充满曲折，对这样的事最为敏感。因此寇准大为不安，一时又无法辩白。这时，与寇准同时为相的毕士安挺身而出，

---

① 《长编》卷八十四大中祥符八年三月戊戌条。

② 《长编》卷七十六大中祥符四年十月戊辰条。

"力辨其诬，下宗古吏，具得奸罔，斩之"①，这才使寇准安定下来。这件事发生在寇准深得真宗信任之时，所以还构不成对寇准的致命威胁。但很难说该事件在真宗心里丝毫未存芥蒂。

寇准的政敌们一直在寻找一切可能的机会来打击寇准。《长编》卷六十二景德三年二月戊戌条载：

> 一日会朝，准先退。上目送准。钦若因进曰："陛下敬畏寇准，为其有社稷功耶？"上曰："然。"钦若曰："臣不意陛下出此言。澶渊之役，陛下不以为耻，而谓准有社稷功，何也？"上愕然曰："何故？"钦若曰："城下之盟，虽春秋时小国犹耻之。今以万乘之贵，而为澶渊之举，是盟于城下也，其何耻如之！"上愀然不能答。

在澶渊亲征之前，有人曾问过寇准的打算。寇准说得相当壮烈："直有热血相泼耳。"现在，这句话被政敌抓住把柄，说他"无爱君之心"，并且进一步说："陛下闻博乎？博者输钱欲尽，乃罄所有出之，谓之孤注。陛下，寇准之孤注也。斯亦危矣。"②这些话一句句都像针一样刺到真宗的心上，触到了真宗所不愿正视的隐痛。由王钦若这样有地位的人引经据典来挑拨离间，远较申宗古那样的平头百姓有力得多。王钦若的一番话，可以说成功地离间了寇准与真宗之间的君臣关系。

一般说来，皇帝不能也不敢毫无正当理由随心所欲地罢免宰相、执政大臣乃至普通官员。必须是在屡有臣僚弹奏进言或舆论恶评之

---

① 《宋史》卷二百八十一《毕士安传》。
② 《长编》卷六十二景德三年二月戊戌条。

后，形成了某种罢免的氛围与理由，皇帝才有可能行使其罢免权。皇帝行使罢免权，也有几种情况，一种情况是，皇帝本身对要罢免的人不满，趁有人进言而捎带一泄私愤。这种罢免还或多或少带有一点皇帝的个人意志。另一种情况是，皇帝对要罢免的人并无恶感，甚至是宠信的，但经不住别人的屡屡攻击或舆论压力，不得不罢。这种罢免并不代表皇帝本人的意志，甚至违反了皇帝的意志。但无论哪一种情况，在皇帝的罢免命令的背后，都烙有朝廷内政治势力间角逐的印记。同样，皇帝行使的任命权亦是如此。

景德三年（1006）二月，寇准罢相。三月，被派知陕州。我在前面曾说过，任何结果，都不是某种力量单独作用形成的，而是多方面的合力所致。导致寇准罢相的，不仅有来自王钦若及申宗古等人的恶毒攻击诬告，还有由于寇准的专权而导致同一执政集团内部对他产生的不满。寇准"举措多自任，同列忌之"。

舆论往往是一个政治家政治生命的晴雨表。寇准罢相过了将近半年，真宗还说："寇准之居相位，多致人言。"曾被寇准压制的冯拯，在寇准罢相后成为参知政事。这时，他接上真宗的话说："吕蒙正尝云，准轻脱好取声誉，不可不察。"①冯拯落井下石，可谓出了口恶气。

在景德二年（1005）申宗古诬告寇准时，尚有同时为相的长者毕士安为之辩护。当年十月，毕士安病故，寇准便失去了一道强有力的保护屏障。

此外，抛除各种不利的舆论因素，寇准的罢相，应当说还与澶渊之盟后，进入和平环境，朝廷的政策转变有关。从上述寇准任官不用例簿、不循旧制看，他是一个不大守成规的人。这在非常时期并无不

---

① 《长编》卷六十四景德三年十一月己未条。

可，但在需要守成的时期，则有些麻烦。所以，无论是真宗也好，还是执政集团也罢，都选中"遵法度，重改作"①的王旦为相，取代了寇准。这大概也是从寻求朝野安定的大局出发的吧。

寇准有政治家的作为，却缺少政治家的心计。一如他那诗人本色，率心由性，得志之时忘形，失意之时放浪。当他从政治的峰巅跌落后，他的表现一方面是放浪形骸，一方面是图谋东山再起。

寇准出知陕州后，基本上不理政事，终日宴游。这固然与他在政治上失意有关，但也与多年沿袭的旧习有关。《长编》卷六十五景德四年六月庚申条载："旧相出镇者，多不以吏事为意。寇准虽有重名，所至终日宴游。所爱伶人，或付与富室，辄厚有所得，然人皆乐之，不以为非也。"《长编》卷七十三大中祥符三年四月戊寅条还记载有寇准在知天雄军任上与知雄州的李允则相互设宴，竞比奢华之事。

寇准终日宴游，不过是借酒消愁，以掩饰或者说冲淡其在政治上的失意。他曾写下过《醉题》一诗："榴花满瓮拨寒醅，痛饮能令百恨开。大抵天真有高趣，腾腾须入醉乡来。"②"痛饮能令百恨开"，包含了相当深的感慨，而这些感慨都需要酒精来排遣。只有到了"腾腾须入醉乡来"的境地，似乎才能体会到政界以外的"天真高趣"③。此时的寇准，情绪很低沉，颇有报国无门的感叹。他在另一首诗中写道："闲心终不忘鱼钓，淡水真宜习老庄。报国自知无世用，烟蓑何日卧清漳。"④

老庄思想，可以说是为积极入世的中国读书人在济世不得的时候，预设的精神空间。自古以来，中国的政治家之所以很少有因政治

---

① 《宋宰辅编年录》卷三。

② 《寇忠愍公诗集》卷中。

③ 《寇忠愍公诗集》卷中《夏夜闲书》。

④ 《寇忠愍公诗集》卷中《秋》。

绝望而自杀者，大概要归功于老庄预设下的这个适足以自我调节的精神乐园。然而中国读书人又很少甘于终生归隐，老死林泉。老庄设置的精神乐园，不过是他们在失意之时进行精神调节的暂时落脚之地。就寇准来说，他意识到"自古名高众毁归，又应身退是知机"。尽管寇准有急流勇退的念头，但对过去曾有的辉煌毕竟难以释怀。所以，他接着前面的诗句写道："林风惊断西窗梦，一夜愁声忆翠微。"此时的寇准有很多梦，而且多数是重返政治中枢之梦。这正如他在诗中所述："魂梦不知关塞外，有时犹得到金銮。"①

寇准一直存有重返政治中枢之梦。实际上对寇准这个重要人物谁都未曾忘记过。在他罢相刚好一周年之时，真宗特地把他召到京城谈话②。寇准此时也许燃起一丝重新起用的希望之光，因此在京城逗留了十来天。最后看没什么动静，才怏怏而去，返回任所。也许真宗有心起用，但他一个人并不能完全左右政治，大概终因有人反对而作罢。

与在太宗朝被罢免时的情形一样，在重返政治中枢的道路上，寇准又开始了相当漫长的跋涉。

在知陕州时，《宋史》本传记载寇准"从封泰山"。实际上这是寇准自己要求跟真宗一起去泰山封禅的。《长编》卷六十九大中祥符元年八月庚戌条载："刑部尚书、知陕州寇准表请从祀，诏可。"

在澶渊之盟后，真宗这个并非以打江山起家的君主，试图向内外宣示其皇位受命于天的正统性，与王钦若出的得天瑞的馊主意一拍即合，大张旗鼓地搞起了降天书封禅的闹剧③。寇准此时未在中央政

<hr>

① 《寇忠愍公诗集》卷中《初到长安书怀》。
② 《长编》卷六十五景德四年二月载："戊寅，刑部尚书、知陕州寇准来朝，召之也。留浃旬，还任。"
③ 降天书封禅的起因，参见《长编》卷六十七景德四年十一月庚辰条记载。

府，基本上没参与。在态度上，寇准从一开始就不相信什么天书之类的鬼把戏。尽管如此，他特地上表要求"从封泰山"，其目的不外乎是接近皇帝和权力中心，可见他是煞费苦心。果然，寇准的苦心得到了回报。"从封泰山"，迁官为户部尚书。同年十二月，又改派至北方重镇，后来宋朝的北京，任知天雄军兼驻泊都部署。在大中祥符四年（1011），真宗祀汾阴时，寇准特地遣官去行在。这自然也是为了讨好真宗①。

寇准知天雄军，流传有一件逸事："契丹使尝过大名，谓准曰：相公望重，何故不在中书？准曰：主上以朝廷无事，北门锁钥，非准不可尔。"②由此，亦可看出，寇准其人爱面子之一斑。

寇准在天雄军，还有一件事让真宗抓住了话柄。《长编》卷七十三大中祥符三年正月丁丑条载："知天雄军寇准言：振武军士援送契丹使过境，臣已各给装钱。上谓辅臣曰：寇准好收人情，以求虚誉，卿等今见之矣。乃诏谕准不当擅有给赐。命备钱偿官。"在寇准罢相时，真宗就说过寇准"以国家爵赏过求虚誉"的话③，这次寇准弄巧成拙，再次印证了真宗的这种不良印象。此亦可见寇准胸少城府。

印象归印象，重用还是要重用，特别是在需要的时候。大中祥符五年（1012），"河北颇有盗贼，而奏报不实，又不即时擒捕"。鉴于此，"诏知天雄军寇准都大提举河北巡检"④。在此之后，也许是寇准为了改变印象，在是年年末，向朝廷报告"狱空"，来说明他勤于吏事。在过去，除了征收赋税，大概处理民事案件是地方官最主要的工作了。而"狱空"，则说明治安良好，民无讼事，是最能体现地方

---

① 事见《宋会要辑稿》仪制七之一。
② 《长编》卷七十大中祥符元年十二月辛亥条。
③ 《长编》卷六十二景德三年二月戊戌条。
④ 《长编》卷七十八大中祥符五年九月癸酉条。

官政绩的事情。对此，真宗下诏嘉奖①。大约此时，寇准迁官为兵部尚书②。

也许由于寇准在治安管理方面成绩卓著，也有可能真宗了解寇准"兼资忠义，善断大事"，不至于当真宗不在京城期间，勾结其他亲王夺其皇位。所以，在出幸亳州时，任命寇准为权东京留守③。寇准终于回到了天子脚下。时为大中祥符六年（1013）十二月，走到这一步，寇准花了将近七年时间。好在他有年龄优势，还不致老态龙钟。

寇准成为权东京留守是一个信号，或者说是一个标志，意味着寇准很快将被重新起用。果然，过了大约半年，寇准入朝，被任命为枢密使、同平章事。枢密使、同平章事，在宋代被称为"枢相"，与宰相有着同等的地位，只不过分工主管军事而已，比仅仅为枢密使在地位上要高出许多。

寇准八年来谈不上卧薪尝胆，却也是朝思暮想，总算又重返政治决策中枢。这是他第三次进入执政集团。寇准这次重返中央政坛，与宰相王旦的推荐有着直接关系。寇准与王旦是同一年进士，并且，两人在彼此进入中央政界以前，关系就已经相当密切④。在宋代，除了产生过特别的恩怨，一般同年进士都会互相提携，而自然形成一个荣辱与共的政治集团。

---

① 《长编》卷七十九大中祥符五年十二月己卯条。

② 寇准何时迁兵部尚书，《长编》未载。《宋史》卷二百八十一《寇准传》载："祀汾阴，命提举贝、德、博、洛、滨巡检提贼公事，迁兵部尚书。"

③ 《长编》卷八十一大中祥符六年十二月丙寅条。

④ 《宋史》卷二百八十一《毕士安传》载："（毕士安）凡交游无党援，惟王祜、吕端见引重，王旦、寇准、杨亿相友善。"由于毕士安的关系，恐怕寇、王二人很早即是友人。

五 重掌相印

寇准再次进入执政集团时间很短，不到一年，就被罢免枢密使，出守外藩，又一次被迫离开了政治中枢。尽管政界的升降沉浮，从外部因素看，主要是各种政治派系互相角逐的结果，但从政治家自身来看，与其性格因素及政治策略也很有关系。寇准凡事率性而行，不讲究策略，到处树敌，则是导致其在执政集团内站不住脚的主要因素。

在王旦的推荐下，寇准成为枢密使，入主西府，与宰相王旦对掌二府。两个人本应像当年寇准与毕士安那样，同心合力，但寇准似乎不大瞧得起这个晚于他为相的同年，同时，或许还对这个接替他为相的王旦过了七八年才把他拉入执政集团，总感到有些不是滋味。因此，他不是以合作的态度与王旦共事，而是不时地找些麻烦。

史载："准为枢密使，中书有事关送枢密院，碍诏格，准即以闻。上谓（王）旦曰：中书行事如此，施之四方，奚所取则？旦拜谢曰：此实臣等过也。中书吏既坐罚，枢密院吏惶恐，告准曰：中书、枢密院日有相干，旧例只令诸房改易，不期奏白，而使宰相谢罪。"也许是一报还一报，不久，"枢密院有事送中书，亦碍诏格"。"吏得之，欣然呈之旦"，前些天因"碍诏格"而受罚的吏人大概觉得总算抓住把柄报复寇准了。但王旦没有以其人之道还治其人之身，"令却送与枢密院"，直接把文书退给了枢密院，而没有报告给真宗。当枢密院吏把这件事汇报给寇准时，寇准感到非常惭愧，第二天，见到王旦后，对王旦说："王同年大度如此耶！"[1]

---

① 《长编》卷八十四大中祥符八年四月壬戌条。

或许是另一件事，或许是同一件事记载有异：

> 王文正公在中书，寇莱公在密院。中书偶倒用印，寇公须勾吏人行遣。他日，密院亦倒用了印，中书吏人呈覆，亦欲行遣。文正问吏人：汝等且道密院当初行遣倒用者是否？曰不是。文正曰：既是不是，不可学他不是。更不问。①

王旦的行为虽然有时让寇准感动不已，但寇准还是有机会就不放过攻击王旦。我们无法推测寇准是否有取而代之的想法。史载：

> 寇准数短旦，旦专称准。帝谓旦曰："卿虽称其美，彼专谈卿恶。"旦曰："理固当然。臣在相位久，政事阙失必多。准对陛下无所隐，益见其忠直，此臣所以重准也。"帝以是愈贤旦。②

王旦或许是以其忠厚的本性，言出于衷，但他不攻击寇准，处处回护寇准，是不是也有其难言之苦呢？是他向真宗力荐，寇准才得以重新起用的，因此他不能说寇准不好，来打自己嘴巴。不过，从王旦在病危之际曾向真宗推荐看，他确实是看重寇准大节的。

在朝廷中，寇准不仅与宰相王旦时有扞格，与其他大臣也屡有冲突。史载：

> 准恶三司使林特之奸邪，数与忿争。特以河北岁输绢阙，督之甚急。准颇右转运使李士衡，而沮特。且言在魏时尝进河北绢

---

① 《自警编》卷一。

② 《宋史》卷二百八十二《王旦传》。

五万而三司不纳，以至阙供，请劾主吏以下。上勉从其请，而用赦释之。盖京师岁费绢百万，而准所助才五万而已。准又以三司放驰坊军士不俟给装钱为特过。

这个被人称为"五鬼"之一的林特，此时正得宠于真宗。纳绢一事，真宗给了寇准面子，"勉从其请"，但毕竟心里不甚愉快。这次寇准又揪住不放，就使真宗有些生气了。他对宰相王旦说："准年高，屡更事，朕意其必能改前非，今观所为，似更甚于畴昔。"事至如此，加之寇准又屡与王旦龃龉，因此王旦也就借坡下驴，顺势说了一些不利于寇准的话。他说："准好人怀惠，又欲人畏威，皆大臣所当避。而准乃以为己任，此其所短也。非至仁之主，孰能全之？"我想王旦的一番话，是使真宗下决心罢免寇准的关键，反之，如果王旦如当年毕士安那样回护寇准，真宗是断然不敢轻易罢免寇准的。

当寇准得知将要被罢免枢密使时，希望能成为地位较高的使相。他托人把这个意思转达给王旦。对于寇准的这种请求，王旦感到很吃惊，说使相怎么可以自己要求呢，并表示他不私下接受别人的请托。王旦的这种态度使寇准又羞又恼，"深恨之"。不过，当真宗问起王旦，寇准罢枢密使后应当给他个什么官时，王旦却说："准未三十，已蒙先帝擢置二府，且有才望，若与使相，令处方面，其风采亦足为朝廷之光也。"在寇准为使相的任命颁出后，"准入见，泣涕曰：'非陛下知臣，何以至是！'上具道旦所以荐准者。准始愧叹，出语人曰：'王同年器识，非准所可测也'"[1]。这件事从另一个侧面也反映出，宰相对高层官僚的任免也具有相当大的发言权与决定权。

寇准心胸狭隘，又过于偏执。因此，无论是君子还是小人，都不

---

[1] 以上引文见《长编》卷八十四大中祥符八年四月壬戌条。

大喜欢他，就连真宗也不愿碰这个烫手山芋。不过，作为正人君子，寇准还是得到当时公认的。这也许正是王旦看重寇准的原因吧。

寇准罢枢密使后，不久被派知河南府兼西京留守。而后又徙判永兴军。在此期间，任相近十二年的王旦病逝。在各种宋代史书中，都记载有王旦病重时向真宗推荐寇准之事。一般都认为时间当在王旦临去世时，而李焘则认为是在寇准出任枢密使之前。然而，抛开时间的问题，王旦在病重时向真宗推荐寇准则当属毫无疑问的事实。这件事的大致过程如下：

王旦晚年病重，真宗让人把王旦抬进宫中，问以后事："卿万一有不讳，使朕以天下事付之谁乎？"王旦开始并不直接回答真宗的提问，仅说："知臣莫若君。"真宗没办法，只好一一列举人名问，王旦都不表态。最后，真宗坚持让王旦推荐："试以卿意言之。"王旦这才说："以臣之愚，莫若寇准。"但真宗对寇准的性格不满意，说："准性刚褊，卿更思其次。"这时，王旦固执地坚持："他人，臣不知也。"[1]结果，不管是为相，还是为枢密使，总之是真宗接受了王旦的提名。

天禧元年（1017），王旦薨于相位。寇准与王旦之间的恩恩怨怨，都随王旦的去世而烟消云散。寇准以使相出掌外藩，地位已高于一般的执政。因此，其能否再度成为宰相，已不需要谁来特别推荐了，而是要取决于朝廷中政治角逐及其平衡的结果。处于政治失意之中的寇准，虽然吟诗作文，声称习老庄隐林泉，但实际上一刻也没忘重返朝廷，再执政柄。他在判永兴期间，正如自己在诗中所吟，"终年深隐养天机"[2]，一直在等待机会。

---

① 《五朝名臣言行录》卷二。

② 《寇忠愍公诗集》卷中《和赵渎监丞赠隐士》。

寇准在永兴等待了整整四年，到天禧三年（1019），机会终于来临了。这是一个人为制造的机会。永兴军内有个叫朱能的巡检，勾结内侍周怀政伪造了天书。寇准为了迎合热衷此道的真宗，上奏云天书降于乾佑山中。

关于这次天书出炉的经纬，《长编》卷九十三天禧三年三月乙酉条有明确记载：

> 入内副都知周怀政日侍内廷，权任尤盛，附会者颇众，往往言事获从。……性识凡近，酷信妖妄。有朱能者，本单州团练使田敏家厮养，性凶狡。遂略其亲信得见，因与亲事卒姚斌等妄谈神怪事以诱之。怀政大惑，援引能至御药使，领阶州刺史。俄于终南山修道观，与殿直刘益辈造符命，托神言国家休咎，或臧否大臣。时寇准镇永兴，能为巡检，赖准旧望，欲实其事。准性刚强好胜，喜其附己，故多依违之。是月，准奏天书降乾佑山中。

寇准上奏天书始末，史籍颇有聚讼。《宋史·寇准传》载："天禧元年，改山南东道节度使。时巡检朱能挟内侍都知周怀政诈为天书。上以问王旦。旦曰：'始不信天书者准也。今天书降，须命准上之。'准从，上其书。"以前，我研究王旦时，对这条史料颇为怀疑。因为以王旦之为人及其处世作风，似不至如此行事。后来读到李焘对此事的辨误，其惑始解。其云：

> 刘攽作《寇准传》云："朱能献天书，上以问王旦。旦曰：'始不信天书者寇准也。今天书降准所，当令准上之，则百姓将大服。'乃使周怀政谕准。准始不肯。而准婿王曙居中，与怀政

善，曙固要准，准乃从之。"按，王旦死于天禧元年正月，而准
上天书乃三年三月。敩误甚矣。或钦若实为此，非旦也。①

由此可知，《宋史·寇准传》源自刘敩所撰，其时已将时间弄错，
故将说真宗之事误植于王旦头上。据李焘推测，其人可能是王钦若。
这种推测不无道理。王钦若在大中祥符之际，为天书的始作俑者。此
人又与寇准不和，知寇准素不信天书之类的把戏，故意让寇准奏上，
以此来羞辱寇准，让寇准难堪。

而对于寇准来说，则有自己的打算。他没有拒绝奏天书，或许如
刘敩所记，有其婿王曙说项的因素。但从根本上说，他也不想拒绝此
事，而是打算以此事为媒介，重新获宠于真宗，与真宗达成新的统一
战线，从而再次成为宰相，入主中书。

我这样说并不是没有根据的推测，而是有类似的事可以举为旁证
的。早在天禧元年（1017），判永兴军寇准就上言，说"部内民稼，
蝗伤之后，茎叶再茂，蝗多抱草死"②。或许有一两处这样的个别现
象，但总的来说是不经之谈。寇准之所以上奏汇报，不外乎是想取悦
于喜好怪力乱神的真宗。不料真宗只关心能有助于说明其正统地位的
怪力乱神，对蝗虫是否抱草死并不感兴趣。因而，寇准的上奏也就没
了下文。但此事毕竟反映了寇准的某种用心。而这次又冒出一份天书
来，寇准自然不会放过这个机会了。我想，即使没有王钦若的小动
作，没有周围人的劝说，寇准也会主动上奏，而不会理会其真伪。

不过，"趋时事已非"③，天禧已非大中祥符，早年间闹哄哄的

---

① 《长编》卷九十三天禧三年三月乙酉条李焘注。

② 《长编》卷九十天禧元年七月庚戌条。

③ 《寇忠愍公诗集》卷中《和赵渎监丞赠隐士》。

降天书封泰山祀汾阴，搞得劳民伤财，人心已倦。所以，这次天书一降，"中外咸识其诈，上独不疑"①。但由于寇准以其使相的地位奏上天书，与真宗站到了同一立场，等于在重新入相的政治角逐中争取到一个举足轻重的筹码。加之此时的宰相王钦若由于颇致人言，因而真宗也变得不大信任他了。"钦若恩遇浸衰。"②当此之时，寇准一上天书，果然奏效。十来天后，即被召赴阙③。这次寇准进京，可不是像他罢枢密使一年后真宗把他召来聊天解闷然后又打发回去那样，而是将要被委以重任了。

果然，到了六月，真宗前脚让宰相王钦若走人，后脚便任命寇准为相，前后相隔不到四天④。

六　从政争到政变

天禧三年（1019），寇准取代王钦若成为宰相，这是他三起三落之后的再度出山。或许他暗自得意略施上天书之小技而智取相位，殊不知等待着他的将是更大的跌落，更大的悲剧。这次跌落将使他一落千丈，直至人生的谷底，凄凄惨惨，远流他乡，成为孤魂野鬼，大起大落的一生，以悲剧落下帷幕。这一切，均为寇准所始料不及。

寇准此次入相，已届真宗末期，中央政治的安定程度已远非他以往出入中枢时可比，几近于混乱状态。帝政、后党及执政集团内外，

---

① 《长编》卷九十三天禧三年三月乙酉条。
② 《长编》卷九十三天禧三年六月甲午条。
③ 据《长编》卷九十三天禧三年记载，寇准三月末上天书，四月丁酉（十日）即被召进京。
④ 据《宋史》卷二百一十《宰辅表》，王钦若罢相在天禧三年六月甲午（九日），寇准拜相在六月戊戌（十三日）。

各种矛盾交织在一起，形势异常复杂。此时搅进去，犹如林冲误入白虎堂，悲剧便已注定。因为局势远远不是政治智商较低的寇准所能周旋应付得了的。其实，在这次寇准应召进京之前，已有谋士帮他进行了分析，做了劝告。史载：

> 寇准自永兴来朝，准将发，其门生有劝准者曰："公若至河阳，称疾坚求外补，此为上策；倘入见，即发乾佑天书诈妄之事，尚可全生平正直之名，斯为次也；最下则再入中书为宰相尔。"准不怿，揖而起。君子谓准之卒及于祸，盖自取之也。①

这里，谋士为寇准设计了三种方案，上中下三策：上策是应召途中称病不进京，要求做地方官，避开朝廷的是是非非；中策是赴朝后主动承认奏上的天书是假的，做个解铃人，从道义上保全晚节；下策乃是入朝为相。结果，一心想要东山再起的寇准根本听不进谋士的意见。所以，人们认为寇准后来的悲剧是咎由自取。

政治家的能力与智商固有高低，其实对于政治家的前途来说，这并不至关紧要。因为在政治家的周围总有许多谋士幕僚，只要不刚愎自用，善于倾听他们的意见，总可以弥补政治家本身在智力与能力上的不足，甚至可以挽回一些行为上的失误。前面说过，寇准的性格并不适合做政治家，尤其不适合做政治领袖。早在澶渊之盟以前，寇准的谋士就认为他不宜为相。不过那时是从寇准处理不好君臣关系的角度说的。这次谋士劝阻其入相，则完全是从回避朝廷矛盾、保全晚节而言。上次寇准未纳忠言，尚能称赞谋士有"深识远虑"。这次寇准不受忠告，居然怒气冲冲。其刚愎自用的程度，正应了以前真宗在罢

---

① 《长编》卷九十三天禧三年五月甲申条。

免寇准枢密使时所说，"今观所为，似更甚于畴昔"。

不能说寇准是官迷心窍，权令智昏，应当说长期的政治生涯已将其人性扭曲变形，而本人则毫无意识。或许这就是人们所说的，人发明了工具，到后来工具却改变了人，即所谓人性的异化。在寇准的思维中，直到生命的终点，只有这一条路可走，此外别无选择。当然，寇准的再度出山，也许不尽是出于个人得失之考量，从积极的角度看，似乎可以说还有一种试图挽回王旦死后朝廷颓势的责任感在内。这种责任感驱使他不顾个人安危，再夺相印。

在寇准拜相的同一天，丁谓亦再次进入中书成为参知政事。本来，对寇准来说，在朝廷最大的政敌应当是王钦若。当年王钦若曾以孤注之说向真宗进谗，将寇准扳倒。后来两人势同水火，在朝廷你来我走，互相回避。以前，寇准罢枢密使，王钦若接任，本当一同拜谢真宗。但王钦若提出各自分别拜谢，以避免见到寇准①。这次在寇准拜相之前，王钦若已被打发走，远离朝廷，对寇准已构不成威胁。然而命运似乎偏偏与寇准作对，又给这个本来就不善处理人际关系的蹩脚政治家树立了新的对立面。当然，这也不能全然抱怨天道不公，路毕竟是寇准自己走的。

寇准作为政治家，却素无知人之明，观察人仅停留于直观表面，而自己对人的喜怒好恶，则每每形于颜色。丁谓其人，的确有才干。少时曾以文谒著名文人王禹偁，"禹偁大惊重之，以为自唐韩愈、柳宗元后，二百年始有此作"②。入仕后曾出任三司使，作《景德会计录》，亦颇见理财之绩。也许是看重丁谓的才干，寇准当年与丁谓关系很好。在他的同年李沆为相时，曾屡次向李沆推荐丁谓，而丁谓并

---

① 事见《宋会要辑稿》礼五九之四。
② 《宋史》卷二百八十三《丁谓传》。

不为李沆所重用。《宋史》卷二百八十二《李沆传》载：

> 　　寇准与丁谓善，屡以谓才荐于沆，不用。准问之，沆曰：
> "顾其为人可使之在人上乎？"准曰："如谓者，相公终能抑之使
> 在人下乎？"沆笑曰："他日后悔，当思吾言也。"准后为谓所倾，
> 始伏沆言。

　　古来向有相人之术，尤盛于魏晋之间。即由人的骨相、面相就可
推知其人品及命运。这也许并非全属无稽之谈，没有道理。正史野乘
的记载，似乎也并不尽是载笔者的渲染夸张。对某个人，往往在没有
充分观察其言行之前，有人就推知其人品及将来的作为与命运，而经
后来证实，居然每每若合符契。没有记载证明李沆精晓此术，但《宋
史》的确记载"钱若水有人伦鉴"[①]，一见王旦，就惊其有宰相器。
后来，王旦果然在真宗朝为相达十二年之久。可见不仅魏晋，于宋亦
流行此术。

　　李沆与寇准的一席话，看似轻松，实际上说得相当沉重。当寇准
与丁谓共政之时，丁谓已被公论冠以"五鬼"之一的恶名。此亦可见
李沆当年之明察。而寇准后来为丁谓所迫害，更令人惊服李沆之
先见。

　　寇准当年欣赏丁谓，与之关系不错，本可以在同一个执政集团中
和衷共事。如此构建执政班底，也极有可能是考虑到寇准与丁谓的良
好关系。不过，寇准却是个眼里容不得沙子的耿直之辈。以丁谓之言
行处事，很快为寇准所看不惯。而以寇准的性格，又不可能掩饰其不
满。丁谓倒是在共事之初对寇准恭敬有加，但这样做有时反而更增加

---

① 《宋史》卷二百八十二《王旦传》。

了寇准的鄙视。史载：

> 谓在中书事准甚谨。尝会食，羹污准须。谓起，徐拂之。准笑曰："参政，国之大臣，乃为官长拂须耶？"谓甚愧之。由是，倾诬始萌矣。①

同样记载此事的《五朝名臣言行录》卷四说寇准"恃正直而不虞佞巧"。寇准如此羞辱丁谓，确实会在丁谓的心里埋下仇恨的种子。可以想象，寇准与丁谓在中书共事期间，类似的事情肯定不止这一件。仇恨由积累到爆发有一个过程，经过了一定过程，遇有适以爆发的机会，就会爆发，这是势所必然。

丁谓报复寇准的机会是伴随着一场宫廷政变来临的。就在寇准入相的天禧三年（1019），真宗中风，不仅说话不利落，神志也有些恍惚。因此，在真宗不能处理日常政务的情况下，"政事多中宫所决"②，即政务在经过皇帝这道必要的程序时，多由真宗的刘皇后代为处理。这就使颇喜欢干预政事的刘皇后权力骤然增大，也给朝廷的政治派系的角逐与组合提供了新的机会与可能。

寇准不是看不出刘皇后权力增大的政治形势，但他似乎有些瞧不起这个出身寒微的女人。当年，真宗准备立刘氏为皇后时，寇准就提出过反对意见。史载："真宗将立刘氏，莱公及王旦、向敏中皆谏，以为出于侧微不可。"③这件事肯定已使成为皇后的刘氏怀恨在心。偏偏就在刘氏权势日增之时，寇准又做了件蠢事："刘氏宗人横于蜀，

---

① 《长编》卷九十三天禧三年六月戊戌条。
② 《长编》卷九十五天禧四年六月丙申条。
③ 《涑水记闻》卷七。

宋真宗皇后像

章献明肃皇后，名刘娥（968—1033），祖籍太原。宋朝第一位摄政的太后，与汉之吕后、唐之武后并称，史书称其"有吕武之才，无吕武之恶"。

夺民盐井。上以皇后故，欲赦其罪。"这时寇准则坚持要求法办。结果，"重失皇后意"①，深深地得罪了刘氏。本来就有龃龉，现在又如雪上加霜。新仇旧恨，彻底把刘氏推到了寇准敌对势力的一方。说寇准做蠢事，是从政治斗争的角度而言。从道德上说，寇准在这件事上并没有错。但政治斗争并不以道德人格言是非，而是以成败论英雄。这就是政治斗争的残酷无情之处。

当时朝廷的政治形势，尽管刘氏权势增大，但毕竟处于宫内，在发号施令上，不如宰相有力。因为从业已形成的政治传统上，宰相主政，皇帝则基本上是实施名义上的裁决权来支持宰相主政。皇帝与宰相之间，很少有尖锐对立。因此，当时中书内寇准与向敏中两个宰相，在实力上足以敌过刘氏，至少可相抗衡。

不过，暂时的平衡很快被打破了。首相向敏中于天禧四年（1020）三月薨于相位②。向敏中当是寇准的重要同盟，寇准的再入相，并不

① 《长编》卷九十五天禧四年六月丙申条。

② 《宋史》卷二百一十《宰辅表》。

是真宗一个人能完全做主的事，至少得到过宰相向敏中的首肯甚至推荐。而向敏中的去世，则使政治天平开始倾向于寇准敌对势力一方。

从寇准入相到罢相整整一年期间，朝廷执政大臣状况如下表：

寇准第四次入相到罢相期间执政大臣列表

人名	中书	枢密院	就任时期	备注
向敏中	首相		大中祥符五年	天禧四年三月卒
寇　准	宰相		天禧三年六月	天禧四年六月罢
曹利用		枢密使	天禧二年六月	天禧三年十二月以前知枢密院事
李　迪	参知政事		天禧元年九月	
丁　谓	参知政事		天禧三年六月	天禧三年十二月以后为枢密使
任中正		同知枢密院事	天禧元年九月	天禧三年十二月以后为枢密副使
周　起		同知枢密院事	天禧元年九月	天禧三年十二月以后为枢密副使
曹　玮		签书枢密院事	天禧四年正月	

资料来源：此表据《宋史·宰辅表》制作。

对上表中的执政大臣，我们姑且以对寇准的态度为标准，略作分析。

向敏中，如上所述，当属拥寇派。

曹利用，早在澶渊之盟时，寇准就与其有过从。不过，对曹利用来说，那是并不愉快的过从。澶渊之盟时，曹利用作为和谈使者出使契丹军中。当时担任宰相的寇准曾威胁曹利用，说如果应允岁币数额超过三十万就杀了他，吓得"利用股栗"。就是这个曹利用，十年后寇准再入朝廷任枢密使时，居然也被任命为枢密副使，与寇准共事。不过，寇准一直瞧不起这一介武夫。史载："准为枢密使，曹利用副之。准素轻利用。议事有不合者，辄曰：'君一武夫尔，岂解此国家大体耶？'利用由是衔之。"[①]所以说，曹利用对寇准积怨颇深，是寇准反对派的主将。

李迪，《宋宰辅编年录》卷三说"李迪与准同在中书，事之甚谨"。而且，在当初真宗立刘氏为皇后时，同寇准一样是个反对派。史载："初，上将立章献后，迪屡上疏谏，以章献起于寒微，不可母天下。章献深衔之。"[②]由于这个因素，李迪当可以列入寇准阵营。

丁谓，自不待言，是寇准反对派的主帅。

任中正，"素与丁谓善，谓且贬，左右莫敢言者，中正独救谓，降太子宾客、知郓州"[③]。由于有这一层关系，任中正当属于寇准反对派。

周起，与寇准过从甚密。"起素善寇准。准且贬，起亦罢为户部郎中、知青州"。周起"尝与寇准过同列曹玮家饮酒，既而客多引去者，独起与寇准尽醉，夜漏上乃归"[④]。因此，周起当为拥寇派。

曹玮，明确被丁谓指为寇准党。"宰相丁谓逐寇准，恶玮不附己，指为准党。"[⑤]

归纳上述分析，寇准阵营包括向敏中、李迪、周起、曹玮，丁谓阵营包括曹利用、任中正。此外，代掌王言的翰林学士杨亿与钱惟演，分别属于寇准阵营和丁谓阵营。

---

① 《长编》卷九十五天禧四年六月丙申条。

② 《宋史》卷三百一十《李迪传》。

③ 《宋史》卷二百八十八《任中正传》。

④ 《宋史》卷二百八十八《周起传》。

⑤ 《宋史》卷二百五十八《曹玮传》。

从表面的力量对比看，似乎两个阵营彼此彼此，难分轩轾。但寇准阵营在首相向敏中死后则势力大失。最主要的是失去了与皇权的平衡，这就给了反寇派以可乘之机。而朝廷中一些见风使舵之人，也纷纷投向丁谓阵营。史载："翰林学士钱惟演见谓权盛，附离之，与讲姻好。而惟演女弟实为马军都虞候刘美。时上不豫，艰于语言，政事多中宫所决。谓等交通诡秘，其党日固。"①这就是当时的政治形势。

在相权与皇权的平衡上，向敏中死后，由于真宗病重，刘氏势力日增，明显失衡。由于缺少制衡刘氏的力量，又由于寇准阵营往日与刘氏的纠葛，使刘氏自然倾向了丁谓一方。因此，寇准阵营决计与皇权建立新的联盟，以期达到新的平衡。

寇准行动的第一步是利用真宗尚能起到的作用。他找机会与真宗单独谈话，来说服真宗请年幼的皇太子监国，或让位于皇太子，以便他们利用皇太子的名义来制衡刘氏及反对派，挟天子以令诸侯。史载：

> 准尝独请间曰："皇太子人望所属，愿陛下思宗庙之重，传以神器，以固万世基本。丁谓，佞人也，不可以辅少主，愿择方正大臣为羽翼。"上然之。②

人对决定自己一生命运的大事是会永远铭记的。虽然此时的真宗，神智时而清醒，时而糊涂，但直至生命的末期，真宗也自然会记得当年寇准向太宗推荐他继承皇位之事。这是他对寇准信任的源泉，

---

① 《长编》卷九十五天禧四年六月丙申条。按，刘美为章献皇后之兄。传见《宋史》卷四百六十三《外戚传上》。

② 《长编》卷九十五天禧四年六月丙申条。

也是他虽不满意寇准的性格，但又终不见弃的根本原因。

尽管身患重病，但真宗也不满意刘氏干预朝政。"天禧末，真宗寝疾，章献太后渐预朝政，上意不能平。"[1]有鉴于此，并且在前述谈话后，"上然之"，寇准集团就等于拿到了尚方宝剑，其计划是，"废章献，立仁宗，尊真庙为太上皇，而诛丁谓、曹利用等"[2]。如果事情成功，寇准集团不仅会打败敌手，平弥朝廷政争，寇准也会因此成为拥立两朝君主的元勋，这对他权力的稳固具有重要意义。为此，寇准联络了不少人，"引李迪、杨亿、曹玮、盛度、李遵勖等协力"。在"处画已定"之后，"凡诰命尽使（杨）亿为之"[3]，"亿畏事泄，夜屏左右为之辞，至自起剪烛跋，中外无知者"[4]。

尽管事情进行得如此隐秘，最终政变还是功亏一篑。问题就出在寇准身上。他在饮酒忘情之际，不慎失言，泄漏了机密，被丁谓的党羽听到，立即跑去报告丁谓。丁谓则慌慌张张半夜乘牛车赶到其党羽曹利用家商量对策。"且将举事，会公（寇准）因醉漏言，有人驰报谓。谓夜乘犊车往利用家谋之。"第二天，"利用入，尽以公所谋白太皇。遂矫诏罢公政事"[5]。《长编》卷九十五天禧四年六月丙申条记寇准事败罢政之事颇详：

> 谓等益惧，力谮准，请罢准政事。上不记与准初有成言，诺其请。会日暮，召知制诰晏殊入禁中，示以除目。殊曰："臣掌外制，此非臣职也。"乃召惟演。须臾，惟演至，极论准专恣，

---

① 《五朝名臣言行录》卷四。

② 《五朝名臣言行录》卷四。

③ 《五朝名臣言行录》卷四。

④ 《长编》卷九十五天禧四年六月丙申条。

⑤ 《五朝名臣言行录》卷四。

请深责。上曰："当与何官？"惟演请用王钦若例，授准太子太保。上曰："与太子太傅。"又曰："更与加优礼。"惟演请封国公，出袖中具员册以进上，于小国中指"莱"字。惟演曰："如此，则中书但有李迪，恐须别命相。"上曰："姑徐之。"殊既误召，因言恐泄机事，臣不敢复出。遂宿于学士院。及宣制，则非殊畴昔所见者。

由这段记载可知，寇准罢相，是丁谓集团反击的结果。代王言的钱惟演所起的作用尤为重要。据宣制与晏殊最初所见除目不同这一点来看，钱惟演在其中又搞了名堂。同时他还试图说服真宗，乘机将丁谓推上相位。可见，笔杆子的作用亦不可小视。

丁谓、钱惟演等人对寇准进行了激烈攻击，攻击的阵营中恐怕还包括刘皇后。在这种形势下，不管真宗是否与寇准有承诺在先，也无力扭转局势向有利寇准的方向发展。他所能做的，只能是尽可能地维护寇准的一部分利益。比如，钱惟演请求授寇准"太子太保"，真宗则提议授以"太子太傅"，并要求"更与加优礼"。寇准被罢相后，也没有立即让他离开朝廷，仅是以太子太傅归班而已。由此处处可见真宗对寇准的回护之意。

真宗的态度及寇准尚在朝廷的现实，都令丁谓集团不安。他们担心寇准会卷土重来。因此，加强了对寇准的攻势。翰林学士钱惟演"又力排寇准曰：'准自罢相，转更交结中外，求再用……不如早令外出。……兼亦闻有人许以再用……准朋党盛，王曙又其女婿，作东宫宾客，谁不畏惧？今朝廷人三分，二分皆附准矣'"①。

在钱惟演等人的压力下，真宗只得"以李迪为宰相，冯拯为枢密

---

① 《长编》卷九十六天禧四年七月癸亥条。

使"。但"迪既为宰相，准为太子太傅、莱国公如故"。后来，真宗在受到更大压力的情况下，尽管对丁谓一党的主要人物，"擢丁谓首相，加曹利用同平章事，然所以待寇准者犹如故"。

面对丁谓一党的攻击，寇准尽管处于不利地位，但也并不是束手就擒，毫无反抗。从上述钱惟演对寇准的攻击中，亦可略见寇准四处活动之一斑。此外，《长编》卷九十六天禧四年七月壬申条载：

> 谓等谋益深，准亦对上言谓及利用等交通踪迹，又言臣若有罪，当与李迪同坐，不应独被斥。上即召迪至前质之。二人论辨良久，上意不乐。迪再三目准令退。及俱退，上复召迪入对。作色曰："寇准远贬，卿与丁谓、曹利用并出外。"

看来，寇准困兽犹斗，目的就是要玉石俱焚，大家一起离开朝廷。真宗在召见李迪之后，"更诏谓入对。谓即除准节钺，令出外，上不许"。由上可以看出，丁谓等人一系列行动的目的，最终是想把寇准逐出朝廷，但真宗就是不为所动，丁谓一伙也就迟迟达不到目的。在朝廷中，寇准的存在，对他们来说就是最大的威胁。

现在，无法弄清的是，导致寇准被彻底远贬的原因，究竟是出自寇准集团自己的行动，还是出自丁谓等人的陷害。即在真宗召见李、丁二人后的第三天，"杨崇勋等遂告变，入内副都知周怀政谋杀谓等复相准，事觉伏诛"。但即便如此，寇准又过了三天才被贬出朝廷，降授太常卿、知相州。

寇准被贬出朝廷后，丁谓便开始着手清除朝中寇准一党。"朝士与寇准亲厚者，丁谓必斥之。"周起、曹玮相继被罢执政。同时，"谓等不欲准居内郡，白上欲远徙之"。于是，"上命知小州。谓退而署纸尾曰：奉圣旨除远小处知州。"对于丁谓公然篡改圣旨，当时朝廷中地位最高的寇准一党的代表人物李迪抗议说："向者圣旨无远字。"丁谓则气势汹汹地说："君面奉德音，欲擅改圣旨以庇准耶？"史载"二人忿斗，盖自此始"。而后寇准又相继由知相州徙知安州，又贬道州司马。在真宗去世后，又被贬为雷州司户。最终死于被称为天涯海角的烟瘴之地。

从寇、丁两党的激烈角逐，我们可以清楚地看到传统政治的派系性的一面。这是中国传统政治的最主要特征之一。过去，我也屡屡言及皇权与相权之争[①]。其实，这种权力之争，远不如党争酷烈。而且，即便是皇权与相权之争，隐伏着的依然是党争，是党争的曲折的表现形式。在党争中，皇帝并不能超然物外，也不能主导党争，只能为党争所左右，成为某一派系的利用工具。正如寇准权盛时可以左右真宗一样，丁谓权盛时，同样可以左右真宗。史载："自准罢相，继以三绌，皆非上本意。岁余，上忽问左右：吾目中久不见寇准，何也？左右莫对。"[②]

在党争中，可以说许多事"皆非上本意"，皇帝处于被动地位。尽管如此，皇帝却是党争中一个举足轻重的砝码。谁与皇帝结成同盟，谁掌握了皇帝，谁就在党争中获得了主动，增大了取胜的概率。寇准几起几落，在党争中取胜或失败，无一不与皇权的结盟或脱节有关。寇准最后这次惨败，则与在真宗病重的特殊情况下，由于历史上的纠葛，无法和皇权的实际代理人刘太后结成同盟有相当大的关系。这决定了他无法获得击败对手的"尚方宝剑"，而对方则用这把"尚

---

① 参见笔者《论宋代相权》；《论宋代皇权》；《皇帝权力再论——兼答富田孔明》，载《东洋文化研究》1999年创刊号；《皇帝权力再论（之二）——思想史的视角》，载《东洋文化研究》2001年第3号；《"祖宗不足法"——论王安石新法》，载《中国》2002年第12期；《徽宗与蔡京——权力的纠葛》，载《亚洲游学》2004年第64期。

② 以上引述均据《宋宰辅编年录》卷三。

方宝剑"，将其轻而易举地击败。

七　"面折廷争，素有风采"

在司马迁的《史记》之后的正史中，便很难再见到有血有肉的生动的人物形象了。历朝史家笔下的历史人物，或是善的天使，或是恶的魔鬼。总之，大多成了载笔者对某种道德说教的过去时的现身说法。即便收入一些不善不恶之辈，亦不过是干巴巴的生平大事记，毫无一丝生气，活像出土的"木乃伊"，鲜有鲜明的个性。我想，出现这种情况，固然可以从史学的角度，去探讨史家的笔法，但似乎也不能把原因完全归咎于历代的史家。这里还有一个社会因素。

自汉以后，儒家说教伦理定于一尊。正面教育也好，潜移默化也好，都把全社会的人向温文尔雅的方向引导，从而形成了一定的社会规范。人们只能在规范内，行不逾矩。如果哪个人个性过强，则很难为社会所容。而在传统的宗派性政治的环境下，无论皇帝也好，大臣也罢，都不容有太强的个性。寇准是在传统社会中生出的例外。他个性鲜明，无论是长处还是短处，都同样突出。

事物的辩证法常常如此，众人皆醉我独醒，变例有时较之常例，反倒能在一时成就大事。比如澶渊之盟，如果放到循规蹈矩的王旦身上，则肯定成就不了寇准那一番事业。不仅是王旦不可能有寇准那样的作为，就是比王旦有魄力的大臣，也难以像寇准那样挥洒自如地"左右天子"。所以，张咏曾如此评价寇准："使公治蜀，未必如咏。至澶渊一掷，咏亦不敢也。"[1]寇准与真宗之间，得君与失君，皆主

---

① 《五朝名臣言行录》卷四。

要由其个性所致。从根本上说，有太强的个性是不可能在派系丛生的政治角斗场上站住脚的。寇准在特定的时期内可以得志于一时，但一生吃尽苦头，付出了相当沉重的代价。

然而，抛开寇准个人的遭遇，从客观上说，在真宗作为第一代正常继统的皇帝君临天下的时代，寇准以其强烈的个性、我行我素的作风，有力地左右了君主的行为，为后世的君臣关系做了规范，使得来的宰相大臣，温文尔雅也罢，专横强权也罢，都有成规可循，不必从头做起。这似乎也可以说是寇准的个性所带来的客观意义吧。而寇准之所以能以正面形象厕身于宋代士大夫之列，厕身于当世与后世的史册中，也正是由其性格所致。前面提到的张咏，与寇准是同一年的进士，他在比较了他的各位同年的作为之后，说"面折廷争，素有风采，无如寇公"①。这当是足以令因个性而在政界吃尽苦头的寇准感到宽慰的评价吧。

① 《五朝名臣言行录》卷二。

第四章

佞臣如何左右皇权：

「瘿相」王钦若

一 被忽视的"恶的历史"

人的活动构成了社会历史。从这个意义上说，社会历史就是人的活动的历史。然而，为历来研究所重视的，大多是被视为正面的精英的活动，而对所谓的反面人物，仅仅将其作为正面人物的陪衬来加以点缀，并没有认真地研究他们的活动在历史进程中的作用。如此说来，迄今为止的历史文本所叙述的大抵是正人君子的历史，这不免让人觉得有些缺憾。完整的世界应当是由阳光和阴影共同构成的，无影状态大概只出现于手术室的无影灯下。

因而，我以为，且不说历史家应该更多地讲述精英们治下的老百姓的历史，即使是讲述精英们的历史时，也应当包括所谓"奸雄"们的历史。他们也是不可忽视的历史构成的一部分，应当尽可能不囿于传统的叙述文本的局限，对这类人物做出客观的评说。就是说在研究"善的历史"的同时，也不应忽视"恶的历史"。

然而，对于所谓的善恶，实在是缺少一定的评判标准。尽管人类有着共通的基本道德规范，但具体到对某个人的评价时，则往往因时而异，见仁见智。而对于历史人物，传统的评价往往就是千古不变的

王钦若像

王钦若(962—1025),字定国,谥文穆,临江军新喻(今江西省新余市)人。淳化三年(992)进士,咸平三年(1000)擢任参政知事,大中祥符五年(1012)为枢密使,同平章事。次年上表领衔编纂的《册府元龟》书成。天禧元年(1017)为相。天禧三年,出判杭州。宋仁宗即位后复为相。与丁谓、林特、陈彭年、刘承珪交结,时人谓之"五鬼"。

定盘星,在旧有的基调之下,为后人一遍又一遍地复述。西方哲学家克罗齐曾经说过,"一切历史都是当代史"[1],此语诚然。我们不可能超越今天的认识高度去评述历史,臧否古人,能做到的仅仅是重新检讨史料,审视旧有的结论,做出今天的认识框架内的客观评价,提供给后来者。

历史的一面是丰碑,另一面又是耻辱柱。作为历史人物,最倒霉的莫过于成为正面人物的对立面。一旦如此,便被钉上了耻辱柱,万劫不复,难以翻身。而后世的历史家们喜欢做的,又往往是锦上添花,或是雪上加霜。结果是,崇高的愈加崇高,丑恶的愈加丑恶。这也是顾颉刚先生所说的"古史是层累地造成的"[2]的一个方面吧。我们今天研究历史,研究历史人物,目的并不是再涂几层油彩,或再泼几盆污水,而是应当在认真辨析史料的基础上,剥掉附加的油彩,清除污垢,还历史、还历史人物以本来面目。

---

① 克罗齐,《历史学的理论与实际》。
② 顾颉刚,《古史辨》第一册《自序》。

根据上述认识，我想从被称为真宗朝"五鬼"之首的王钦若入手，分析一下他的鬼蜮行径，考察一下他被忽视的正面业绩，并打算将他置于政治斗争的背景之下，探讨一下他被称为"鬼"的原因，以及他在皇权象征化过程中的作用。

对王钦若其人，尽管迄今为止尚无专文研究，但我想对宋史稍有了解的人，对王钦若其人其事肯定并不陌生。其人在宋代被并入"五鬼"之列，以奸佞闻名。元人编纂《宋史》，没把他列入《奸臣传》①，算是网开一面。王钦若的仕履贯穿了宋真宗在位的全过程，直至仁宗初年去世为止。我阅读了现存的王钦若主要的传记资料②，发现对王钦若，似乎也存在顾颉刚先生所说的"古史是层累地造成的"问题。王钦若的行状与墓志铭，自然毫无贬语；被认为是北宋曾巩所纂《隆平集》③中的《王钦若传》，亦贬语无多。而源自宋朝国史的《宋史》的《王钦若传》，以及受国史影响的南宋王称的《东都事略》和李焘的《续资治通鉴长编》才开始明显地将其妖魔化。

我研究王钦若，并没有为此人翻案之意。只是想有甄别地点检一下有关王钦若的原始史料，检定一下传统评价的真实度，考察一下此人被妖魔化的原因，尽可能客观地还其本来面目。此其一。其二，在

---

① 《王钦若传》见《宋史》卷二百八十三，紧接在李沆、王旦、向敏中等同时代的宰相之后。

② 现存有关王钦若的主要传记资料有：夏竦所撰《文庄集》卷二十八《赠太师中书令冀国王公行状》、《文庄集》卷二十九《故守司徒兼门下侍郎同中书门下平章事充玉清昭应宫使昭文馆大学士监修国史冀国公赠太师中书令谥文穆王公墓志铭》及《隆平集》《东都事略》《宋史》的《王钦若传》。此外，还有大量资料散见于《宋会要辑稿》及《续资治通鉴长编》。

③ 《隆平集》的作者问题一直聚讼纷纭，不过成书于北宋时期则被基本肯定。《隆平集》的作者在撰写传记时，似乎没有参考已成书的《三朝国史》。因为《三朝国史》成书后并未缮写多部，降至政和年间，担任编修国朝会要的蔡攸还说秘阁没有《三朝国史》等书，要求缮写。这条见于《宋会要辑稿》职官一八之一五的记载，间接地证明成书于政和以前的《隆平集》极有可能没有采用《三朝国史》的史料。因而可以说，《隆平集·王钦若传》没有受到《三朝国史》的影响。

不断变化的世界中，每个人也都在不断变化。对于所谓的坏人来说，并不是其人从根上就坏，也有一个演变的过程。同时，在某种环境与因素的作用下，坏人是否也有向善的一面？像王钦若这样曾两度位至宰相的高官，如果始初就臭不可闻，何以能攀上如此高位？我一直在想，奸人得以兜售其奸，肯定有其过人之处。事实上，包括王钦若在内的所谓真宗朝"五鬼"，个个均非等闲之辈。也许有人会说王钦若结下了宋真宗，才得以攀上高位。这固然是事实，但他是凭借什么交结下高高在上的皇帝的呢？仅仅是由于奸诈吗？似乎并非那么简单。

在高层，王钦若的作为，只是到了他接替王旦成为宰相之后才得以施展。真宗在位二十六年，前二十余年，主要有李沆、寇准、王旦主持政柄。这三个宰相与真宗的关系，李沆可谓是畏友，寇准可谓是诤友，王旦可谓是诚友。作为正面形象的宰相对皇权施加的影响，已见前面几章所述。王钦若则可以称为佞友。

那么，作为反面人物的宰相对皇权施加的又是什么样的影响呢？我很想在皇权的运作过程中，探讨一下恶的历史作用。尽可能从诸多看似平常的事相中，发掘其潜藏于表相之下的意蕴。标题的"瘿相"，沿用的是史传资料记载的当时人对王钦若的称谓[1]，是绰号。似乎我不该沿用这种以体貌特征取人的蔑称。但一个人的绰号的产生，肯定不是无缘无故的。我总觉得"瘿相"这一称谓，确实传递出几分王钦若其人的猥琐神态，故沿用之。

---

[1]《长编》卷一百零三天圣三年十一月戊申条载："钦若状貌短小，项有附疣，时人目为'瘿相'。"

二　以才干结主知

王钦若得到真宗的赏识，还是在真宗即位之前。

真宗是在至道二年（996）其父太宗晚年病笃之时，不得已才在寇准等人的劝说下被指定为继承人的。在"烛影斧声"之下不明不白即位的太宗[1]，对皇位及皇位的继承格外敏感。他登上皇位之后，就把象征其合理继统的所谓"金匮之盟"[2]抛在一边，先后迫害了对其皇位构成威胁的太祖子燕王德昭和胞弟秦王廷美[3]。好不容易打定主意指定自己的长子楚王元佐为继承人之后，又因元佐反对他迫害叔父廷美及纵火宫殿，将其废为庶人[4]。继而被指定为继承人的次子元僖，又同心胸狭窄的太宗关系紧张到几乎快要兵戎相见的地步，最后不明不白地死去[5]。

真宗是第三子。太宗接受前两次指定继承人的教训，即使在把真宗指定为继承人之后，也充满戒心。他并没有直接把真宗立为皇太子，而是由襄王改封寿王，任命为开封尹，表明将指定其为继承人的意向，同时给真宗设定了一段考验期[6]。

面对心胸狭隘多疑的太宗，前面又有两个哥哥的教训，真宗小心翼翼，如临深渊，如履薄冰，努力做出成绩，以博得太宗的欢心，最

---

① 参见笔者《烛影斧声事之谜新解》，载《中国史研究》1991年第4期。

② "金匮之盟"较早的记载见于《涑水记闻》卷一。

③ 《宋史》卷二百四十四《德昭传》《廷美传》。

④ 《宋史》卷二百四十五《元佐传》。

⑤ 《宋史》卷二百四十五《元僖传》，并参见《长编》卷三十三淳化三年十一月丙辰条内李焘注。

⑥ 《宋史》卷六《真宗纪》。

后达到顺利即位的目的。真宗在判开封府期间，"留心狱讼，裁决轻重，靡不称惬，故京狱屡空"。成为皇太子之后，便立即向太宗提出不要让大臣对他自称臣下[1]。这不仅仅是出于尊重大臣，更主要的用心在于避免太宗产生一国二主的不快。

即使真宗如此小心谨慎，依然不免招致太宗的猜忌与不满。当听说京城的人称呼被立为皇太子的真宗为"少年天子"时，太宗就相当不满，充满醋意地向当初为他推荐的寇准抱怨："人心遽属太子，欲置我何地？"

在真宗判开封府时，还有一件事，把他推向了尴尬境地。至道二年（996）春，大旱。真宗蠲免了所属十七个县百姓的田租。真宗本意是想做件好事，以博得行善政的好名声，进而博得太宗的赞扬。但却适得其反，"时有飞语闻上，言按田官司欲收民情，所蠲放皆不实。太宗不悦"[2]。太宗在乎的并不是少征收多少田租，而是收买人心的行为。在他看来，这种事情应该由他来做，人情由他来领。如果人心让别人收买去，动摇的则是他的权威。因此，太宗下令调查这件事。这时候，该轮到王钦若出场了。

王钦若幼年丧父，由做地方小官的祖父抚养长大。在登进士第之前，王钦若便已显示出非凡才华与积极入世的志向。《宋史》本传载："太宗伐太原时，钦若才十八，作《平晋赋论》献行在。"其祖父对这样的孙辈充满了期望，临死时对家人说："吾历官逾五十年，慎于用刑，活人多矣，后必有兴者，其在吾孙乎！"

王钦若并没有辜负祖父的期望，淳化三年（992），刚刚弱冠就荣登进士甲科。初入官的王钦若，不久就以不俗的政绩，引起了太宗的

---

① 《宋史》卷五《太宗纪》。
② 《长编》卷四十二至道三年十一月丙寅条。

注意。《长编》卷四十二至道三年十一月丙寅条回顾了这样一件事："（王钦若）为亳州判官监仓，天久雨，仓司以谷湿不为受。民自远来输租，食谷且尽，不得输。钦若悉命输之仓，且奏不拘年次，先支湿谷，即不至朽败。太宗大喜，手诏褒答，因识其姓名。"这件小事充分显示了王钦若的吏干与精明。因此，在调查蠲免田租一事时，太宗委派了若干人，其中就有王钦若①。于是，历史就这样给王钦若提供了一个与未来的天子君臣际会的良机。

《长编》接下来记载：

> 亳州当按太康、咸平二县，州遣钦若行。钦若覆按甚详，抗疏言："田实旱，开封止放七分，今乞全放。"既而他州所遣官并言诸县放税过多，悉追收所放税物。人皆为钦若危之。

一个人在政治上的成功，有着多方面的因素。其中最主要的应当说要有实干精神，这一点在从底层刚刚起步的时候，尤其重要。王钦若"覆按甚详"，就体现了他的实干精神。此外，政治有时就像赌博，需要孤注一掷。从王钦若后来攻击寇准孤注一掷看，他早已从赌博中悟出此道了。在别人都顺从太宗之意，不顾事实说各县放税过多，并追收所放税物时，王钦若已经撇开暮年的太宗，把宝押在未来天子真宗的身上了。这就是政治家的远见与冒险。尽管"人皆为钦若危之"，但王钦若依据事实，有理有据地回护了未来的天子。

王钦若后来蒙真宗恩宠至极，许多人都对缘由不得其解，连宋人也不甚了了。《长编》的编纂者李焘最早从王钦若抗言蠲免田租这件

---

① 调查免除田租事件，作为亳州属官的王钦若虽为亳州直接委派，但在此之前，王钦若在输谷入仓之事上显示出才干，受到太宗褒奖，因而他参与调查，极有可能出自太宗指名。

事上洞察到了机微。他在《长编》卷三十九至道二年五月辛丑条记载开封府蠲免田租事之后注云："王钦若始受知于真宗。实录、正史皆略焉，亦可惜也。"因此，李焘在前面引述的那段《长编》的"人皆为钦若危之"之后，接着记载："逾年而上即位，于是擢用钦若。"

即位后的真宗，在同大臣回顾蠲免田租事件时，谈到了因王钦若的挺身而出而有惊无险的心境及对王钦若的印象。真宗说："当此时，朕亦自惧。钦若小官，独敢为百姓伸理，此大臣节也。"与其说王钦若是为百姓伸理，不如说是为真宗伸理。真宗由于感恩于王钦若，因此在大臣面前为提拔王钦若进行铺垫，制造舆论准备。只有这样，将来真宗重用王钦若的提案，才能在大臣那里得以通过。

由于王钦若在这件事上显示出的才干，同时为了感谢王钦若的护己之功，真宗至道三年（997）三月即位，十一月就任命王钦若为太常丞、判三司都催欠凭由司①。

既无建国之功又无征伐之劳，仅凭借偶然的机遇和小心翼翼的表现而即皇帝位的真宗，急于做出成绩，建立威信。当此之时，智多且实干的王钦若又做了一件讨真宗欢心的事，即蠲免了自五代以来各地拖欠的赋税。

刚刚即位不久的真宗，对五代以来各地拖欠赋税的情况一无所知，看到王钦若呈上的准备蠲免的巨大数额，不禁大吃一惊地问："先帝顾不知耶？"对此，王钦若的回答极为巧妙："先帝固知之，殆留与陛下收天下心尔。"听了王钦若的回答，真宗顿有所悟，采纳了王钦若的建议。是不是太宗留给他的并不重要，让他动心的，是"收天下心"四个字。

其实，根据史实记载，蠲免天下逃赋的主意并不是王钦若最先提

---

① 《长编》卷四十二至道三年九月丙寅条。

出来的。前引《长编》载:

> 钦若既为三司属,虞部员外郎毋宾古谓钦若曰:"天下宿逃,
> 自五代迄今,理督未已,民病不能胜。仆将启而蠲之。"钦若即
> 夕命吏治其数,翌日上之。

由此可见,蠲免天下逃赋的主意,是虞部员外郎毋宾古先想到
的,在准备向真宗请示之前,同王钦若讲了。王钦若听说之后,连夜
指挥属下加以整理,抢先向真宗汇报了这件事。对此,虞部员外郎毋
宾古无法并且也没必要向真宗辩明是自己先想到要做的。贪功归己,
诿过于人,这正是王钦若为人诟病的一点。

不管怎么说,在真宗那里,王钦若赢得了既上替君主着想下替百
姓做主,又肯实干的好印象。《青箱杂记》卷六记载这件事时,说
"世传文穆遭遇章圣,本由一言之寤"。其实,如前所述,王钦若早在
真宗即位前即已由回护开封府蠲免田租事交结了真宗,这次的"一言
之寤",则是进一步加深了真宗对王钦若的好感,加速了其重用王钦
若的进程。

没过半年,王钦若的蠲免逃赋的请示便有了结果。《长编》卷四
十三咸平元年四月己酉条载:

> 上谓宰相曰:"诸路逃欠,先朝每有赦宥,皆令蠲放。而有
> 司不认朝旨,尚令理纳。颇闻细民愁叹。此甚亡谓也。"己酉,
> 遣使乘传与诸路转运使、州军长吏,按百姓逃欠文籍,悉除之。
> 始用王钦若之言也。除逃欠凡一千余万,释系囚三千余人。

不管是由谁进言,从客观结果看,至少是做了一件减轻百姓负

担，促进社会安定的好事。这件事由于是王钦若抢先提出，又加之以前的护驾之功，《长编》在这条记载的最后说，"上由是眷钦若益厚"。

蠲免逃赋之事已经过去了大半年，王钦若还继续利用这件事没完没了地大做文章，以期捞取更多的政治资本。《长编》卷四十四咸平二年二月辛丑条载：

> 太常丞、判三司催欠司王钦若表述上登位以来放天下逃欠钱物千余万，释系囚三千余人。请付史馆。上谓近臣曰："兹事先帝方欲行之，朕奉成先志耳。"因命学士院召试钦若。及览所试文，谓辅臣曰："钦若非独敏于吏事，兼富于文词。今西掖阙官，可特任之。"即拜右正言、知制诰。①

实际上，皇帝比任何人都希望留名青史。特别是像真宗这样的仅凭宗法关系即位又没什么功德可颂的皇帝，更急于建立事功。王钦若的上表正好迎合了真宗的这种心理，所以真宗很是受用。而王钦若上表的另一面，无疑是在表白他担任判三司催欠司所做出的成绩。总之是互惠互利，王钦若甚至超预期地达到了他的目的。

成为知制诰，就意味着成了代天子制言的近臣与顾问，也意味着进入了士大夫精英的圈子。这是王钦若在政界迈出的飞跃性的一步。有了这一步，就为他登上政界的金字塔提供了极为有利的条件。在宋代，一旦成为知制诰，进而成为翰林学士，就有可能进入执政集团。从对相关史实的统计看，这种概率是相当高的②。

一个官员的升迁，除了各种客观因素，本身主观上的努力也相当

---

① 《青箱杂记》卷六记载了召试王钦若的试题，为《孝为德本赋》。
② 我统计过，真宗朝前后二十人的翰林学士当中，有九人后来成为执政。参见本书第六章。

重要。这种努力包括为官的技巧。王钦若精明能干，又极善于逢迎，于是得以迅速升迁。宋代的知制诰不仅仅为皇帝起草文告，往往还有许多兼职。王钦若成为知制诰后，兼任判大理寺。在新的职位上，精明的王钦若又开始做他的新文章。《长编》卷四十五咸平二年八月癸丑条载：

> 右正言、知制诰、判大理寺王钦若上言："本寺公案常有五十至七十道。近者三十日内绝无。昔汉文帝决狱四百，唐太宗放罪三百九十人，然犹书之史册，号为刑措当。今四海之广，万类之多，而刑奏止息，逮乎逾月，足彰耻格之化，式渐太和之风。请付史馆，用昭圣治。"

其实，大理寺有将近三十天没有接到下面报来的公案处理，本来是件很偶然的事情。但判大理寺的王钦若抓住了真宗急于做出政绩、建立威信的心理，也借此做了点文章。这既颂扬了皇帝的政治清明，又显示了自己的工作成绩。皇帝看了这样的奏章，自然很受用。王钦若因而也为自己的升迁加了一个砝码，得了印象分。

在判大理寺任上，王钦若继续做他的进取文章。与前一件事没隔几天，王钦若又上言说："本寺案牍简少，请罢详断官四员，止留八员。"

作为管理者，最为头痛的是编制增加，开支过多，机构庞大，人浮于事。有人主动要求减少人员，自然是乐之不得。宋取代后周，既接收了原政府的全班人马，又继承了官僚制度，还从平定后的江南各国吸收了不少官员。这使得中央政府的官僚机构格外臃肿。元丰官制改革前的官、职、差遣的分离，正反映了这种状况。

王钦若从他主持的部门出发，对官制在可能范围内进行整顿，把已增至十二人的详断官裁减为八人。《长编》卷四十五咸平二年八月癸亥条载："于是始以八员为定。"就是说，王钦若的提议从此成为定制。

这些既讨皇帝欢心，又让执政集团满意的工作成绩与言行，使王钦若得以一路顺风地升迁。从《长编》的记载看，咸平三年（1000）时，他已从知制诰升任为翰林学士[1]，距离进入执政集团只有一步之遥了。

咸平三年（1000），四川爆发王均之乱。平定之后，刚刚升任为翰林学士的王钦若被委以重任，担任西川安抚使，去处理平定后的善后问题。临行前，真宗召见王钦若等人说道："朕以观省风俗，尤难其人，数日思之，无易卿等。各宜宣布德泽，使远方知朕勤恤之意。"[2]真宗说的"尤难其人，数日思之，无易卿等"之类的话，既是向这些臣子们买好，也是心里话。不过，派谁出行，也不是真宗一个人能决定的。这是执政集团的决定，不过由真宗之口说出来罢了。当然，即便是执政集团的决定，出于真宗的指名也极有可能。

关于王钦若的四川之行，《宋史》本传载："蜀寇王均始平，为西川安抚使。所至问系囚，自死罪以下第降之。凡列便宜，多所施行。"王钦若不仅在出使期间"多所施行"，而且，回朝前后又根据亲身调查，提出了不少建设性的建议。据《长编》记载，主要有以下几点：

一、"请川峡县五千户以上并置簿、尉，自余仍旧以尉兼簿"，这项建议得到了批准[3]。

二、"东川民田先为江水所泛者，除其赋"，这项建议也下诏

---

① 王钦若具体何时成为翰林学士，虽难以考证，然据《长编》卷四十七咸平三年十一月丙寅条记载，王钦若被任命为西川安抚使时，身份已是翰林学士。
② 《长编》卷四十七咸平三年十一月丙寅条，《宋会要辑稿》职官四一之八一。
③ 《长编》卷四十八咸平四年四月癸亥条，《宋会要辑稿》职官四八之六一。

施行①。

三、荐士。对平定叛乱有功的彭州军事判官陈从易，"王钦若以状闻，召从易为著作佐郎"。这个陈从易后来与王钦若过从甚密，在王钦若众叛亲离之时，也没有背叛他②。

犹如武人的出将入相，不辱使命的王钦若在回朝当天，便被任命为左谏议大夫、参知政事③。从此，王钦若进入了宋王朝中央政治的权力核心。他被视为大奸臣的政治生涯也从此拉开序幕。

在相对正常的政治形势之下，一个人在仕途上的升迁，需要多方面的因素。最基本的一条，是做出政绩，以此来赢得长官乃至皇帝的重视及舆论的推许。王钦若始以蠲免开封灾民田赋，受知于真宗；继以任判大理寺，政绩不俗；又以出使西川的成绩，见重于真宗。这些都是王钦若得以迅速升迁的重要因素。

在人事任免上，如果被任免的官员是没有什么派系背景的小官，皇帝的提名则很容易奏效，因为无关大局，不会改变朝廷中派系的势力格局，所以容易为以宰相为首的执政集团所接受。对于无可无不可的任免，宰相大臣们还是乐于买皇帝一个人情的。反之，如果是关系到朝廷中派系势力格局改变的高官，包括执政集团成员的任免，皇帝则难以独擅乾纲，宰相们也会依照各自派系的利益原则据以力争。其结果，明里暗里都带有派系争夺的色彩。

王钦若在进入执政集团之前的升迁，由于他处于比较低的地位，不至于卷入朝廷中的派系纠葛，同时他后来的许多恶劣行为尚无机会在高层政治中表现出来，也尚未结下什么政敌，因而他的升迁在各个

---

① 《长编》卷四十九咸平四年六月丁巳条。

② 《长编》卷四十八咸平四年四月己未条，《宋史》卷三百《陈从易传》。

③ 《长编》卷四十八咸平四年四月己未条。

方面都不可能会有阻碍。而他的种种恶行，也只是在进入了政治斗争复杂的高层之后，才有机会得以充分表演。

有句话说，人一半是天使，一半是魔鬼。无论向哪个方向发展，都少不了地位、环境等诸多方面的诱因。何谓"子系中山狼，得志便猖狂"①？须知"得志"是必要条件，只有"得志"，才"猖狂"得起来。若不得志，甚至连猖狂的资本也没有。从王钦若后来的历史看，不得不感慨，人的确是社会环境的产物。

王钦若成为参知政事后，和其他执政大臣一样，看不出有什么异常。在处理政务上，有时也能正常地坚持己见。如咸平四年（1001）末，边臣提出修筑绥州城，屯兵积谷，以遏制西夏的建议。真宗召开中书、枢密院联席会议来讨论这件事。会上大臣们的意见各异。吕蒙正、王旦、王钦若认为修之不便，李沆、向敏中、周莹、王继英、冯拯、陈尧叟认为修之有利②。

在处理政务上，持有不同意见，本是极为正常的，但有时也极易引发个人间的矛盾。当矛盾进一步激化，就不免会形成党派之争。今天看来，北宋史上由王安石变法引发的元祐党争，最初也是正常的政争，几乎没有牵涉什么个人恩怨，如王安石与司马光。但随着争执的激化，彼此间的裂痕也逐渐加深，在这过程中，争执者在人性上的弱点也逐渐显露，由君子之争转向小人之争。最终，正常的政争转化为个人的恩怨之争。双方势同水火，愈演愈烈。元祐党争，在政治史上是特例，也是常例。说是特例，是党争发展到了你死我活、终不可解的地步。说是常例，只要有政治存在，政见之争便不可避免，只是程度不同、规模不同而已。

---

① 《红楼梦》第五回。

② 《长编》卷四十八咸平四年十二月丁未条。

政争处于正常的君子之争的范围内，都并非不可解，如被认为启宋代党争之端绪的范仲淹与吕夷简二人①。但人的心理，大多欲人同己，而非与己立异。即使是可解的政争，过后也不可能不留芥蒂。政治家之间的龃龉，多由此而生。王钦若与其他大臣意见不一，都是日后产生矛盾的潜在因素。

对于真宗乃至大宋王朝而言，历史终于走到了前所未有的严峻时刻。景德元年（1004）秋，长期与宋朝对峙的北方辽朝，以数十万铁骑迅猛南下，不多时便打到了黄河边上。朝野上下一片惊慌。执政集团中，四川出身的签书枢密院事陈尧叟主张西逃四川，江南出身的王钦若主张南逃金陵。但担任宰相的毕士安、寇准则力主真宗亲征，以壮士气。

对游移不定的真宗，因"（王）钦若多智。（寇）准惧其妄有关说，疑沮大事，图所以去之。会上欲择大臣使镇大名，准因言钦若可任。钦若亦自请行。乙亥，以钦若判天雄军府兼都部署、提举河北转运司，与周莹同议守御"②。可见王钦若的多智当时人尽皆知，连寇准也担心他会阻碍亲征大事，因此把他支开，派到了当时已成为敌后的天雄军（今河北大名县）。

关于王钦若出判天雄军，野史的记载充满了戏剧性。《东轩笔录》卷一载：

真宗次澶渊，一日，语莱公曰："今虏骑未退，而天雄军截在贼后，万一陷没，则河朔皆虏境也。何人可为朕守魏？"莱公

---

① 范、吕解仇之事，在两个当事人去世之后，便有聚讼。欧阳修肯定解仇之事，而范仲淹之子范纯仁则否认。降至南宋，朱熹亦肯定此事。参见王德毅，《吕夷简与范仲淹》。

② 《长编》卷五十七景德元年九月乙亥条。

曰："当此之际，无方略可展。古人有言，智将不如福将。臣观参知政事王钦若，福禄未艾，宜可为守。"于是即时进札请敕，退召王公于行府，谕以上意，授敕俾行。王公茫然自失，未及有言，莱公遽曰："主上亲征，非臣子辞难之日。参政为国柄臣，当体此意。驿骑已集，仍放朝辞，便宜即途，身乃安也。"速酌大白饮之，命曰"上马杯"。王公惊惧，不敢辞，饮讫拜别。莱公答拜，且曰："参政勉之，回日即为同列也。"王公驰骑入天雄。方戎虏满野，无以为计，但屯塞四门，终日危坐。

这段描述，可谓大写意，于寇准及王钦若，皆见神似。但在具体细节上颇多纰漏，主要是时间与地点有误，已为李焘在《长编》注中所驳斥①。其时真宗尚未亲征，地点是朝中，而非行在。但王钦若出判天雄军，出自寇准的提案，当属可信。并且针对相信命运鬼神的真宗，寇准所说的"智将不如福将"的理由，也颇可信。另外，拿出纸让真宗在议定的当场就写敕令，也符合寇准的性格特点。但大约不是"上马杯"，而是包括其他出守的武将，真宗亲自设宴饯行②。这表明，宰相寇准是借助皇权来命令参知政事王钦若出镇的。上述寇准对王钦若讲的一番话，也是可信的。我相信王钦若临危出判天雄军，实属迫不得已。史料记载王钦若接到敕令后"茫然自失"，也颇传神。不过，当精明的王钦若明白不得不去之后，便化被动为主动，表现得慷慨激昂，《长编》及夏竦写的行状都说是王钦若主动请行。

历史记录的局部与整体的关系，我想应当如是观。不少局部的细节可能出于载笔者的虚构，其具体情形如何，后人也许永远也无法考

---

① 《长编》卷五十七景德元年九月乙亥条李焘注。
② 《宋会要辑稿》礼四五之四。

明。然而正如小说并非生活的写实，却体现了艺术真实一样，可能出于虚构的历史细节，有时恰恰反映了历史的整体真实。

在天雄军期间，王钦若并非像上述所说"屯塞四门，终日危坐"那样，而是有所作为，甚至想建立奇功。《长编》卷五十八景德元年十一月壬申条载：

> 天雄军闻寇将至，阖城惶遽。王钦若与诸将议，探符分守诸门。孙全照曰："全照将家子，请不探符，诸将自择利便处所，不肯当者，全照请当之。"既而莫肯守北门者，乃以命全照。钦若亦自分守南门。全照曰："不可。参政主帅，号令所出，谋画所决，南北相距二十里，请覆待报，必失机会，不如居中央府署，保固腹心，处分四面，则大善。"钦若从之。全照素教蓄无地分弩手，皆执朱漆弩，射人马洞，彻重甲，随所指麾，应用无常。于是大开北门，下钓桥以待之。敌素畏其名，莫敢近北门者。乃环过攻东门。良久，舍东门趋故城。夜复自故城潜师过城南，设伏于狄相庙，遂南攻德清军。钦若闻之，遣将率精兵追击。伏起，断其后，天雄兵不能进退。全照请于钦若曰："若亡此兵，是亡天雄也。北门不足守，全照请救之。"乃引麾下出南门力战，杀伤其伏兵略尽，天雄兵复得还，存者什三四。

从这段记载看，且不论危险性大小，王钦若也曾主动要求守卫南城门。当听说辽兵离开天雄转攻德清时，又主动派出精兵追击。不料，王钦若这个素无军事经验的书生，中了辽军的伏兵计，多亏手下有孙全照这样一员能干的武将，率援军拼力抢救。不然，天雄守兵就会全军覆没，天雄军也将不保。王钦若为此特别感激孙全照，还朝后，孙全照以守城功加官晋爵，王钦若大概也说了不少好话。《长编》

还记载了其他向王钦若说孙全照坏话的将领遭受处罚之事①，这也当是王钦若为孙全照做了辩护。同样，当王钦若还朝受赏时，孙全照也为王钦若隐瞒了因指挥失措而损失天雄大半精兵之事。别人不说，精明的王钦若自然不会自己说的。"一将功成万骨枯"②，只有史书将这一事实无情地传达给了后世，诉说着那些因王钦若指挥失误而葬送的冤魂。

王钦若的智谋在军事上虽然不中用，应付其他方面却绰绰有余。在天雄军期间，各地勤王军受命向澶州集结，有的部队途经天雄军。由于军队过境不免有些骚扰，因此，"天雄军始闻（王）超以大军至，颇疑惧，孙全照欲闭城拒之。王钦若不可曰：'若果如此，则猜嫌遂形，是成其叛心也。'乃命于城外十里结彩棚以待之。至则迎劳欢宴，饮酒连日。既罢，其所统诸军悉已分散诸道尽矣，亲军皆不知焉"③。由于王钦若的多智，不仅使天雄军免遭骚扰，勤王兵不致叛乱，而且还成功地在澶渊之盟罢兵之后遣散了这支勤王军。唐末五代因勤王而形成的军阀割据并不少见。王钦若的做法自然是吸取了历史上的经验教训，有其远见之处。

王钦若兵罢还朝后，自知不会见容于在澶渊之役立下赫赫大功的宰相寇准，便以退为进，识时务地向真宗提出辞去参知政事的职务。以王钦若的精明，知道与其硬挺在执政集团内，将来被寇准抓住什么把柄给罢免，还不如主动请辞。这种无罪而罢，既体面又为将来有机会重新出山埋下了伏笔。《长编》卷五十九景德二年四月壬寅条载：

---

① 《长编》卷五十九景德二年三月戊午条。

② 曹松，《己亥岁二首》，载《全唐诗》卷七百一十七。

③ 《长编》卷五十八景德元年十二月辛卯条。

工部侍郎、参知政事王钦若素与寇准不协，还自天雄，再表求罢，继以面请。上敦谕不能夺，乃置资政殿学士，以钦若为之，仍迁刑部侍郎。中书定其班在翰林学士之下、侍读学士之上。

对宠臣的辞任，真宗自然是不情愿，但碍于权势处在巅峰的寇准，真宗明知道硬是把王钦若留在执政集团内，只会让王钦若吃苦头。而且两人如果发生冲突，真宗夹在其中，处境必然尴尬。因而权衡之下，只有割爱，听其辞任。不过，这种由于寇准的压力而一方不得不辞、一方不得不罢的局面，在真宗内心，对寇准不可能不反感而打负分。

历来，执政罢免时一般都出守地方。由于是宠臣，真宗没有循例，而是特地为王钦若设置了"资政殿学士"一职。《宋史》卷一百六十二《职官志》载：

景德二年，王钦若罢参政，真宗特置资政殿学士以宠之，在翰林学士下。

在人事任免上，通常不可能由皇帝或哪个大臣独自拍板决定。这一点从王钦若罢参政一事也可以看出。尽管真宗特意为王钦若设置了"资政殿学士"一职，但这一职务的地位高下，真宗不可能具体过问。所以寇准主持的执政集团得以上下其手，"中书定其班在翰林学士之下"。

这种安排无疑对曾由翰林学士升任执政的王钦若是一种羞辱。《宋会要辑稿》职官七之一九记载："钦若以自求罢免，耻在翰林学士之下。"王钦若忍耐了大半年，终于借真宗过问之机，向真宗诉了苦。

《长编》卷六十一景德二年十二月辛巳条载：

> 以刑部侍郎、资政殿学士王钦若为兵部侍郎、资政殿大学士，班在文明殿学士之下、翰林学士承旨之上。上初见钦若班在翰林学士李宗谔之下，怪之。以问左右，左右以故事对。钦若因诉上曰："臣前自翰林学士为参知政事，无罪而罢，其班乃下故官一等，是贬也。"上悟，即日改焉。资政殿置大学士自此始。

寇准无视皇帝的意志，在人事任免上玩弄手法，上下其手，当年在太宗朝任参政时就已见端倪，如对后来也成了真宗朝宰相的冯拯的贬抑①。从上述记载看，当真宗过问此事时，执政集团还对如此安排做了辩解，即"左右以故事对"。

故事，不是法令，是成例。凡属朝廷已施行之事，均可称为"故事"。对本朝故事，可以上升至"祖宗法"的高度，因此有时甚至比法律条文更具威力。宋代经常编纂"类编故事""条法事类"之类的文件集，供施政时参考②。这种政府以皇帝的名义实施过的成例，对皇权形成了一种制度上的遏制。皇帝如果无视故事，无异于无视"祖宗法"，就会面临招致非议的压力。

《宋史·职官志》接着记载："资政殿置大学士，自钦若始。自钦若班翰林承旨上，一时以为殊宠。"真宗对王钦若的确是宠信有加。这不仅因为王钦若有才干，还由于他极善于逢迎真宗。前引《长编》载："钦若善迎人主意，上望见辄喜。每拜一官，中谢日辄问曰，除此官且可意否？其宠遇如此。"在皇帝的权威逐渐走向象征化的背景

---

① 《长编》卷四十至道二年七月丙寅条。
② 诸如现存的《庆元条法事类》《吏部条法》残卷等。

下，皇帝的利用价值也逐渐加大。无论是政治斗争，还是个人升迁，靠上了皇帝这棵大树，一般说来就等于抓到了一个重量级的砝码。当然，这个砝码也有失重无效的时候。

参政罢免后的王钦若，受命同著名文人知制诰杨亿一起主持编修《历代君臣事迹》。靠宗法关系继承皇位的真宗，想从历代君臣事迹中学习帝王术。这正好给士大夫提供了教育君主的良机。就是说，通过褒贬历代君臣事迹，来影响皇帝，让现实中的君主在士大夫设置的"雷池"中行不逾矩，成为士大夫政治的代言人，而不是障碍。这正是士大夫们想要塑造的内圣外王的理想君主形象。既然真宗下令编修《历代君臣事迹》，正好"入我彀中"。因此，王钦若、杨亿召集了钱惟演等十余名当时的有名文人，着手编修。《长编》卷六十一景德二年九月丁卯条载：

> 令资政殿学士王钦若、知制诰杨亿修《历代君臣事迹》。钦若请以直秘阁钱惟演等十人同编修。初令惟演等各撰篇目，送王钦若暨亿参详。钦若等又自撰集上进。诏用钦若等所撰为定，有未尽者奉旨增之。又令官苑使胜州刺史勾当皇城司刘承珪、内侍高品监三馆秘阁图书刘崇超典掌其事。编修官非内殿起居，当赴常参者免之。非带职不当给俸者特给之。其供帐饮馔，皆异于常等。

由此可见，这次编修，对编纂人员、样稿审定、资料提供、后勤保障都做了详细安排。我想如此安排，可能不仅仅出自真宗个人或执政集团的决定，至少是执政集团赞同并支持了真宗的想法。包括政治运作在内，大多是合力所促成，而非某一单方面的力量所致。

真宗特别重视《历代君臣事迹》的编修，曾多次就编修方针与质量保证方面的事宜具体做过指示。《长编》卷六十五景德四年四月丁丑条载，真宗针对《唐实录》的问题，对王钦若等说："今所修《君臣事迹》，尤宜区别善恶，有前代褒贬不当如此类者，宜析理论之，以资世教。"又写信给王钦若说："编修《君臣事迹》官，皆出遴选。朕于此书非独听政之暇资于披览，亦乃区别善恶，垂之后世，俾君臣父子有所监戒。"并且，亲自前往崇文院视察编修情况。

皇帝如有名垂青史之心，也就会有被钉上历史耻辱柱的恐惧，因而容易朝着士大夫所制定的规范去努力做个好皇帝，容易接受来自士大夫的劝谏。《历代君臣事迹》历时数载，最后终于编竣，这就是流传至今的一千卷《册府元龟》①。王钦若作为主持人之一，尽管在编修过程中文过饰非，颇受非难，但以成果论，终是功不可没。

三 以鬼蜮中伤人

传说中的鬼蜮，潜伏在水中，乘人不备而暗地加以伤害。王钦若的不少行径，就类似于鬼蜮。

王钦若很善于利用他人，特别是利用派系矛盾来整治陷害政敌。《长编》卷四十七咸平三年五月甲辰条载：

> 福津尉刘莹携酒肴集僧舍屠狗聚饮，杖一伶官，日三顿，因死。权判大理寺王济论以大辟，经德音从流。知审刑院王钦若素与济不相得，又以济尝忤宰相张齐贤，持法尚宽。钦若乃奏莹不

---

① 《长编》卷八十一大中祥符六年八月壬申条。关于《册府元龟》，参见笔者所撰《中国大百科全书》"图书馆学·情报学·档案学卷"词条，中国大百科全书出版社，1993年。

当以德音原释。齐贤乘其事，断如钦若所启。济坐故入停官。

在这件事上，王济并没什么错误，至多是在处理意见上与王钦若有分歧。但王钦若与王济有隙，看准了王济与宰相张齐贤也有矛盾，又抓住他"持法尚宽"这一点，合情合理地借宰相张齐贤之手，不露声色，轻而易举地打击了对手。

王钦若不仅善于利用派系矛盾来整治陷害政敌，更善于操纵皇权，向皇帝进谗言，假皇帝之手来打击政敌。在这方面，他干得最成功的一件事就是以孤注之诬扳倒了权势如日中天的宰相寇准。《长编》卷六十二景德三年二月戊戌条载：

契丹既和，朝廷无事，寇准颇矜其功，虽上亦以此待准极厚。王钦若深害之。一日会朝，准先退。上目送准，钦若因进曰："陛下敬畏寇准，为其有社稷功耶？"上曰："然。"钦若曰："臣不意陛下出此言。澶渊之役，陛下不以为耻，而谓准有社稷功，何也？"上愕然曰："何故？"钦若曰："城下之盟，虽春秋时小国犹耻之。今以万乘之贵，而为澶渊之举，是盟于城下也。其何耻如之！"上愀然不能答。初，议亲征未决，或以问准，准曰："直有热血相泼耳。"于是，谮者谓准无爱君之心，且曰："陛下闻博乎？博者输钱欲尽，乃罄其所有出之，谓之孤注。陛下，寇准之孤注也，斯亦危矣。"由是，上顾准稍衰。

被寇准排挤出执政集团的王钦若，对寇准恨之入骨，终于找到了一个合适的机会向真宗进谗，打击寇准。王钦若先是小心而狡猾地试探真宗对寇准的态度，他用了"敬畏"一词。真宗的确是敬畏寇准，但位于九五之尊的皇帝又怎能承认对臣下有所畏呢？因此，王钦若的这一句话，使真宗的内心产生了对寇准的不快。这就给王钦若的下一步进谗做了铺垫。于是，王钦若接着把澶渊之盟说成是奇耻大辱的城下之盟，活生生地揭开了真宗内心中刚刚愈合的伤疤，触动了真宗不愿回首的被寇准强拉硬扯亲征澶渊的一幕幕往事。并且王钦若在真宗那撕开的伤口上又撒了一把盐，把真宗说成是赌徒寇准的孤注。

有些事情，犹如蒙着一层纸，当谁也不去触动时，还能维持表面的平静，但一经捅破，不仅不堪回首的事情教人痛楚万分，而且在捅破这层纸的人面前，当事人的面子也无处所容。当时真宗的心境恐怕正是如此。澶渊之盟后，对功高震主的寇准，真宗心情复杂，未必就是有着发自内心的敬佩。而是如王钦若所说，既敬又畏。重用寇准是当时大势所趋。因此真宗的"待准极厚"，在一定程度上是做给人看的表面姿态。

寇准率性行事，刚愎自用，缺少政治家应有的城府。他在权势处于鼎盛之时，不免得意忘形，弄权无忌。因此，做了一段宰相，便已怨声四起。前引《长编》接着记载："准在中书，喜用寒俊，每御史阙，辄取敢言之士。他举措多自任，同列忌之。"

执政集团是一个整体，但当这个整体内部发生矛盾之时，便给了外部介入的可乘之机，这个整体就会分崩离析，各自为政，最终势必派系重整，结成新的实体。王钦若正是在这种气氛下，不失时机地向真宗进谗。他的进谗，不仅激发了真宗的不满，还向真宗暗示，在执政集团内存在有一股反寇准的势力。如果没有这样的提示，真宗是断然不敢罢免寇准的。一般说来，在正常的政治形势之下，任何皇帝都不可能，也不敢不与朝廷中派系结合，就贸然罢免宰相或执政集团成员。

果然，在这样的背景下，寇准被罢免，并且也没有给政坛带来冲击。

当然，从另一个角度看，撤换寇准，也是随着和平时期的来临，改变战时体制的必然。因此一切便宜从事、不守成规的寇准，必然要被守成的稳健派代替。所以表面上看，是真宗罢免了寇准，实际上是真宗迎合了执政集团在新形势下的诉求。

俗话说"爱屋及乌"，不只爱是如此，恨也如此。在否决王钦若南逃之议，促成真宗亲征，最后成功地达成澶渊之盟这一系列行动中，鼎力协助寇准的，是武将高琼。因此，王钦若对他也恨得牙痒痒。《长编》卷六十三景德三年七月辛亥条载：

> 忠武节度使高琼卧疾，上欲临幸其第。知枢密院王钦若恨琼附寇准，且沮准澶渊之功，因言："琼虽久掌禁兵，备宿卫，然未尝有破敌之功。凡车驾临问，所以宠待勋臣。施之于琼，恐无以示甄别。"乃止。

重臣病危之际，皇帝如果临幸看望，无疑是相当大的安慰，也可以说是对其人一生的肯定与褒奖。但真宗的行动被王钦若因一己之恨而阻止了。这种不得人心的事，至少让高琼及其家人恨之入骨。由其子孙提供资料，王珪撰写的高琼神道碑记载了这件事，李焘又据之记入了《长编》[1]。当时王钦若自以为得逞的事，历史却无情地留下了供后人评说的记录。另一方面，从身为知枢密院的王钦若阻止真宗的行动看，也说明了皇帝稍稍带有一点公的行为，都处于朝臣的监视与规范之中。

大中祥符五年（1012）九月，参知政事赵安仁被罢免。究其根源，也是出于王钦若的陷害。《长编》卷七十八大中祥符五年九月戊

---

[1] 《长编》卷六十三景德三年七月辛亥条李焘注。

子条载：

> 参知政事、刑部侍郎赵安仁罢为兵部尚书。安仁小心畏谨，处事精审，特留意于刑名。内外书诏，关要切者，必归安仁裁损之。先是，上议立皇后。安仁谓刘德妃家世寒微，不如沈才人出于相门。上虽不乐，然察其守正，不罪也。他日，与王钦若从容论方今大臣谁最为长者。钦若欲排安仁，乃誉之曰："无若赵安仁。"上曰："何以言之？"钦若曰："安仁昔为故相沈义伦所知，至今不忘旧德，常欲报之。"上默然，始有意斥安仁矣。尝谕王旦曰："闻赵安仁在中书绝不亲事，每奏对，亦未尝有一言，可罢之。"旦对曰："安仁颇知大体，居常进拟，皆同列议定，方敢取旨。臣每见临时变易于上前者，皆迎合陛下意，安仁无异议，是有执守。"上曰："能如此耶？朕不知也。卿可谕知，使更宣力。"

这段记载，可圈可点之处良多。

刘德妃，即后来的刘皇后，仁宗初年临朝听政的章献太后。此人本是蜀地的一个歌妓，被其丈夫转送给尚未即位的真宗，从此得宠。真宗即位后，封为德妃①。其出身寒微，人所共知。所以当真宗打算将其立为皇后时，遭到众多大臣的反对。其中包括《长编》所述的参知政事赵安仁。由这一事实看，至尊的皇帝，其私生活，包括选择什么人做妻子，都要受到大臣们的干涉，甚至要得到许可。

二十余年前，张邦炜先生曾引用郑樵的话，撰文论证宋代"婚姻

---

① 《宋史》卷二百四十二《章献明肃刘皇后传》，《长编》卷五十六景德元年正月乙未条。

不问阀阅"①。其实，包括皇帝在内，宋代士大夫的婚姻只是不问旧的"阀阅"，对宋代立国以来形成的新的"阀阅"，非但不只是问，而且特别讲究。比如，太祖、太宗就特别讲究与手下的武将联姻，而后来兴起的士大夫阶层则讲究互相联姻。像刘德妃那样社会底层出身的女子，即使成了皇妃，也不配做母仪天下的皇后。难怪真宗欲立为皇后时，遭到大臣们的强烈抵制。

赵安仁不仅反对真宗立刘德妃为皇后，还替真宗开列出一位出身高贵的人选。这让一心想把宠妃立为皇后的真宗很恼火，但又无法加罪于理由正当的赵安仁。知道这一经纬的王钦若，对他所敌视的同僚进行了极为阴险的陷害。当真宗与王钦若聊天，问王钦若大臣中谁是有德望的长者时，他欲擒故纵，说了赵安仁的名字。真宗让他说明理由时，王钦若就故作不知赵安仁反对立刘德妃，又提名沈才人的事，列举了赵安仁受知于太宗时宰相沈义伦，一直想报答的事。沈义伦早已去世，把其女儿沈才人立为皇后，便是最大的报答。一直为大臣们反对立后的事而内心不快的真宗，很自然地把王钦若的话同赵安仁立沈才人为皇后的提议联系在一起。王钦若精心设下诡计，但表面上不露痕迹。

经王钦若这样一说，真宗对赵安仁更加恼火，向宰相王旦直接提出罢免赵安仁的要求。不过，罢免的真正理由，真宗是难以启齿的，而是找了一些赵安仁在处理政务上的问题。对此，王旦不仅轻而易举地驳回了真宗所说的理由，还暗中指责了"迎合陛下意"的王钦若。真宗讨个没趣，只好收回要求，尴尬地说，我不知道是这样，那让他好好干吧。

由此可见，皇帝并不能随心所欲地罢免大臣，除非得到宰相的同

---

① 张邦炜，《试论宋代"婚姻不问阀阅"》，载《历史研究》1985年第6期。

意，或者多数人的赞同。但后来为何又罢免了赵安仁呢？史书没有明确记载，但从王旦处理君臣关系的方式看，大概是王旦对真宗做了同意罢免的妥协。而真宗同样给了王旦面子，对无罪而罢的赵安仁不仅没有降官，反而升了官，由原来刑部侍郎升为兵部尚书。总之，从此事来看，王钦若的陷害尽管最终得逞，但皇权在人事任免上无力的一面也暴露无遗。

王钦若不仅陷害了赵安仁，还伤害过长期担任宰相的王旦。王旦曾打算提拔翰林学士李宗谔出任参知政事。他把这项人事议案告诉了担任知枢密院事的王钦若，并说准备呈报给皇帝。狡猾的王钦若当时什么也没说。李宗谔家境贫困，曾为了婚嫁向王旦借了不少债。依照惯例，被任命参知政事时可以得到将近三千缗的赏赐。所以王钦若偷偷向真宗打小报告，说"宗谔负王旦私钱不能偿，且欲引宗谔参知政事，得赐物以偿己债，非为国择贤也"。本来，真宗对王钦若的密奏半信半疑，但第二天王旦果真提名李宗谔为参知政事，"上变色，不许"。

在王旦长达将近十八年担任执政与宰相的历史上，这件事可能是唯一的一次人事任免议案未获真宗通过。但王旦似乎并没有坚持，也没有追问真宗不同意的原因。真宗也就没有向王旦说明。不过可以想象得出，王旦当时一定十分尴尬，他不得不改而同意任命丁谓为参知政事的王钦若提案①。从此，"五鬼"中的又一鬼进入了政治核心。

不仅是人事任免这样的重要事情，即使是在常人看来不起眼的小事上，如果有害人之机，王钦若也不放过。《皇朝仕学规范》卷十一载：

---

① 《长编》卷七十八大中祥符五年九月戊子条。

真庙出《喜雨诗》示二府，聚看于上前。王文正公袖归，因喻同列曰："上诗有一字误写，莫进入，改却。"王冀公曰："此亦无害。"钦若退而阴有陈奏。翌日，上怒谓公曰："昨日朕诗有误写字，卿等皆见，何不奏来？"公再拜称谢曰："臣昨日得诗，未暇再阅，有失奏陈，不胜皇惧。"诸公皆再拜。独马知节不拜，具言公欲奏白而钦若沮之。又王某略不自辨，真宰相器也。上顾公，笑而抚谕之。

这虽然是件小事，但涉及真宗的面子，因此在真宗看来事情并不小。王钦若这次捣鬼，被耿直的马知节揭穿，没能得逞。

作为皇帝，其一，大抵都希望臣下向自己告密，成为自己的私党；其二，最不愿看到的是朝臣结党。对有人从中离间，往往乐观其成，甚至加以纵容。这种态度与做法，无非是为了皇帝个人能有效地行使皇权。王钦若也正是看透了这一点，才敢肆无忌惮地打击陷害他人，以求得宠于君主，达到其政治目的。

王钦若对一直压着他不让他担任宰相的王旦可谓恨之入骨，甚至在王旦死后都不放过。《长编》卷九十天禧元年十一月庚申条载：

太常礼院言，宰相出殡，当辍视朝。王旦以是日葬，望准礼例。中书言，其日皇帝已有诏不受朝贺。遂不下辍朝之命。议者谓其日当罢百官拜之礼，时王钦若与旦不协，故抑之。

王钦若担任宰相主持中书，便可以"不下辍朝之命"[1]。由此亦可见宰相及中书的权力之一斑。不过，王钦若以权泄私愤，自是不得

———————————————

[1] 又见《宋会要辑稿》礼四一之五七。

人心，当时即为人非议。

含沙射影，旁敲侧击，引而不发，留给真宗去领悟，自己则免去害人之嫌。这是王钦若陷害人时采用的一贯手法。天禧二年（1018），王钦若看到李士衡被任命为三司使，真宗又是赐给李士衡《宽财利论》，又是拨发二百万内库钱以助经费，甚为忌妒，便伺机陷害。《长编》卷九十二天禧二年七月甲戌条载：

> 士衡方进用，王钦若害之，欲言而未有路。会上论时文之弊。钦若因言："路振，文人也，然不识体。"上问："何也？"曰："士衡父诛死，而振为赠告乃曰'世有显人'。"上颔之。士衡以故不大用。

王钦若的陷害并没有立刻见效，但他的话显然在真宗那里产生了作用，使李士衡从此"以故不大用"。其实，王钦若害人，通常并不追求立竿见影，总之是把谗言递给真宗，由真宗去处理。但他总是抓住人的一些短处，并且从十分险恶的角度切入，说得似是而非，让真宗不得不信。所以他的谗言往往可以得逞，有的谗言甚至会给人带来一生的危害。

王钦若登上宰相的位子之后，照理说，已经位极人臣，就不该为了向上爬而陷害他人了。恰恰相反，王钦若依然如故地陷害他人。这时他的目的是巩固权位而排斥异己。他很清楚，在士大夫阶层空前强盛的时代，没有舆论推许和强有力的势力支持，仅仅依靠皇帝一个人并不保险。天禧元年（1017），王钦若被任命为宰相的一个月后，参知政事王曾被罢免。《长编》卷九十天禧元年九月癸卯条载：

> 给事中、参知政事王曾罢为礼部侍郎。初，曾以会灵观使让

王钦若，上意不怿。及钦若为相，因欲排异己者，数谮之。会曾市贺皇后家旧第，其家未迁，而曾令人辇土置其门。贺氏入诉禁中。明日，上以语钦若，遂罢政事。

王曾被罢，虽然出于偶然事件，但在此之前，王钦若"数谮之"，已为王曾的罢免埋下了伏笔。一遇到偶发事件，王钦若以往谗言的长期效应就显现出来了。

由上所述，王钦若进谗，出于其明确的政治目的，多是针对地位与他接近或高于他的人。至于对比他地位低的人，则无须耍心眼，往往是不留情地直接打击。

在他担任参知政事初期，《长编》基本上没有记载王钦若处理政务方面的事，主要记载的两件事，都是王钦若弹劾他人。

其一，《长编》卷五十三咸平五年十月乙亥条载：

参知政事王钦若言："司封员外郎高如晦顷知蔡州，逃主户二千五百九家，失国赋五万三千余贯。荐士有十否之缪，在官无三异之称。罔知省循，冒进词状，且曰'陛下止见臣面，不见臣心，不能恤臣，故令摈斥'。狂躁之甚，乃敢若兹。臣请以审官院考课文籍并如晦所进状付有司施行。"

在奏状中，王钦若以高如晦污辱君王为罪名，果然激怒了真宗，"诏下御史狱案其罪"。结果"如晦坐削两任，贬沂州别驾"。

其二，《长编》卷五十四咸平六年四月乙亥条载：

参知政事王钦若上言："桂州通判、太常博士王佑之，近丁母忧，才及逾月，连进五状，请除广南西路商税，分配河北补填，没纳私下罗锦，权罢上供金银，述荆南课额逃亏，言陕西递铺请受。凡兹陈露，皆匪机宜。殊忘哀戚之容，苟怀进动之意。陛下方施孝治，以厚民风。望加黜责，以勖有位。"

如果说王钦若前面弹劾高如晦还有一些实际的理由，这次弹劾王佑之，则毫无道理。仁宗朝的范仲淹，就曾在丁母忧期间向执政上书万言，针砭时弊，提出了改革主张。其理由正是"不以一心之戚，而忘天下之忧"①。王佑之在丧中上书的动机是否就像王钦若所说的那样，已无法推测，但从内容看，涉及的都是一些关系国计民生的实际问题。王钦若弹劾的结果是，"诏削佑之三任，配隶郴州。仍令御史台榜朝堂告谕"。

毫无道理的弹劾为什么竟会奏效？这本身实际上并不关王佑之的事，而是有着更深层的原因。王钦若弹章的要害处并不在于王佑之上奏的内容，而是丧中上奏的行为本身——王钦若指责其不孝。联想到王钦若被任命为知制诰前应试的考题为《孝为德本赋》，再看王钦若的弹章中所言"陛下方施孝治"，可知真宗其时正提倡孝道。孝道为历代历朝所提倡，但此时真宗特别提倡则是别有其用意。真宗好不容易以第三子即位，最担心的是他的皇位是否安稳。因为在其上尚有其兄皇长子在，其下又有几个弟弟在，这些人都对他的皇位构成潜在的威胁。他唯一可以强调的，就是其即位的正统性。而这种正统性又来自其父太宗指定他为皇太子。所以，对太宗表示孝的实际行动就是不违背太宗的遗愿，维护他真宗的地位。这正是真宗在当时着力提倡孝道的真谛所在。

精明的王钦若正是看准了这一点才敢于弹劾的。那么，执政集团

---

① 《范文正公集》卷八《上执政书》。

为何也似乎默认了王钦若的弹章与真宗的诏令呢？因为从全社会大局出发，提倡孝道并无不妥。而且如果真的换了皇帝，一朝天子一朝臣，对政局的稳定，对宰执自身，都无好处。所以，这是真宗听从王钦若的弹章，诏令得以发出的原因。但由于王钦若的弹章对丧中上奏以"御史台榜朝堂告谕"的形式加以禁止，开了遏制言论的恶劣先例。不知若干年后范仲淹丧中上言时，是否捏了把汗。

不管王钦若是出于公心也好，讨好真宗也罢，他以参知政事的高位去打击地位比他低得多的人，总会给他带来负面影响。王钦若奸佞的形象也正是这样由点滴积累而形成。

景德四年（1007），朝廷下达禁止上奏无名札子的诏旨，有名的学者戚纶便向真宗"面陈诏旨不便"。对此，王旦比较宽容，希望真宗"留意省察"，但王钦若的发言就看出其尖刻了。他说："臣下升殿一二次，即希恩泽。比来中外章疏，若以前诏条约，皆当付所司鞫问。"很明显是要整治戚纶。后来真宗对印象不坏的戚纶说了句"纶性纯谨有学问，此奏乃未谕诏旨尔"的话，戚纶才免于一灾①。

《宋史·王旦传》载：

> 石普知许州不法，朝议欲就劾。旦曰："普武人，不明典宪，恐恃薄效，妄有生事。必须重行，乞召归置狱。"乃下御史按之，一日而狱具。议者以为不屈国法而保全武臣，真国体也。

这里所说的"朝议欲就劾"，据《长编》卷八十八大中祥符九年十一月戊申条记载，本来对石普的事，真宗只是"怪普言逾分"，似乎并无深究之意，但身为枢密使的王钦若添油加醋说了"普欲以边事

---

① 《长编》卷六十六景德四年八月癸丑条。

动朝廷",才使"上怒,欲遣使就劾"。王旦阻止了真宗的做法①,冷静地进行了处理,对定罪后的石普也多加保护,在当时连地方官赴任都不许携带家眷的情况下,王旦以"律无禁止之文"为由,允许石普在流放地携带家眷。同王钦若相比,王旦为人明显宽厚得多。

天禧三年(1019),科举考试时,发生了编排官陈尧佐与陈执中因不懂规则,擅自变动考生名次的事。宰相王钦若对此也不放过,说"尧佐等所犯,诚合严谴,若属吏议,其责甚重,请止据罪降黜"。表面上看,王钦若还是有些回护二陈,但据李焘的《长编》注:"王举正志尧佐墓云:'编次文卷有差舛,宰相王钦若持其事,降秩左史。'"②王钦若在其中的恶劣行径被记载得很明确。

同是天禧三年(1019),再次出现天书。这次是当时判永兴军的寇准奏上的。关于这次天书奏上的原委,《宋史·寇准传》说是王旦建议奏上的,但据李焘考证,其时王旦已去世,建议者当为宰相王钦若。真宗听说了天书之事,问王钦若如何处置。因为前几次的天书都是王钦若与真宗合谋制造的,可以按照预想的方向加以控制,但这次不清楚出笼的背景,因此真宗要问王钦若处理方式。王钦若说:"始不信天书者,寇准也。今天书降寇准所,当令准上之,则百姓将大服。"王钦若的处理方式,可谓一箭数雕:第一,天书将来如果出了问题,责任就可以栽在寇准头上,他和真宗则不必承担责任;第二,让威信崇高的前宰相上天书,容易取信于民;第三,让始终不信天书的寇准献天书,又无异于羞辱寇准。王钦若的用心,可谓险恶③。

---

① 《长编》卷八十八大中祥符九年十一月戊申条。

② 《长编》卷九十三天禧三年三月己卯条。

③ 《长编》卷九十三天禧三年三月乙酉条并李焘注。

此外，王钦若的鬼蜮行为在史籍中累累可见，不绝于书。

早年曾被王钦若陷害过的王济，作为侍御史知杂事，"受诏较新旧茶法，持论与丁谓、林特、刘承珪等多忤，承珪等因与王钦若迭相诋訾之"①。这是王钦若与"五鬼"中的其他三鬼互相勾结陷害人的一个具体事例。

《长编》卷七十八大中祥符五年九月癸巳条载："王钦若骤贵，（杨）亿素薄其为人。钦若衔之。陈彭年方以文史售进，忌亿名出己右，相与毁訾于上。"这是王钦若与"五鬼"中的另一鬼互相勾结陷害人的一个具体事例。

针对后来谓之"西昆酬唱派"的杨亿、钱惟演、刘筠等人的"词涉浮靡"，真宗下诏："自今有属词浮靡，不遵典式者，当加严谴。"表面上看，这是专门为纠正文风而下的诏令，其实不然。任何事情都是在一定背景下，由一定原因触发的，绝不是无缘无故的。关于这一诏令颁出的背景与原因，李焘的《长编》注有所透露："杨、刘在禁林作《宣曲诗》，王钦若密奏以为寓讽，遂著令戒僻文字。"②到底还是有人搞鬼。

王钦若一贯文过饰非。他陷害人，有时只是为了诿过于人。有一次，真宗指出国史院所上王钦若主持编修的《太祖纪》的义例有二十余处不妥，王钦若立刻辩解说："此盖晁迥、杨亿所修。"连真宗对他这种诿过于人的说法都很反感，抢白他说："卿尝参之耶？"王旦也批评说："朝廷撰集大典，并当悉心，务令广备，初无彼此之别也。"③

就王钦若主持编撰《历代君臣事迹》，《长编》卷六十七景德四年

① 《长编》卷六十六景德四年九月辛巳条。

② 《长编》卷七十一大中祥符二年正月己巳条并李焘注。

③ 《长编》卷七十六大中祥符四年七月辛卯条。

十二月乙未条载：

> （王）钦若为人倾巧，所修书或当上意，褒奖所及，钦若即
> 自名表首以谢。或缪误，有所谴问，则戒书吏称杨亿已下所为
> 以对。

有些聪明人的错算，往往就在于自视过高，把别人都当作可以玩
弄于股掌之上的傻瓜。王钦若的鬼蜮行为，让同僚恨之入骨。在《历
代君臣事迹》编撰所，对王钦若，"同僚皆疾之，使陈越寝如尸以为
钦若，石中立作钦若妻，哭其傍，余人歌虞殡于前。钦若闻之，密奏
将尽黜责。王旦持之得寝"①。同僚对王钦若开起了哭丧的玩笑，可
见对他已经到了恨之欲其死的地步。

一个人聪明过人，加之又不与人为善，那么这种原本褒义的聪明
便无疑会被人视为奸诈险恶。纵观王钦若的鬼蜮行径，可知其被归入
"五鬼"之列并不冤枉。其实，从王钦若的鬼蜮行径出发，人们并不
难想象其他四人被列入"五鬼"的原因。同时，从王钦若的鬼蜮行
径，我们也可以清楚地观察到奸臣们是如何以他们的方式来左右君
主的。

四　以阴柔顺主意

人的心理，大抵皆是喜顺恶逆。忠言如果逆耳，恐怕也难以听得
进。反之，顺情说好话，哪怕是迹近阿谀，也会使人感到很受用。正

---

① 《长编》卷六十七景德四年十二月乙未条。

是人的这种心理，使得善于逢迎的小人每每得势，而忠正耿直之士往往见黜。

当皇帝权力逐渐走向象征化时，其权威较之实际皇权成倍数被放大，皇权的可利用度也随之加大。在复杂而酷烈的政治斗争中，谁控制了皇权，就等于占领了制高点，控制了斗争主动权，甚至可以说，已是胜券在握。从这个意义上说，高层的政治斗争就是争夺皇权的斗争。有了为我所用的皇权，便可以舒卷自如，操纵一切；反之，则会丧失一切。王钦若正是明白这一点，所以用各种公开的、含而不露的方式，对真宗极尽阿谀奉承之能事，以巩固他与真宗的关系，达到他的各种目的。

景德四年（1007）三月，真宗朝拜皇陵归来之后，同大臣们议论起这次朝陵是否造成扰民之事。君臣之间对话如下：

> 上谓辅臣曰："顷者朝陵，车舆所过，并从官给。其不得已，或假借于州县。朕潜遣使询访民间，皆云无所骚扰。此甚慰朕心也。"
>
> 王旦曰："朝廷每举大礼，或议巡幸，小民无不扰动。比闻群情妥贴，信不扰所致。"
>
> 王钦若曰："车驾所至，居民但忻闻舆马之音，鼓舞道路，岂复有所劳扰耶？"①

比较之下，王旦的回答相当平实。既实事求是地指出了历代皇帝出巡对地方的骚扰，又客观地肯定了这次活动民情安定，相信没有扰民。但王钦若的回答则充满了阿谀。对于皇帝出巡所造成的骚扰，老

---

① 《长编》卷六十五景德四年三月丁未条。

百姓绝无高兴之意。对这一点，真宗用了"骚扰"一词，王旦用了"扰动"一词，可见大家都是很清楚的。但王钦若居然无视事实，说百姓只有喜悦，没有劳扰。信口雌黄，一味讨好真宗。

针对真宗笃信天命鬼神这一点，王钦若总是不失时机地把一些吉祥的现象禀告给真宗，以取悦真宗。除了降天书，王钦若在这方面的上奏也相当多。

景德四年（1007）六月庚申，知枢密院王钦若以五星聚东井，庆云见，奉表称贺。诏付史馆。李焘对此事表示了怀疑："按纪、志，五星并无聚东井事，不知钦若何据？"当然，王钦若不敢无根据胡说，但把天象往吉祥方面夸大倒有可能。几天前的壬子日，司天曾推测五星当聚鹑火，根据占书说这一天象所反映的意思是"五星不敢与日争光者，犹臣避君之明也"，并指出"历千百载所未曾有"。对这样的天象，除了专司天文的部门上奏，只有与天文毫不沾边的知枢密院事王钦若上奏。显然王钦若是为了迎合极欲在朝廷树立威信的真宗的心理。真宗对王钦若的上奏当然受用，吩咐存档于史馆，以备日后为其歌功颂德之用①。

大中祥符元年（1008）四月，郭皇后去世一周年，真宗问大臣："宫中几筵于礼可撤乎？"几筵是根据礼制设置的悼念郭皇后的灵座。如果这一灵座存在，真宗不仅不能再立皇后，就连正常生活也受影响。因此，按真宗内心的愿望推测，当然是希望尽早撤掉。但作为皇帝，一举一动必须中规中矩，他不敢贸然撤掉，所以要征求大臣的意见。宰相王旦的意见是，遵照故事，应当再设置一年。王钦若则说："几筵之设，典礼所无，况及期年，撤之可也。"撤与不撤，其他大臣意见纷纭。由于宰相王旦已经表明了意见，真宗尽管不情愿，也只有

---

① 《长编》卷六十五景德四年六月壬子条、庚申条。

遵从，同意再设一年。这时，一心想讨好真宗的王钦若依然"固请撤之"。尽管没有听从他的意见，但真宗自然是领情的①。

王钦若在大中祥符元年伙同真宗伪造天书之后，又是上奏进言，又是著书立说，对真宗的阿谀奉承不遗余力。其目的固然是靠紧皇帝这棵大树，以巩固和加强自己的权势。另一方面，也是由于他同真宗伪造天书，大规模地掀起了东封西祀、修宫筑寺的活动，把全国搞得乌烟瘴气。在这种情势下，他等于与真宗绑在同一架战车上了，只能前进，不能后退。所以王钦若这个凭借儒学经义走上仕途的士大夫，竟无视孔夫子"不语怪力乱神"的教诲，对真宗先是引导，后是顺从，真真假假，一味鼓吹所谓的天瑞，并亲自著书呈献给真宗。

大中祥符元年（1008）五月，在第二次降天书之前，王钦若一个月内接连两次上奏天瑞。

五月壬戌，王钦若言泰山下醴泉出②。

五月乙丑，王钦若言锡山苍龙见③。

于是，在大造舆论之后，不过十余日的五月丙子，真宗就同第一次降天书一样，复施故技，说梦见神人告诉他下个月还要降天书，并"密谕王钦若"。果然，在六月甲午，天书再次降临④。七月，"乙酉，王钦若言：'修圜台、燎台，除道累石功毕，自兴役至是，未尝见蝼蚁等物，请致祭岳祠。'"于是，君臣一唱一和，真宗对王钦若的奏请"从之"⑤。于十月前往泰山封禅。随行的王钦若仍不断上奏所谓的天瑞。

① 《长编》卷六十八大中祥符元年四月乙巳条，《宋会要辑稿》礼三一之五二。
② 《长编》卷六十九大中祥符元年五月壬戌条。
③ 《长编》卷六十九大中祥符元年五月乙丑条。
④ 《长编》卷六十九大中祥符元年六月己亥条。
⑤ 《长编》卷六十九大中祥符元年七月乙酉条。

十月甲午，"次苇城县。王钦若等言泰山芝草再生者甚众"，并且还说，"黄河水今岁上流多雨，虽时泛滥，正在中道，不临两岸。其堤防比常岁用度工役约省数百万"①。真宗大搞天书封禅活动，也并不是肆无忌惮的，他最担心的是财源问题，曾就此事问过三司使丁谓。

同样是佞臣的丁谓，自然也懂得迎合真宗旨意，回答"大计固有余矣"②，让真宗安下心来。王钦若又说黄河防洪可节省费用数百万，正是用具体事例打消了真宗对财政的担心，可谓逢迎有术。早在八月，王钦若就曾献芝草八千余本③。这次，王钦若为了证实他说的"泰山芝草再生者甚众"并非诳语，没过几天，便献上了芝草三万八千二百五十本④。不知王钦若动员了多少人力，才采到了如此之多的芝草。

登上泰山后，王钦若又建议："唐高宗、玄宗二碑之东石壁南向平峭，欲即崖成碑，以勒圣制。"对此，真宗假作谦逊地说："朕之功德，固无所纪。"但他转而又说："若须撰述，不过谢上天敷佑，叙祖宗盛美尔。"所以，过了几天，真宗就写出了《登泰山谢天书述》《二圣功德铭》等文章，供王钦若摩崖之用⑤。看来，王钦若的建议确实迎合了真宗急欲建立威名的心理。

大中祥符四年（1011），真宗谒皇陵。王钦若又抓住这一时机，"请躬谒太庙毕，亲诣元德皇太后庙"。元德皇太后何许人也？最初我也不解，王钦若又是做什么文章。调查之后，才恍然大悟，再次感到

---

① 《长编》卷七十大中祥符元年十月甲午条。

② 《宋史》卷二百八十三《丁谓传》。

③ 《宋史》卷七《真宗纪》。

④ 《长编》卷七十大中祥符元年十月戊申条。

⑤ 《长编》卷七十一大中祥符二年五月丁巳条。

王钦若的精明。原来，元德皇太后正是真宗的生母，原为太宗的众多妃子之一，早在太平兴国二年（977）便已去世。真宗即位后，先是追封贤妃，后又尊为皇太后，谥号元德。可见王钦若实在是拍马有术。但身为皇帝，也不能随意行动。于是"诏礼官定议"。谒陵顺便拜谒生母庙，此亦人之常情，何况是今上皇帝，自然"议如钦若所请"。于是，真宗也就顺理成章地把他自己的要求变作臣下的请求，"从之"①。

不管是否与自己担任的职务有关，只要能讨好皇帝，王钦若就无所不为。《长编》卷七十六大中祥符四年七月甲午条载："知枢密院王钦若言，近者王公车辂皆饰以龙，颇紊彝制。请下太常礼院检详，以其法付太仆寺重修，永为定式，使尊卑不渎。"这种维护皇帝威信的上书，真宗看了当然高兴，其结果自然是"从之"。

大中祥符六年（1013）九月，"令诸州官吏每天庆、先天、降圣三大节，建道场，散斋致祭如大祀之制"。据《长编》卷八十一载，"从王钦若之请也"，可见也是出自王钦若的主意。天庆、先天、降圣三大节，均因降天书等事而设置。仁宗即位之初，就把这些节日的燃灯活动废止了②。只要能讨好真宗，王钦若从不管是不是扰民，正如他以前也把扰民说成百姓"鼓舞道路"一样。

士大夫的本事还在于能著书作文。为了讨好真宗，王钦若编修了《后妃事迹》七十卷，真宗赐名为《彤管懿范》③。王钦若还颇费功夫，从《道藏》中找出了四十个赵姓神仙的事迹，让真宗下令画在景

---

① 《长编》卷七十五大中祥符四年三月己亥条，《宋会要辑稿》礼一〇之三，《宋史》卷二百四十二《元德李皇后传》。

② 《宋史》卷九《仁宗纪》。

③ 《长编》卷八十四大中祥符八年闰六月庚辰条。

灵宫的回廊上①。这些事虽说是受诏而做，但相信是王钦若先想出了主意，真宗才让他做的。

当年以回护而获知，继之以逢迎而固宠。正如后人评价王安石"与主上（神宗）若朋友"②一样，王钦若与真宗亦如朋友一般。前面曾经引述过，"钦若善迎人主意，上望见辄喜。每拜一官，中谢日辄问曰，除此官且可意否？其宠遇如此"。王钦若与真宗保持有这样的关系，使得他虽然因人品不好在朝廷中屡遭打击，甚至被贬到地方，但又屡仆屡起，受到重用。

由此可以看出，虽说是宰辅专政，但准确地说是在皇帝配合下的宰辅专政，或者说是吸收皇权的宰辅专政。在这种政治形态之下，皇帝的配合至关重要。因此，为了取得皇帝的密切配合，最大限度地吸收皇权，执政集团并不总是生硬地勉强皇帝，而是柔软地对应，并且经常对皇帝做出一些无关宏旨的妥协。这就给了如王钦若之流的佞臣一定的生存甚至发展的空间。

五　以昏佞愚主智

说王钦若奸佞，并非仅仅因为他中伤善人，阿谀人主。王钦若最受后人诟病的，乃是他教唆真宗伪造天书一事。元人编纂《宋史》，在《王钦若传》后的"论曰"部分，就直指"天书之诬造端于钦若"，并质问道："所谓以道事君者，固如是耶？"

下面，我们就来看一下天书出炉前的背后运作。首先来看《长

---

① 《长编》卷八十四大中祥符八年七月丙辰条。
② 胡仔编，《苕溪渔隐丛话》后集引《元城先生语录》。

编》卷六十七景德四年十一月庚辰条记载的王钦若与真宗的对话：

初，王钦若既以城下之盟毁寇准，上自是常怏怏。

他日，问钦若曰："今将奈何？"

钦若度上厌兵，即缪曰："陛下以兵取幽蓟，乃可刷此耻也。"

上曰："河朔生灵，始得休息。吾不忍复驱之死地。卿盍思其次？"

钦若曰："陛下苟不用兵，则当为大功业，庶可以镇服四方，夸示戎狄也。"

上曰："何谓大功业？"

钦若曰："封禅是矣。然封禅当得天瑞希世绝伦之事，乃可为。"

既而又曰："天瑞安可必得？前代盖有以人力为之者。若人主深信而崇奉焉，以明示天下，则与天瑞无异也。陛下谓河图、洛书果有此乎？圣人以神道设教耳。"

上久之乃可，独惮王旦，曰："王旦得无不可乎？"

钦若曰："臣请以圣意谕旦，宜无不可。"

本来，与举国上下同样沉浸在休战和平的喜悦气氛之中的真宗，经王钦若用城下之盟和孤注的比喻轻轻一戳，澶渊结盟以来的自我陶醉顷刻烟消云散，随之而来的是一种难以自抑的耻辱感。尤其当见到戳破这层纸的王钦若，真宗的这种感觉可能更为强烈，表情也更加不自然。所以，耿耿于怀的真宗还会接上若干天以前的话题，没头没脑地问王钦若，今后该怎么办。明知不只是厌兵更是害怕辽兵的真宗不可能有勇气再启战端，因为宋朝好不容易才花费巨款换来和平，王钦若故意说只有兵取幽蓟，才能雪城下之盟的耻辱。这是就连太宗也未能完成的事业，即收复燕云十六州。所以，好面子的真宗以不忍再度生灵涂炭这样冠冕堂皇的理由，否决了这项提案。这时，王钦若才说出他的阴谋，即用行封禅大礼来镇服四方，夸示戎狄。但封禅并不是说做就能做的，按王钦若的话说，需要获得到"天瑞希世绝伦之事乃可为"。王钦若这样说过之后，担心真宗对做此事也产生绝望情绪，就赶紧补充说，天瑞未必能得到，但历史上有许多天瑞是人为的，这也和天瑞一样。说到这里，王钦若还怕真宗不明白他暗示可以伪造天瑞的意思，就更为直接地启发真宗说，您以为所谓的河出图、洛出书是真有那么回事吗？只不过是圣人伪托神道来推行教化而已。对此，"上久之乃可"，就是说真宗沉吟了好久，才勉强同意王钦若的主意。但真宗还有最后一点犹豫，即"独惮王旦"，担心这件事到了宰相王旦那里不获通过。真宗的这种担心，是孤家寡人的皇帝面对拥有执政集团支持的宰相所常有的事。

由此可见，皇帝要做什么事，往往要拉上几个赞同的人，当然一定要争取到宰相的赞同，至少是不反对，才能行得通。由此，可以窥见皇权孤立无力的一面。只有与执政集团结合起来的皇权才是强有力的。同样，只有在皇权的支持下，宰辅专政才能实行。二者相辅相成。

面对真宗的担心，清楚王旦性格的王钦若说，我就说是皇帝您的意思，王旦是不会不同意的。过后，王钦若"乘间为旦言之，旦勉而从"。《长编》记载的王旦"旦勉而从"，多少有些含糊。从接下来的记载看，王旦对天书一事是"持异"的，即持有保留意见，至少对王钦若传达的圣旨没有痛快地回答。因此，真宗对于伪造天瑞还不敢贸然实行。

一天晚上，真宗先是造访在秘阁值宿的龙图阁直学士杜镐，突然问道："卿博达坟典，所谓河出图、洛出书，果何事耶？"杜镐不清楚皇帝为什么突然提出这样的问题，就泛泛地回答："此圣人以神道设教耳。"不料，杜镐的话"偶与钦若同"，这使想做又不敢做的真宗大受鼓舞。杜镐的话等于证明王钦若所说不假，在理论上说，伪造天瑞也是神道设教的一种方式，是可行的。因此，真宗"由此意决"。

尽管如此，真宗还必须取得宰相王旦的明确支持。为此，真宗玩了点心眼，"召王旦饮于内中，甚欢。赐以尊酒曰：'此酒极佳，归与妻孥共之。'既归发视，乃珠子也。旦自是不复持异，天书、封禅等事始作"①。

从太祖"杯酒释兵权"②开始，赵宋皇帝把许多重要的事情都搬到了酒桌上。真宗不仅通过与宰相一起喝酒，营造融洽气氛，更偷偷贿赂以珠宝。身为九五之尊的皇帝做到了这般地步，作为宰相的王旦还有什么可说的呢？只好悉听尊便，亮出绿灯放行。为了落实计划，皇帝必须贿赂宰相这种事情，并不是只有宋真宗这个特例。明代的景帝想更换太子，又担心阁臣反对，就事先赐给了阁臣陈循与高谷各白金百两。此事赫然见于《明史》③。这类事情真实地述说着皇权的无力。

王旦为了真宗的面子，也为了个人的私利，"不复持异"，使得王钦若与真宗肆无忌惮屡降天书，东封泰山，西祀汾阴，劳民伤财，愈

---

① 以上引文见《长编》卷六十七景德四年十一月庚辰条。

② 《长编》卷二建隆二年七月庚午条。关于"杯酒释兵权"一事，徐规先生著文《"杯酒释兵权"说献疑》（《文史》第14辑，中华书局，1982年）认为属子虚乌有。我认为具体事件有无并无关宏旨，此事所反映的历史真实则是，赵匡胤不同于刘邦与朱元璋大杀功臣的做法，以赎买的方式解除高级将领的军权。这种做法被宋理宗称为以"仁厚立国"（见《宋史全文》卷三十六）。美国学者贾志扬所指出的"宋代政治文化中反对使用暴力达到政治目的的重要文化特征"（《天潢贵胄：宋代宗室史》），可以说在"杯酒释兵权"事件上得到了最早的印证。

③ 《明史》卷一百六十八《陈循传》。

演愈烈，不仅打乱了正常的政治运营，使宋王朝的财政大伤元气，也给号称"贤相"的王旦的个人政治生涯抹上了污点。

真宗及王钦若将要伪造天瑞之事，在宰相王旦默许之后，就开始正式启动了。翌年正月，真宗把王旦、王钦若等大臣召到宫中，神神秘秘地讲，他去年十一月某天的晚上正要就寝之时，神人降临，让他在正殿建个道场，并告诉他，来年一月将要降《大中祥符》三篇。于是他从十二月一日开始就斋戒吃素，并建立了道场。刚才听皇城司奏，左承天门的屋角上有条黄帛，派人去看，说像是书卷，隐隐有字，大概就是神人所说的天书吧。于是真宗带着大臣们走到承天门，对着黄帛焚香望拜后，命内侍取下，拿到道场启封。见帛上写着"赵受命，兴于宋，付于恒"等二十一字。展开一看，共有黄字书三篇，内容类似《尚书·洪范》和老子《道德经》，开始便讲真宗"能以至孝至道绍事"[1]。

行文至此，谁都清楚天书的政治目的了。用来夸示四夷仅是天书意义的末梢，主要则是借此说明真宗受天承命的正统地位。所谓的神道设教，设的正是这个教。张其凡先生的论文，对真宗朝的天书封祀做了详尽的研究，美中不足的是未能指出天书的这一政治目的[2]。

天书下降几天后，改元大中祥符，从此，闹剧的序幕拉开。接下来的就是东封泰山。天书的始作俑者王钦若，又开始策划泰山封禅。他被真宗任命为封禅经度制置使兼判兖州。整个封禅前后，王钦若装神弄鬼，史籍不绝于书。

前面提到过，什么泰山醴泉出，什么锡山苍龙见，都是经王钦若

---

① 《长编》卷六十八大中祥符元年正月乙丑条。

② 张其凡，《宋真宗"天书封祀"闹剧之剖析》，载《历史文献与传统文化》第4集，广东人民出版社，1994年。

的口说出来的。而真宗则没完没了地变他的天书戏法。这年五月，真宗说他又梦见上次那个神人，告诉他下个月还要降天书，于是"密谕王钦若奏"。秉承旨意，王钦若六月上奏，说一个木工在泰山醴泉亭北发现了天书，经人报告了他，他取来后，派专人送到京城。真宗接到天书，又举行大规模的迎接仪式①。而王钦若也玩和真宗一样的把戏，说他在泰山下两次梦见神人，等到了威雄将军庙，发现庙中的神像同梦中所见一模一样②。

王钦若同真宗狼狈为奸，伪造所谓的天瑞，不仅充分满足了真宗树立威信、巩固地位的虚妄欲求，也使他从中获得了最大的利益回报。《宋史》王钦若本传记载了王钦若封禅后的加官晋爵：

> 封禅礼成，迁礼部尚书。命作《社首颂》，迁户部尚书。从祀汾阴，复为天书仪卫副使，迁吏部尚书。明年，为枢密使、检校太傅、同中书门下平章事。……圣祖降，加检校太尉。

《宋史·真宗纪》卷末的论赞评论真宗朝降天书封禅等事时说："一国君臣如病狂然，吁，可怪也。"觉得宋朝君臣的行为不正常，不可思议。《宋史》编者继而推测道："意者宋之诸臣，因知契丹之习，又见其君有厌兵之意，遂进神道设教之言，欲假是以动敌人之听闻，庶几足以潜消其窥觎之志欤？"这样的推测不能说没有道理，但威慑敌国毕竟难以看作"一国君臣如病狂然"的主要原因。

宋辽澶渊之盟，使两国由敌对转向和平。由于解除了战争威胁，减少了军费开支和劳役征调，宋朝举国上下都有一种如释重负的轻松

---

① 《长编》卷六十九大中祥符元年六月甲午条，《宋会要辑稿》礼五一之一七。

② 《宋史》王钦若本传。

感，为之欢欣鼓舞。真宗本人最初亦未尝不做如是观，为其兵不血刃地建立了不世之功而陶醉。彼时彼刻，他忘记了或者说不计较当初寇准左右他亲征的种种不快。反而因寇准成就了他这个毫无功业的继统君主的一番伟业，对其倍加重用，一时间言听计从，使其权势达到极点。但一经王钦若以孤注之喻点破，真宗本来的兴奋情绪一落千丈，热情亦被冷却，像是降到了冰点，从即位前就一直笼罩着他的弱势状态重新袭来。澶渊之盟前后，不仅被文武大臣当作赌注所左右，以巨额代价换来的城下之盟，更让外敌耻笑。当这一面被揭开后，真宗被一种危机感所攫获。如果一直处于这种状态，不仅仅是蒙受耻辱，而且很可能有一天连皇位也让人说掀翻就掀翻。因此，他"自是常快快"，处心积虑想从这种状态挣脱出去，做出一番名副其实的伟业来巩固地位，树立威信。就在这时，王钦若出了伪造天书的主意，与真宗一拍即合。应当说，降天书及东封西祀一系列活动，从客观上迎合了当时举国上下的欢欣气氛，真宗、王钦若等人的行为也并无不自然之处。

从深层因素上看，人的心理是，在现实中得不到的东西，往往祈求于另一个世界。这或许也是宗教产生的原因之一。为了摆脱现实的无力，一直处于弱势的真宗，不得不往另一个世界寻求精神支持，以达成某种心理平衡。历史上的秦皇汉武，都曾用封禅来煊赫皇权的至高无上。远逊于这些皇帝的真宗，在举国欢欣的气氛下，如果也行封禅大礼，无疑在精神上也达成了同样的强大。借天的权威来强化人的权威，这正是神道设教的目的所在。借天之口来肯定其正统地位，大概比任何人的发言都有力得多。屡屡用天书来强调"付于恒"的正统地位，效法历代名君行封禅，正反映了真宗在现实中的弱与在心理上的虚。

此外，之所以选择降天书及东封西祀这样的方式来达到神道设教的目的，王钦若与真宗都有其个人的因素。

《长编》卷八十八大中祥符九年十一月戊辰条载：

> 王钦若尝自言："过圃田，夜起视天中，赤文成紫微字。后使蜀，至襄城道中遇异人，告以他日位至宰相。既去，视其字，则唐司徒裴度也。"及贵，遂好神仙之事。常用道家科仪建坛场以礼神，朱书"紫微"二字，陈于坛上。

接着李焘评论："凡天书及诸祀祭皆钦若发之，虽以济其邪佞，亦其素所蓄积者然也。"正如李焘所言，王钦若热衷此道，有出自其爱好和信奉的一面。自从降天书以后，他编撰献上了相当多的有关书籍。除了应制作有《社首坛颂》、《朝觐坛颂》、《奉事天书仪制》五卷，王钦若还亲自撰写了《圣祖事迹》十二卷，真宗赐名谓《先天记》后，又续成三十二卷；撰写了《翊圣保德真君传》三卷，真宗亲自为其写了序；撰写了《会灵志》一百卷，真宗也作了序，题名《五岳广闻记》；并且还同其他人一起献上了《天禧大礼记》四十卷①。仅这些卷帙不少的书籍，如果没有宗教般的狂热，也不是短时间所能编写成的。

真宗热衷此道，除了上述原因，也有其个人因素。史书往往都会对皇帝的出生记载一些异兆，《宋史·真宗纪》对真宗的记载是"左足指有文成'天'字"。现在看来，这不过是新生儿脚上的皮肤皱褶而已。但出现在天子脚上，就不同于凡人。经过渲染，长大后的真宗

---

① 以上书籍资料分见《长编》卷七十三大中祥符三年四月甲戌条、卷七十七大中祥符五年二月庚戌条、卷七十四大中祥符三年十二月己巳条、卷八十五大中祥符八年十月乙巳条、卷八十八大中祥符九年十月己卯条、卷九十三天禧三年二月丁未条、卷九十一天禧二年二月戊午条。

大概就真的认为自己是应了什么天命的。《真宗纪》还记载了真宗幼时的一件事：

> 幼英睿，姿表特异。与诸王嬉戏，好作战阵之状，自称元帅。太祖爱之，育于宫中。尝登万岁殿，升御榻坐。太祖大奇之，抚而问曰："天子好作否？"对曰："由天命耳。"

可见真宗自幼就深信天命。他以第三子的身份越过长子而即皇帝位的事实，也使他更加笃信天命。他伪造天书，东封西祀，固然主要是出于神道设教的目的，但相信也包含有祈求天命来保佑他的真诚在内。

热衷此道的君臣二人结合在一起，就上演了一幕历时数年的冗长闹剧。以举国欢欣开始，以怨声载道告终。在东封泰山之前，三司使丁谓还说"大计有余"，没过几年，同样是丁谓，就向真宗叫苦，说"恐有司经费不给"①了。不管是不是君臣二人对天命的笃信，语怪的爱好凑巧碰到了一起，王钦若首先伪造天书，曲解神道设教，唆使真宗假造天瑞，东封西祀，不仅劳民伤财，给宋朝财政带来了危机，而且这种以昏佞愚主智的做法，树立了另一类型的君臣关系。当世与后世的士大夫抨击王钦若佞导人主，不仅仅因为王钦若作为士大夫无视孔夫子的"不语怪力乱神"，败坏士风，其祸害还在于，一旦让人主明白了天瑞可以伪造，那么，士大夫借以制约皇帝的天谴理论也将失效。

---

① 《长编》卷七十六大中祥符四年八月丙辰条。

六　以智术保善终

政界的复杂，在于政界中人的复杂。复杂的人际关系构成了看不见的网络，不见得只有正面发生冲突才会引起矛盾。有时候，无意之中说不上就会在哪条线上触电，得罪某个人。

在王钦若升任参知政事前不久，他作为翰林学士知贡举时受贿之事被揭发出来。这种事情如果调查属实，王钦若刚刚起步的政治生涯将受到沉重的打击。这件事刚刚传开时，恰好王钦若被任命为参知政事。这个任命等于救了王钦若。因为不仅真宗碍于面子不可能收回成命，宰相大臣也不愿背上失察之名。如果说低中层官员的任命有可能出自皇帝或宰相的独断，但执政大臣的任命，几乎不可能由皇帝或某个大臣独自裁决，必须经过皇帝与执政集团共同协商，至少得到宰相的首肯才能决定。正是因为有这样的任命过程，才决定了对王钦若只能保，不能弃。因此，当御史中丞赵昌言向真宗提出审问王钦若时，真宗甚至说了这样的话："朕待钦若至厚，钦若欲银，当就朕求之，何苦受举人赂耶？且钦若才登政府，岂可遽令下狱乎！"真宗的话有两层内容：一是不相信有其事；二是王钦若刚被任命为执政大臣，不能审问。真宗等于从一开始就把口封死了。对此，不知趣的赵昌言依然力争审讯王钦若。真宗只得甩开赵昌言，另组织人，按照保王钦若的方向进行调查。

在调查过程中，王钦若有恃无恐地隐瞒了人证、物证。结果是主持调查的翰林侍读学士邢昺抓了与王钦若同知贡举的洪湛代王钦若受过。为此，王钦若十分感激邢昺对他的回护，并在后来做了报答。

既然调查结果是王钦若与此事毫无干系，事情又哄传很广，就不能仅仅抓一个洪湛了事。为保王钦若，真宗与执政集团做出了更大的牺牲，把原主张审讯王钦若的御史台一班人，从中丞赵昌言开始，到侍御史知杂事、殿中丞、主簿等都严加处分。其中，赵昌言以"操意巇险，诬陷大臣"的罪名，从户部尚书兼御史中丞贬为安州司马。

对于受贿事件，王钦若本人在他主持编修的《真宗实录》里，尽可能地做了掩饰。因此，李焘在编纂《长编》时，进行了有鉴别的记述，并于此事之后注云："此段《实录》所书，专为王钦若讳。今用司马光《记闻》及钦若新传修入。"①王钦若对代他受过、被削籍流放儋州的洪湛，并非没有歉疚之意。当得知洪湛死于流放地时，保住了参知政事位子的王钦若"亦内自愧"，让真宗下诏，"给钱二万，官为护丧还本贯"。为了掩饰对流人做如此破例，随后又下诏"命官流窜没于岭南者，给缗钱，听归葬，其亲属，州遣吏部送之"②。含冤而死的洪湛应当宽慰的是，无数流放死于岭南的贬官因他而得以归葬。

王钦若在真宗与整个执政集团的回护下，虽然从受贿事件中解脱出来，但也许连王钦若本人都没有意识到，这一事件的处理结果，给他的仕途埋下了莫大的隐患。

前面说到御史中丞赵昌言因这一事件被贬谪，并且，"自是不获省录十余年，屡更赦，量移放还。至祥符中，乃复叙户部侍郎，西祀恩，迁吏部侍郎卒"③。须知赵昌言并非等闲之辈，此人在太宗朝已位至执政，先后做过枢密副使和参知政事。更重要的是，他是当时早于王钦若成为参知政事的王旦的岳父。当年初登进士第的王旦正是在

---

① 《长编》卷五十一咸平五年三月庚戌条。
② 《长编》卷五十五咸平六年六月丁卯条。
③ 《涑水记闻》卷二。

赵昌言的扶植下，得以迅速升迁的。

社会是一张网，政界更是一张网。交结了朋友的朋友，有可能得益；得罪了朋友的朋友，就有可能倒霉。当处理赵昌言时，王旦仅是一个普通的参知政事，宰相是吕蒙正与向敏中，这两个人与王旦关系一般，因此不会特别回护赵昌言。尚未成气候的王旦也只好付之无可奈何。但此后为相的毕士安、寇准都是王旦的朋友，自然会站在王旦的立场上，替赵昌言抱不平。我过去一直不明白王钦若并没有直接得罪过寇准，为什么两个人"素不协"，大概这件事算是一个因素吧。

也合该王钦若倒霉，继毕士安、寇准之后，王旦近十二年为相，简直就把王钦若压得喘不过气来。连真宗提名要王钦若当宰相，也不获王旦同意。直到王旦辞去相职的去世前一个月，王钦若才爬上相位，他愤愤不平地抱怨："为王子明故，使我作相晚却十年。"[1]让王钦若有口说不出的原因，正在于因为他的受贿把王旦的岳父牵连得好惨。

一直以阴柔行事的王钦若成为宰相，成了执政集团的头领，只要照顾到皇帝真宗这一面就够了，可以不再像普通执政大臣那样看宰相的脸色行事了。所以，王钦若开始"偶尔露峥嵘"，与他"议论多相失"的参知政事张知白被排挤出去了。但真宗对张知白印象并不坏，不仅为他开创了"辅臣以杂学士出藩并翰林侍读学士外使"的先例，还"赋诗饯之"[2]。这件事说明，王钦若在真宗心中的天平上已经开始失重下滑。作为皇帝，真宗无法并且无力阻止宰相的许多行动，包括对执政大臣的罢免，但罢免的诏制还要以他的名义发出。真宗只能以另外的行为来表示他的不满。对张知白罢免后的一系列安抚，就显

---

[1] 《长编》卷九十天禧元年八月庚午条。

[2] 《长编》卷九十二天禧二年十二月丙午条。

示出这一点。

皇帝对宰相不满，如果不同其他朝臣，主要是执政大臣联手，单独一个人是不敢对宰相下手的，事实上也扳不倒宰相。只有在朝廷中对宰相的不满情绪蓄积到一定程度，或者是借助偶发的事件，此时联合宰相的其他政敌，皇帝才能举重若轻地将其不满的宰相罢免。如此看来，皇帝在罢免宰相的行为上所体现的皇权的力量，是要打不少折扣的。

执政将近两年的宰相王钦若，在天禧三年（1019）六月被罢免。关于王钦若这次罢相的经纬，《长编》卷九十三天禧三年六月甲午条做了详细的记载：

> 甲午，左仆射、平章事王钦若罢为太子太保。时钦若恩遇浸衰，人有言其受金者，钦若于上前自辨，乞下御史台覆实。上不悦曰："国家置御史台，固欲为人辨虚实耶？"钦若皇恐，因求出藩。会商州捕得道士谯文易蓄禁书，能以术使六丁六甲神。自言尝出入钦若家，得钦若所遗诗及书。上以问钦若，钦若谢不省。遂罢相。

这里说的两件事，尽管王钦若不承认，装糊涂，但相信皆确有其事。王钦若贪赃受贿是有前科的。当年王钦若知贡举时，就曾接受过举子的贿赂。若没有真宗的极力回护，其刚刚带上的参知政事乌纱帽早就被掀掉了。不过，那时王钦若正得宠，真宗尽力保护了他，但事件毕竟使真宗处于很尴尬的境地。这次王钦若还指望真宗能替他辩护，但真宗抢白他说，国家设御史台，不是为你个人用的。皇帝对宰相能说出这样的话来，反映皇帝已经有足够的把握换马了。精明的王钦若也立刻洞察到真宗的态度，所以知趣地提出了辞职的请求。

另一件事，更为可信。王钦若笃信鬼神，常与装神弄鬼的杂色人等交往是毋庸置疑的。宋代严禁民间私藏天文卜相书①，因为笃信天命鬼神的皇帝觉得，民众掌握了这些书会危及统治。王钦若与这类人来往，自然就背上了图谋不轨的嫌疑。以这样的理由罢免宰相，是不会有人提出异议的。

王钦若被罢相后，夙敌寇准被任命为宰相。与此同时，寇准曾一直推荐的丁谓也再次成为参知政事。这样任命，一方面表明了朝廷内政治势力在相互角逐中的沉浮，也可以说是一朝宰相一朝臣；另一方面则说明了皇帝试图从中操纵平衡朝廷各派政治势力的意向。

王钦若罢相后不久，以太子太保出判杭州，等于被逐出了朝廷。此时已是真宗在位的晚期。真宗因中风，神志时而糊涂，时而清醒，说话也不清楚，已经不能正常执务，从而皇后刘氏"渐预朝政"②。在执政集团内，原本与参知政事丁谓关系不错的寇准，因反感丁谓的为人处世，致使两人关系逐渐破裂，转向对立。朝廷中，形成丁、寇两党。丁党由于依附上势力逐渐强大的刘皇后，最终击败了企图以太子监国的形式清除异己、掌握政局的寇党。丁谓登上相位，把寇准贬出朝廷③。

王钦若此时远在判杭州任上，一年间坐山观虎斗，看足了这场与己无关的恶斗。

丁谓逐出寇准后，与本来就支持寇准的同僚宰相李迪矛盾激化。此时真宗的健康状态已是每况愈下。王钦若觉得会有"鹬蚌相争，渔翁得利"的可能，便上奏表白自己判杭州酒榷增羡和狱空的政绩，提

---

① 《宋史》卷四《太宗纪》太平兴国二年十月丙子载："诏禁天文卜相等书，私习者斩。"

② 《五朝名臣言行录》卷四。

③ 《五朝名臣言行录》卷四，《长编》卷九十五天禧四年六月丙申条。

醒朝廷他这个重量级的人物尚在①。当然，凭王钦若敏于吏事的能力，做出这样的政绩不足为奇。接着，王钦若又强调自己太子太保的身份，"自以备位东宫，请入朝"②。这是王钦若分析了真宗不能视事、刘氏势力日增、朝廷大臣恶斗、未来君主太子值得利用等诸因素之后，走出的企图东山再起的第一步。果然，王钦若如愿入朝，"令赴内殿起居"。过了几天，"资善堂上梁，皇太子会官僚观之，太子太保王钦若承诏旨预焉"。可见，王钦若成功地利用了他的太子太保身份，参与了皇太子的活动。接着，太子太保王钦若被任命为资政殿大学士，"仍令日赴资善堂侍皇太子讲读"③，名副其实地成为皇太子的老师。

由于在皇帝身边，就经常有被召见的机会。十一月的一天，真宗"对辅臣及王钦若于宣和门，赐御制会灵观铭石本各一"④。真宗除了辅臣，专门宣召王钦若，从会灵观铭，大概晚年多病的真宗又回忆起当年与王钦若合谋制造的那一场颇有规模的降天书和东封西祀闹剧了吧。十二月，又赐给包括王钦若在内的东宫兼官数以千计的银两⑤。

尽管当时王钦若不是丁谓的主要竞争对手，但原本同王钦若关系不坏的宰相丁谓，仍然不愿看到王钦若在真宗那里重新得宠，因为从资历与地位上看，王钦若都对丁谓构成了潜在的威胁，所以丁谓便使计谋再次把王钦若逐出了朝廷。《长编》卷九十六天禧四年十二月丁酉条载："丁酉，以资政殿大学士、司空王钦若为山南东道节度使、

---

① 《长编》卷九十六天禧四年七月戊辰条。

② 《长编》卷九十六天禧四年八月甲申条。

③ 以上引文分见《长编》卷九十六天禧四年九月壬子条，十月己卯条、壬辰条。

④ 《长编》卷九十六天禧四年十一月癸丑条。

⑤ 《长编》卷九十六天禧四年十二月乙酉条。

同平章事、判河南府。"《长编》接下来叙述了这次人事任命的背景：

> 初，钦若与丁谓善，援引至两府。及谓得志，稍叛钦若，钦若恨之。上不豫久，事多遗忘。钦若先以太子太保在东宫，位三少上。谓不悦，因改授司空。钦若晏见，上问曰："卿何故不之中书？"对曰："臣不为宰相，安敢之中书？"上顾都知送钦若诣中书视事。谓令设馔以待之，曰："上命中书设馔耳。"钦若既出，使都知入奏，以无白麻，不敢奉诏，因归私第。有诏学士院降麻。谓乃除钦若使相，为西京留守。上但闻宣制，亦不之寤也。

从这一记载可知，王钦若由太子太保改换为司空，是由于丁谓不满意王钦若的品序在丁谓等宰执的三少之上而改命的。此外，处于半昏半醒状态的真宗，看到王钦若，忘记他已不是宰相，问他为什么不去中书。王钦若哭笑不得，说我不是宰相，怎么敢去中书。真宗就让内侍送王钦若去中书办公。

对皇帝专门派人送王钦若来中书办公，丁谓根本不买账，仅招待一顿饭，就把王钦若打发走了。而清楚宰相任命程序的王钦若自然也不敢留下来。他让内侍向真宗转达说，没有白麻纸写的宰相任命制词，他不敢接受真宗口头的圣旨，然后就回家等待给他颁发白麻纸的任命去了。后来，任命倒是等来了，不过不是去中书办公的宰相，而是一个徒有虚名的使相，并且必须去外地赴任。在这件事上，真宗和王钦若都被宰相丁谓戏弄了。

这件事本身，说明了这样几个问题：第一，皇帝如果不按正常程序下达指令，无论是宰相，还是接受指令的当事人，都不会执行，即王钦若所说的"不敢奉诏"。第二，皇帝的指令如果按正常程序走，即"有诏学士院降麻",这时就纳入了政府的行政系统轨道,以宰相为首的执政集团就可以在皇帝的旨意中部分地掺杂进他们的意见,甚至完全改变皇帝的旨意。比如,真宗本意是想让学士院颁发宰相任命状,等到发下来,却依照丁谓的意旨改变为使相。当然,可以说是因为真宗神志不清,丁谓才敢于公然欺君。但即使是神志正常的皇帝的旨意,从宰相等执政大臣到执笔的翰林学士、知制诰,也常常被"层层盘剥",朝着对他们有利的方向加以改变。

面对一纸使相的任命,王钦若有苦难言,只有认了,离开朝廷前去赴任。在判河南府任上,王钦若与当时"旧相出镇者,多不以吏事为意"①的风习不同,做了一些减刑宽民的事情。比如,他看到治内的渑池县为了捕捉盗贼,拘捕了不少无辜平民,就下令释放。并由此联想到其他地方一定也有类似情况,就上书要求告示诸路,如有此类情况,在一个季度内捉不到犯人,就要取保释放拘捕的人。他的请求得到批准②。由于留心狱讼,王钦若到任刚刚半年,京西提点刑狱就向朝廷报告,说河南府狱空。为此,朝廷以真宗的名义下诏表彰了王钦若③。

表彰仅是官场文章,已经解决了寇准威胁的宰相丁谓,有精力来整治他的另一个政敌王钦若了。天禧五年(1021)末,真宗得知判河南府王钦若得病,专门派太医去给这昔日的宠臣治疗。在此之前,王钦若为了治疗方便,几次上表请求回京城治病,都未得到答复。在真宗派出太医后,丁谓就派人去骗王钦若说,皇帝几次提到你,很想见你。你上表之后就直接来,皇帝一定不会见怪的。正值真宗派出太医

---

① 《长编》卷六十五景德四年六月庚申条。
② 《长编》卷九十七天禧五年五月戊寅条。
③ 《长编》卷九十七天禧五年六月辛亥条。

之后，王钦若听信了丁谓传达的口信，就让其子王从益给河南府打个报告，便直接回到了京城，这正好中了丁谓之计。一向暗算人的王钦若，也开始沦至被人暗算了。丁谓弹劾王钦若"擅去官守，无人臣礼。命御史中丞薛映就第按问，钦若惶恐伏罪"。于是，王钦若被"责授司农卿、分司南京。夺从益一官。转运使及河南府官皆被罪，仍诏谕天下"①。

相信这种处罚都出自宰相丁谓之意，而不可能是刚刚派出太医为王钦若治疗的真宗。从后来《长编》的记载看，就连分司南京也是丁谓的主意。因为当时知南京应天府的，正是当年与王钦若不和，被王钦若排挤出执政集团的张知白。丁谓以为张知白必然会报复王钦若，所以故意把王钦若的处罚地指定在南京应天府。没想到张知白并没那么心胸狭隘，反而对落难的昔日同僚照顾得很周到。这让丁谓很恼火，很快就调走了张知白②。从这些事可以看出，无论是免职处罚，还是人事调动，都由宰相丁谓一手操控。

王钦若分司南京没过几个月，真宗便驾崩了③。从此，皇权转移到权处分军国事的刘太后手中，而朝中则依然是宰相丁谓一手遮天。当年，刘太后联合丁谓打垮了曾反对立她为后并与她屡有冲突的寇准及李迪。然而得志便猖狂的丁谓，专横跋扈，就连刘太后的行动也干涉，内廷的经费也加以限制。这使得丁谓从"稍失太后意"，演化到"太后滋不悦"的地步④。

皇权作为一件极具威慑力的武器，或者说是一种极重要的力量，你不掌握或利用，必然就会被他人掌握或利用。除非对皇权取而代

---

① 《长编》卷九十七天禧五年十一月戊子条。

② 《长编》卷九十七天禧五年十二月壬戌条。

③ 据《长编》卷九十八载，真宗死于乾兴元年（1022）二月戊午。

④ 《长编》卷九十八乾兴元年六月癸亥条。

之，否则，如果不是处于"君臣相得皆如鱼之有水"的状态，宰辅专政绝不可能维持下去，迟早要被敌对的抓住皇权的势力代替，形成新的君臣合作下的宰辅专政。果然，真宗驾崩没过半年，权势熏天的丁谓就被与其对立的参知政事王曾等人以擅自移动真宗皇陵位置的罪名打倒①。

丁谓的垮台，使包括王钦若在内的所有被丁谓整治的官员都得到了翻身的机会。王钦若先是由已经被丁谓降得很低的太常卿、知濠州升为刑部尚书、知江宁府②，过了半年多，以宰相冯拯因病辞职为契机，刘太后终于起用了当年支持她成为皇后的王钦若为宰相。尽管刘太后拥有真宗的权处分军国事的遗诏，但她行使皇权，也并不是名正言顺的。她把小皇帝仁宗练字时偶然写下的"王钦若"三个字假作圣旨，瞒过大臣，偷偷召王钦若入京③。而在冯拯辞职、执政大臣来不及充分商议的情况下，只得同意她提名王钦若为宰相④。

在这种背景下再次成为宰相的王钦若，并不可能如臂使指地统率执政集团一班人。《长编》卷一百零一天圣元年九月丙寅条载："钦若再入中书，谓平时百官叙进皆有常法，为叙迁图以献，冀便省览。"王钦若的目的是想借此控制人事权。不过，不仅人事权，就连其他事权王钦若也不能有效控制。《长编》接下来明确指出："然钦若亦不复能大用事如真宗时矣。"《长编》举例记载："同列往往驳议，钦若不堪曰：'王子明在政府日，不尔也。'鲁宗道曰：'王文正先朝重德，固非他人可企！公既执政平允，宗道安敢不服？'"号称"鱼头参

① 《长编》卷九十八乾兴元年六月癸亥条。
② 《长编》卷九十九乾兴元年十二月戊午条。
③ 《长编》卷一百零一天圣元年八月己未条。
④ 《长编》卷一百零一天圣元年九月丙寅条。

政"、性格耿直的参知政事鲁宗道①的话，无异是说，你是什么东西，怎么能和王旦相比？

其实，平允地说，王钦若在真宗朝得宠之时，也未曾跋扈过，他多是以顺从来抓牢真宗，以诡计来中伤他人。唯一可以称得上有些专权的行为，就是他"每奏事，常怀数奏，但出其一二，其余皆匿之，既退，则以己意称上旨行之"。如此看来，王钦若的专权不过是耍诡计假冒圣旨而已。但即使如此，也常常被揭穿。当时的枢密副使马知节就曾当着真宗的面斥责枢密使王钦若："怀中奏何不尽出！"②

由于多年来形成的印象无时不在起着作用，对再入相的王钦若，不仅执政集团成员与他不大合作，就连有的台谏官也与他作对。《长编》卷一百零一天圣元年十月戊子条载："王钦若复相，监察御史鞠咏嫉钦若阿倚，数睥睨其短。"由于此时王钦若正为刘太后所用，攻击他的人还一时难以撼动他，反倒是他作为宰相，有足够的能量去打击对手。对鞠咏，王钦若找了个"废朝廷仪"的理由，轻易地把他打发出了朝廷③。

不过，除了鞠咏事件，再入相的王钦若，已经很少像早年那么阴险地中伤陷害朝臣了。相反，还做了不少善事。如《长编》卷一百一天圣元年九月甲戌条，记载了王钦若刚入相时的一件事："京东西路先配率塞河梢芟数千万，期又峻急，民苦之。王钦若召自江宁，见其事，言于上曰：'方劝农，岂可常赋外复有追扰？'甲戌，诏州县未得督发，别候旨。"这无疑是一件减轻百姓负担的好事。从这件事看，此时的王钦若已与当年把皇帝出行扰民说成"鼓舞于道"有了很大

① 《宋史》卷二百八十六《鲁宗道传》载："自贵戚用事者皆惮之，目为鱼头参政，因其姓，且言骨鲠如鱼头也。"
② 《长编》卷八十二大中祥符七年六月乙亥条。
③ 又见《宋会要辑稿》仪制八之二八。

不同。

对下面的官僚，王钦若也不像过去那么刻薄无情。《长编》卷一百零一天圣元年十一月己未条载："大理寺丞、知彭山县卢察乞官襄州，以扫洒坟墓。上问察家，王钦若对，察父多逊，故宰相，谪死朱崖。上恻然，许之。"同为宰相，惺惺相惜，晚年的王钦若大概也开始为自己的身后着想了吧。

对曾经因反对真宗即位被贬，晚景凄凉的胡旦，王钦若也说了好话。《长编》卷一百零二天圣二年二月癸亥条载："襄州上将作监致仕胡旦所撰《汉春秋》。上因问旦吏历及著书本末。宰臣王钦若对曰：'旦词学精博，举进士第一，再知制诰。然不矜细行，数败官，今已退居。尝谓三代之后，独汉得正统。因四百年行事，立褒贬以拟《春秋》。'上称叹之。癸亥，命旦为秘书监。仍录其子彬为将作监主簿。"随着真宗的逝去，胡旦与真宗间的恩怨已成为过去。王钦若为这样一个昔日的名人、今日的弱者说好话，无疑会给自己招来好评，也为自己的将来铺路。

当监察御史张逸被任命为益州路提点刑狱、劝农使时，仁宗①问王钦若，张逸是否胜任，王钦若回答："逸为御史，以清谨着，今此选委，必能称职也。"②向来为人尖刻的王钦若少有地为别人说起好话来。

类似的事情不少。

天圣三年（1025）初，"学士院试殿中丞吴遵路，策、论并稍优，诏充秘阁校理。遵路签书江宁府判官，以宰臣王钦若自江宁入相，荐

---

① 当时仁宗尚未亲政，史书所记仁宗如何如何，多是反映临朝听政的刘太后的意志，以下同。
② 《长编》卷一百零二天圣二年七月己亥条。

才命试"①。王钦若荐举的吴遵路，后来政绩颇著，为好友范仲淹所称赞②。

天圣三年（1025），朝廷以刑部郎中、龙图阁待制滕涉为右谏议大夫知青州。仁宗问辅臣："青州大藩，宜遴拣牧守，涉足以任此乎？"王钦若赶紧回答："涉自先朝已任要剧，顷自三司副使擢居侍从，今兹委寄，必能上副圣选也。"③

一天，翰林学士晏殊把身言书判选人上报给仁宗，仁宗问辅臣："身言书判足以尽人才乎？"王钦若回答："朝廷设此，以旌别选人。若四者悉有可采，固宜升进也。"有了宰相王钦若这句话，上报的五十多名选人都改为京官或予以递迁④。

在任命蔡齐与章得象为知制诰时，仁宗看他们得中书召试时的答卷，对宰臣说，词臣不仅要有文才，人品还要好。王钦若和其他人一起说，这两个人两方面都好，"上始命之"⑤。后来在仁宗朝，蔡齐先后成为枢密副使、参知政事，章得象成为宰相。此后，王钦若又推荐夏竦担任知制诰⑥。后来夏竦也位至执政。夏竦对王钦若的提拔感恩戴德，王钦若死后，行状与墓志铭都是夏竦执笔的。

如果说王钦若早年的精明一部分用在了究心吏事，更多的用在了巴结真宗与中伤他人上，晚年的精明则似乎更多是为暮年与身后着想。他利用宰相的地位主持编纂《真宗实录》⑦，自秉史笔，尽可能地为他早年的恶行做了回护。

———————————

① 《宋会要辑稿》选举三一之二七。
② 《长编》卷一百一十三明道二年十月辛亥条。
③ 《长编》卷一百零三天圣三年正月丙戌条。
④ 《长编》卷一百零三天圣三年二月辛酉条。
⑤ 《长编》卷一百零三天圣三年三月己酉条。
⑥ 《长编》卷一百零三天圣三年七月壬寅条。
⑦ 《长编》卷一百零二天圣二年三月癸卯条。

多说好话，多行善事，似乎成了晚年王钦若的行为准则。除了针对具体的人，对原有的制度规定，也向较为宽松的方向修正。比如，吏部流内铨引对选人，凡有私罪者皆不能改官。当仁宗问起有哪些私罪时，王钦若回答说："私罪固多，然其间轻重不侔。若趁衙谢弗及，或坠笏失仪，事虽至轻，以不缘公事，皆为私罪。"对此，仁宗说："有司当察情，不可以小累终废。"随后发出诏令："自今此等勿碍改官。"①宰相王钦若的回答甚至决定，修改了选人因私罪改官的规定，使之变得比较宽容。不可否认，政策的决定与执政者的思想倾向和行为方式都有着直接关系。

就在天圣三年十一月戊申（1025年12月22日），王钦若用他的精明走完了生命的最后一程。与同样从真宗朝进入仁宗朝的寇准、丁谓相比，王钦若得以善终，以全天寿。《长编》卷一百零三天圣三年十一月戊申条记载其身后荣典说："卒，皇太后临奠出涕。赠太师、中书令，谥文穆。遣官护葬事，录亲属及所亲信二十余人。"李焘对此评论说："国朝以来，宰相恤恩，未有钦若比者。"

七　阴柔如水：王钦若模式

王钦若过世若干年后，已经十九岁的仁宗对大臣说："王钦若久在政府，察其所为，真奸邪也。"宰相王曾回答："钦若与丁谓、林特、陈彭年、刘承珪，时号为'五鬼'。其奸邪险陂之迹，诚如圣谕。"②在王钦若为枢密使和为相的时代，王曾作为参知政事，是王

---

① 《长编》卷一百零二天圣二年八月甲戌条。
② 《长编》卷一百零七天圣七年三月戊寅条。

钦若的同僚和下属，曾屡遭王钦若的中伤陷害。因此，从这段对话看，表面上是仁宗在评价一个早已故去的宰相，王曾说的也似乎是传闻之辞。但年轻的仁宗之所以对王钦若得出如此印象，不大可能来自宠信王钦若的刘太后的影响，而极有可能来自宰相王曾平日的诱导。明知王曾同王钦若有过恩怨纠葛，而在宰相王曾在场的情况下说出这些话，也包含有极欲亲政的仁宗讨好宰相的用意。王曾则乘机发挥了一番，顺便加上另外几个人，用客观转述的方式，把王钦若等五人称为"五鬼"。

也许是史籍漏书，但从现有的资料记载看，最先将王钦若等五人称为"五鬼"的就是王曾。因此，有理由说，王钦若的妖魔化是从王曾开始的。说王钦若的妖魔化始于王曾还有一个证据，那就是在王钦若去世两年后，王曾从天圣五年（1027）二月到七年（1029）六月曾以宰相、监修国史的身份提举编修太祖、太宗、真宗三朝史[①]，从此名列《真宗正史》的《王钦若传》便成为王钦若妖魔化的源头[②]。王曾对王钦若的妖魔化并非凭空捏造，而是对前述王钦若一生种种恶行的总结，因而也颇能获得当时人与后来人的共鸣。

王曾在真宗、仁宗交替的时代，特别是在刘太后执政期间，为维持朝廷的正常运转起过重要作用。这里并没有指责王曾的意思，只是追究一下王钦若被妖魔化的由来。当然，从王钦若的为人看，被归之于"五鬼"之首并不冤枉。王钦若鬼蜮之行累累，已为当时人所诟病，如果不是王曾，也会有别人妖魔化其人的。王钦若在他主持编修的《真宗实录》中，尽可能地为己讳，并加以美化。然而，历史并不

---

① 《宋会要辑稿》职官一八之七九、一八之七五。

② 据《直斋书录解题》卷四记载，《真宗正史》共立有列传八十，其中当有《王钦若传》。据《长编》卷五十一咸平五年三月庚戌条所载李焘注语，李焘据"钦若新传"修入《真宗实录》失载的王钦若受贿事件。李焘所云"钦若新传"当即王曾监修的《真宗正史·王钦若传》。

是一个人写的。从《宋史》的原型宋朝国史开始，到了南宋，王称的《东都事略》及李焘的《续资治通鉴长编》，都记录了王钦若的大量恶行。

客观地评说，王钦若精明过人，颇有吏干，其主持地方政务，屡见政绩，而这些都被其鬼蜮之行掩盖了，以致不为后人所注意。说到其鬼蜮之行，多是在人际关系上，阴险尖刻，常常是为了抬高自己而中伤他人。不过，到了晚年，王钦若已有所收敛，从史籍中已很少看到他的恶行。

在中央政府，王钦若一生做过参知政事、知枢密院事、枢密使，并两度担任宰相。他的一生可以说既得志又不得志。说他得志，是因为他基本上一直受宠于真宗及后来的刘太后，一生荣华富贵，得以善终。说他不得志，是因为他在朝期间，先被长期为相的王旦压抑，后来被寇准打击，又被丁谓陷害。当这几个人死的死、贬的贬，他好不容易可以施展抱负的时候，又为同僚所掣肘，难以伸展。

然而，值得注意的，是王钦若与真宗之间君臣关系的模式。在真宗朝的宰相中，他没有李沆的帝师背景，也没有王旦的正派，更没有寇准的强硬，因此，真宗对王钦若并不敬畏。他通过智慧和实干这样的正常途径交结下真宗之后，"委曲迁就，以申上意"①，处处顺从讨好真宗，可以说是以柔克刚，在一定时期、一定程度上控制了皇权。这与正常的政治形势下以宰相为首的士大夫，以传统道德来规范皇权，以法律规章来制约皇权有着极大的不同，更不同于非正常时期权相玩弄皇帝于股掌之上那种取代皇权。不是框架，不是高压，而是像水一样柔，却使人不得不从，这就是"王钦若模式"。王钦若用这种模式，不仅达到了固宠邀荣的个人目的，还发起了一场轰轰烈烈的

---

① 《长编》卷一百零三天圣三年十一月戊申条。

造神运动，让稳健如王旦、强权如寇准那样的大臣也不得不随其波、逐其流。王钦若的行为并不可取，但其左右皇权的方式值得研究。

君主制是一种政体，这种政体在制度上赋予了皇帝拥有独裁的权力，但这仅仅是制度上的保障。制度的规定无法保障所有的世袭皇帝都有足够的能力去执行这个权力，皇权行使的实际状况因人因时因地不同，这就是形式与内容的差异。限制皇帝个人行使权力的因素很多，既有制度上的规定，也有皇帝的资质、能力、兴趣的局限，更有时代环境所形成的无法独治的压力与影响。无论是"王与马共天下"①的魏晋南北朝时期的贵族政治，还是"与士大夫治天下"的宋代士大夫政治，均可见这种压力与影响。不过，无关皇帝个人的强与弱，伴随着行政体制的日渐完备，皇帝实际行使权力的空间日渐狭小，而皇权的象征意义则日渐增大，历代权臣弄权多是借助皇权所显示的权威。宋代的士大夫政治重塑了皇权。这种重塑不仅有正面意义上的士大夫依照儒学理想的塑造，也有诸如王钦若那样佞臣的负面引导。无论是正面抑或负面，在君主制独裁的外壳内，皇权的实质逐渐发生变异，则毫无疑义。

---

① 《晋书》卷九十八《王敦传》。

第五章

宋代权相第一人：
『罔上弄权』的丁谓

一　士大夫政治的另一面

权相辈出，可谓宋代历史的一大特色。说起权相，人们或许马上会想到蔡京、秦桧、史弥远、贾似道之流。对于专权而不恶的宰相，如赵普、寇准、吕夷简等人，则很少有人称为权相。如此看来，是否归之为权相，人们在无形中还是秉持着一定的标准的。那么，在宋代，启权相之端绪者，是什么人呢？这个人，我想应为丁谓。仅仅用这一句话给一个历史人物下定论，似乎过于轻率，也不一定会得到读者的赞同，必须有待于依据事实的论证。那么，下面就展开我们的讨论。

在宋史研究领域，尚有许多未加开垦的处女地，有许多应予以研究而尚未研究的重要人物。近年来，我集中在宋真宗朝，着力做了一些这方面的努力，对一些有名却被研究者忽视的大人物做了一些研究，这就是前文所述的李沆、王旦、寇准、王钦若等宰相级的人物。当我的视线转向另一个重要人物丁谓时，则意外地发现，关于丁谓的研究，冷落之中，近年来居然有一本专著问世，而且还是出自一位在中国留学的日本年轻女士之手。这就是池泽滋子的《丁谓研究》。

丁谓像

丁谓（966—1037），字谓之，后更字公言，两浙路苏州府长洲县人。淳化三年（992）进士，大中祥符五年至九年（1012—1016）任参知政事。天禧三年至乾兴元年（1019—1022）历任参知政事、枢密使、同中书门下平章事。

池泽的书，共有六章，其中五章是论述为人们所忽视的丁谓的文学成就；对于主要作为政治家的丁谓，仅用一章的篇幅，结合其生平叙述了政治上的功过，篇幅过少。池泽倒是平允地论述了丁谓的功过是非，有助于扭转传统史书带给人们的丑恶形象。但客观地说，池泽的论述，由于主要着眼于丁谓的文学成就，所以对其政治功过，多停留在事实的表层，而对丁谓行为的背后所蕴含的深刻意义则未能展开。

宋代由于社会经济的高度繁荣、科举规模的大幅度扩大，以及统治集团政治战略的改变等诸多因素，造成了士大夫阶层的空前崛起。在政治上，用宋人的表述就是，形成了"与士大夫治天下"的局面，实际上就是形成了与以往贵族政治不同的士大夫官僚政治。

这种焕然一新的士大夫官僚政治，给了一切读书人相对均等的机会，只要耐得寒窗苦，便有机会出人头地，跃入仕途。而他的子孙则不必过于吃苦，便可以通过恩荫等方式获得官职。并且入官读书人及其家族被免除了几乎所有的赋税。这种打破出身等级的入仕方式与优遇政策，让本来就在儒学思想熏陶下具有极强入世心而又缺少机会的读书人振奋不已，个个跃跃欲试，渴望参与这种新政治。

入仕后的士大夫，多数则抱有相当强烈的以天下为己任的政治责任感，把维护这种新兴的士大夫官僚政治，与维护自身所在的新兴士大夫阶层的利益等同视之。相对皇帝皇族，相对军人武将，相对社会的其他阶层，士大夫阶层是一个独立的社会集团。在没有遇到大的内部冲突之时，这个集团的成员之间互相提携，维护利益。在与外界发生冲突之时，这个集团的多数成员可以捐弃内部的前嫌，一致对外。

然而，这种士大夫官僚政治本身又从来不是铁板一块。出于利益或政见之争，士大夫阶层内部常常派别丛生，且层出不穷。从总体上说，业已形成的士大夫政治，促使着皇权走向象征化，即权力向权威转化。在官僚政治之下，皇权与相权之争，即皇帝与政府之争已退居其次。政治斗争的表现形式，更多的是党派之争，这就是宋代党争空前酷烈的原因之一。

在士大夫政治这样新的国体之内，皇帝是一个特殊的存在，皇权也是一种特殊的权力。这是截至宋代已延续了千年的君主制政体所决定的。向象征化蜕变过程中的皇权，既有其虚的一面，也有其实的一面。因而在君主制政体内的党争中，皇帝成为一尊被崇奉的神像，皇权成为用来威慑和压倒对手的法宝。然而，不同的人，利用皇权的方式也不同。

丁谓对皇权的利用方式，就与在他之前的宰相截然不同。他任相的时期，是真宗在位的后期。患中风的真宗神志已不完全清醒，几乎不能处理政务，实质性的皇权开始向刘皇后转移。在这样一个混乱时期，同样作为士大夫的丁谓，完全打破以往用礼法和天谴等方式约束和左右皇帝的正常做法，采用了欺上瞒下、专横跋扈的弄权方式。这就为后世的权臣提供了另一类的榜样。

作为宋代权相第一人，丁谓的行为值得研究者重视。在这里，主要想对丁谓的政治活动加以综合考察，对他的仕履则不想做过多铺叙。特别是对他任相前的经历，仅拟撷取其与论题相关的事迹进行分析，而重点则将放在他任相后的言行上，以此来揭示在刚刚形成的士大夫政治中，权臣是如何利用皇权来翻云覆雨的。并且，从中展示丁谓作为权臣的一些个性化的特征。

丁谓在宋代已被列入"五鬼"，其行为可非议处极多，然而做道德评判并不是史学家的主要任务。史学家的主要任务应当是透过历史人物的行为，去揭示其行为背后所蕴含的各种意义。"一俊遮百丑"与"一眚掩大德"，均不可取。在揭示丁谓行为的意义的同时，也试图把丁谓纳入彼时彼地的具体情境之下，尽可能予以客观评价。

二　才子与能吏

淳化三年（992），太宗在位的后期，丁谓进士及第。是年丁谓二十七岁，比与他同年及第的王钦若大了七岁。而这一年，十九岁进士及第的寇准已经成为执政大臣的参知政事了。这两个人后来都成为丁谓先是友人继而交恶的冤家。丁谓尽管以二十七岁这样并不年轻的年龄考取进士，但在他进士考试的前一年，有幸结识了早于他将近十年进士及第的王禹偁。

王禹偁在当时已颇有文名。《宋史》卷二百九十三《王禹偁传》讲他刚刚进士及第时写的诗就已是"人多传诵"，又记载他"赋诗立就"，太宗预言，"此不逾月遍天下矣"，由此可知王禹偁在当时文坛上的影响。从地位上看，王禹偁时任知制诰。知制诰是专职为皇帝起草文告的亲近侍从。知制诰进一步升进就是翰林学士，而从翰林学士成为执政大臣的概率又极大①。王禹偁对丁谓这个后辈极为赏识。当他结识了丁谓与孙何之后，对他们的文章大为称赏，作诗给予了极高的评价：

---

① 参见本书第六章。

二百年来文不振，直从韩柳到孙丁。

如今便可令修史，二子文章似六经。①

王禹偁在向别人推荐丁谓时，称丁谓为"今之巨儒"②，并且在另一篇写给丁谓的文章中，说丁谓的文章混杂在韩愈、柳宗元的文章里面，别人也分辨不出来③。王禹偁这样不遗余力地揄扬丁谓与孙何，甚至引起了其他士人的忌妒。对这一点，王禹偁也意识到了。他说："吾尝以其文夸天子宰执公卿间，有业荒而行悖者，既疾孙何、丁谓之才，又岔吾之无曲誉也，聚而造谤焉。"④王禹偁在"天子宰执公卿间"的褒扬，显然使丁谓在进士及第前便已获得了很高的名声，这就形成了一种舆论。而在科举考试的糊名考校等制度还尚未健全的太宗时代，这种舆论无疑对左右考官的判断起到相当大的作用⑤。考官们都担心评定不准确而引起举子闹事，因为在太祖和太宗朝确实由于考评不公而出现过几次举子闹事的事件⑥。

在这样的背景下，在这次考试中，孙何排名第一，丁谓第四。《东都事略》卷四十九《丁谓传》载："既而何冠多士，谓占第四。自以与何齐名，耻居其下。胪传之下，殿下有言。太宗曰，甲乙丙丁，

① 《赠孙何丁谓》，《涑水记闻》卷二"孙何丁谓名大振"条。

② 《小畜集》卷十八《荐丁谓与薛太保书》。

③ 《小畜集》卷十九《送丁谓序》。

④ 《小畜集》卷十八《答郑褒书》。

⑤ 宋代科举考试中的糊名考校等制度至真宗朝方严密建立，参见《宋史》卷一百五十五《选举志一》及笔者《赵抃"御试官日记"考释——兼论北宋殿试制度的演变》，载《东北师大学报》1986年第4期。

⑥ 《宋史》卷一百五十五《选举志》载，太祖朝"有诉（知贡举李）昉用情取舍"，太宗朝"有击登闻鼓诉校试不公者"。

合居第四，尚何言?"因为丁谓姓甲乙丙丁的丁，所以太宗以揶揄的口吻，驳斥了丁谓的无理要求。但丁谓的这一要求，已明显地表现出他计较名次和自视甚高。

丁谓的出身虽非显宦，但在他未入仕时，其父已经为他攀上了新贵，让丁谓做了后来成为参知政事的窦偁的女婿。尽管窦偁在太平兴国七年（982）仅仅做了半年参知政事就去世了[①]，但作为执政大臣，应当说影响还是在的，这无疑是丁谓入仕后可以利用的资源。丁谓受知于王禹偁，固然是由于孙何的引荐[②]和自身的才能，但也不能说与他是窦偁女婿的背景全然无关。入仕前的士人，流行把自己的作品托门路拿给高官或名人指点，以求得到赏识，这在当时叫"赞文"。一旦得到赏识，也就等于投到这个人的名下，成为其门生。而作为"座主"的人，则有义务提携门生。

在士大夫社会里，人们以关系的亲疏远近，形成了一个个关系网。这种关系网，犹如石子投入池中形成的涟漪，从核心开始，一圈圈向外扩张。即使是朋友的朋友，也会互相扶持。入仕前的丁谓，不仅得到了窦偁和王禹偁的赏识，还得到一个以文学自负的知州龚颖的器重[③]。这些人的揄扬，在士大夫圈内形成一种舆论，这种舆论先声夺人，直接帮助丁谓在仕途上脱颖而出。

丁谓由于进士及第的名次在前十名，所以直接被任命为大理评事、饶州通判，而未经历县一级的职事。不像寇准，及第后被派到遥远的巴东县，一干就是几年。丁谓也真是幸运，在他进士及第的第二年，朝廷就下令"京朝官未历知县不得任知州、通判"[④]，他在饶州

---

① 《宋史》卷二百一十《宰辅表》。
② 《小畜集》卷十九《送丁谓序》。
③ 《青箱杂记》卷二。
④ 《太平宝训政事纪年》卷一。

刚刚逾年，就被召入朝，做了直史馆。没多久，以太子中允充任福建采访，被派遣出去。丁谓做调查很尽职，还朝后，"上茶盐利害"，大约让太宗很满意，便被超迁，再度派往福建，担任福建转运使。

入仕后仅三年多就做到了位于知州之上的封疆大吏转运使，这在宋代是很少见的。不过，这也反映了宋初转运使不限资序的事实。担任转运使需要有一定的级别，则是仁宗朝以后才有的事。《太平宝训政事纪年》卷二记载富弼的议论："祖宗朝转运使并是朝廷先择举主，举主择转运使。惟材堪者为之，不限资序。今来转运使只是依资循例，又不由举主，所以大半不才，致州县之不治也。"

从富弼的话看，当时任命转运使需要有举主推荐。究竟是谁推荐了丁谓，文献没有记载。估计是对丁谓极为欣赏的王禹偁，因为当时常常让近臣推荐担任转运使的人选。在前面引述的《太平宝训政事纪年》卷二富弼的议论之上，就是"诏三司使、学士、两省、尚书丞郎、知杂御史，各于常参官内举材堪转运使者"的记载。王禹偁《送丁谓之再奉使闽中》一诗的注云："予在西掖尝举谓之。"①当时，正值王禹偁再度出任知制诰并继而升任翰林学士，因而与其自注"在西掖"相合。

可以推测，王禹偁的推荐得到了时任参知政事的寇准的支持。因为在王禹偁的揄扬下，寇准对丁谓也很欣赏。朝廷的人事任免大多是几方面的合力所形成，而不可能是皇帝或宰相等个人的独断。

在太宗驾崩、真宗即位的至道三年（997），丁谓还朝，担任三司户部判官。又隔一年，因"峡路蛮扰边"，丁谓被派往四川，"至西川及峡路体量公事"②。刚刚即位不久的真宗不大可能了解丁谓，这项

---

① 《小畜集》卷十一。

② 《长编》卷四十五咸平二年八月戊寅条。

任务当是朝廷所委派。丁谓很卖力，"还奏称旨"，即还朝后的汇报让真宗很满意，当然也让朝廷很满意，于是很快又被任命为峡路转运使派往四川。不久，川峡分为四路，丁谓被改任为夔州路转运使，继续留在四川。这一留就是五年，直到朝廷和真宗都觉得有些对不住丁谓时，才让他举官自代，使其得以还朝。

迟迟不让丁谓还朝的原因很简单，就是他干得太好了。当然，丁谓被长期留在四川，也有客观原因。丁谓在四川期间，发生了王均兵变，波及的地域很广，朝廷花费不少时间和兵力才将兵变平息下去。

为了稳定平乱后的四川局势，朝廷也需要丁谓这样能干的要员继续留在四川。不仅如此，在平定王均兵变之后，朝廷还把翰林学士王钦若、知制诰梁灏等皇帝的近臣作为安抚使派往四川，处理平乱后的各种善后问题。而丁谓的作为也的确没有辜负朝廷的期望。首先，丁谓对骚扰边境的蛮族酋长"谕以祸福"，使其"作誓刻石立蛮境上"，"不敢犯边"①。接着，丁谓以盐易粟②，既安抚了因缺盐而骚乱的边地民族，又解决了边境驻军粮食不足的问题。丁谓在四川的五年间，边境一直比较宁静。

真宗大概很惊讶于丁谓的本事，于是"手诏问夔州路转运使丁谓，如何得边防久远宁帖，蛮人不敢为非"，丁谓上书回答："若所委之官，不邀功，不生事，以安静为胜，凡所制置，一依前后诏条，则群蛮必不敢抵冒，妄干天诛矣。"③可以说丁谓说到了点子上。历代中原王朝在处理同周边民族的关系上，许多纠纷是由于边将邀功生事造成的，所以丁谓务为安静，使双方得益。丁谓的处置方式，使他在

---

① 《长编》卷四十七咸平三年十一月丙戌条。
② 《长编》卷五十二咸平五年七月己亥条。
③ 《长编》卷五十五咸平六年十一月甲戌条。

边民中获得极大的好评。《长编》卷五十六景德元年二月壬午条载：

> 夔州路转运使丁谓，招抚溪洞夷人，颇著威惠。部民借留，
> 凡五年不得代。

为了让丁谓安心守边，朝廷以皇帝的名义对丁谓升官赐钱。《长编》卷五十一咸平五年正月甲辰条载：

> 夔州路转运使、工部员外郎、直史馆丁谓，加刑部员外郎，
> 赐白金三百两，以其绥抚有方，蛮人安堵故也。

尽管丁谓安边有功，但其实有些功劳也并不属于丁谓。《长编》卷五十二咸平五年七月己亥条注引《寇瑊传》云：

> 施州蛮叛，转运使以瑊权知施州。先是，戍兵仰它州馈粮，
> 而多不给。瑊至，请行和籴之法，而偿以盐，军遂足。而丁谓所
> 奏，遂没瑊谋。

在贪他人之功为己有这一点上，丁谓和被称为"五鬼"之首的王钦若的行为并无二致。在真宗即位之初，王钦若就把别人提出的蠲免天下逃赋的建议，抢先向真宗汇报，而赢得了真宗的好感[1]。这件事只是使丁谓奸狡的一面微露苗头，而他毕竟在危险且艰苦的边地坚守了五年。丁谓的这些苦劳与功劳，再加上以前任福建转运使时的贡茶功绩，最终使他在还朝后得到了丰厚的回报。

---

[1] 《长编》卷三十九至道二年五月辛丑条。

丁谓在士大夫层面尽管有一定的支持源，但在政界还缺少另一个重要层面的支持，即来自皇帝的支持。

君主制下的士大夫官僚政治，官员的升降任免尽管主要决定于以宰相为首的执政集团，或决定于各种政治势力间的角逐，但绝不能说与皇帝毫无关系，因为上述两方面的决定都是在皇权的名义下行使的。无论是执政集团还是各种政治势力，都不能无视皇帝的存在，都必须在一定程度上买皇帝的账。所以，作为个人的官僚，在官场中的升降，与其同皇帝的关系远近有着极大的关系。比如王钦若，在真宗即位前，就已经通过调查开封府蠲免租税事件回护真宗，从而深结下真宗，为其后来的发迹奠定了基础。

丁谓不像王钦若，他与真宗之间没有类似的机会。好不容易在担任福建转运使时卖力贡茶，给太宗留下了好印象，但太宗不久就去世了。一朝天子一朝臣，不同的君主想法也不同。丁谓在新君即位后又必须从头做起。而且他由于没有同真宗的特殊关系，在起步阶段只能老老实实埋头苦干。好在他已经有了最重要的基础，这就是士大夫舆论的支持，这些褒扬的舆论不可能不反馈到真宗那里。同时，他在福建时的表现，真宗也不会毫无所知。所以，丁谓在景德元年（1004）从四川一还朝，就因其善于理财的才能，被任命为三司盐铁副使。在他还没来得及有所作为的时候，又被进一步提升，成为知制诰。

在宋代，一个士大夫成为知制诰，不仅意味着成了皇帝的近臣，更意味着其才能与文学水平为士大夫层所承认，使其进入了士大夫精英的圈子。知制诰同翰林学士一起，在整个士大夫层处于领袖地位。在士大夫阶层空前崛起的时代，皇帝对这些笔杆子，并不是仅仅当作御用工具来使用的，而是极为敬重和钦羡。太宗就说过，"学士之职，清要贵重，非他官可比，朕常恨不得为之"①。对文人的一些异于常人的怪僻，皇帝常常抱着一种宽容的态度②。所以，由于有皇帝和士大夫两方面的支持基础，成为知制诰乃至翰林学士后，很容易向政界的金字塔顶峰迈进，由精神领袖走向政治权威。

丁谓成为知制诰，不仅缘于真宗的赏识，更重要的是得到执政集团的拔擢。对于这一点，丁谓本人很清楚。不管是出于礼节也好，还是出于时尚也好，被任命为知制诰后，丁谓就给宰相等中书与枢密二府的大臣们写信表示感谢。《东轩笔录》卷十四载："丁谓留滞外郡甚久，及为知制诰，以启谢时宰。""谢时宰"，《归田录》的佚文记作"谢二府"③。参照宋人文集收录的其他人的这类书启，丁谓给每个执政大臣都写信致谢的可能性并不是没有的。

成为知制诰后的丁谓，在原有的交往基础上，有机会在较高的层次上与士大夫名流进行交往。他加入了杨亿、刘筠等人的西昆酬唱的行列。在杨亿编辑的《西昆酬唱集》中，丁谓也留下了他的印记④。

不过，丁谓在朝廷平静的日子没过多久，就迎来了宋王朝建立以来最为严峻的时刻。北方的契丹辽朝，以数十万大军，绕过宋军的边境防线，像尖刀直插向宋王朝的心脏部位开封，很快就打到了黄河边上。临危受命的宰相毕士安、寇准，力排参知政事王钦若的南逃与知枢密院事陈尧叟的西逃方案，迫使真宗亲征，最后在宋辽双方势均力敌的形势下，在澶州签订了澶渊之盟，形成了此后百余年的和平局面。

---

① 《宋史》卷二百六十七《张洎传》。

② 比如翰林学士杨亿，不满意真宗修改他起草的制诰，要求辞职，真宗也只是说了句"杨亿不同商量，真有气性"而已。见欧阳修《归田录》卷上。

③ 《归田录》佚文，附于点校本《归田录》卷末。

④ 《西昆酬唱集》中收录有丁谓诗五首。

在真宗亲征之时，除了宰相寇准随驾亲征，许多大臣与近臣都临时被寇准派出朝廷，守卫要地及调集兵马和筹集粮草等，如王钦若即被派往已成为敌后的天雄军。丁谓也被以知制诰委任为知郓州兼齐濮等州安抚使、提举转运兵马巡检事，这是在危难之际对丁谓委以的重任。可见根据以前丁谓在四川时的表现，朝廷与真宗对丁谓是相当信任的。这一点，从把他与曾两度出任宰相的张其贤并命便可看出①。在郓州，丁谓也非同凡响，功绩引人注目。《长编》卷五十八主要记载了两件事：

其一，十月庚寅条载："敌骑稍南，民大惊，趋杨流渡，舟人邀利，不时济。（丁）谓给取死罪囚斩河上，舟人惧，民悉得济。乃立部分，使并河执旗帜，击刁斗以惧敌，呼声闻百余里，敌遂引去。"

其二，十二月庚辰条载："郓齐等州安抚使丁谓言，擒获契丹谍者马珠勒格，即斩之。鞫问其人，称徒侣甚众。今各具形貌年齿，请下诸路分捕。"

前一条记载，一是丁谓机智地将死囚假扮舟人斩首，用以威吓乘危邀利的舟人，使大量难民得以顺利渡过黄河；二是利用渡河的难民扮成士兵，大造声势，吓退了契丹军，不战而胜。后一条记载，则是清除搜捕契丹军撤退后留下的间谍。

这两件事都显示了丁谓的智术与才干。因此，根据丁谓入官后的政绩与特长，朝廷与真宗在丁谓还朝后没有让他按照正常途径升迁，即由知制诰升任翰林学士，而是让他走了另一条路，即任命丁谓为权三司使事。《长编》卷六十景德二年五月乙卯条载：

　　　　刑部员外郎、知制诰丁谓，为右谏议大夫、权三司使事，仍

---

① 《长编》卷五十八景德元年十月庚寅条。

诏谓内殿起居立知制诰上。

从此，本来可以成为杨亿那样名流文士的丁谓，一头扎进了政务吏事之中，整天打交道的是财政数字与走卒胥吏，而不是与之酬唱诗文的名士宿儒。这种行政业务上的原因，也在客观上造成了丁谓无心流连于诗文酬唱，而渐渐远离了西昆酬唱派诗人的身份，这也是丁谓在《西昆酬唱集》中入诗很少的一个原因。这个最直接的表面因素，却不曾为专论西昆体的曾枣庄氏①和写作《丁谓研究》的池泽氏所揭示。

三司使号称"计相"，权力与地位在朝廷举足轻重。丁谓的这一提升，等于半步已经跨进了执政集团的门槛。

当时的宰相寇准，在太宗朝已经做过同知枢密院事和参知政事这样的执政大臣之后，进入真宗朝才开始做三司使的。商品经济发达的社会环境之下，甚至都懂得在澶渊之盟用钱来买和平的宋朝政府与皇帝，格外留心财政，因而也对善于理财的官员十分重用。

寇准算不上善于理财，但他虚心向当了多年三司使的陈恕请教，萧规曹随，未出纰漏②。后来，由三司使直接升任宰相。对三司使李士衡，真宗也特别欣赏，准备加以重用，后因王钦若的陷害而未果③。王钦若之所以得宠于真宗，不仅仅由于他有恩于真宗，也由于他在三司干得出色。"五鬼"中的另一鬼林特，人望不佳，但之所以真宗信任不减，也是由于他是个颇有能力的三司使④。

对丁谓，作为政治史最值得研究的，虽然是他在真宗朝后期作为

① 曾枣庄氏著有《论西昆体》。

② 《长编》卷五十五成平六年六月丁亥条。

③ 《长编》卷九十二天禧二年七月甲戌条。

④ 《宋史》卷二百八十三《林特传》。

权相的活动，但毕竟只有短短的两年，而他担任权三司使和三司使则长达七八年之久，即使后来由三司使晋升为参知政事，也主要兼领营造等事，还屡屡就财政和茶法等事发表意见。就是说，丁谓的理财活动基本上贯穿了澶渊之盟后真宗朝的绝大部分时期。其实仅就这样一点，结合当时的全国财政状况，便可对丁谓做一番并非仅仅停留于是与否的实际研究。

不过，本章的着重点是在丁谓的政治行为上，因此不拟对其理财活动做展开讨论。仅想说明，丁谓的理财也同他管理地方一样尽力并显示出了才能。我们简单看一下丁谓任三司使后的活动。

景德二年（1005）五月，丁谓上任伊始，就根据在四川任转运使时的考察，建议军粮储备充足的四川边地，用积盐换取当地的丝帛[1]。

九月，就整理并呈上了《三司新编敕》十五卷，真宗下令雕板颁行[2]。其时，丁谓就任权三司使仅三四个月。

十月，又和三司的下属一起编成了《景德农田敕》。《长编》卷六十一景德二年十月庚辰条载：

> 先是，诏权三司使丁谓，取户税条目及臣民所陈农田利害编为书。谓乃与户部副使崔端、盐铁判官张若谷、度支判官崔曙乐黄目、户部判官王曾参议删定，成《景德农田敕》五卷。庚辰，上之。令雕印颁行，民间咸以为便。

景德三年（1006）二月，经丁谓等建议，全国诸路转运使、副使

---

① 《长编》卷六十景德二年五月戊辰条。
② 《长编》卷六十一景德二年九月癸亥条。

并兼本路劝农使，知州和通判并兼管内劝农使或兼劝农事①，从此遂为定制。这就是我们常看到的，宋代官僚的官衔上所带的劝农使的由来。

景德四年（1007）七月，丁谓提议以咸平六年（1003）的户口和赋入为基准，每年上报给史馆，朝廷也听从他的建议②。

景德四年（1007）八月，丁谓以当年的民赋户口之籍与咸平六年（1003）相比较，编成《景德会计录》一书六卷③。

进入大中祥符元年（1008）以后，丁谓这个权三司使，便开始全力应付真宗的降天书及东封泰山、西祀汾阴和南谒亳州等宗教活动了，这也是丁谓为当世和后世所诟病的开始。从这一时期开始，丁谓真正作为三司使的活动，史籍的记载就很少了。

三 "大计有余"与"东封西祀"

由于丁谓擅长理财，景德四年（1007）正月，真宗在准备出行朝拜皇陵时，把他任命为随驾三司使。同时，把另一个擅长理财的盐铁副使林特指派为丁谓的副手。林特是被称为"五鬼"的另一人，丁谓与其有着密切的工作关系。皇帝出行时要有不少花销支出，特别是为了显示皇恩浩荡，常常要进行赏赐，但对财政状况一无所知的皇帝又不敢随便赏赐，这就需要有财政官员随从，来计算支出，以备咨询和提出建议。

---

① 《长编》卷六十二景德三年二月丙子条。
② 《长编》卷六十六景德四年七月丙子条。
③ 《长编》卷六十六景德四年八月丁巳条，《宋史》丁谓本传。

这是丁谓第一次同真宗在一起较长时间相处，所以他的表现一定是特别殷勤卖力的。这次随行大约令真宗很满意，所以从此，一有出行或大规模支出时，肯定少不了让丁谓这个管财人随行，或向他征求意见。而丁谓为了顺从皇帝旨意，则极尽阿谀之能事，做了不少损害国家财政并为士大夫所不齿之事。其中最为当世与后世所诟病的，就是赞同真宗大行封禅之举。

澶渊之盟后，本来也同朝野内外一样沉浸于胜利与和平的气氛之中的真宗，经王钦若以孤注之喻点破，感到屈辱至极，"自是常快快"。于是，王钦若就给真宗出了伪造天瑞和封禅的馊主意。这个主意迎合了真宗内心强调自身的正统地位与树立威信的渴望。但这样的大事，即使皇帝也不敢擅自决定。真宗先是从侍读学士杜衍那里，得到了河图洛书不过是圣人借以神道设教的理论印证，继而又以用珠宝贿赂的方式，在行政上取得了宰相王旦的默许。最后，真宗所担心的就是财政方面的问题。于是，真宗就向权三司使丁谓询问。《长编》卷六十八大中祥符元年四月乙未条载：

> 乙未，以知枢密院事王钦若、参知政事赵安仁并为封禅经度制置使。初，议封禅未决，上以经费问三司使丁谓，谓曰："大计固有余矣。"议乃决。即诏谓计度泰山路粮草。

由此可知，泰山封禅，最终决于丁谓的"大计固有余矣"这一句话。真宗伙同王钦若伪造天书，虽然开销有限，但由此而进一步东封西祀，则是一发不可收拾了。后人将此过归罪于丁谓，并没有冤枉他。丁谓既然说了"大计固有余矣"，真宗就顺势让丁谓措置封禅的费用，具体到前往泰山途经用的粮草，都让他筹办，而丁谓也借机以此来讨好真宗。

为了讨真宗欢心，在整个封禅过程中，丁谓竭尽全力地表现自己。他首先在措置经费上不遗余力。河北转运使李士衡因对封禅表现出了积极的态度，不仅退回了内帑所助钱八万缗，还从本路措置了金帛刍粟四十九万。对这样的合作者，丁谓立即向朝廷"请留士衡于澶州管勾东封事"①。

在前往泰山封禅时，丁谓建议设置随驾使钱头子司，给随行的士兵支钱②。这个官署等于一所临时银行，给士兵不支现钱，而给类似支票的"头子"，指定某地让士兵的家属去领取。这样做既方便了朝廷，也方便了士兵，使两方面都不必携带沉重的现金。由此也可看出丁谓颇为精于吏事。

丁谓为了证明他说的"大计固有余矣"，向真宗及朝廷描绘了一幅天下五谷丰登的景象。《长编》卷七十大中祥符元年十月丙午条载：

景德元宝（1004—1007）

祥符元宝（1008—1016）

天禧通宝（1017—1021）
据传均为宋真宗所书。

> 行在三司使丁谓言："自京至泰山，金帛、粮草咸有羡余。又民间

①《长编》卷六十九大中祥符元年五月壬戌条。
②《长编》卷七十大中祥符元年九月壬午条。

以官司无所配率，刍蒿每围不及三五钱，粟麦每斗不及十钱。"

　　丁谓上言的目的，无非是既想证明自己所说的"大计固有余矣"并非虚假，又让真宗安心搞他的装神弄鬼，还可以用事实来堵反对者的口。对于这样的进言，真宗自然高兴。类似进言，王钦若也在同一个月奏上过。王钦若说今年黄河虽然时有上涨，但不临两岸，这样河防的费用要比历年节省几百万。其目的与丁谓一样，都是通过打消真宗对财政方面的担心来加以讨好。看来，弄臣阿谀都有其相似之处。

　　东封泰山之后，真宗继而西祀汾阴，南谒亳州，这都少不了丁谓这个计相的财政支持。而丁谓也一如既往地向真宗描绘太平景象，让真宗安心。大中祥符三年（1010）七月，诏近臣到龙图阁观书。丁谓看到真宗翻阅唐代的《元和国计簿》，便借机说："唐朝江淮岁运米四十万至长安，今乃五百余万，府库充牣，仓庾盈衍。"听到丁谓的话，真宗满心欢喜，便夸奖丁谓说："民俗康阜，诚赖天地宗庙降祥，而国储有备，亦自计臣宣力也。"①

　　当然，丁谓作为三司使管理全国财政，尽全力支持真宗的宗教活动外，也不可能完全不顾事实，报喜不报忧。因为万一国家财政出了大问题，承担责任的只能是三司使丁谓本人，而本来就不满真宗东封西祀的大臣们，自然都会迁怒于丁谓。到那时，就连真宗也救不了丁谓。所以很清楚这一点的丁谓，在大中祥符元年（1008）说"大计固有余矣"，大中祥符三年说"仓庾盈衍"，到了大中祥符四年，祀汾阴之后，便不得不面对现实，向真宗报警："东封及汾阴，赏赐亿万，

----

① 《长编》卷七十四大中祥符三年七月甲寅条。按，《元和国计簿》，当即《郡斋读书志》所载李吉甫所撰《元和国计图》，丁谓的《景德会计录》即仿之而作。

加以蠲复诸路租赋、除免口算，圣泽宽大，恐有司经费不给。"①

为了使国家财政不致亏空，更为了继续有能力支持真宗的宗教活动，丁谓采取了许多措施。例如大中祥符五年（1012），"诸州言岁丰谷贱，咸请博籴，上虑伤农，即诏三司使丁谓规画以闻。谓言莫若和市。而诸州积锦数少，癸丑，出内藏库钱百万贯付三司以佐用度"②。这实际上是官府参与交易，以求赢利。

"旧制，库务都数，虽三司使不得知之"，宫廷内部的各个部门的库藏，历来是政府财政部门不能过问的死角。作为三司使的丁谓，"自陈度支经费，宜知常数"③，将之纳入他的管理之下。

此外，尽管议论纷纷，丁谓还是坚持他所主持改革的茶法，据他所说，"大抵未改法日，官中岁亏本钱九千余贯，改法之后，岁所收利常不下二百余万贯，边防储蓄不阙，榷场无积陈"④。在另一个场合，对于茶法改革的成果，丁谓还说，"自大中祥符已后，岁及二百万缗，六年至三百万缗，七年有增九十万缗，故八年止有此数。然以今年正月比去年，已赢三十万缗"⑤。对于宋朝政府的财政收入来说，仅茶叶一项也是不少的收入。

然而，尽管丁谓竭力补救，但东封西祀与大兴土木毕竟是一个耗资巨大的无底洞，对宋朝的财政造成了极大的损害。

除了在财政支援方面不遗余力，丁谓还极尽阿谀奉承之能事。《长编》卷七十大中祥符元年九月庚申条记载了这样一件事："五鬼"中的另一人皇城使刘承珪在崇政殿奏上新制天书法物的时候，有十四

---

① 《长编》卷七十六大中祥符四年八月丙辰条。

② 《长编》卷七十八大中祥符五年六月癸丑条。

③ 《长编》卷八十五大中祥符八年闰六月庚辰条。

④ 《长编》卷八十五大中祥符八年闰六月庚寅条。

⑤ 《长编》卷八十六大中祥符九年二月庚辰条。

只鹤飞来。兼任天书扶持使的丁谓立即上奏，"双鹤度天书辇，飞舞良久"。第二天，读了丁谓奏疏的真宗，对丁谓说："昨所睹鹤，但于辇上飞度，若云飞舞良久，文则文矣，恐不为实，卿当易此奏也。"同样亲眼目睹了鹤仅仅是飞过的真宗还算老实，指出丁谓所奏"飞舞良久"之不实。

对此，丁谓毫不尴尬，反而玄乎乎地狡辩说："陛下以至诚奉天，以不欺临物。正此数字，所系尤深。皇帝徽猷，莫大于此。望付中书，载于《时政记》。"丁谓文绉绉的一番说辞，相信真宗只是听个似懂非懂，最后尽管"俯然许之"，但似乎也有些勉强。毕竟丁谓是帮真宗吹捧，真宗最后还是要给丁谓一点面子①。看着丁谓这样热心，真宗把护送在泰山发现的天书回京城的任务也交给了丁谓②。

丁谓其人爱鹤，所以他奏天瑞，常常是说仙鹤飞翔。大中祥符四年（1011），他又奏鹤翔于天书殿上③。到真宗晚年的天禧三年（1019），任官于地方的丁谓，还上奏说茅山鹤翔④。《东轩笔录》卷二载：

> 丁晋公为玉清昭应宫使，每遇醮祭，即奏有仙鹤盘舞于殿庑之上。及记真宗东封事，亦言宿奉高宫之夕，有仙鹤飞于宫上。及升中展事，而仙鹤迎舞前导者，塞望不知其数。又天书每降，必奏有仙鹤前导。是时寇莱公判陕府，一日，坐山亭中，有乌鸦数十飞鸣而过。莱公笑顾属僚曰："使丁谓见之，当目为玄鹤矣。"又以其令威之裔，而好言仙鹤，故但呼为鹤相，犹李逢吉

① 《长编》卷七十大中祥符元年九月庚申条。
② 《长编》卷七十大中祥符元年十一月丁丑条。
③ 《长编》卷七十五大中祥符四年三月丁亥条。
④ 《长编》卷九十三天禧三年四月丁酉条。

呼牛僧孺为丑座也。

除了仙鹤，凡属能让真宗高兴的天瑞，丁谓都不放过奏上。《长编》卷七十八大中祥符五年六月壬子条载："修玉清昭应宫使丁谓言，天书阁望柱起直气千余条，青紫黄白相间，又吐白光若银丝，上有轻白云覆之，俄变五色。"对这样怪诞不经的天瑞，真宗则感到很受用，作《瑞应》诗，"赐近臣和"①。

即使没有天瑞可奏，丁谓有时也要动员大量的人来伪造。在真宗南谒亳州太清宫之际，丁谓效法封禅时王钦若的做法，献芝草三万七千余本。真宗对丁谓的做法很高兴，把丁谓所献的芝草陈列于文德殿②。丁谓看到他的做法让真宗很赏识，就变本加厉，过不到两个月，又献上一只白鹿、灵芝九万五千本③。当年王钦若献芝草，最多也就是三万多本，丁谓一次就献上九万五千本，不知要动员多少人才能采得到。

丁谓不仅帮真宗吹捧，还积极为真宗出谋划策。《宋会要辑稿》瑞异一之一一记载丁谓上奏说："自天书降后，凡有祥瑞，欲望编排，各撰赞颂兼序，仍于昭应宫图写。"

为了嘉奖丁谓的卖力，封禅之后，大中祥符二年（1009）二月，丁谓的权三司使的"权"字被去掉，他成为名副其实的三司使。四月，又兼任修昭应宫使，负责建筑。

兴建昭应宫，朝廷内有不少反对意见，连宰相王旦也不同意，曾秘密谏阻过，但最终还是让丁谓促成了这件事。《宋史》丁谓本传载：

---

① 《长编》卷七十八大中祥符五年六月壬子条。

② 《长编》卷八十一大中祥符六年十一月甲寅条、十二月辛未条。

③ 《长编》卷八十二大中祥符七年正月丙午条。

初，议即宫城干地营造玉清昭应宫，左右有谏者，帝召问，谓对曰："陛下有天下之富，建一宫奉上帝，且所以祈皇嗣也。群臣有沮陛下者，愿以此论之。"王旦密疏谏，帝如谓所对告之，旦不复敢言。乃以谓为修玉清昭应宫使，复为天书扶持使，迁给事中，真拜三司使。

这段记载，除了在丁谓拜真三司使的时间上略有出入，基本上是真实的，特别是记载王旦密奏之事。以王旦处理君臣关系的方式，像这类涉及真宗的事情，王旦是不会公开反对的，只是悄悄地谏止。但丁谓教真宗，让他以尚未有子嗣，以此来祈祷皇嗣的理由来反驳，不仅是王旦，任何大臣都恐怕难以提出反对意见。

玉清昭应宫的工程浩大，丁谓让民工夜以继日地赶进度，甚至酷热的三伏天都不让休息。宰相王旦说"当顺时令"，真宗这才下诏暂时停工[1]。丁谓不仅催督工程，还把工程的用地规模扩大[2]，又提议铸造玉皇大天帝像、圣祖天尊大帝像、太祖像、太宗像[3]。在丁谓的亲自监督下，"日役工数万"[4]，终于原本预计需要十五年才能完成的浩大工程，只用了不到一半的时间，在大中祥符七年（1014）就完成了。建成后的"宫宇总二千六百一十区"，相当宏大[5]。

除了玉清昭应宫，丁谓还主持了不少营建工程。

大中祥符五年（1012）七月，为了修筑五岳观，"命修玉清昭应

---

① 《长编》卷七十一大中祥符二年六月丁酉条。
② 《长编》卷七十一大中祥符二年六月己酉条。
③ 《宋会要辑稿》礼五一之一三。
④ 《长编》卷七十一大中祥符二年六月己酉条。
⑤ 《长编》卷八十三大中祥符七年十月甲子条。

宫使丁谓等就奉节、致远三营地及填干地之西偏兴筑"①。

大中祥符五年（1012）十二月前后，为了供奉圣祖，"诏丁谓等于京城择地建宫"②。

大中祥符七年（1014）八月，丁谓被任命为修景灵宫使③。

大中祥符八年（1015）四月，因宫廷失火，命丁谓为大内修葺使④。

大中祥符九年（1016）正月，"建会灵观，谓复总领之"⑤。

似乎是命运的安排，在真宗死后，曾为真宗主持了大量营造工程的丁谓，作为宰相被委以营造真宗陵墓的山陵使⑥。

丁谓作为三司使，掌管财权，所以真宗让丁谓主持了几乎所有与宗教活动有关的工程。而丁谓既是受命，也是主观迎合，欣然乐从。同样是迎合皇帝，与王钦若光用嘴巴来讨好真宗相比，丁谓多了些实干精神。既提供财政支持，又亲自主持营造，这使真宗极为器重丁谓，实际上也离不开丁谓，因为只有丁谓能使他的种种宗教愿望得以实现。

那么，丁谓和真宗这样忘乎所以地大兴土木，以宰相为首的执政集团持什么态度呢？在大中祥符年间，主要是宰相王旦主持政务。在澶渊之盟后，朝野内外一片欢欣，宋王朝的经济实力经过立国以来几十年的积累与发展，已达到了鼎盛时期。在这样的气氛与背景之下，东封西祀，行不世之大典，在当时的人看来，也是极其自然之事。

---

① 《长编》卷七十八大中祥符五年七月戊辰条。

② 《长编》卷七十九大中祥符五年十二月丙寅条。

③ 《长编》卷八十三大中祥符七年八月甲子条。

④ 《长编》卷八十四大中祥符八年四月壬申条。

⑤ 《宋史》丁谓本传，《长编》卷八十六大中祥符九年正月丙辰条。

⑥ 《宋史》卷九《仁宗纪》。

王旦等主政者，尽管对这样劳民伤财的活动心不情愿，但既不能违逆当时朝野内外的气氛，更不能违逆王钦若、丁谓之流为真宗找出的种种理由。何况真宗为了达到目的也对王旦又是设宴又是贿赂，极尽拉拢，使王旦不可能不给真宗面子。真宗的拉拢贿赂，使得"由是凡天书、封禅，旦不复异议"。不过王旦内心并不情愿，史载，"旦为天书使，每有大礼，辄奉天书以行，恒邑邑不乐"。不仅如此，王旦对天书的始作俑者王钦若始终压抑，甚至不惜驳回真宗的提议，也不让他成为宰相，对"五鬼"的另一人陈彭年的"兴建符瑞图进取"的文字，王旦连看都不看①。并且，王旦对于"亲见王钦若、丁谓等所为，欲谏则业已同之，欲去则上遇之厚，不忍去"的状况，深感痛苦，临死前，他"遗令削发披缁以敛"。《长编》在记载此事时议论说"盖悔其前之为也"②。为什么"削发披缁以敛"就意味着"悔其前之为"呢？也许一生谨小慎微的王旦是想采用佛教的葬仪，对崇尚道教的真宗做无言的抗议。由此可知，宰相王旦对真宗的一系列宗教活动相当反感。

宰相可以在政务甚至人事方面限制皇帝，却不好强行限制皇帝的宗教活动。而且，在天书封禅等活动开始之初，包括王旦在内，许多人都没有料到这些活动会愈演愈烈。正如对从坡上下滑的车子任何人都难以止住一样，许多事情都是如此，事情一经启动，往往不仅其规模为当事者所始料不及，就连当事者想要停止也难以做到，只有顺其发展；而当事者以外的人想要有什么作为，就更是难上加难了。而且，人们的从众心理，使得在某一潮流到来之时，昏热盲从者众，清醒独立者寡。这些因素，都造成了王钦若、丁谓等人得以兜售其奸，

---

① 以上所述王旦事，见《宋史》卷二百八十二《王旦传》。
② 《长编》卷九十天禧元年九月己酉条。

真宗得以遂行其事，王旦等反对派难阻潮流。

丁谓如果仅仅是个实干家，那么，就与同他一起主持土木工程的宦官没什么区别了，也不会使真宗对他特别器重。真宗看重丁谓的，一是他握有财权，二是他死心塌地自觉卖命。从天书下降以来，丁谓为了讨好真宗，也极大地发挥了他才子的本领，同王钦若一样，写作和编辑了不少有关文章与书籍。

大中祥符二年（1009）十二月，"三司使丁谓等上"《泰山封禅朝觐祥瑞图》"百五十"。不知是不是《长编》的撰者李焘借用《春秋》的笔法，在记载此事时，有意在丁谓的名字前加了其"三司使"官衔，刻意凸显献图与三司业务无关。与丁谓献图的同时，宦官刘承珪也献上了《天书仪仗图》。在没有照相技术的时代，真宗大概极为满意丁谓等人用图画的方式记录下在他看来的盛世大典。因此，真宗先是在内廷滋福殿邀近臣观看，过后又在朝堂展示，让百官观赏①。丁谓此举不仅甚得真宗欢心，也使他本人大出风头。第二年，丁谓又同其他人一起献上《大中祥符封禅记》五十卷②。泰山封禅，丁谓上了图与书，接下来的祀汾阴，丁谓又上《新修祀汾阴记》五十卷③。

同任何时代的佞臣一样，巧言令色，固然是使丁谓获得真宗好感的原因，但丁谓同真宗的关系，既没有达到像王钦若那样，让真宗"一见辄喜"，其行为更不可能得到真宗对李沆、王旦、寇准那样的敬畏。他实际上是靠他的才干，对真宗的愿望与活动，提供了其他佞臣所不能提供的帮助，即提供了最大的财政援助。从而，在获得真宗好感的同时，丁谓自身也获得最大的好处，一步一步地达到了他的政治

---

① 《长编》卷七十二大中祥符二年十二月辛丑条。

② 《长编》卷七十四大中祥符三年十月庚申条。

③ 《长编》卷八十一大中祥符六年八月丁丑条。

目的。他先是从权三司使成为真三司使，继而又进入执政集团，成为参知政事。

俗话说，时势造英雄。其实，英雄和奸雄都是时势造就的。人就是社会环境的产物。如果没有澶渊之盟后和平环境下的真宗东封西祀，丁谓或许会成为一个厕身于"唐宋八大家"的文学家，或许只是一个不大平庸的三司使或执政大臣，而不会身披恶名。当年丁谓入仕之初，不仅得到文坛名流王禹偁的奖掖，还得到寇准的推荐，并且与当时的文坛名流酬唱诗文，颇有交游，但后来这些人都与丁谓疏远以至交恶了。

把丁谓比作韩愈、柳宗元再世的王禹偁，没有来得及看到丁谓后来的种种恶行就过早地去世了。但据池泽的考证，在王禹偁去世前已与丁谓产生分歧。早在至道二年（996），王禹偁写的《答丁谓书》，就表明了"高亢刚直"的王禹偁与主张"与世浮沉"的丁谓在人生观上的分歧。《诗人玉屑》卷十二"诗可以观人"条载：

> 吕献可诲尝云，丁谓诗有"天门九重开，终当掉臂入"，王元之禹偁读之，曰："入公门犹鞠躬如也，天门岂可掉臂入乎？此人必不忠。"后果如其言。

我想，以诗来表达狂放是文人常有的事，王禹偁不可能从这一首诗就看出丁谓的人品，而是丁谓入官后的表现，让包括王禹偁在内的人产生了反感。丁谓在福建担任转运使时积极经营宫廷贡茶一事，曾被后来的苏轼讽刺道："君不见武夷溪边粟粒芽，前丁后蔡相笼加。争新买宠各出意，今年斗品充官茶。"[1]类似这样的事，肯定会在刚

---

[1] 《东坡全集》卷二十三《荔枝叹》。

直的王禹偁那里造成负面印象。

观察力敏锐的宰相李沆，则早就看出丁谓在人品上的一些问题。寇准向李沆推荐丁谓，屡为李沆拒绝。《宋史》卷二百八十二《李沆传》载：

> 寇准与丁谓善，屡以谓才荐于沆。不用。准问之，沆曰："顾其为人，可使之在人上乎？"准曰："如谓者，相公终能抑之使在人下乎？"沆笑曰："他日后悔，当思吾言也。"准后为谓所倾，始伏沆言。

不知李沆是从何处见几知微，洞察到丁谓的人品的。丁谓景德元年（1004）二月从四川还朝，李沆七月去世，直接接触并不多，寇准实际上与丁谓的接触也不多。或许是从当年丁谓与孙何在科举及第时争名次之事，或许是丁谓福建贡茶之事，总之李沆觉得对丁谓不可使之在人上。

杨亿等士大夫名流与丁谓的疏远，一方面是由于丁谓成为权三司使后吏务繁忙，无心于酬唱，另一方面则是由于丁谓与他们所不齿的佞臣王钦若等人勾结。池泽说从景德元年到景德四年（1004—1007），"这期间丁谓和王钦若的关系并没有以后那么密切"。实际上，当时丁谓与王钦若等"五鬼"中的多数人已经勾结到了一起。《长编》卷六十六景德四年九月辛巳条载："初，工部员外郎兼侍御史知杂事王济受诏较新旧茶法，持论与丁谓、林特、刘承珪等多忤。承珪等因与王钦若迭相诋訾之。"

而丁谓追随王钦若，为真宗的宗教活动推波助澜，则使正派士大夫作为一个群体与丁谓彻底分道扬镳了。在宋代的多数士大夫虽然以天谴为武器，神道设教，限制君主，但毕竟如孙奭反对真宗东封西祀时引用的那样，他们是遵循孔子"不语怪力乱神"的教诲的。对于王钦若、丁谓等人的行为，正如仁宗朝的学者李觏所说的，"为吾徒羞"①，即认为士大夫中出了丁谓这样的人，给整个士大夫群体带来了羞耻。

丁谓在担任参知政事时，真宗要立出身低微的刘氏为皇后，想让当时的文坛大家杨亿起草立后诏诰，借以增重，于是就托原来曾同杨亿一起进行西昆酬唱的丁谓去提出这一请求。刘氏立后一事，遭到了包括寇准在内的不少大臣的反对，杨亿也站在反对的立场。丁谓以为他可以求得动杨亿，没想到被杨亿一口拒绝了。丁谓只好诱之以利说："大年勉为此，不忧不富贵。"这种话对于以清高自命的士大夫杨亿来说，不啻一种污辱，被杨亿当场就顶了回去："如此富贵，亦非所愿也。"②丁谓代替真宗去求情，错误地估计了杨亿对他的态度。时为大中祥符六年（1013），杨亿虽未同丁谓公开翻脸，但在内心中早已与他分道扬镳了。

最早挺身而出痛斥丁谓的，是著名的直臣张咏。《长编》卷八十五大中祥符八年八月癸未条载："（张）咏临终奏疏言，不当造宫观竭天下之财，伤生民之命。此皆贼臣丁谓诳惑陛下。乞斩谓头置国门以谢天下，然后斩咏头置丁氏之门以谢谓。"张咏与丁谓并无个人恩怨，但能说出这样激烈的话，可见丁谓在士大夫层已大失人心。

而后，《东轩笔录》卷二平实地评价："丁谓有才智，然多希合，天下以为奸邪。及稍进用，即启迪真宗以神仙之事。又作玉清昭应宫，耗费国帑，不可胜计。"所谓的"天下以为"，实质上就是指广泛的士大夫层的舆论。这样的舆论如果认为奸邪，那么，这个人不仅在

---

① 《直讲李先生文集》卷二十八《答李观书》。
② 《长编》卷八十大中祥符六年六月己巳条。

当世不齿于士人，到后世也会遭受唾骂。

元人编撰《宋史》，在卷二百八十三《王钦若传》《丁谓传》《夏竦传》后的"论曰"，做了这样的评论：

> 王钦若、丁谓、夏竦，世皆指为奸邪。真宗时，海内乂安，文治恰和，群臣将顺不暇，而封禅之议成于谓，天书之诬造端于钦若，所谓以道事君者，固如是耶？

元人的"世皆指为奸邪"，叙述的是宋世的舆论，与《东轩笔录》相同，并没有错。但说"封禅之议成于谓"，似乎有些冤枉丁谓。从事实看，"封禅之议"也是造端于王钦若①。丁谓不过以"大计固有余矣"，打消了真宗的顾虑，使封禅成行而已。当然如果丁谓的回答不是如此，也可能是另一种结果。总之，丁谓在决定封禅一事上负有很大的责任。但其更大的罪过，则是在真宗长达十年之久的狂热活动中，充当了马前卒和后勤部长。其中"竭天下之财"来迎合真宗，大兴土木，尤为世所非难。所以元人质问道："所谓以道事君者，固如是耶？"士大夫事君以道，但绝不是王钦若、丁谓所行之道，而是儒学的规谏之道，在宋代以后，则具体为合乎士大夫政治整体利益之道。

丁谓与王钦若不一样。王钦若怂恿真宗伪造天书和东封西祀，除了有迎合真宗的意图，也包含有他本人的宗教狂热在内。而丁谓最初作为一个在"不语怪力乱神"的儒学思想熏陶下成长起来的士大夫，起初并没有王钦若那样的宗教狂热。他在早年写下的文章《书异》中，就指责了所谓"雹灾是神龙经过"为无稽之谈，对地方不把雹灾

---

① 《长编》卷六十七景德四年十一月庚辰条。

作为上天示戒来报告给皇帝，进行了强烈的批评①。这时丁谓的认识是符合儒学的正统观念的，即虽然"不语怪力乱神"，但却主张神道设教，神道设教的主要内容则是借天谴来规谏君主。丁谓在另一篇文章《大搜赋》中明确说道："彼唐汉之士，修崇礼仪，封禅之征诞，明堂之说奇，此数事不详于尧舜文武之书，臣宁敢狂斐而陈诸？"②在太宗时代，丁谓写下了这样的文章，认为封禅和明堂之类都是怪诞不经之举，不见于远古圣人之书，所以他也不敢复述。

然而，到了真宗朝，真的进行封禅等他原本认为怪诞的活动时，他大说特说，积极参与，背叛了自己的信念，也背叛了士大夫的道德观。究其原因，就是《东轩笔录》说的两个字，"希合"，而并不是他真的相信真宗搞的那一套。"善附会而有心计"的丁谓，看准了真宗崇信道教这一点，所以竭力迎合。关于这方面，我们从丁谓教唆他人的话中也可以看出他的思想。丁谓后来败事，他所交结的女巫招供说："（丁）谓尝教言，若所为不过巫事，不若托言老君言祸福，足以动人。"③

在君主制这种特殊的政治体制之下，士大夫在官场上的升迁，除了依靠有势力的人物拔擢和士大夫舆论的褒扬，上升到一定层次之后，皇帝的赏识也成为一个重要的因素。丁谓在官场上虽有一定的势力背景和士大夫的舆论支持基础，但同真宗则没有一点特殊关系，如果不依靠特殊的手段，是无法得到真宗的赏识的。这正是使丁谓违背初衷，走上一条为士大夫所不齿的道路的原因。

---

① 《宋文鉴》卷一百二十五。
② 《宋文鉴》卷一。
③ 《宋史》丁谓本传。

四　权臣独裁的秘密

"子系中山狼，得志便猖狂"，我想这两句诗正可以作为李沆说丁谓不可使之在人上的注脚。实际上，丁谓在仕途上并没有遇到什么奇迹和殊宠，他确实是靠着实干和迎合，一步一步爬上了参知政事的位子的。丁谓一生，曾两次担任参知政事。第一次干了将近五年，第二次时间很短，不到半年就升任枢密使，继而做了宰相。

丁谓第一次担任参知政事，是靠全力迎合和支持真宗的宗教活动而获取了信任，从而挤进执政集团的。丁谓出任参知政事的背景，不仅是由于他巴结下了真宗，因为真宗一个人决定不了执政大臣的人事任命。重要的原因是，当时任枢密使的王钦若在真宗面前使了诡计，破坏了宰相王旦任命李宗谔为参知政事的计划。王旦在十分尴尬的处境下，出于不得已，同意了王钦若对丁谓的提名①。丁谓在参知政事任上的五年间，主要干的仍然和任三司使时差不多，就是配合真宗，大搞宗教活动和大兴土木。

大中祥符九年（1016）九月，丁谓的参知政事被罢免。关于罢免原因，史书没有记载，《长编》卷八十八大中祥符九年九月甲辰条于此事下载有李焘注云："谓忽请外任，当有说，而实录、正史皆不载。疑此未得其实也。"对于这件事，池泽的《丁谓研究》也未加说明。根据当时的朝廷局势分析，我觉得丁谓的罢免可能与宰相王旦有很大关系。

当时王旦已任宰相十多年，极得真宗信任，到了凡事"非旦言不

---

① 《长编》卷七十八大中祥符五年九月戊子条。参见本书第四章。

决"①的程度。但王旦进入大中祥符末年后，因年老多病，多次请求引退都未获准②。根据自己的身体状况，王旦开始对执政集团进行了重新调整，以保证他不在时朝政仍能正常运转，并不致为奸臣当道。

从王旦对降天书及封禅等活动的态度看，他肯定已对丁谓的阿谀迎合反感至极。王旦尽可能地制止丁谓的一些行为以避免朝廷遭受更大损失，也避免真宗出更大的丑。《长编》卷八十七大中祥符九年七月辛亥条记载了当年闹蝗灾的一件事：

> 上出死蝗以示大臣曰："朕遣人遍于郊野视蝗，多自死者。"翌日，执政有袖死蝗以进者曰："蝗实死矣，请示于朝，率百官贺。"王旦曰："蝗出为灾，灾弭，幸也，又何贺焉？"皆力请之，旦固称弗可，乃止。于是二府方奏事，飞蝗蔽天，有堕于殿廷间者。上顾谓旦曰："使百官方贺而蝗若此，岂不为天下笑耶？"执政皆顿首曰："王旦远识，非臣等所及也。"

据《长编》此条前面的记载，在出现蝗灾后，真宗曾去玉清昭应宫、开宝寺灵感塔焚香祈祷，又禁宫城音乐五天，然后派人去郊外捡来死蝗，以示其诚感应上天。既然是真宗派人捡来死蝗，那么，王旦不会不明白是真宗的旨意让百官进贺，但王旦还是坚决反对这种不顾事实掩饰灾害的做法。当时也许有忤上意，但客观上最终还是避免了真宗的一次尴尬。值得注意的是，"执政有袖死蝗以进者"究竟是谁？《长编》虽然没有记载，但吕祖谦的《类编皇朝大事记讲义》卷六在记载此事时，明确说明"执政指丁谓"。这是没错的，因为从《宋

---

① 《长编》卷九十天禧元年七月丁巳条。
② 《长编》卷九十天禧元年五月庚子条、戊申条。

史·宰辅表》看，当时中书的参知政事只有丁谓一人。由此既可见丁谓阿谀之一斑，又可见宰相王旦在执政集团中说一不二的权威。

丁谓阿谀，并且出了错，就更加深了王旦对丁谓的反感。但以王旦明哲保身的处世方式，他不愿把丁谓从事的事情揽过来，抹黑自己。所以在未打算辞职时，他还是在一定程度上容忍丁谓去和真宗狼狈为奸。但到了将要辞职之时，他对整个王朝的责任心促使他必须安排好后事。我们来看一下丁谓罢参知政事这一年执政集团的人事变动。

正月，张旻被任命为枢密副使。据《宋宰辅编年录》卷三载："是时，盛兴宫室，人皆争奉符瑞。丁谓、王钦若主其事，无敢议者。旻毅然谓土木之役不足以承天意。是年正月，遂有是除。"看来，王旦是有意把这样一个敢言的反对派拉入执政集团来遏制丁谓与真宗的。

八月，枢密使陈尧叟因病辞职①。

九月，参知政事丁谓被罢免。这时，执政集团内只剩下王旦和向敏中两个宰相了。于是，在丁谓罢免后的第三天，一口气任命了陈彭年、王曾、张知白三人为参知政事，任中正为枢密副使。这几个人中，陈彭年被列入"五鬼"之中，但他的身体不好，担任参知政事刚五个月就一命呜呼了②。任中正后来成了丁谓一党。但王曾与张知白则德望俱佳，特别是王曾，在真宗末仁宗初，在同丁谓集团的斗争中起了决定性的作用。

从李焘所说的"谓忽请外任"看，丁谓大概是在压力之下，主动

① 《宋史》卷二百一十《宰辅表》。
② 据《宋史》卷二百一十《宰辅表》，陈彭年卒于天禧元年二月。

请辞的。这种以退为进的手段，王钦若也用过①。由于没有明显失误，丁谓的主动请辞比被罢免结果要好得多，被升任检校太尉兼御史大夫、平江军节度使②。平江军是丁谓的故乡，所以《宋宰辅编年录》卷三说是"授本镇旄钺，以宠其行"。这种结果，实际上为丁谓的再度出山埋下了伏笔。

果然，时隔不到三年，天禧三年（1019）六月，丁谓从知江宁府，以保信军节度使、检校太尉升任吏部尚书，再度出任参知政事③。这次丁谓是和寇准在同一天被再度起用的。俗话说，不是冤家不聚头。从此，寇、丁二人在真宗后期的朝廷演出了一场你死我活的激烈斗争，不仅给当时的政界带来了极大的冲击，而且也开启了宋代酷烈的党争，极大地影响了宋代的政治范式。

寇准是以牺牲自己的道德原则，来换取被再度起用的，即他向真宗和朝廷奏上了在他判永兴军的管辖区域内出现的天书。寇准本来一直就不相信什么天书，但这次他为了重新被起用，违心地上奏了。当然，有的史料说是寇准的女婿王曙硬劝寇准上奏的，又有的史料说是当时的宰相王钦若为了羞辱不信天书的寇准，而出主意让寇准上奏的。固然可能不乏这些因素，但依照寇准的性格，如果他自己不愿意，是任何人也说不动他的。因此，我认为主要还是寇准主动上奏的。

然而这次的天书同前两次出自真宗与王钦若秘密伪造的天书不同，是寇准的亲信朱能勾结宦官周怀政伪造的，当时"中外咸识其

---

① 参知政事王钦若因与寇准不和，澶渊之盟后从天雄军还朝，主动请辞，被授予资政殿学士。参见《长编》卷五十九景德二年四月壬寅条。
② 《宋史》卷二百一十《宰辅表》。
③ 《长编》卷九十三天禧三年六月戊戌条。

诈"①。所以以此为进身之阶，是有一定的风险的。另外，当时真宗已患上中风，说话不清楚，神志也时而清醒，时而糊涂。而渐预朝政的刘皇后，当年寇准还反对立其为皇后。同时在朝廷，又是与寇准多年对头的王钦若在担任宰相。所以寇准此次入朝凶多吉少。

寇准入朝，真宗和朝廷并不是没有考虑他与宰相王钦若不和的问题。所以在寇准入朝的前几天，就罢免了王钦若的宰相职务，把他打发出了朝廷②。尽管当时王钦若在真宗那里"恩遇浸衰"，又有受贿和交结不法道士的嫌疑，但作为皇帝的真宗，并不能以自己的意志罢免宰相。王钦若的被罢免，肯定是真宗借助了上述理由，然后同执政集团的主要成员商量的结果。同样，丁谓尽管受真宗赏识，但他的再度起用，也不是真宗一个人所能决定的，也须同执政集团商议。就是说，朝廷的人事任免基本上是综合因素的作用，即类似物理学上的合力的结果。

我们翻检一下史书，便可知除了王钦若，当时的执政集团，在中书尚有另一个宰相向敏中，在枢密院尚有知枢密院事曹利用和同知枢密院事任中正、周起。而真宗可以商量的，实际上只有宰相向敏中一个人。向敏中与寇准、李沆、王旦都是太平兴国五年（980）进士。在宋代，同一年及第的进士互称"同年"，如果没有特殊的恩怨，往往都会互相提携，在政治立场上也保持一致。所以可以说，借助迎合真宗的奏上天书，向敏中把寇准援引进执政集团。同样，又借助真宗对王钦若的"恩遇浸衰"和王钦若遇到的麻烦，把王钦若逐出了执政集团。而对丁谓，鉴于早年寇准曾向宰相李沆推荐过他，向敏中认为他会与寇准合作得很好，所以同喜欢丁谓的真宗一起设计了这样的方

---

① 《长编》卷九十三天禧三年三月乙酉条。

② 《长编》卷九十三天禧三年六月甲午条。

案，即王钦若罢相，寇准取而代之，丁谓出任参知政事。

在当时，寇准是两朝重臣，在太宗朝担任过知枢密院事和参知政事，进入真宗朝，先后担任过宰相和枢密使，在澶渊之盟时立下过赫赫大功。丁谓与寇准同时进入执政集团，对这位素来仰之弥高的宰相，其尊敬程度绝不亚于对待皇帝真宗。《长编》卷九十三天禧三年六月戊戌条载："谓在中书，事准谨甚。尝会食，羹污准须，谓起，徐拂之。准笑曰：'参政，国之大臣，乃为官长拂须耶？'谓愧甚，由是倾诬始萌矣。"这就是把迎合拍马称之为"溜须"的由来吧。

向敏中是好意，把丁谓拉入，与寇准搭档。殊不知素不信天书之类的寇准，对丁谓在大中祥符年间积极伙同真宗搞的那些活动已经反感至极。前引《东轩笔录》记载当时判永兴军的寇准反感丁谓对真宗妄加迎合，挪揄说丁谓看到乌鸦也会说成玄鹤。这一记载，已经反映出寇准对丁谓的印象完全转变，早年的好印象已经荡然无存。遇到拂须之事，如果放在别人身上，也许会感到很受用，至少不会说出什么令对方难堪的话来。但寇准性格刚烈，又对丁谓已产生不好的印象，因此，丁谓这样做只能适得其反，让寇准更加鄙视。

本来，自视甚高的丁谓，并不是肯屈就于人下的。他对别人的谦恭，包括对真宗的谦恭，都是为了达到他的政治目的而有意屈己做出来的。会食当然不止寇、丁二人，肯定还有其他人在场。寇准如此羞辱同是士大夫的丁谓，自然让丁谓无地自容，恼怒万分。寇准能当着众人如此羞辱丁谓，在丁谓与寇准同在中书共事期间，类似的事情肯定不止这一件。半年后，丁谓就由参知政事转任枢密使，虽然仍然作为执政，但办公地点则从中书转到了枢密院，这在一定程度上就避开了寇准。

丁谓由参知政事转任枢密使，属于升迁，极有可能是喜欢丁谓的真宗，与不愿看到二人矛盾激化的向敏中，共同做出的安排。因为在是年十二月，任命丁谓为枢密使的同时，也一并命曹利用为枢密使，还升任中正、周起为枢密副使。丁谓一过到西府枢密院，中书的参知政事就空无一人了。这种人事变动，明显是不妥的。因此只能解释成为回避寇、丁二人的矛盾而做出的勉强安排。

任何矛盾的爆发，都有一个量的积累到质的裂变的过程。丁、寇二人的矛盾也是如此。

我一向觉得寇准有政治家的魄力，却缺少政治家的智慧与谋略。寇准率性行事，在哪里都难以与同僚和睦相处，这次担任宰相也是如此。他不仅同丁谓，还同另一位重要人物产生了矛盾，这就是枢密使曹利用。

这是寇准与曹利用第三次共事。前两次共事，都给曹利用留下了相当不愉快的记忆。可谓积怨颇久①。这次如果寇、丁无矛盾，则曹利用也不敢有什么动作，但寇、丁矛盾加深，则自然把曹利用推向了丁谓一方。尤其是寇准再度入相半年后，曹利用成为枢密使，就更增强了曹、丁的势力。

不过，最要命的还是真宗因病不能正常视事，皇权实际上已经开始向刘皇后转移。而寇准的重要同盟首相向敏中的去世，则打破了相权与皇权的暂时平衡，使政治天平开始向丁谓阵营倾斜②。

面对这种严峻的政治形势，寇准感到已不能再指望病入膏肓的真宗了，决计寻找新的支持力量。刘皇后，他无法也不屑于争取，于是就把眼睛盯在了年仅十来岁的皇太子身上。他倒不是指望皇太子能发挥什么作用，而是要"挟天子以令诸侯"，利用皇太子的名义来压倒毕竟不是真正的皇权代表者的刘皇后，建立起新的皇权与相权的联

---

① 参见本书第三章。

② 参见本书第三章第六节。

盟。寇准如果能像当年在澶渊之盟时左右真宗那样左右皇太子，就意味着重新控制了皇权，也就等于控制了斗争的主动权，足以打垮敌对势力。

为了能利用皇太子，寇准必须先把皇太子的权威树立起来，这样才能发挥皇太子的作用。对此，寇准考虑了两个方案：一是让皇太子监国；二是让真宗退位做太上皇，皇太子即位。只有如此，皇太子这样一个有名无权的少年小儿，才能罩上威力无比的皇权的光环。

然而，要达到这一步，必须得到今上皇帝真宗的合作，由他决定上述两项中的一项。乘真宗有时还清醒，寇准找机会与真宗单独谈话。《长编》卷九十五天禧四年六月丙申条载："准尝请间曰：'皇太子人望所属，愿陛下思宗庙之重，传以神器，以固万世基本。'"实际上，在寇准同真宗谈话之前，鉴于真宗的病情，执政集团内部已经审视过让皇太子监国之事。《宋史》卷三百一十《李迪传》载：

> 初，真宗不豫，寇准议皇太子总军国事，迪赞其策，丁谓以为不便曰："即日上体平，朝廷何以处之？"迪曰："太子监国，非古制邪？"力争不已。于是皇太子于资善堂听常事，他皆听旨。

从这段记载看，在太子监国的问题上，寇准、李迪与丁谓的意见是对立的。争论的结果，达成了一种妥协，即皇太子依旧在太子学习的地方听取日常事务性的汇报，而重要事情还是要听取真宗的意见。这说明，是否让皇太子监国，在什么程度上听政，都是由执政集团来提案和决定的。

由于丁谓的阻挠，寇准和李迪并没有完全达到目的。因为"他皆听旨"，到头来重要事项到了病重的真宗那里，还可能被刘皇后所控制。所以又有了上述寇准同真宗的谈话。实际上，皇太子这个十来岁的小孩子在多大程度上参与朝政，并不是十分重要的事情。但皇太子不预朝政，在名义上还是由真宗来主持朝政，而病重的真宗事实上已难以主持朝政，这样大权势必就会旁落到有问政野心的刘皇后手中。而当年支持过刘氏当皇后的丁谓，与寇准和李迪已经产生严重对立，自然同与寇准、李迪有宿怨的刘皇后结成了事实上的联盟。因此，刘皇后揽过大权，当然就如同丁谓揽过大权一样。

反过来，皇太子一旦如寇准所设想的"总军国事"，真宗就可以不必过问政事，因而刘皇后也就没有理由过问政事了。皇太子处于宰相寇准的控制之下，也就意味着寇准重新控制了皇权，或者说与皇权建立起了新的联盟，这样寇准就能够名正言顺地发号施令，在朝廷政治斗争中夺得主动权。所以，成功与否对寇准来说至关重要。寇准一时还无法对付与他对立的刘皇后，但可以通过皇太子"总军国事"来剥夺她攫取的皇权，从而实现打败丁谓集团的最终目标。因为对寇准造成直接威胁和伤害的不是刘皇后，而是丁谓集团。寇准试图剥夺刘皇后皇权的目的，也主要是为了打击丁谓集团。所以，寇准在同真宗说了上述一番话之后，接着又说："丁谓，佞人也，不可以辅少主，愿择方正大臣为羽翼。"

对寇准的话，真宗表了态，即"上然之"。

有了真宗的这一态度，寇准大受鼓舞，打算大干一场。他极其隐秘地谋划了一场政变，最终却因机密泄露而功亏一篑①。《五朝名臣言行录》卷四说是寇准"因醉漏言"，李焘《长编》注引《龙川别志》说是杨亿对其妻弟说"数日之后，事当一新"而泄露②。

---

① 参见本书第三章第六节。

② 今本《龙川略志》别志卷上亦载此事。

当计划被泄露之后，"谓等益惧，力谮准，请罢准政事"①。值得注意的是这里的"谓等"，即不是丁谓一个人。对寇准的计划感到恐惧的，都是这一计划威胁到其自身利益的人，除了丁谓和曹利用，还应当包括刘皇后。于是这些人联合起来，在真宗面前对寇准进行了猛烈攻击，这种攻击无非还是拿真宗做文章。

尽管史籍没有记载，但我想大概就是阴谋废上立皇太子之类的话。面对丁谓等人的激烈攻击，前引《长编》记载说"上不记与准初有成言，诺其请"。实际上，真宗尽管病重，但不可能不记得同寇准刚刚说过不久的话，只是有气无力的真宗面对丁谓等人的强大压力，装聋作哑而已，因为真宗有其难言之隐。实际上，这次未遂政变的计划可以说是真宗与寇准共同策划的。真宗不满刘氏干预朝政，《五朝名臣言行录》卷四载"天禧末，真宗寝疾，章献太后渐预朝政，上意不能平"。

因此，从打击刘氏的目的出发，真宗想采取一些行动。而能帮助他实现这一目的的，只能是与刘氏对立的寇准和李迪等人，而不可能是与刘氏相勾结的丁谓。《长编》卷九十六天禧四年七月甲戌条载：

> 大中祥符末，上始得疾。是岁仲春，所苦浸剧，自疑不起。尝卧枕（周）怀政股，与之谋，欲令太子监国。怀政实典左右春坊事，出告寇准。准遂请间建议，密令杨亿草奏。②

宦官周怀政告诉寇准真宗与他商量的事，绝不是他自作主张的个人行为，而是受真宗之托，传达给寇准的，等于给寇准下达密诏。而

---

① 《长编》卷九十五天禧四年六月丙申条。
② 《长编》此处所载源出《龙川略志》别志卷上。

寇准入见，实际上很有可能是真宗的召见。寇准与真宗商量后，计划变得具体化了，即前面说的"废章献，立仁宗，尊真庙为太上皇，而诛丁谓、曹利用等"。

在这个计划中，"废章献，立仁宗，尊真庙为太上皇"是真宗要达到的目的，而"诛丁谓、曹利用等"则是寇准要达到的目的。这个计划体现了君臣二人互相利用的一面，即真宗要借寇准之手来遏制刘皇后干预朝政，寇准则要借助真宗尚能行使的皇权来打击政敌。

计划失败后，真宗无法面对攻击寇准的人说出这是他的计划。这就委屈了寇准，使寇准在某种程度上成了牺牲品和替罪羊。攻击的结果使寇准被罢相，但真宗还是尽最大的努力对寇准做了保护。

我们来看一下《长编》卷九十五天禧四年六月丙申条对寇准罢相时的记载：

> 会日暮，召知制诰晏殊入禁中，示以除目。殊曰："臣掌外制，此非臣职也。"乃召惟演。须臾，惟演至，极论准专恣，请深责准。上曰："当与何官？"惟演请用王钦若例，授准太子太保。上曰："与太子太傅。"又曰："更与加优礼。"惟演请封国公，出袖中具员册以进上，于小国中指"莱"字。惟演曰："如此，则中书但有李迪，恐须别命相。"上曰："姑徐之。"殊既误召，因言恐泄机事，臣不敢复出。遂宿于学士院。及宣制，则非殊畴昔所见者。

由这段记载可知，寇准罢相，是丁谓集团反击的结果。

代王言的翰林学士钱惟演所起的作用尤为重要。钱惟演既同皇后刘氏有联姻关系，也同丁谓有联姻关系，可以说他是联系刘氏与丁谓集团的重要人物。据宣制与晏殊最初所见除目不同这一点来看，钱惟演在其中又搞了名堂。同时他还试图说服真宗，乘机将丁谓推上相位。他站在刘氏与丁谓的立场上，对寇准进行了强烈的非难，但从记载看，真宗对钱惟演的非难似乎没表示什么态度，对钱惟演处理寇准的意见也不是全盘接受，而是尽可能做了优遇。尽管钱惟演对寇准极尽非难，但由于真宗的态度，从收载于《宋大诏令集》卷六十六的《寇准罢相以太子太傅归班封莱国公制》看，竟无一句非难之辞。

关于寇准罢相，《东轩笔录》卷三记载事情败露后，"利用入，尽以莱公所谋白太后，遂矫诏罢公政事"。这一记载可信度较大。因为此事与刘氏直接相关，所以曹利用向刘氏报告比向真宗报告的可能性更大。进而"矫诏"罢相，先斩后奏，向真宗施加压力，于是就有了上述《长编》记载的一幕。

寇准罢相，只是以太子太傅归班，还封了莱国公，留在了朝廷，偶尔有重大活动还少不了出面。比如罢相后快一个月的时候，真宗召近臣观内苑嘉谷，并设宴款待，也叫上了寇准①。寇准是丁谓集团的心头之患，一日不去，一日不安。而真宗的态度，也让他们担心寇准随时会卷土重来。因此，他们加强了对寇准的攻击。《长编》卷九十六天禧四年七月癸亥条载：

> 是日，惟演又力排寇准曰："准自罢相，转更交结中外，求再用。晓天文卜筮者皆遍召，以至管军臣僚、陛下亲信内侍，无不着意。恐小人朋党诳惑圣听，不如早令出外。"上曰："有何名目？"惟演曰："闻准已具表乞河中府，见中书未除宰相，兼亦闻有人许以再用，遂不进此表。"上曰："与河中府何如？"惟演乞召李迪谕旨。上曰："李迪何如？"惟演曰："迪长者，无过，只

---

① 《长编》卷九十六天禧四年七月辛酉条。

是才短，不能制准。"因言中书宜早命相。上难其人。惟演对：
"若宰相未有人，可且着三两员参知政事。"上曰："参政亦难得
人。"问今谁在李迪上。惟演对："曹利用、丁谓、任中正并在李
迪上。"上默然。惟演又言："冯拯旧人，性纯和，与寇准不同。"
上亦默然，既而曰："张知白何如？"惟演曰："知白清介，使参
政则可，恐未可为宰相。"上颔之。惟演又言："准朋党盛，王曙
又其女婿，作东宫宾客，谁不畏惧？今朝廷人三分，二分皆附准
矣。臣知言出祸从，然不敢不言，惟陛下幸察。"上曰："卿勿
忧。"惟演再拜而退。后三日，拯遂拜枢密使。盖用惟演之言也。
迪既出宰相，而准为太子太傅、莱国公如故。

从这段记载中，我们可以清楚以下几点：其一，无怪丁谓等人害
怕，寇准在朝廷中是有一定势力的。其二，寇准谋求再相是在朝廷中
活动，而不是去求皇帝。这反映了寇准认为在士大夫中寻求支持甚至
比争取皇权的支持还重要。其三，钱惟演对情报刺探相当用力，甚至
刺探出寇准草拟了请求出任地方官的表奏和有人许诺起用寇准这样极
为秘密的情报。联想到寇准政变计划的泄露，可见朝廷中党派斗争之
激烈。其四，钱惟演极力想把丁谓推上相位。在寇准罢相时，他就对
真宗说"中书但有李迪，恐须别命相"，真宗用一句"姑徐之"搪塞
过去。这次他又提出了这个问题。其五，对钱惟演提出任相之事，真
宗表示"难其人"。对钱惟演的提名，一再默然不表态，而突然提出
了钱惟演所未提到的人，可见真宗不到万不得已是不愿让丁谓集团的
人执掌相印的。后来，在压力之下，真宗只得听从了钱惟演的建议，
让与丁谓关系不太密切但与寇准有宿怨的冯拯为枢密使，但同时任命
了与寇准政治立场一致的李迪为宰相，"迪既出宰相，准为太子太傅、
莱国公如故"。后来，真宗在受到更大的压力的情况下，尽管对丁谓

一党的主要人物，"擢丁谓首相，加曹利用同平章事，然所以待寇准者犹如故"①。这一切，都表明寇准所进行的那场未遂政变，是与真宗合谋的，所以真宗才如此回护寇准。

有真宗的袒护，身在朝廷的寇准试图力挽颓势。在钱惟演等人向真宗攻击寇准的时候，寇准也进行了反击。《长编》卷九十六天禧四年七月壬申条记载寇准在罢相后的一天，乘"入对"见到真宗的时候，"具言谓及利用等交通踪迹"，并且寇准由于是同李迪一起策划太子监国事败被罢相的，所以他同真宗说："臣若有罪，当与李迪同坐，不当独被斥。"言外之意，这件事你真宗也是赞成的，为什么独独把我罢免了。不谙政治策略的寇准，并不理解真宗是在压力之下不得已才罢免寇准的，这让真宗很生气。既然寇准拉上了李迪，"上即召迪至前质之。两人论辨良久，上意不乐。迪再三目准令退。及俱退，上复召迪入对，作色曰：'寇准远贬，卿与丁谓、曹利用并出外。'迪言：'谓及利用须学士降麻，臣但乞知一州。'上沉吟良久，色渐解，曰：'将取文字来。'迪退，作文字却进，上遽然曰：'卿等无他，且留文字商量。'更召谓入对。谓请除准节钺，令外出，上不许"。

从这段记载看，真宗在两面受压的情况下，曾想把丁、寇两党都赶出朝廷。但看了李迪奏上的文字，他改变了主意，决定支持寇党，因此在丁谓入对提出把寇准驱出朝廷时，真宗断然拒绝了。

的确，寇准留在朝廷，不仅是对丁谓集团的威胁，也给寇准集团的人留下了一线希望。本来事情至此，还可能有回转的余地。因为这段时间真宗的神志还算清醒，并且在内心是支持寇党的。但寇党操之过急了，就在寇准与真宗进行上述谈话的时候，他们打算进行一次反扑，一举打垮丁谓集团。《长编》卷九十六天禧四年七月甲戌条载：

①《长编》卷九十六天禧四年七月壬申条。

事泄，准罢相。丁谓等因疏斥（周）怀政，使不得亲近。然以上及太子故，未即显加黜责。怀政忧惧不自安，阴谋杀谓等，复相准，奉帝为太上皇，传位太子而废皇后。与其弟礼宾副使怀信潜召客省使杨崇勋、内殿承制杨怀吉、阁门祗侯杨怀玉议其事，期以二十五日窃发。前是一夕，崇勋、怀吉夕诣谓第告变。谓中夜微服乘妇人车，过曹利用计之。及明，利用入奏于崇政殿。怀政时在殿东庑，即令卫士执之。

这是一次真正的有计划的未遂的武力政变。政变的主谋竟是以宋代防范甚严的宦官为主，这在宋代历史上是罕见的。这说明连宦官也卷入了朝廷的党争之中。在这次未遂政变中出面的宦官，既有寇党，又有丁党。最终由于丁党势大，也由于丁党出色的情报系统，寇准集团的最后一次挣扎归于失败。这次未遂政变，真宗及寇准都未必知情，但却给丁谓集团彻底清除寇党找到了借口，使真宗即使有心袒护也无能为力了，只能在极为有限的范围内，使寇准等人不致被迫害得太过分而已。

前引史料中"使不得亲近"这句话，已反映出当寇准的第一次未遂政变之后，在丁谓集团的严密监视下，包括真宗的亲信在内，一般人已不能随便接触真宗。这反过来也表明，真宗已处于被半软禁的、行动不自由状态之中了。这次未遂政变促使皇权加速向刘皇后转移，并且与朝廷中大权在握的丁谓走向合流，形成了丁谓左右一切的局面。

尽管寇准对这次事件未必知情，但他被视为罪魁祸首。丁党在事发的第二天杀死周怀政，又过了两天，首先整肃了寇准，以与周怀政勾结的罪名，把寇准降知相州。与此同时，从中央到地方对寇党开始了大规模的清洗。与寇准同时被罢的是翰林学士盛度和寇准的女婿枢密直学士王曙，"亲吏张文质、贾德润并黜为普宁、连山县主簿"。当时，"朝士与准亲厚者，丁谓必斥之"，所以一时朝廷之内，人人自危。

在寇准集团中，杨亿是参与得最深的一个。他与寇准关系密切，太子监国的制词也是他起草的。因此当被丁谓叫到中书时，杨亿吓得"便液俱下，面无人色"。在平时，杨亿敢于抗议真宗修改他起草的诏令，敢于不待命令就拂袖而去，但性命攸关之时，毕竟是书生，还是惜命的。

当然杨亿与寇准这样的政治家不同，他是文坛领袖，丁谓尽管是不怎么害怕舆论的人，但他也不敢与全体士大夫为敌。此外，杨亿在真宗未即位时就同真宗有着特殊关系。鉴于这些因素，丁谓一时没有迫害杨亿。他把杨亿叫来后，还是想利用他，说"谓当改官，烦公为一好词耳"①。丁谓打击寇准党取得了决定性的胜利，自己为自己晋官加爵是必然的。这不过是以皇帝的名义，来宣告胜利的一种手段。而这个以皇帝名义发出的制词，由有名的文人同时又是自己的对立面的杨亿来起草，不仅丁谓自己感到得意，而且影响会很大，起码对外显示寇准党的首要分子已投靠了他。可见丁谓不仅善于拉拢，而且用心颇深。

在如此政治高压之下，寇准党转入了地下活动，他们编造民谣让京城的百姓传诵。《长编》卷九十九乾兴元年七月辛卯条载："谓初逐寇准，京师为之语曰：'欲得天下宁，当拔眼中丁，欲得天下好，莫如召寇老。'"舆论反映民意，但舆论也不是凭空而生的，而是反映了制造者的政治倾向与政治目的。寇准党让百姓传诵这样的民谣，无

_____

① 以上寇准及亲信被贬之事，见《长编》卷九十六天禧四年七月丁丑条。

非是想用民心向皇权的主宰者和朝廷的主政者施加影响与压力。

在这种情况下，丁谓觉得寇准即使是贬到了地方，但离都城很近，依然颇具威胁性，就决定进一步将寇准贬黜至远方。《长编》卷九十六天禧四年八月甲申条载：

> 徙知相州、太常卿寇准知安州。初，李迪与准同在中书，事之甚谨。及准罢，丁谓意颇轻迪。于是谓等不欲准居内郡，白上欲远徙之。上命与小州。谓退而署纸尾曰："奉圣旨，除远小处知州。"迪曰："向者圣旨无远字。"谓曰："君面奉德音，欲擅改圣旨以庇准耶？"

真宗竭力保护寇准，在丁谓提出远徙的要求时，真宗去掉了"远"字，只同意给寇准换一个小一点的州当知州。但丁谓从真宗那里出来后，公然在"小"的前面，按他的意志加上了"远"字。对此，当时也在场的李迪提出了抗议，说真宗没提"远"字。这时，丁谓霸道地反诬李迪想篡改圣旨。如果说一件事只有两个人在场，过后谁也说不清楚，但当时至少是三个人在场，而丁谓公然信口雌黄，可见其十分嚣张。丁谓凭借他的权势和在刘皇后那里的信任，已经不把不能视事的真宗放在眼里了。他知道在当时的局势下，李迪不敢去找真宗对质。即使对质，真宗也可能装糊涂，甚至顺从丁谓的说法。

紧接着，当清洗到永兴军时，寇准的亲信，伪造天书的朱能率兵拒捕，最后兵败自杀①。这件事更给丁谓进一步迫害寇准提供了借口，使寇准再贬为道州司马②。在这件事之后，已经处于半软禁状态

---

① 《长编》卷九十六天禧四年八月甲申条。

② 《长编》卷九十六天禧四年八月壬寅条。

的真宗，在实际上彻底地失去了权力。《宋史》卷二百四十二《后妃传》在此事之后载："于是诏太子开资善堂，引大臣决天下事，后裁制于内。"在寇准任相时，也曾"皇太子于资善堂听常事，他皆听旨"。但那时常事以外"他皆听旨"，即重要的事情要通过真宗的渠道由寇准来决定，而现在"他皆听旨"换成了"后裁制于内"，就成了刘氏独裁，而与真宗无干了。在刘氏独裁的形势下，朝政实际上由与刘氏关系密切的丁谓独裁。

在这种形势下，不仅与寇准关系密切的一般官员被清洗，就连执政大臣，丁谓也开始下手了。枢密副使周起、签书枢密院事曹玮一起被罢。《长编》卷九十六天禧四年九月己未条载："起素善寇准，而玮亦不附丁谓，谓恶之，并指为寇准党，故俱罢出。"在执政集团内的清洗，很快就危及宰相李迪，因为李迪是寇准党在朝的唯一的也是最高的代理人。既是为了保护自己，又是不满丁谓专权，李迪同丁谓的斗争很快表面化了。《长编》卷九十六天禧四年十一月乙丑条载：

> 自寇准贬斥，丁谓浸擅权，至除吏不以闻。李迪愤懑，尝慨然语同列曰："迪起布衣，十余年位宰相，有以报国，死且不恨，安能附权臣为自安计乎！"及议兼职时，迪已带少傅，欲得中书侍郎、尚书，谓执不可，遂草熟状，谓加门下侍郎兼少师，迪加中书侍郎兼左丞，曹利用加检校太师，冯拯加检校太尉，并兼少保。任中正加右丞，钱惟演加兵部侍郎，王曾加户部侍郎，并兼宾客。玉清昭应宫副使、工部尚书林特，枢密直学士、右谏议大夫张士逊，先兼太子宾客，并改詹事。翰林学士、户部员外郎晏殊先兼舍人，改左庶子。余官悉如故。故事，两省侍郎无兼左右丞者，而迪旧人，亦当迁尚书。谓专意抑迪，迪不能堪，变色而起。丙寅，晨朝待漏，谓又欲以特为枢密副使，仍领宾客。迪

曰：特去岁迁右丞，今年改尚书，入东宫，皆非公选。物议未息，况已奏除詹事，何可改也？"因诟谓，引手板欲击谓，谓走得免。同列极意和解，不听。遂入对于长春殿。内臣自禁中奉制书置榻前。上曰："此卿等兼东宫官制书也。"迪进曰："臣请不受此命。"因斥谓奸邪弄权，中外无不畏惧，臣愿与谓同下宪司置对。且言："昨林特子在任，非理决罚人致死，其家诣阙诉冤，寝而不理。盖谓所党庇，人不敢言。"又曰："寇准无罪罢斥，朱能事不当显戮，东宫官不当增置。又钱惟演亦谓之姻家。臣愿与谓、惟演俱罢政柄，望陛下别择贤才为辅弼。"又曰："曹利用、冯拯亦相朋党。"利用进曰："以片文只字遭逢圣世，臣不如迪。奋空拳，捐躯命，入不测之敌，迪不如臣也。"上顾谓曰："中书有不当事耶？"谓曰："愿以询臣同列。"乃问任中正、王曾，皆曰："中书供职外，亦无旷阙事。"顷之，谓、迪等先退，独留枢密使，副议之。上怒甚，初欲付御史台。利用、拯曰："大臣下狱，不惟深骇物听，况丁谓本无纷竞之意，而与李迪置对亦未合事宜。"上曰："曲直不分，安得不辨？"既而意稍解，乃曰："朕当即有处分。"惟演进曰："臣与谓姻亲，忽加排斥，愿退就班列。"上慰谕久之，乃命学士刘筠草制，各降秩一级，罢相。谓知河南府，迪知郓州。制书犹未出，丁卯，迪请对于承明殿，又请见太子于内东门。其所言盖不传。而谓阴图复入，惟演亦恐谓出则已失援，白上欲留之，并请留迪。因言："契丹使将至，宰相绝班，冯拯旧臣，过中书甚便。若用别人，则恐生事。"上可之。

这段篇幅不短的记载，把当时朝廷中高层斗争反映得相当具体。首先是记载了丁谓在执政集团中说一不二的形势下，处于劣势的宰相李迪，孤注一掷，当着真宗的面，对丁谓及其党羽进行了总声讨。本来已处于不管事状态的真宗，为何又出面了呢？我想这是出于李迪的要求。因为他与丁谓等人的纠纷，他是不会让同自己有宿怨并支持丁谓的刘皇后去裁决的。而真宗毕竟还是皇帝，只要健康状况许可，谁也没有理由拒绝和阻止真宗出面。

从李迪的指责中，我们可以看出，当时丁谓是极其专权的。"除吏不以闻"，丁谓在人事任命上，不仅不同李迪等大臣相商，也不同真宗和刘皇后打招呼，全都是他一个人说了算。作为寇准党在朝的唯一重镇，李迪对丁谓等人大肆迫害寇准一党本就心怀愤恨，丁谓又这样旁若无人地专权，更让他愤愤不平。

在执政集团中，李迪公开宣言与被他指为"权臣"的丁谓誓不两立，而丁谓也一直在压抑和排斥李迪这个异己。在讨论大臣等高官兼职时，按李迪的资历应当升迁尚书，但丁谓有意压抑，在拟订的方案中，让李迪同一般的执政大臣一样，只兼个左丞，而按惯例，作为宰相的两省侍郎是没有兼左右丞的。新仇旧恨交织在一起，李迪再也忍无可忍了。紧接着，丁谓又要把"五鬼"中的林特拉入执政集团担任枢密副使，更引起李迪的激烈反弹。两人争吵起来，由平日的只是动口发展到了动手，这样才闹到了非由真宗裁决不可的地步。从这两件事看，丁谓不仅在一般人事任命上"除吏不以闻"，而且包括宰相在内的执政大臣的官职升迁和任命都由他拍板。

既然已经闹到了真宗那里，李迪索性就来个鱼死网破，当着丁谓的面，直斥丁谓奸邪弄权，并具体揭发了丁谓包庇林特之子罚人致死一事。然后替寇准翻案，说寇准无罪被罢，而寇准的亲信朱能也枉受牵连。同时他一一指出丁谓与钱惟演有联姻关系，曹利用与冯拯也是互相勾结的朋党。在这种情况下，真宗作为皇帝也不能随意裁决是非。首先，只是试探着问，中书有什么处理不当的事。因为处于微妙地位的真宗要根据大臣们的态度与力量对比来做决定。对此，已经在中书一手遮天的丁谓自己不直接回答，以免引起李迪的反弹。他十分自信地说，问我的同僚吧，结果真宗问了任中正与王曾。但任中正是丁谓的死党，自然不会说丁谓的坏话，而王曾则出于策略的考虑，也站在丁谓的立场上做了回答，这就使李迪陷于孤立状态。被争吵闹得很烦心的真宗，索性把丁谓和李迪两个宰相都罢免了。

在罢相的制书未公布之前，丁、李二人都加紧活动，试图恢复相位。李迪前后找了真宗和皇太子。而丁谓不仅自己活动，担心唇亡齿寒的钱惟演也为丁谓活动。最后，丁谓当着真宗的面，很霸道地硬是留了下来，而李迪却被罢免，出知郓州。《宋史·丁谓传》载：

> 罢谓为户部尚书，迪为户部侍郎。寻以谓知河南府，迪知郓州。明日，入谢。帝诘所争状，谓对曰："非臣敢争，乃迪忿詈臣尔，愿复留。"遂赐坐。左右欲设墩，谓顾曰："有旨复平章事。"乃更以杌进，即入中书视事如故。仍进尚书左仆射、门下侍郎、平章事兼太子太师。

丁谓之所以敢于当着真宗的面，公然假传圣旨，说他已经被恢复了宰相职位，极有可能是他通过钱惟演的活动，得到了刘皇后的许诺。他命令内侍给他拿来只有宰相才能坐的凳子。

面对如此蛮横的权相，病重且已经无权的真宗无可奈何，只好在丁谓强行去中书视事后，恢复了他的宰相职位，并且还由太子少师升为太子太师。相比之下，同样被认作奸臣的王钦若，就没有丁谓这样的霸道。在这件事过后不到一个月，真宗见到王钦若时，不知是神志不清，还是想有意用生米煮成熟饭的手段驱走丁谓，他问王钦若，你为何不去中书办公。王钦若苦笑着说，我不是宰相，怎么敢去中书。

真宗就让内侍送王钦若去中书办公。对此，丁谓又假传圣旨，说皇帝让中书招待王钦若吃饭，用一顿饭就把王钦若打发走了。如果王钦若也像丁谓那样霸道，或许相位也就夺到手了。这件事让刚刚驱走李迪后的丁谓警觉起来，他很快使手段把王钦若也打发出了朝廷①。

然而资历比丁谓老的王钦若是以使相的身份出判河南府的，并且王钦若既得宠于真宗，又没得罪过刘皇后，因此，对丁谓来说，最具威胁的已经不是被打垮的寇准、李迪，而是王钦若。从上次真宗送王钦若到中书视事的事件发生后，丁谓就开始防范王钦若了。王钦若因病几次请求回京城治病，丁谓都未答应。当他看到真宗亲自派御医去给王钦若看病时，更是嫉妒，便派人欺骗王钦若说，皇帝几次提到想见你，你即刻前来，皇帝不会见怪的。在宋代，地方官员没有皇帝召见的命令，是不允许擅自到京的。以前寇准在回答太宗问他为何这样晚才来时，曾说"臣非召不得至京师"②。而这次恰恰是在真宗赐医之后，王钦若不疑有诈，简单给河南府打个报告就回到了京城。丁谓抓到了把柄，立刻就以"擅去官守，无人臣礼"的罪名，把王钦若责受司农卿，分司南京③。

之所以把王钦若分司南京，是想让以前在中书与王钦若有过节的知南京应天府张知白迫害他。但没想到张知白不仅不修前怨，反而对落难的王钦若很好。这使丁谓很恼火，很快把张知白调到了别处④。由此可见，上述所有官员的任免调动都是丁谓决定的，而并不是由真宗或刘皇后所定，但肯定是以皇帝的名义。以皇帝的名义行一己之私，这就是权臣弄权的基本特征。

---

① 《长编》卷九十六天禧四年十二月丁酉条。
② 《宋史》卷二百八十一《寇准传》。
③ 《长编》卷九十七天禧五年十一月甲申条。
④ 《长编》卷九十七天禧五年十二月壬戌条。

《长编》卷九十六天禧四年八月壬寅条载:"自准罢相,继以三绌,皆非上本意。岁余,上忽问左右曰:'吾目中久不见寇准,何也?'左右亦莫敢对。"这里的"左右亦莫敢对",不仅是怕刺激真宗,更是畏惧权臣丁谓的势力。值得注意的是"非上本意"一语,既然"非上本意",不是皇帝的意思,那么又是谁的意思呢?谁的意思可以大到贬黜宰相呢?只有新成为宰相的权臣。这种"非上本意"的事情,皇帝常常会遇到。《宋宰辅编年录》卷十在叙述贬黜前宰相吕大防时也说:"上(哲宗)之念大防深矣。议者由是知痛贬元祐党人,皆非上本意也。"这里也用了"非上本意"一语。而这一语道破的,正是在政治斗争中权臣专权的真相。

乾兴元年(1022)二月,一切都被人架空了的真宗驾崩,从此他不再有作为皇帝的一切烦恼了,然而真宗时代尚未结束,朝廷的一切都没有变化,只是皇权以"权处分军国事"的形式真正转移到垂帘听政的刘太后手中。十年后,仁宗亲政,才给真宗时代画上了终止符。

就在真宗驾崩的当月,寇准被丁谓再贬为当时的烟瘴之地雷州司户参军,而李迪则"坐朋党附会",被贬为衡州团练副使。轮到值班的知制诰宋绶起草二人的责词,"谓嫌其不切,顾曰:'舍人都不解作文字耶?'绶逊谢,乞加笔削,谓即因己意改定。诏所称'当丑徒干纪之际,属先皇违豫之初,罹此震惊,遂致沉剧'"。丁谓的确满腹才华,改订的制词相当工整,但却是用来整人的。他把制词改成这样,无疑是想把真宗之死的责任推给寇准、李迪二人。对寇、李二人的贬谪,参知政事王曾认为过重。因为王曾借给过寇准房子,丁谓狠狠地盯住王曾说:"居停主人恐亦未免耳。"这等于威胁王曾,说你恐怕也逃不脱这样的命运。听了丁谓的话,"曾踧然惧,遂不复争"。与此同时,丁谓又把在外地领兵的曹玮剥夺了兵权,责授为左卫大将军、容州观察使、知莱州①。

此时的丁谓，可谓肃清了所有政敌。人在大敌当前时，大多会警觉性很高，一旦没有了威胁，处于大权独揽的"一览众山小"的地位时，则容易得意忘形，为所欲为。而此时，就正如老子所说的"福兮祸所倚"，新的危机开始萌发了。

对于丁谓来说，从迎合真宗大兴土木，到贬黜寇准，专横跋扈，已经失尽了士大夫人心，而他在权力鼎盛之时又根本无视舆论对他的反映。比如，他迫害寇准和李迪，必欲置之死地，有人就问丁谓："迪若贬死，公如士论何？"他若无其事地回答："异日好事书生弄笔墨，记事为轻重，不过曰'天下惜之'而已。"②与注重身后名誉的士大夫不同，专权的丁谓已经不在乎将来史书如何评价他了。他本来也认为史书中的人物评价都是史家出于教化目的所进行的褒贬，《王文正公笔录》记载丁谓在中书对同僚说："古今所谓忠臣孝子皆不足信，乃史笔缘饰欲为后代美谈者也。"在丁谓权盛之时，人们畏于高压，暂时压抑着不满，同时蓄积着不满。寂然无声，并不意味着人们不反抗，而是等待着机会的来临。而丁谓则像坐在一座沉默的活火山口上，随时可能会被突然爆发的火山烧成灰烬。

当时有不少士大夫对专权的丁谓采取了不合作的态度。"翰林学士刘筠见上久疾，丁谓寝擅权，叹曰：'奸人用事，安可一日居此？'表求外任"③；还有一个士大夫蔡齐，是大中祥符七年（1014）的进士状元，"丁谓秉政，欲齐附己，齐终不往"④。

在当时的执政集团中，有这样一个人物值得注意，即前面曾出场

---

① 《长编》卷九十八乾兴元年二月戊辰条。

② 《长编》卷九十八乾兴元年二月戊辰条。

③ 《长编》卷九十七天禧五年正月丁酉条。

④ 《宋史》卷二百八十六《蔡齐传》。

的王曾。王曾在真宗大中祥符末年就已经成为参知政事，后来被时任枢密使的王钦若陷害而罢政。当时担任宰相的王旦对王曾的评价和期待很高。《长编》卷九十天禧元年九月癸卯条载：

> （王）曾既罢，往谒王旦，旦疾甚，辞弗见。既而语其家人曰："王君介然，他日德望勋业甚大，顾不得见尔？"旦曰："王君昨让会灵观使，颇拂上旨，而进对详雅，词直气和，了无所慑。且王君始被进用，已能若是。我自循任政事几二十年，每进对，上意稍忤，即蹙缩不能自容。以是知其伟度矣。"

王曾的确没有辜负王旦的评价和期待，在丁谓专权的时期，他审时度势，相当注意策略，尽可能不同丁谓发生正面冲突。如前面提到的李迪与丁谓争吵之时，他看出李迪败局已定，就站在丁谓一边。而在贬黜寇准时，他提出的不同意见被丁谓顶回后，也就没有再坚持。

然而在一些原则问题上，在不致同丁谓冲突的前提下，王曾还是会提出自己的意见的。如真宗驾崩之际，遵遗诏军国事兼权取皇太后处分。但丁谓为了讨好刘太后，想去掉"权"字。"权"是权宜临时之意，意即在仁宗年幼尚未亲政之时，暂时由刘太后代理。如果去掉了"权"字，就意味着刘太后的权力被无限扩大。这件事如果成为现实，不仅仁宗的亲政会遥遥无期，刘太后也有可能成为宋代的武则天。在这样的原则大事面前，作为士大夫的王曾对丁谓说："政出房闼，斯已国家否运，称权尚足示后，且言犹在耳，何可改也？"[1]

王曾从两方面驳斥了丁谓的意见：第一，军国事由太后兼权已经是出于不得已的不正常状态了，有个"权"字表示是临时性质，还对

---

[1] 《长编》卷九十八乾兴元年二月戊午条。

后世交代得过去；第二，加"权"字是真宗的遗诏，真宗刚刚去世，怎么能改变呢？这是相当有力的反驳。丁谓毕竟是士大夫中的一员，不管正邪，在总体上他还是要维护整个士大夫阶层的利益，即维护官僚政治的正常运行，而皇权不过是在政治斗争中被利用的工具。刘太后如果因此而发展为宋代的武则天，那么丁谓也难辞其始作俑者之咎。另外，即使丁谓再专权，也不敢冒篡改皇帝遗诏的罪名。如果背上了这样的罪名，就会断送其如日中天的政治生命。我想，丁谓是认真考虑了王曾这种并不算是冒犯他个人的意见，而未再坚持去掉"权"字。

然而，当王曾接着提出不必把尊淑妃杨氏为皇太妃之事载入遗诏时，本来就对王曾反对他去掉皇太后的"权"字有些恼火的丁谓，反咬一口说："参政顾欲擅改制书耶？"王曾在得不到同僚的支持的情况下，也不再同丁谓对抗了。但王曾当时的表现，正如《长编》所言，"时中外汹汹，曾正色独立，朝廷赖以为重"①。

这件事还透露了一个秘密，即皇帝拟定的遗诏，在公布之前往往经过了大臣们的改动。这种改动无疑是从一定的利益原则出发的。

不久，丁谓又给包括自己在内的执政大臣加了相当高的官位。尽管王曾本人作为参知政事也被加官，但他仍然提出异议："今主幼，母后临朝，君执魁柄，而以数十年旷位之官一旦除授，得无公议乎？"②不在乎公议的丁谓，根本就不听王曾的意见。"今主幼，母后临朝，君执魁柄"这几句话，清楚地表明了官员晋升都是由宰相丁谓一个人说了算的。

真宗驾崩后，"得志便猖狂"的丁谓，在朝廷政敌被肃清，兼权

---

① 《长编》卷九十八乾兴元年二月戊午条。
② 《长编》卷九十八乾兴元年二月丙寅条。

军国事的刘太后又深居内宫，朝廷的一切他几乎是说一不二。这就更助长了他的专横跋扈，有时甚至连刘太后也不大放在眼里。比如，本来平时是仁宗和刘太后一起接受群臣例行朝拜，但因为仁宗年幼，早晨起不来，刘太后就同中书的大臣商量，想独自一人接受群臣朝拜。刘太后提出这一要求时，恰好丁谓告假不在，冯拯等大臣不敢做主，就把事情拖到丁谓来时才商量。丁谓断然拒绝了刘太后的要求，并且责怪冯拯等人没有立即向他报告。

在刘太后看来，这似乎不是什么大事。但在大臣及官僚们看来，皇帝受朝，这是极具象征性的一件事。如果没有即使是小孩子的仁宗同在，刘太后是没有资格单独受朝的。一旦受朝，就改变了性质。刘太后可以在实际上执掌皇权，但在名分上却不能代替皇帝。"名不正则言不顺"，在中国不论古今，名分这种具有精神意义的事情要重于许多实际的事情。这就是西汉末农民起义军要找个与刘邦同一血统的放牛娃刘盆子当皇帝的原因，也是北宋英宗时期的"濮议"争得天翻地覆的原因。不仅皇帝如此，士大夫更是如此，"士可杀不可辱"这句话清楚地表明了精神名分重于生命的士人理念。正因为如此，冯拯等大臣对刘太后的要求明知不妥，只是不敢答应，推到了喜欢专权的首相丁谓那里。

基于上述理念，丁谓无法答应刘太后。在这件事上，丁谓并没有错，但却"由是稍失太后之意"，即与刘太后的关系出现了裂痕，这也意味着同皇权开始分离。后来，丁谓"又尝议月进钱充宫掖之用"，这等于在经济上对宫廷开支加以限制。长期担任三司使的丁谓，这样做自有其理由，但却因此而惹得"太后滋不悦"[1]。不管行为正确与否，一旦与皇权发生分离，执政的政治家在派系斗争激烈的环境下，

---

[1] 《长编》卷九十八乾兴元年六月庚申条。

地位就岌岌可危了。

在丁谓的地位发生动摇之时，"朝廷赖以为重"的王曾开始了他的夺权行动。《东轩笔录》卷三载：

> 真宗初上仙，丁晋公、王沂公同在中书。沂公独入札子，乞于山陵已前一切内降文字，中外并不得施行。又乞今后凡两府行下文字，中书须宰臣、参政，密院须枢密使、副、签书员同在，方许中外承受。两宫可其奏。晋公闻之，谔然自失，由是深惮沂公矣。

王曾的奏疏，无异是要用集体领导的方式取代在执政集团内丁谓一人的独断专行。而"两宫可其奏"，即对王曾奏疏的认可，则等于结束了丁谓的专权局面。无怪乎丁谓要"谔然自失"了。或许从这时起，丁谓才意识到他身边这个参知政事的厉害，而"由是深惮"。从逻辑上推理，王曾上奏一定是发生在丁谓与刘太后的关系发生裂痕之后。

或许是丁谓厄运的开始，就在这时，发生了负责建筑真宗陵墓的内侍雷允恭擅自改变陵墓位置的事件。兼任山陵使的宰相丁谓，当时处于"与雷允恭协比专恣，内挟太后，同列无如之何"的状态，因此要包庇雷允恭。但纸包不住火，"当时以为移在绝地，于是朝论大喧"。

在这种形势下，权知开封府吕夷简悄悄展开了调查，因为在京畿发生的案件归开封府处理。《东轩笔录》卷三载：

> 是时吕夷简权知开封府，推鞠此狱，丁既久失天下之心，而众咸目为不轨，以至取彼头颅置之郊社云云。狱既起，丁犹秉

政，许公（吕夷简）雅知丁多智数，凡行移、推劾文字，及追证左右之人，一切止罪允恭，略无及丁之语。狱具，欲上闻，丁信以为无疑，遂令许公奏对。公至上前，方暴其绝地之事。谓竟以此投海外，许公遂参知政事矣。

《东轩笔录》记载的是来自下面的调查。那么，执政集团内部是如何动作的呢？《长编》卷九十八乾兴元年六月癸亥条有所记载，但过于简略，我想引用基本事实相同而生动具体的《默记》卷上的记载：

> 丁谓当国，权势震主，引王沂公为参知政事，谄事谓甚至。既登政府，每因闲暇与谓款，必涕泣作可怜之色。晋公问之数十次矣。一日，因问，闵然对曰："曾有一私家不幸事，耻对人言。曾少孤，惟老姊同居，一外甥不肖，为卒，想见受艰辛杖责多矣。老姊在青州乡里，每以为言。"言迄又涕下。谓亦恻然，因为沂公言："何不入文字，乞除军籍？"沂公曰："曾既污辅臣之列，而外甥如此，岂不辱朝廷？自亦惭于上也。"言毕，又涕下。谓再三勉之："此亦人家常事，不足为愧，惟早言于上，庶脱其为卒之苦耳。"
>
> 自后谓数勉之留身上前奏知。沂公必涕下曰："岂不知军卒一日是一日事？但终自羞赧尔。"晋公每催之，且谓沂公曰："某日可留身奏陈。"沂公犹不欲，谓又自陈之。一日，且责沂公："门户事乃尔缓？谓当奉候于阁门。"沂公不得已，遂留身。
>
> 既留身逾时，至将进膳犹不退，尽言谓之盗权奸私，且言："丁谓阴谋，诡谲多智数，变乱在顷刻。太后、陛下若不亟行，不惟臣身齑粉，恐社稷危矣。"太后大怒，许之，乃退。

晋公候于阁门，见其甚久，即顿足掩耳云："无及矣。"方悟知其令谓自为己谋，不使之觉，欲适当山陵之事而发故也。沂公既出，遇谓于阁门，含怒不揖而出。晋公始悟见卖，含毒而已不觉也。

是日，既至都堂，召两府入议，而不召谓。谓知得罪，祈哀于冯拯、钱惟演及曾等曰："今日谓家族在诸公矣。"太后欲诛谓，拯申理之。沂公奏请召知制诰，就殿卢草制罢之，不复宣麻。太后从之。责太子太保、分司西京，俄窜崖州。向使谓防闲沂公，则岂有此祸？故知权数在谓之上也。

这段记载虽然在描写王曾哀求丁谓方面有些夸张，但参照《长编》的记载，应当说是可信的。读了这段记载，倒叫人对丁谓生出一丝怜悯，而觉得王曾有些过分。

然而，大约古今中外的政治斗争都是如此残酷无情，正如俗语所说的"无毒不丈夫"，有妇人之仁，动恻隐之心，就有可能在政治斗争中败北。对付丁谓这样曾把寇准、李迪、王钦若等所有政敌都打得落花流水的狡猾而凶狠的敌人，王曾不讲究策略，不利用偶发事件，不借助皇权，是无法将其打倒的。

一报还一报，在打倒丁谓后，如同丁谓在打倒寇准之后一样，王曾在朝野内外清洗丁谓党羽。首先把在执政集团中的参知政事任中正罢免了，然后把丁谓的三个儿子和三个弟弟均行贬黜，继而贬黜了翰林侍读学士林特、知制诰祖士衡、知宣州章频、淮南江浙荆湖制置发运使苏维甫、户部判官黄宗旦和上官必、权盐铁判官孙元方和周嘉正、权磨勘司李直方等一大批丁谓党羽。后来又相继贬黜了丁谓的女婿权判盐铁勾院潘汝士及知开封县钱致尧、知泉州陈靖，最后贬黜了丁谓党中的首恶枢密使钱惟演。

贬黜钱惟演时，当时的另一个宰相冯拯也说了话："惟演以妹妻刘美，实太后姻家，不可与政，请出之。"①本来，这种话在刘太后摄政时期是会惹恼她的，但由于在当时对丁谓一党是朝野共愤的气氛，刘太后尽管不满也无可奈何。

在第二年的天圣元年（1023），被贬黜到地方的钱惟演以路过为由到了京城。这时传出了将要任命钱惟演为宰相的风声，监察御史鞠咏立即上奏强烈反对。刘太后慑于舆论压力，把鞠咏的奏疏让内侍拿给钱惟演看，示意他赶快离开京城。但钱惟演还在观望，不肯离开，指望刘太后会任命他。这时，左正言刘随说："若相惟演，当取白麻廷毁之。"就是说，如果任命了钱惟演，我就把委任状当场撕了。钱惟演听到后赶紧溜走了①。这实际上是士大夫集体与以刘太后为代表的皇权的较量，结果是刘太后也不敢无视士大夫们的意见。

研究宋史，人们往往仅注意到元祐党争的残酷，而且还总是把范仲淹在庆历新政前后的活动视为开宋代党争之端绪，实际上，丁谓贬黜寇准党，王曾贬黜丁谓党，一点不比元祐党争逊色。可以说开启宋代大规模党争的，正是真宗朝后期的政治斗争。从此，宋代政治史上，大小党争连绵不断，冤冤相报，愈演愈烈。

五　宋代权相第一人

丁谓一直是作为奸臣出现在宋史之中的。但"奸臣"一词是相对于"忠臣"而言的。有了个"臣"字，便构成了官僚与皇帝的关系，即奸臣也好，忠臣也好，都是指对皇帝的态度与行为而言。我们今天

---

① 《长编》卷九十九乾兴元年十一月丁卯条。

评价古人，不应受传统的忠奸观所左右。然而，抛开传统的忠奸观不说，人类毕竟有着较为共通的是非标准。以这样的标准来衡量古人的行为，有时不得不承认传统的忠奸评价有其一定的道理。我以为，作为历史研究者，其主要目的并不在于修正或补充传统的道德评价，而在于揭示历史人物的行为在历史进程中起了什么样的作用。

历来的研究，重视正面人物，而忽略反面人物。其实，恶的历史也是历史不可缺少的组成部分。当然，我选择丁谓作为研究对象，并不仅仅因为他是一个不可忽视的反面人物，更因为其行为代表了有别于绝大多数传统士大夫的另一种类型。他与真宗的关系，也是另一种类型。丁谓是在士大夫官僚政治业已形成的环境下成长起来的士大夫。纵观其一生，可谓以理财而显其能，以言"大计固有余矣"而铸其奸，以擅权成其恶。前期的丁谓，与王钦若专事阿谀不同，尽管他也迎合皇帝，但主要靠才能和苦干，让皇帝感到缺其不可，从而与皇帝建立了牢固的关系。后期的丁谓，则是一朝权在手，"得志便猖狂"，一改其过去谦恭的态度，不仅凌驾于朝臣之上，更凌驾于皇帝之上。皇权完全成为他进行政治斗争的工具。作为真宗朝的最后一个宰相和仁宗朝的第一个宰相，他的专横跋扈，开了后世权相之渐。而他一手掀起的政争，则开了宋代党争之滥觞。

其实，丁谓对皇权的认识，从他对汉高祖的议论中可以概见。曾慥《类说》卷十七"汉高祖田舍翁耳"条载："丁谓在中书，语同僚曰：'汉高何如主哉？'曰：'英雄主也。'曰：'何英雄之有？张良导之左则左，陈平劝之右则右，及项羽死，海宇无主，天下自归之，盖随波委顺，与物无竞，一田舍翁耳。'"从丁谓的这些话可知，他认为即使强势如刘邦那样的开国皇帝，也不过像个乡下佬一样，完全受张良、陈平等臣下左右。因此，丁谓压根没把并不强势的真宗放在眼里。并且，从他叙述张良、陈平等左右高祖的历史，也可知他认为皇权应当为大臣所左右。

观察丁谓的行为，在担任宰相之前，似乎并不霸道。那么，"得志"就一定会"猖狂"吗？当然并不尽然。人是社会环境的产物，人的行为有时是环境使然，势所必然。我想，如果没有寇准等人未遂政变的一再刺激，丁谓也未必就会发展得像后来那样专横独断，并且整治起政敌来心黑手狠，必欲置之死地而后快。可以说，是你死我活的政治斗争使丁谓变成了冷酷的铁血宰相，把他造就成宋代权相的第一人。他冷酷的政治行为本身，为我们观察士大夫政治下权相专权，提供了一例早期的典型个案；而他所开创的君臣关系，也成为我们考察皇权演变的一个异例。

更深一层地思考，新兴的士大夫官僚政治无法避免历代都有的权臣的出现。而恰恰是这种士大夫官僚政治，更使宋代权臣辈出，党争酷于以往。从而，事实上已游离于士大夫官僚政治体制的皇权，作为工具，被士大夫权臣最大限度地加以利用。从宋太宗大规模开科取士开始，到了真宗朝，宋王朝自己培养的士大夫遍布朝野。因此，我把真宗朝看作以士大夫为主体的官僚政治的开始。刚刚开始的官僚政治便已经呈现出此后几百年间官僚政治的一切特征。而丁谓的专权及运用皇权于党争的事实，正可以使我们"窥一斑而见全豹"。

第六章

代王言者：
真宗朝的翰林学士

翰林学士官，谓之内制，掌王言大制诰、诏令、赦文之类。中书舍人谓之外制，亦掌王言凡诰词之类。

——［宋］赵升，《朝野类要》卷二《两制》

一　高级"刀笔吏"

幼时，读《水浒传》，其中"武松斗杀西门庆"一节。当武松为兄复仇，杀死西门庆到官府自首后，有一刀笔吏因同情武松，在案情报告中，将武松杀死西门庆，有意记为"斗杀"。一个"斗"字，即把杀人性质由故意杀人变成斗殴误杀，便使武松罪不至死①。手中笔如刀，四两拨千斤，要死要活，皆在笔下，真不愧为"刀笔吏"之谓。我故而留下了相当深的印象。

稍长，又了解到孔夫子把一部鲁《春秋》删删改改，居然令其后

---

① 《水浒传》会评本第二十六回。

宋徽宗赵佶《文会图》

环桌而坐的文士，正进行着茶会，象征帝王统治下人才云集。此图应与唐代以来"十八学士"的主题有关。可能是当时摹写古代画作后，加入北宋元素的"改编"之作。

几千年"乱臣贼子惧"[①]。继而又读到，魏收撰《魏书》时，口出狂言："何物小子，敢共魏收作色，举之则使上天，按之当使入地！"[②] 的确，战乱动荡的年代，有"枪杆子里面出政权"的情形，而在有序的文明社会中，文人手中的笔，往往胜过武夫的刀枪剑戟，一介文弱书生，有时敌过数万雄兵。

以上叙及的，不过是历史上下层胥吏的舞文弄墨和史官的道德毁誉，那么，在历史上，在中央政治的核心，皇帝周围的高级文人们的作用又如何呢？以笔杀人或许用不着他们，不担任史官，也不用他们去曲笔寓褒贬。在常人看来，这些人不过就是秉承圣旨，起草诏令而已。"江山代有才人出"，除了李白、杜甫之流以作品名世，地位崇高的皇帝秘书官们，最终也不过是老死文牍。从表面看，或许如此。

---

① 《孟子·滕文公》下。
② 《北齐书》卷三十七《魏收传》。

其实，深入历史的幕后，便可以看到，这些人同下层的胥吏、秉笔的史官一样有为，而且是大有为。从拨弄是非，操纵人事，到控制朝政，决定政策，左右皇帝，可以说是无所不为。固然，同样是皇帝的秘书官，亦因人因时而异，并非所有的皇帝幕僚都是上下其手的师爷，正像不是所有的宰相都是权相一样。本章不过是想通过史实来揭示一下，历来为研究者所忽视的一部分高级文人在历史上的作用。

历史是发展的，同时，历史又是相似的。因此，作为研究方法，有时统计归纳的方法是有效的，但正如滴水映日，管中窥豹，个别往往能反映一般，演绎的方法同样能得出正确的结论。有鉴于此，本章拟主要撷取宋代真宗一朝的翰林学士这班皇帝秘书官们的活动，旁及宋代其他时期，来看一下他们的政治作用。与以往侧重于制度本身的研究不同的是，我的考察重点在于这些高级文人的实际活动，特别是隐藏于幕后的活动。

二　翰林学士制度与真宗朝的若干数据

皇帝秘书之职，由来已久，汉代即有尚书郎"主作文书起草"[①]。但翰林学士之名，则始于唐玄宗时期，一经创制，便为后世所继承。宋朝的翰林学士制度，同五代一样，承自唐代，而有所发展和完善。《宋会要辑稿》职官六之四六引《两朝国史志》载：

> 学士院：翰林学士承旨、翰林学士、翰林侍读侍讲学士。承旨不常置，以院中久次者一人充之。学士六员，掌大诏命。凡国

---

① 《翰苑群书》所收唐李肇《翰林志》。

有大除拜，晚漏上，天子御内东门小殿，遣内侍召学士赐对，亲谕秘旨。对讫，学士归院，内侍锁院门，禁止出入。夜漏尽，写制进入。迟明，白麻出，阁门使引授中书。中书授舍人宣读。其余除授并御札，天子不御小殿，不宣学士，但用御宝封中书熟状，遣内侍送学士院，锁院门而已。至于赦书、德音，则中书遣吏，持送本院，而内侍锁院如除授焉。院在宣徽院北。凡他官入院，未除学士，谓之直院。学士俱阙，他官暂行院中文书，谓之权直。其侍读、侍讲，春秋二时，开延义、迩英阁，则执经史以侍讲侍读。常日则侍奉以备顾问应对。

这里的"大除拜"，《宋史》卷一百六十二《职官志》记作"拜宰相及事重者"。此外，《宋史·职官志》较《宋会要》为详者有："凡撰述皆写画进入，请印署而出，中书省熟状亦如之。若已画旨而未尽及舛误，则论奏贴正。凡宫禁所用文词皆掌之。乘舆行幸，则侍从以备顾问，有献纳则请对，仍不隔班。凡奏事用榜子，关白三省、枢密院用咨报，不名。"

关于知制诰，综合宋制，则是翰林学士加知制诰衔，为内制，他官加知制诰衔，则为外制。二者合称"两制"，同掌王言的二者有着密切的关系。一般路径，是先除知制诰，再由知制诰进为翰林学士。在真宗朝，二十二人的翰林学士中，就有二十人曾担任过知制诰。元丰改制后，外制则由中书舍人执掌。这一事实，也标志着代王言之职已经名正言顺地纳入政府的掌控之下①。因此，在对翰林学士诸种行为的考察时，把作为外制的知制诰与中书舍人也一并纳入考察视野。

从上述记载看，翰林学士可以称为皇帝的机要秘书。凡属从宫中

---

① 《宋史》卷一百六十一《职官志》。

发出的大大小小的文件，大都由其草拟。但翰林学士并不是被动地起草文件。接受的指示如有不当之处，即使皇帝已经做了批示，翰林学士也可以"论奏贴正"，提出不同意见。同时，其职责又不仅仅是单纯地为皇帝起草各种文件，还具有顾问性质，无须与其他官员排队等待就可以见到皇帝。在中央的官员中，翰林学士处于相当特殊的地位。为了便于观察，我们将真宗时期的翰林学士列表做一统计。

真宗朝翰林学士表

人名	时期	备考
宋　白	至道三年—景德二年	拜自太宗朝，迁集贤院学士离任。
宋　湜	至道三年—咸平元年	拜自太宗朝，除枢密副使离任。
杨　砺	至道三年—咸平元年	真宗任开封府尹时推官，自给事中拜，除枢密副使离任。
王　旦	至道三年—咸平二年	自中书舍人拜，除同知枢密院事离任。
梁周翰	咸平三年—景德二年	真宗潜邸旧臣，自知制诰拜，迁给事中离任。
朱　昂	咸平三年—咸平四年	自知制诰拜，以致仕离任。
王钦若	咸平三年—咸平四年	自知制诰拜，除参知政事离任。
师　颃	咸平三年—咸平五年	自知制诰拜，卒于任。
梁　颢	咸平五年—景德元年	自知制诰拜，卒于任。
赵安仁	景德元年—景德三年	自知制诰拜，除参知政事离任。
晁　迥	景德二年—天禧四年	自右谏议大夫拜，迁集贤院学士离任。
李宗谔	景德二年—大中祥符六年	自知制诰拜，卒于任。
杨　亿	景德三年—大中祥符六年	自知制诰拜，以分司西京罢。天禧四年再任，同年卒。

人名	时期	备考
陈彭年	大中祥符六年—大中祥符九年	自龙图阁直学士拜，除参知政事离任。
李 维	大中祥符六年—天禧二年	自知制诰拜，迁集贤院学士离任。天禧五年复拜承旨。
王 曾	大中祥符六年—大中祥符九年	自知制诰拜，除参知政事离任。
钱惟演	大中祥符八年—大中祥符九年	自知制诰拜，坐私谒罢。天禧二年至天禧四年再任，除枢密副使离任。
李 迪	大中祥符九年—天禧元年	自集贤院学士拜，除参知政事离任。
盛 度	天禧二年—天禧四年	自知制诰拜，以责知光州罢。
刘 筠	天禧四年—天禧五年	自知制诰拜，以知庐州罢。
晏 殊	天禧四年—仁宗朝	自知制诰拜。
李 谘	天禧五年—仁宗朝	自知制诰拜。

资料来源：据《翰苑群书》所载《学士年表》编制，其中梁颢《年表》全脱，据《宋会要辑稿》职官六之四六补。此外，个别系年等错误亦有所订正①。

---

① 如据《宋史·宰辅表》，赵安仁由翰林学士除参知政事在景德三年，《年表》误作"二年"。据《宋史》卷三百一十七《钱惟演传》，钱惟演于大中祥符八年即已除拜翰林学士，坐私谒事罢。《年表》失载。晁迥以右谏议大夫除翰林学士，《年表》"右"误作"左"。又，《宋史》卷二百八十一《毕士安传》记毕士安于咸平初"复为翰林学士"，不确。据《长编》数处记载，当为翰林侍读学士。故不入此表。又，杨果的《中国翰林学士制度》统计真宗朝翰林学士的人数为二十三人，比我的统计多出"孙近"一人。检《宋史》卷二百九十九《孙近传》，的确记有"迁翰林院学士"一语，但这一记载颇值得怀疑。检之《长编》及《宋会要》中关于孙近的记载，均未有其任翰林学士的记录。仅在《长编》卷一百一十九载孙近的官职为"右谏议大夫、集贤院学士"，而其时已为仁宗景祐二年了。疑《宋史》本传所记"翰林院学士"，当为"集贤院学士"之误。

根据传记资料考察，表中的翰林学士多为当时的有名文人，并且往往与皇帝有着一定的特殊关系，许多人曾是真宗的潜邸旧僚。如杨砺，真宗为襄王时是记室参军，为开封府尹时是推官；梁周翰，真宗为太子时，被征为左庶子；梁颢也做过开封府推官①；而杨亿在真宗为开封府尹时，"邸中书疏，悉亿所草"②。

三　士大夫阶层的翘楚

《宋史》卷四百三十九《文苑传》序云："艺祖革命，首用文吏而夺武臣之权，宋之尚文，端本乎此。"作为国策，可以说太祖、太宗朝有这样的倾向。但当时为了政局的稳定，除了以所谓的"杯酒释兵权"的方式，即用赎买政策解除了可能对政权造成威胁的高级将领的军权，地方上武臣知州主政的状态还很普遍，并且延续了相当长的时期，后来逐步用文臣通判佐政等方式，让一代武臣随时间的推移退出了舞台。另一方面，宋初两朝，从中央到地方，对大大小小的后周、南唐等前朝旧臣，也采取了安抚留用和再任用的方式，使其效忠宋王朝。

至于宋朝本身的士大夫阶层，则是在太宗大规模开科取士之后，乃至真宗朝才真正崛起的。有人说过，"政治的本质是权力"③，在这里我可以进一步补充说，政治的稳定形态则是权力均衡。当士大夫作为一个不容忽视的强大阶层真正崛起之后，宋代才开始形成"与士

---

① 以上分见《宋史》卷二百八十七《杨砺传》、卷四百三十九《梁周翰传》、卷二百九十六《梁颢传》。

② 《宋史》卷三百零五《杨亿传》。

③ 安东尼·M.奥勒姆，《政治社会学导论——对政治实体的社会剖析》。

大夫治天下"这样权力共享的政治局面。

　　翰林学士是士大夫当中的翘楚，在当时多负盛名，为士大夫们所倾慕崇拜。他们之中的多数，也积极奖掖后进，拥有为数不少的门生。《宋史》的文苑第一传《宋白传》，就说长期担任翰林学士的宋白"后进之有文艺者，必极意称奖，时彦多宗之。如胡旦、田锡皆出其门"。他们主导着当时的文坛，领导着文坛的走向。如杨亿、刘筠倡导的"西昆体"，就在宋初文坛风靡数十年。皇帝用这些文坛闻人掌机要，不光有闻其名、爱其才之意，也包含有笼络士大夫阶层的目的。反过来，一入翰林，位于尊贵清要之职，则更意味着其文坛地位被肯定，也更为士大夫所宗仰。

　　我留意到这样一个事实，即真宗朝主持或参与主持前后九次科举考试的官员全部是翰林学士或知制诰。请看《真宗朝翰林学士、知制诰知贡举表》。

真宗朝翰林学士、知制诰知贡举表

榜次	人名	职名·差遣	贡举差遣
咸平元年	杨 砺	翰林学士	权知贡举
咸平元年	李若拙	知制诰	权同知贡举
咸平二年	师 颃	知制诰	权同知贡举
咸平三年	王 旦	翰林学士	权知贡举
咸平三年	王钦若	知制诰	权同知贡举
咸平五年	师 颃	翰林学士	权知贡举
景德二年	赵安仁	翰林学士	权知贡举
景德四年	晁 迥	翰林学士	权知贡举

榜次	人名	职名·差遣	贡举差遣
景德四年	朱 巽	翰林学士	权同知贡举
景德四年	王 曾	翰林学士	权同知贡举
大中祥符五年	晁 迥	翰林学士	权知贡举
大中祥符五年	李 维	知制诰	权同知贡举
大中祥符八年	李 维	翰林学士	权同知贡举
大中祥符八年	盛 度	知制诰	权同知贡举
大中祥符八年	刘 筠	知制诰	权同知贡举
天禧三年	钱惟演	翰林学士	权知贡举
天禧三年	李 谘	知制诰	权同知贡举

资料来源：据《宋会要辑稿》选举六之八编制。

皇帝选择翰林学士主持礼部贡举，大约既考虑到这些文坛翘楚具有人才鉴识的能力，选拔结果易服众心，又考虑到让他的秘书官来选拔天下人才，即是代表皇帝来选拔，有益于树立士人都是"天子门生"的观念。这是自唐代以来的传统。在真宗朝，将皇帝亲自参与的殿试制度化，也正是出于此目的。殊不知高高在上的天子，实际上很难与士大夫结成牢固的门生故吏关系。因为殿试虽称是皇帝亲试，但实际上还是由词臣们来考核选拔。并且词臣参与殿试的规模比礼部贡举还大，几乎是词臣总动员，全体参与。如真宗咸平三年（1000）殿试的考官中，为首的就是翰林学士承旨宋白，接下来的还有翰林侍读学士夏侯峤、吕文仲和知制诰梁周翰、师颀、朱昂[1]。

---

[1] 《宋会要辑稿》选举七之六。

传统的观念与习俗是顽固的。这种以翰林学士主持科举的做法，在客观上反倒给翰林学士这批文坛大儒提供了扩充势力的极好机会。在派系政治特征极为明显的宋代，不仅正如有的学者指出的，同榜进士大都结为一体，互称同年，在政界互相提携，而且对擢拔其科举及第的主持贡举官员，也是终身奉为"座主"，在政治斗争中往往保持坚定的一致性[1]。

翰林学士的这种势力背景，以及本来就有的文坛地位，再加上位处天子身边的清要尊贵，无形中使他们成为士大夫阶层的精神代表。对他们的言行，无论是皇帝，还是宰相，都不能小视。《宋史》卷二百六十七《张洎传》记载了张洎任翰林学士时太宗说的一句话："学士之职，清要贵重，非他官可比，朕常恨不得为之。"从权力地位上讲，如果说宰相可以称为"人臣之极"，那么从精神地位上讲，翰林学士则可以称为"文人之极"。

四　翰林学士与皇帝、宰执之关系

前面说过，在中央的官员中，翰林学士处于相当特殊的地位。在这一表述中，我只用了"中央"，而未用"中央政府"这个词，是因为他们并不隶属于中央政府的任何一个部门，而是一个独立的隶属于皇帝个人的机要秘书班子。他们直接听命于皇帝，但又与以执政集团所领导的政府有着密不可分的关系。从制度规定看，除了宰相拜罢直接接受皇帝的指示，其余均须依照中书拟订的熟状来起草诏制。故翰林学士与皇帝和三省、枢密院均有公文往来。

---

[1] 何冠环，《宋初朋党与太平兴国三年进士》。

有人用三角形表示皇帝、宰相、台谏，严格说来，台谏也是以宰相为首的中央政府官员的一部分，这三者构不成一个三角形。反过来说，介于皇帝与宰相之间的翰林学士，倒与其他二者构成了一个三角形。所谓的三角形，也仅仅是在一定意义上而言的，在实际动态的政治中，各种势力总是有分有合。还有人把台谏形容为反映舆论的一种管道，这虽然无可厚非，但如果用管道来形容，翰林学士则正是沟通深居宫禁的皇帝与外界政府的管道①。

深居九重宫禁的皇帝，从表面看去，位崇权重，至高无上，实际上相当孤独，没有温馨真切的亲情，没有推心置腹的友谊。作为一个常人，他渴望这些。历史上反反复复出现的宦官或外戚专权，从某种意义上说，也是皇帝那除不去的孤独感所致。他需要有可以依赖的亲信，甚至需要在寂寞时有人陪他说说话，聊聊天。这些，往往并不是后宫嫔妃与已非常人的宦官所能替代的。而对骨肉兄弟有着本能的戒备，任用外戚又有干政之患，所以，皇帝渴望的是，能在士大夫中找到自己的亲信挚友，既有知识层次，又可问政决策。《玉壶清话》卷二记载真宗在侍讲侍读之外，又找到查道、李虚己、李行简三人为他讲读经书，"日俾陪读，喜曰：'朕得朋矣'"，喜悦之情，溢于言表。

文牍之职，行政所必需，哪朝哪代皆不可或缺。但就皇帝来说，翰林学士这样一种角色的出现，当是有上述这一层的因素在内。我们似乎难以否定皇帝把翰林学士作为自己的耳目喉舌、亲信顾问来任用这一意图的。真宗朝的翰林学士，除了宿儒闻人，有相当一部分是真宗做太子时的潜邸旧僚。因此，他们同皇帝也就自然多了一层特殊的

---

① 三角形与管道的提法，分见日本富田孔明的论文《对宋史学界君主独裁制说的再认识》，载《东洋史苑》1997 年第 48、49 号合刊；《宋代的权力结构与太学生的上书》，载《中国社会与文化》1999 年第 14 号。

亲近关系。这种任用，当然也体现了真宗的个人用心。

然而，翰林学士问世不久，守持着儒学道统的士大夫就从理论上无情地打碎了皇帝的这一企图。唐人李肇在《翰林志》的开篇，就引用前人的话说，"所言公，公言之。所言私，王者无私"，意即皇帝不应有私人性质的事情。《翰林志》又引用陆贽在唐贞元三年（787）的奏疏说："玄宗末，方置翰林。张垍因缘国亲，特承宠遇，当时之议，以为非宜。然止于唱和文章，批答表疏。其于枢密，辄不预知。肃宗在灵武、凤翔，事多草创，权宜济急，遂破旧章。翰林之中，始掌书诏。因循未革，以至于今。岁月滋深，渐逾职分。顷者物议，尤所不平。皆云学士是天子私人，侵败纲纪，致使圣代亏至公之体，宰臣有备位之名。"这里，陆贽抨击了皇帝把翰林学士当作天子私人秘书，致使架空宰相的现象。看来，基于"王者无私"的理论，皇帝是无法将翰林学士视为自己的私人工具的。

与时代的变迁似乎关系不大，历代皇帝，独裁也好，不独裁也好，最无法抗拒的，就是士大夫所集体恪守的历代传承的儒学道统。独裁的皇帝可以罢免具体的某个官员，却无力对抗整个官僚层，因而就不得不遵从道统。

从陆贽奏疏的这段话中，还可以看出，翰林学士登场后，便在实际上侵犯了宰相的一定权力。这一事实，从皇帝的角度看，无异象征着皇权的延伸。但从中央政治的全局看，则是从皇帝与宰相这两极之中，又硬是生出一极来。权力制衡，又多出一个因素。翰林学士地位重要，无实职而有实权，以至在唐代已有"内相"之称[①]，宋代仍沿

---

① 《翰苑群书》所载《续翰林志》。

用这一俗称①。实际上，也不能说翰林学士无实职。除了主持科举考试，在宋代，从太宗朝翰林学士贾黄中、苏易简同勾当差遣院、李沆同判吏部流内铨这样的"学士领外司"开始②，单纯做翰林学士的就很少，往往都兼有一些其他职事。我们来看一下根据《长编》编制的《真宗朝翰林学士兼任外务表》。

真宗朝翰林学士兼任外务表

人名	所兼职事	时间	《长编》出处
宋　白	重定内外官称呼	咸平三年八月	卷四十七
朱　昂	祭河	咸平三年八月	卷四十七
王钦若	西川安抚使	咸平三年十月	卷四十七
梁周翰	诣太一宫设醮	咸平三年十二月	卷四十七
宋　白	修续通典	咸平四年九月	卷四十九
宋　白	议刑法	咸平五年五月	卷五十二
宋　白	详定官制	咸平六年九月	卷五十五
梁　颢	新定阁门仪制	景德元年二月	卷五十六
李宗谔	同判太常寺	景德二年八月	卷六十一
李宗谔	接伴契丹使者	景德二年十月	卷六十一
晁　迥	修国史	景德四年八月	卷六十六
杨　亿	修国史	景德四年八月	卷六十六

---

① 如《青箱杂记》卷六记翰林学士盛度"时为内相"。又，《苕溪渔隐丛话》前集卷二十六记"宋元献（庠）为内相"。
② 《宋会要辑稿》职官六之四七。

人名	所兼职事	时间	《长编》出处
晁 迥	定考试进士新格	景德四年十月	卷六十七
晁 迥	举常参官堪知大藩者	景德四年十月	卷六十七
晁 迥	详定封禅仪注	大中祥符元年四月	卷六十八
李宗谔	详定封禅仪注	大中祥符元年四月	卷六十八
杨 亿	详定封禅仪注	大中祥符元年四月	卷六十八
李宗谔	祭澶州河渎庙	大中祥符元年十一月	卷七十
杨 亿	领护《传灯录》	大中祥符二年一月	卷七十一
晁 迥	契丹馆伴使	大中祥符二年十二月	卷七十二
晁 迥	详定祀汾阴仪注	大中祥符三年七月	卷七十四
杨 亿	详定祀汾阴仪注	大中祥符三年七月	卷七十四
晁 迥	详定发解条式	大中祥符四年八月	卷七十六
李宗谔	定发解官荐送条例	大中祥符五年六月	卷七十八
李宗谔	迎奉修宫副使	大中祥符六年三月	卷八十
陈彭年	详定咸平编敕	大中祥符六年四月	卷八十
杨 亿	草答契丹书	大中祥符六年六月	卷八十
王 曾	昭宣使	大中祥符六年六月	卷八十
陈彭年	奉祀经度副使	大中祥符六年八月	卷八十一
陈彭年	礼仪院同知院事	大中祥符六年八月	卷八十一
晁 迥	契丹国主生辰使	大中祥符六年九月	卷八十一

人名	所兼职事	时间	《长编》出处
王　曾	摄御史大夫、考制度使	大中祥符六年十二月	卷八十一
陈彭年	知礼仪院	大中祥符七年二月	卷八十二
李　维	参验事太祖朝臣恩荫	大中祥符七年三月	卷八十二
陈彭年	同刻玉副使	大中祥符七年五月	卷八十二
陈彭年	检详唐三馆故事	大中祥符八年五月	卷八十四
王　曾	同详定茶法	大中祥符八年六月	卷八十五
晁　迥	权判吏部流内铨	大中祥符八年十月	卷八十五
王　曾	领银台司	大中祥符八年十月	卷八十五
李　维	修大中祥符降圣记	天禧元年十一月	卷九十
晁　迥	册立皇太子礼仪使	天禧二年八月	卷九十二
盛　度	祭河	天禧四年一月	卷九十五

　　此表仅据《长编》编制，并不完全，实际上翰林学士所兼外务比表中所列要多得多，此表仅为管中窥豹的例示而已。除了上述某一翰林学士的个人兼务，临时让翰林学士集体与其他政府高级官员一起议政和推荐官员之事，也屡见于《长编》记载。从上表可以看出，翰林学士不仅务虚掌文事，还务实掌吏事。翰林学士的吏事，除了主持科举考试，多为推荐、选拔、管理官员，如判吏部流内铨、知审官院等。再就是领通进银台司，掌管文件的上通下达，这也是朝廷中的一个喉舌位置。

　　宋代的宦官，除了宫内的职事，常常被委派监军、督工等许多实

钱惟演像

钱惟演（962—1034），字希圣，钱塘（今浙江杭州）
人。吴越忠懿王钱俶第十四子，章献皇后刘娥之兄刘
美的妻舅。太平兴国三年（978），随钱俶降宋，任右
屯卫将军。咸平初年，改任太仆少卿。大中祥符八年
（1015），为翰林学士。累迁工部尚书，拜枢密使，官
终崇信军节度使，卒赠侍中，谥号思。后赠太师、中
书令、英国公，改谥文僖。像载《临安钱氏家乘》，钱
文选绘，1925年排印本。

际职事，并且由于身份特殊，拥有很大的权势。皇帝的秘书官兼职外
务，跟宦官兼务其实很类似。皇帝把这批身边的御用文人当作"精神
宦官"来使用，反映了皇权在行政领域的延伸。不过，翰林学士与宦
官到底不同。宦官仅仅依托于皇权，翰林学士则心身分离，身处禁中
近君主，心则为士大夫之心，立脚还是立在士大夫阶层之中。因此，
翰林学士的士大夫身份与立场，必然会导致维护士大夫政治的行动。
当皇权的行使并不违背士大夫政治的基本原则之时，一切都显得很和
谐，皇帝、政府浑然而一体。当皇权的行使违背士大夫政治的基本原
则，出现肆意的倾向之时，多数翰林学士则会站在维护士大夫政治的
立场上加以抵制。翰林学士兼职外务，从表面上看，似乎是皇权的延
伸，从另一个角度观察，未尝不是士大夫政治下的相权，即政府权力
向皇权的渗透。相权吞食皇权，合二为一，最终整合为统一的代表王
朝的公权力。关于这一点，从我们下面对一些具体事实的观察可以更
为明晰地看出。

从太宗朝开始，翰林学士还多兼知开封府事。我根据《宋史》的
《宰辅表》与列传做了一个很不完全的统计。在北宋，李穆、陈尧佐、

吴育、曾公亮、吴奎、程琳、杨察、王珪、韩维、冯京、王安礼、滕元发、元绛、许将等翰林学士都曾权知开封府。还有不少先成为权知开封府，而后进为翰林学士的例子。在考察中发现，即使不是以翰林学士权知开封府，也多是以枢密直学士或龙图阁直学士等侍从之职来兼任的。在地方行政中，管理首善之区的知开封府大概要算是最重要的职务了。习惯上，皇子如果被任命为开封府尹，则意味着被选定为皇位的继承人。而翰林学士等侍从兼知开封府事，则有双重意向：一是代天子管理京畿之地，二是进入执政集团前的演练。

从前面列出的《真宗朝翰林学士表》，我们可以统计出，在真宗朝的二十位翰林学士中，直接进入执政集团的就有九人，占了将近一半。反过来看，真宗朝的宰相有过翰林学士等侍从经历的也不乏其人，如李沆、王旦、王钦若等。翰林学士可以说是执政集团的预备队。这一事实，一方面说明了皇帝试图通过自己的亲信来掌控执政集团的愿望，另一方面也说明了翰林学士与执政集团在总体上是并不矛盾的统一体。

入主中书，为参政，为宰相，可以说这也是每个翰林学士在政界奋斗的最终目标。翰林学士钱惟演，尽管做到了枢密使，"虽官兼将相，阶勋品皆第一，而终不历中书"。所以，他在晚年不无遗憾地说："吾平生所不足者，惟不得于黄纸押字耳。"①从翰林学士进入执政集团，完成的不过是从士大夫的精神代表到权力代表的角色转换。由谙熟宫、府两方面事务的翰林学士来充当执政，既是适任的，又是众望所孚，实至名归。但翰林学士出任执政，亦多出于宰相等执政集团成员的汲引。

《长编》卷七十八大中祥符五年九月戊子条载：

---

① 《宋宰辅编年录》卷四。

翰林学士李宗谔与王旦善，旦欲引宗谔参知政事，尝以告王钦若。钦若唯唯。旦曰当白上。宗谔家贫，禄廪不足以给婚嫁。旦前后资借之甚多。钦若知之。故事，参知政事谢日，所赐之物几三千缗。钦若因密奏宗谔负王旦私钱不能偿，旦欲引宗谔参知政事，得赐物以偿己债，非为国择贤也。明日，旦果以宗谔名闻。上变色，不许。

这段记载表明，翰林学士进擢执政，往往由宰相提名。至于宰相提名谁，则往往由其与宰相的关系远近决定。当然，关系的远近与政治立场直接相联系。在真宗朝为相长达十余年的王旦，史书记载"事无大小，非旦言不决"，拥有极大的权力，与真宗的关系也相当密切。为何这次推荐李宗谔却没有成功呢？从这条史料的记载看，是由于同为执政的知枢密院事王钦若的从中作梗。这说明了政治斗争纷繁复杂，同一执政集团，亦非铁板一块，党中有派，派中有党，援引执政，目的是增强己方势力，必然要遭到反对势力的阻挠。

就翰林学士来说，从距离上看，他们离皇帝近，从身份上看，他们又与宰相同属于士大夫层。这一特点，决定了翰林学士在政治上具有多重取向。在维护士大夫道统上，他们与宰相站在同一战线上，抗拒皇权；在抵制权臣上，他们与皇帝站在一起，维护皇权。

翰林学士由谁来选定？这似乎是个不成问题的问题。皇帝的侍从秘书，自然由皇帝选定。在史籍中，的确有皇帝提名御笔亲除的事例。我们相信，从名义上、程序上看，的确是由皇帝任命。但从古至今，人事任免一直都充满着幕后运作，这是事实，也是常识。考察史籍，翰林学士的人选，大体上说，一是来自在任翰林学士的推荐，二是来自执政集团的指名。无论是前者还是后者，大都掺杂有派系党援的性质。如《宋史》卷二百九十四《王洙传》就记载"陈执中、刘沆在中书，喜其助己，擢洙为翰林学士"。

皇帝任命翰林学士，往往需要执政集团的认可。如果执政集团中有个别成员有异议，任命也有搁浅的可能。《宋史》卷三百一十六《吴奎传》载："诏除（王）陶翰林学士，（参知政事）奎执不可。"

同样，执政集团的意旨，也足以罢免翰林学士。《宋史》卷三百二十七《王安石传》载："翰林学士范镇三疏言青苗，夺职致仕。"《宋史》卷四百一十《徐经孙传》载，徐经孙"忤丞相贾似道，拜翰林学士、知制诰，未逾月，讽御史舒有开奏免"。

从职任上说，翰林学士具体负责起草以皇帝名义颁发的各种公文，但从史料记载来看，他们的更重要的使命则是"以备顾问"。清人卢文弨在《翰苑群书》序中就指出："君以朝夕启沃望其臣，臣以随事纳忠效于君。……其任不在职事之末，而其长亦并不在文字之间。"中书舍人韩驹也对徽宗说过："若止作制诰，则粗知文墨者皆可为。"[1]既然"不在职事之末"，亦"不在文字之间"，那么，翰林学士则主要在于启沃君心，即作为皇帝的咨询顾问。《翰苑群书》所收《次续翰林志》载，太宗时，翰林学士"虽处内署，而两地政事，多所询访"。

真宗在即位不到两年的咸平二年（999）七月，就效法太宗，设置翰林侍读及侍讲学士，"寓直禁中"，"自是，多召对询访，或至中夕焉"[2]。就皇帝本人而言，是在寂寞之中多了个可以说古论今的陪伴、了解朝政的耳目；就士大夫而言，则是接续上从皇子开始的儒家伦理的引导，获得了对皇帝施以再教育的机会——这也未尝不是当时

---

① 《宋史》卷四百四十五《韩驹传》。
② 《长编》卷四十五咸平二年七月条。

以李沆为首的执政集团的用意。皇帝一旦有了这样一群人陪伴，便须臾不可离了，不仅垂询于宫中，而且就连外出也离不开。《长编》卷五十二咸平五年七月甲寅条记载了真宗的诏书："每行幸，翰林学士、侍读侍讲、枢密直学士并从，不须临时取旨。"

翰林学士利用自己可以接近皇帝的特殊身份与便利条件，经常把自己的意志强加于皇帝，来左右皇帝。翰林学士这些人的政治行为，主要在于以自己的言论来影响皇帝。而影响的方式，不仅仅是说古，更直接的是论今，议论朝政，臧否人物。《长编》卷五十六景德元年七月乙酉条载：

> 上召翰林学士梁颢夜对，询及当世台阁人物。颢曰："晁迥笃于词学，盛元敏于吏事。"上不答，徐问曰："文行兼著，如赵安仁者有几？"颢曰："安仁材识兼茂，体裁凝远，求之具美，未见其比也。"既而颢卒。乙酉，以知制诰赵安仁为翰林学士。

这条史料，表面上看，是真宗赏识赵安仁，但未尝不是梁颢推荐赵安仁。至少是真宗拿不定主意，而夜询梁颢。《宋史》卷三百一十《王曾传》亦载：

> （王曾）迁翰林学士，帝尝晚坐承明殿，召对久之。既退，使内侍谕曰："向思卿甚，故不及朝服见卿，卿勿以我为慢也。"其见尊礼如此。

皇帝越是勤于问政，则越是易为臣下所利用。《长编》卷四十三咸平元年十月乙酉条说真宗"夜则召儒臣询问得失"。这样，儒臣也就更容易以自己的思想来影响真宗。

历史上，谏官制度设立的主要目的，是为了规劝纠正君主的过失。但这仅仅是一种过失业已出现的纠正，属于战略上的消极防御，而且还要看君主本人能否从谏。如何能防患于未然，则更有意义。用南宋陈亮的话说，就是"谏身不如谏心"①。从历代王朝自皇子开始的保傅制度，到宋代臻于完备的翰林学士和侍读侍讲制度，就是对皇帝实施教育的谏心之制。他们通过教育引导，使皇帝提高自律性，遵循士大夫所规定的道统。

《宋史》卷二百八十一《毕士安传》载，在朝廷决定选官校勘《三国志》《晋书》《唐书》时，有人认为"两晋事多鄙恶不可流行"，真宗拿不定主意。担任翰林侍讲学士的毕士安对真宗说："恶以戒世，善以劝后，善恶之事，《春秋》备载。"这里，毕士安就校勘史书之事，实际上对真宗进行了一番儒学的传统教育，言外之意，也是在警告真宗勿做恶事，以免在"善恶备载"的史书上留下恶名。《宋史》卷三百零五《晁迥传》记载翰林学士晁迥被真宗召对于延和殿，"帝访以《洪范》雨旸之应。对曰：'比年灾变荐臻，此天所以警陛下。愿陛下修饬王事，以当天心，庶几转乱为祥也'"。儒学理论，不语怪力乱神，但却讲天人感应，神道设教，把天加于天子头上，来实施精神管制。《宋史》卷三百三十六《吕公著传》还记载了曾任翰林学士承旨的吕公著与宋神宗论治道的一段对话：

> 帝又言："唐太宗能以权智御臣下。"
> 对曰："太宗之德，以能屈己从谏尔。"

听到吕公著这样说，神宗不得不表态，"善其言"。这里，吕公著

---

① 《群书考索》别集卷十八《人臣门》。

断然纠正了神宗欲效法唐太宗以权术驾驭臣下的意图，而按照有利于士大夫管理的方向，强调了唐太宗"屈己从谏"的一面，即要求神宗也必须"屈己从谏"。

翰林学士等人除了以儒家道统和历史借鉴来教育皇帝，更重要的是，在施政方针上影响和左右皇帝。如王安石以翰林学士兼侍讲入朝，神宗问为治所先，王安石回答"择术为先"[①]。哲宗时，范百禄"进翰林学士，为帝言分别邪正之目。凡导人主以某事者为公正，某事者为奸邪，以类相反，凡二十余条"[②]。徽宗时，徐勣为翰林学士，"上疏陈六事，曰时要，曰任贤，曰求谏，曰选用，曰破朋党，曰明功罪"[③]。史载南宋著名理学家真德秀为翰林学士、知制诰，"时政多所论建"[④]。

对于皇帝的旨意，恪守儒学道统的士大夫，"不欲用媚道妄随人主意以害国事"[⑤]，该从者从之，该拒者拒之。作为士大夫代表的翰林学士，在这一点上，表现得尤为突出。欧阳修《归田录》卷上记载了一则逸事：

> 杨大年为学士时，草《答契丹书》云："邻壤交欢。"进草既入，真宗自注其侧云："朽壤、鼠壤、粪壤。"大年遽改为"邻境"。明日，引唐故事，学士作文书有所改，为不称职，当罢。因亟求解职。真宗语宰相曰："杨亿不通商量，真有气性。"

---

① 《宋史》卷三百二十七《王安石传》。
② 《宋史》卷三百三十七《范百禄传》。
③ 《宋史》卷三百四十八《徐勣传》。
④ 《宋史》卷四百三十七《真德秀传》。
⑤ 《宋宰辅编年录》卷三。

事情不大，但作为一代文豪的杨亿大约有些感到受辱，便提出辞职。真宗只好尴尬地自我解嘲，感叹杨亿性格倔强。看来，翰林学士写下的文字，连皇帝也不是能够轻易改动的。这一记载应当说是真实可信的。这里还有一条史料，可以作为佐证。宋陈鹄《耆旧续闻》卷五载：

> 杨文公亿有重名于世，尝因草制为执政者多所点窜，杨甚不平，因即稿上涂抹处以浓墨傅之，就加为鞋底样，题其傍曰："世业杨家鞋底。"或问其故，曰："是他别人脚迹。"

由此可见，杨亿不仅不愿让皇帝改动他所起草的文告，也反感中书的执政们改动他的文字。

在真宗后期做了翰林学士的知制诰刘筠，当让他起草丁谓复相制词时，"筠不奉诏"。真宗去世，刘太后辅佐年幼的仁宗垂帘听政，权势显赫。《宋史》卷二百八十六《蔡齐传》载："太后大出金帛修景德寺，遣内侍罗崇勋主之，命（翰林学士）齐为文记之。崇勋阴使人诱齐曰：'趣为记，当得参知政事矣。'齐久之不上。"由此可见，蔡齐敢于无视代表皇权的刘太后的命令，并不为高官厚禄所动。

神宗即位之初，吕公著为翰林学士、知通进银台司，御史中丞司马光以言事被罢。吕公著封还神宗的词头说："光以举职赐罢，是为有言责者不得尽其言也。"神宗在吕公著这里行不通，就"诏以告直付阁门"。吕公著得知后，又说："制命不由门下，则封驳之职，因臣而废。愿理臣之罪，以正纪纲。"对于吕公著以辞职相威胁，神宗只好安慰他说："所以徙光者，赖其劝学耳，非以言事故也。"即使如此，吕公著依然"请不已"，不给神宗面子①。

南宋孝宗朝，中书舍人林光朝对一项"命从中出"的人事任命，也是"立封还词头"②。

在维护儒学道统这一原则问题上，连皇帝身边的侍从也敢于与皇权抗争。这种抗争，与以宰相为首的执政集团同皇权的抗争、普通官僚士大夫同皇权的抗争，乃至未入官的太学生同皇权的抗争都是同一性质的。而当以宰相为首的执政集团假皇权以行其私时，翰林学士等词臣抵制皇权，就明显地带有对抗相权的政治斗争色彩了。

最有名的例子就是熙宁三年（1070），当破格任命依附王安石的人选李定为御史时，遭到宋敏求、苏颂、李大临三个知制诰的强烈抵制，"封还词头，不草制"③。而前面说的林光朝抵制"命从中出"的皇帝批示，实际上这项人事任命也是出于权臣曾觌的旨意。可以说，表面上以皇帝的名义发出的诏令，大多反映了执政的政治集团的意志。下面，我想集中考察一下派系政治下的翰林学士的作为。

五　派系政治下的翰林学士

在派系政治之下，翰林学士又无时不处于政治斗争的旋涡之中。他们的政治态度及容易接近和影响皇帝的有利地位，使他们成为各派政治力量的争取或打击的对象。特别是当他们与执政集团的成员这样的政界主要势力的代表形成对立之后，他们既是政治斗争中的主要攻

---

① 《宋史》卷三百三十六《吕公著传》。
② 《宋史》卷四百三十三《林光朝传》。
③ 《宋史》卷一百六十一《职官志》。

击力量，又是首要被攻击的目标。《宋史》卷二百五十六《赵普传》记载，早在太祖时期，"卢多逊为翰林学士，因召对，屡攻其（赵普）短"。而枢密使李崇矩，也曾被人指为"私结翰林学士扈蒙"①。

每种政治势力，都是一定政治力量的集结。翰林学士的任免，往往体现一定政治势力的意志，而并不完全取决于皇帝本人。因此，一些文人向某个集团靠拢，成为某个集团的成员之后，也有成为翰林学士的可能。这一点，当时人已经看得很清楚。《宋史》卷二百九十九《李垂传》载真宗末年的文人李垂因不依附丁谓，而贬放外任多年，仁宗明道年间还朝，阁门祇侯李康伯对他说："舜工（李垂字）文学议论称于天下，诸公欲用为知制诰，但宰相以舜工未尝相识，曷一往见之？"李垂回答："我若昔谒丁崖州，则乾兴初已为翰林学士矣。"从这段对话可知，知制诰乃至翰林学士的任命，主要取决于宰相的意志。而宰相是不会选任一个与自己毫无关系的人来掌管皇帝喉舌的。所以，李康伯让李垂去打通一下宰相的关节。

翰林学士的任命尽管主要取决于宰相的意志，但一旦成为翰林学士，利用与皇帝的密切关系，势力增强，逐渐形成适足与宰相为首的执政集团抗争的政治势力。史载，吕臻在仁宗朝"入为翰林学士，疏论宰相陈执中奸邪"②。翰林学士与执政集团形成紧张关系后，翰林学士便成为执政集团攻击的目标。《宋史》卷三百一十六《唐介传》载：

> 中书尝进除目，数日不决。帝曰："当问（翰林学士）王安石。"（参知政事唐）介曰："陛下以安石可大用，即用之，岂可

① 《宋史》卷二百七十四《刘审琼传》。
② 《宋史》卷三百二十《吕臻传》。

使中书政事决于翰林学士？臣近每闻宣谕某事问安石，可即行之，不可不行。如此则执政何所用？恐非信任大臣之体也。必以臣为不才，愿先罢免。"

"中书政事决于翰林学士"的状况，遭到了执政集团的激烈反弹。参知政事唐介不惜以辞职相要挟。翰林学士所代表的学士院与中书争权的现象，真宗朝已很明显。《长编》卷五十二咸平五年七月戊午条记载了翰林学士梁周翰的建议："今后稍关机密，乞下本院，先具诏本进呈，取定可否，更不付中书本房。"这是学士院向中书夺权的举动。学士院与中书形成互相牵制的局面，这虽然与士大夫间的政争有关，但无疑也是皇帝所乐见的。《长编》卷四十八咸平四年五月庚辰条载翰林学士朱昂"非公事不至两府，故骤加褒进"。除了事务上的互相协调，皇帝并不希望自己的机要秘书与政府过从太密。

结党为君主之大忌，因而派别斗争以攻击对方结党为理由，最易为皇帝所接受。许多翰林学士之所以被罢免，都是背上了这一罪名。如翰林学士钱惟演，在大中祥符八年（1015），即"坐私谒事罢之"①。

翰林学士虽然与执政集团时有冲突对立，但更多的时候是互为党援，结为一体。因为翰林学士中的多数，本来就是根据执政集团的意见所任用的。所以，两者互为党援也就是自然而然之事。《宋史》卷四百七十一《吕惠卿传》载："为翰林学士，安石求去，惠卿使其党变姓名，日投匦上书留之。"《宋史》卷三百二十八《黄履传》载："哲宗即位，徙为翰林学士，履素与蔡确、章惇、邢恕相交结，每确、惇有所嫌恶，则使恕道风旨于履，履即排击之。"《宋史》卷三百五十

---

① 《宋史》卷三百一十七《钱惟演传》。

一《张商英传》载："崇宁初，为吏部、刑部侍郎，翰林学士，蔡京拜相，商英雅与之善，适当制，过为褒美。"同样，当执政集团中同一派系的人被罢免，翰林学士起草制词时，亦曲为回护。南宋宰相汤思退被罢免，翰林学士洪遵"行制无贬词"[①]。

翰林学士并不仅仅代王言起草诏令，大多还代宰相执政等权贵书写各种表奏书启。这也许是一种出于私交的个人行为，却也是翰林学士并不掩饰的公开行为。我统计了《武夷新集》，杨亿书写的"代中书""代枢密""代参政"等表奏就达七十余篇。真宗末仁宗初担任过知制诰、翰林学士的夏竦的文集《文庄集》内，代人书写的表奏也有二十余通。具有讽刺意味的是，在同一文集内，前面是代宰相写的表奏，后面就是为皇帝写的批答，两方面的意志都通过翰林学士的一个大脑来表达。这种现象表明，事实上翰林学士也是执政集团成员的笔杆子，而不仅仅是属于皇帝本人的秘书官。

诏令制词，虽然以皇帝的名义颁发，但也部分体现执笔者的意向与爱憎。《长编》卷四十三咸平元年正月丙寅条载，"（杨）砺性刚狠傲僻，为文多无师法。在翰林，制诰迂怪，大为人所传笑"。士大夫们嘲笑的并不是皇帝的文告，而是起草文告的人。现在流传下来的皇帝文告，多数已经难以辨别具体是谁起草的了。但在当时，应当说是人所共知的。曾经担任过翰林学士、知制诰等词臣的人，在编辑自己的文集时，也毫不客气地把以皇帝名义撰写的诏制作为自己的作品收入文集。这样，处于政争中的文告，有多少是皇帝本人的意志，有多少是执笔者的私货，当时的人无疑也是清楚的。

挟私的皇权也是皇权，但是否能反映君主独裁呢？《能改斋漫录》卷十二载："杨文公亿以文章幸于真宗，作内外制。当时辞诰，盖少

---

① 《宋史》卷三百七十三《洪遵传》。

其比。朝之近臣，凡有除命，愿出其手。"显而易见的是，出自不同翰林学士之手的制诰，大不一样。这里不仅有文采因人而异的因素，还存在个人关系亲疏远近与政治立场的问题。对这种夹杂着政治斗争私货的文告，其实皇帝本人也并不是不清楚。宋徽宗就曾忿忿不平地说过："近年为制诰也，所褒必溢美，所贬必溢恶，岂王言之体？且盘诰具在，宁若是乎？"①

南宋文人洪迈在《容斋四笔》卷十二指出："宰相拜罢，恩典重轻，词臣受旨者，得以高下其手。"他以太宗朝李昉罢相为例，比较了李昉前后两次罢相制词的褒贬。其云：

> 李文正公昉，太平兴国八年，以工部尚书为集贤、史馆相。端拱元年，为布衣翟马宗所讼。太宗召学士贾黄中草制，罢为右仆射，令诏书切责。黄中言："仆射百僚师长，今自工书拜，乃为殊迁，非黜责之义。若以均劳逸为辞，斯为得体。"上然之。其词略曰："端揆崇资，非贤不授。昉素高闻望，久展谟猷，谦和秉君子之风，纯懿擅吉人之美。辍从三事，总彼六卿，用资镇俗之清规，式表尊贤之茂典。"其美如此。淳化二年，复归旧厅。四年又罢，优加左仆射。学士张洎言："近者霖霪百余日，昉职在燮和阴阳，不能决意引退。仆射之重，右减于左，位望不侔，因而授之，何以示劝？"上批洎奏尾，止令罢守本官。洎遂草制峻诋。脑词云："燮和阴阳，辅相天地，此宰相之任也。苟或依违在位，启沃无闻，虽居廊庙之崇，莫著弥纶之效。宜敷朝旨，用罢鼎司。昉自处机衡，曾无规画。拥化源而滋久，孤物望以何深。俾长中台，尚为优渥。可依前尚书右仆射，罢知政事。"历

---

① 《宋史》卷四百四十五《韩驹传》。

考前后制麻，只言可某官，其云罢知政事者，洎创增之也。国史
昉传云，昉厚善洎，及昉罢，洎草制乃如此。

从洪迈所举的例子，可以清楚地看出词臣在起草文告时上下其手
的情形。这并不是个别现象。政治斗争往往与个人恩怨掺杂在一起。
因而皇帝的制词也成了词臣们泄私愤的工具。《渑水燕谈录》卷二载：
"（张齐贤）于上前短公曰：'张咏本无文，凡有章奏，皆婿家王禹
偁代为之。'禹偁代前任翰林，作齐贤罢相麻，其词丑诋。"

政治斗争纷繁复杂，同为执政集团内部，因政见或利益之不同，
各成派系之事亦屡见不鲜。此时，翰林学士也往往因立场与态度而卷
入其中。《宋史》卷四百七十《王黼传》载："进翰林学士，（蔡）京
与郑居中不合，黼复内交居中，京怒。"

上面，我没有局限于真宗朝，其他朝翰林学士的作为，亦略有涉
及。但作为典型的个案，我下面还是打算以真宗后期的一场政治斗争
为例，更为具体地观察一下翰林学士是如何在其中上下其手的。

天禧三年（1019），放闲已久的寇准，在宰相王钦若政治上失意
的背景下，玩弄了奏天书这样的小手段，取代王钦若，再次入相。与
寇准势同水火的对头王钦若在朝廷已经经营了好几年，虽然你来我
走，在寇准任相的同时，王钦若被罢相，但此时的朝廷，已无往日的
平静，非昔日王旦任相时可比。更糟糕的是，寇准赖以支持的真宗在
此年患了中风，神志时而清醒，时而糊涂。从此皇权逐渐向素有问政
野心的刘皇后转移。不谙权术的寇准，早在真宗立刘氏为后时，便提
出过反对意见，使刘皇后怀恨在心。这次任相后，又因法办刘氏族
人，再次深深地得罪了刘皇后。不仅如此，在执政集团内部，又先后
得罪了参知政事丁谓和枢密使曹利用。因此，作为宰相的寇准在朝廷
处于不利地位。

当矛盾愈加激化之时，寇准为了把握局面，利用真宗清醒时尚能起到的作用，找真宗单独谈话，试图说服真宗让年幼的皇太子监国，或让位于皇太子，以便利用皇太子的名义来制衡刘皇后及反对派，挟天子以令诸侯。《长编》卷九十五天禧四年六月丙申条载："准尝请间曰：皇太子人望所属，愿陛下思宗庙之重，传以神器，以固万世基本。丁谓，佞人也，不可以辅少主，愿择方正大臣为羽翼。上然之。"此时，身患重病的真宗，并不满意刘皇后渐预朝政。《五朝名臣言行录》卷四载："天禧末，真宗寝疾，章献太后渐预朝政，上意不能平。"

有鉴于此，寇准在清楚了"上然之"的态度之后，无疑等于拿到了尚方宝剑，便开始了他的政变计划①。不料如此隐秘的计划，被寇准醉酒后走漏——"且将举事，会公（寇准）因醉漏言，有人驰报谓。谓夜乘犊车往利用家谋之"。第二天，"利用入，尽以公所谋白太后。遂矫诏罢公政事"。前引《长编》详细记载了寇准罢相始末，从中即可看到翰林学士的表演。其云：

> 谓等益惧，力谮准，请罢准政事。上不记与准初有成言，诺其请。会日暮，召知制诰晏殊入禁中，示以除目。殊曰："臣掌外制，此非臣职也。"乃召惟演。须臾，惟演至，极论准专恣，请深责。上曰："当与何官？"惟演请用王钦若例，授准太子太保。上曰："与太子太傅。"又曰："更与加优礼。"惟演请封国公，出袖中具员册以进上，于小国中指"莱"字。惟演曰："如此，则中书但有李迪，恐须别命相。"上曰："姑徐之。"殊既误召，因言恐泄机事，臣不敢复出，遂宿于学士院。及宣制，则非

---

① 参见本书第三章第六节。

殊畴昔所见者。

从这条记载可以看出，翰林学士钱惟演在寇准罢相一事上，起了极为恶劣的作用。他与晏殊不合作的态度截然相反，助纣为虐，不仅对寇准大加攻击，并且罢相授官和封小国公都出自他的提议。他还试图说服真宗，把丁谓推上相位。据宣制与晏殊最初所见除目不同这一点看，极有可能钱惟演又在其中做了手脚。

寇准虽然被罢相，但事情并没有完。从真宗对寇准回护的态度上，丁谓一党担心寇准会卷土重来，因而加强了对寇准的攻势。《长编》卷九十六天禧四年七月癸亥条载：

> 是日，惟演又力排寇准曰："准自罢相，转更交结中外，求再用。晓天文卜著者皆遍召，以至管军臣僚、陛下亲信内侍，无不着意。恐小人朋党诳惑圣听，不如早令外出。"上曰："有何名目？"惟演曰："闻准已具表乞河中府。见中书未除宰相，兼亦闻有人许以再用，遂不进此表。"上曰："与河中府何如？"惟演乞召李迪谕旨。上曰："李迪何如？"惟演言："迪长者，无过，只是才短，不能制准。"因言中书宜早命宰相。上难其人。惟演对："若宰相未有人，可且着三两员参知政事。"上曰："参政亦难得人。"问今谁在李迪上。惟演对："曹利用、丁谓、任中正并在李迪上。"上默然。惟演又言："冯拯旧人，性纯和，与寇准不同。"上亦默然，既而曰："张知白何如？"惟演言："知白清介，使参政则可，恐未可为宰相。"上颔之。惟演又言："寇准宜早令出外。准朋党盛，王曙又其女婿，作东宫宾客，谁不畏惧？今朝廷人三分，二分皆附准矣。"

钱惟演一方面夸大其词，耸人听闻，必欲贬寇准于朝廷之外，一方面极力做真宗的工作，让丁谓成为宰相。这时钱惟演还没有公开提出让丁谓为宰相。又过了五六天，当他再次见到真宗时，就直截了当地提出："中书不当止用李迪一人，盍迁曹利用或丁谓过中书？"当真宗问他谁可以时，他说："丁谓文臣，过中书为便。"至此，葫芦中的药全部抖出。其结果亦如其所愿，"从钱惟演之言，擢丁谓首相，加曹利用同平章事"①。

钱惟演这个前吴越国王钱俶之子，不仅满腹文才，还极善搞裙带关系。《长编》卷九十五天禧四年六月丙申条载："翰林学士钱惟演，见谓权盛，附离之，与讲姻好，而惟演女弟实为马军都虞候刘美妻。"刘美，实为刘皇后前夫，刘氏入宫后，以兄妹相称。

由此可见，王室出身的钱惟演深知皇权的重要，也谙熟朝廷的政治斗争，懂得投靠最有势力的一方。钱惟演利用婚姻，搞裙带关系，下结权贵，上结皇室外戚，可谓用心良苦。不仅如此，他还把女儿嫁给后来成为翰林学士的知制诰盛度，试图利用联姻的方式，在秘书班子内建立同盟。不过，赔了女儿，也没赢得盛度的支持。后来在起草钱惟演的落平章事以节度使知随州责词时，盛度痛斥了钱惟演以联姻拉裙带关系的无耻行为："三星之媾，多戚里之家；百两所迎，皆权贵之子。"②

对政治行为实际上很难做道德评判。我们姑且置钱惟演个人善恶不论。从上面引用的史料可见，翰林学士钱惟演在幕后说服真宗，一手导演了贬黜寇准、举荐丁谓、设计执政班子的种种节目。这尽管是钱惟演的个人行为，并且是处于真宗晚年的非常时期，但特殊也能反

---

① 《长编》卷九十六天禧四年七月戊辰、辛未条。
② 《东坡志林》卷二"记盛度诰词"。

映一般。翰林学士在政治斗争中上下其手的作用绝不可低估。在某种意义上，与其说翰林学士是皇帝的公的代言人，不如说他们是某一政治势力的私的代言人。

钱惟演是丁谓党中之人，所以极力维护丁谓。反过来，前述杨亿，属寇准党，自然就竭力维护寇准。《梦溪续笔谈》载：

> 寇忠愍拜相白麻，杨大年之词，其间四句："能断大事，不拘小节。有干将之器，不露锋芒；怀照物之明，而能包纳。"寇得之甚喜，曰："正得我胸中事。"

此外，《五总志》载：

> 寇莱公贬时，杨文公在西掖，既得词头，有请于丁晋公。公曰："春秋无将，汉法不道，皆其罪也。"杨深不平之。及晋公去位，杨尚当制，为责词曰："无将之戒，深著乎鲁经；不道之诛，难逃于汉法。"一时快之。[①]

六　介于皇权、相权之间

与下层的胥吏并没有本质区别，翰林学士是一群高级的"刀笔吏"。关于翰林学士，最初使我震撼的是真宗朝翰林学士起草制词的

[①] 这条史料在时间上有些问题。在丁谓再次罢相时，杨亿已卒，草制者当为仁宗时的翰林学士宋绶。不过，即使记载有误，也毕竟反映了翰林学士在制词中上下其手的事实。同时，反映了《五总志》作者吴炯把杨亿看作寇准一党，故而致误。

一件事。翰林学士宋白曾向宰相向敏中借钱，未借到手，便怀恨在心，在起草向敏中罢相制词时，宋白极力诋毁，写下了"对朕食言，为臣自昧"的话，向敏中面对这样以皇帝名义发出的制词，"读之流涕"①。不过，若是仅仅把翰林学士的作用看作在应制文章中寓褒贬、泄私愤，就过于小看这群高级文人了。这些人才华出众，在士大夫层有着广泛的影响，从主持科举考试，到考核官吏，奠定了他们的"座主"地位，成为官僚中颇有势力的一群。

身处天子身边的翰林学士，无时不在教育和影响着君主。在史籍中，我们常常可以看到以宰相为首的执政集团对皇权的左右。同样，我们也可以看到以翰林学士为首的皇帝的高级侍从们对皇权的左右。他们以一尺笔，用三寸舌，将自己的意志强加于皇帝。说白了，表面上是皇帝在行使皇权，但实际上在更多的情况下，是他身边的侍从们，以及政府的宰相执政大臣们在行使皇权。

翰林学士的有利地位，又使他们在政治斗争中投下的筹码举足轻重。作为皇帝的幕僚，他们的任免，却并不完全取决于皇帝。他们中的多数是执政集团的预备队，而能否进入执政集团，则要看各派系间角力的结果。宋代翰林学士的活动值得充分注意。

正如科举制度肇始于隋唐而盛于宋一样，翰林学士也是滥觞于唐而盛于宋。翰林学士在以宰相为首的执政集团权力高涨的宋代，成为介于皇权与相权之间的另一极。他们的活动既服从于皇权，又制约着皇权，既依托于相权，又抵抗相权，最终以翰林学士进入执政集团为某一阶段的标志，合流于相权。

宋代这种翰林学士与执政集团分权的形势，到了明代，以明太祖废除宰相一职为契机，彻底合一为内阁大学士，完成了政府的权力整

---

① 《宋宰辅编年录》卷三。

合。历来，研究翰林学士时，多注重于制度本身，却不大注意人的活动，显得有些本末倒置。有鉴于此，以翰林学士的行为为视角，试做以上探索。

第七章

从具体到集约

一　集约的理由

本书叙述的五位宰相与翰林学士的政治活动，贯穿了真宗在位的全过程。透过他们的政治行为与君主的互动，君臣关系得以具体展现，从中则可以观察到皇权运作的实态。不过，仅仅停留在具体事项上，会使我产生一种担心，这就是苏东坡诗所云的"不识庐山真面目，只缘身在此山中"。遮蔽于现象之林，陷溺于史实的泥沼，为具体的事实所牵制，反而看不清事物的本质，这就使我的讲故事失去了意义。我讲宰相故事的目的，是要做我的"演义"，印证和诉说我的皇权论。因此，必须要由具体走向一般，由具象演绎到抽象。以下，便围绕皇权问题略加整理。

二　皇帝在位三阶段：俯瞰真宗朝

真宗朝的历史，可以划分为初期的适应期、中期的正常期、后期的混乱期。这种皇帝统治的三阶段，颇具典型特征。历史上皇帝在位期间的状况尽管有例外，但大多都经历了这样的过程。

（一）初期的适应期

自幼接受正规帝王教育的真宗，从实习帝王学的皇子、皇太子时期，到即位后的相当一段时期里，一举一动都小心翼翼，对太子师傅和顾命元老都毕恭毕敬。长时间逐渐养成的懦弱性格，使真宗的政治发言变得很少。在这一时期以皇帝的名义颁布的决定，体现的基本上就是以宰相吕蒙正、吕端、李沆为首的执政集团的意志。从执政初期对军队高级将领的任命，到稳定政局的政策的实施，无一不是宰相们的决定，不过是以皇帝的名义发出而已。因此，可以说这一时期的皇权是以宰相为首的执政集团的权力具现。

在这一时期，为了防止新皇帝肆意妄为，李沆等士大夫以内忧外患和天灾等理由，不断强化帝王教育。特别是李沆，由于曾经担任过太子师傅，对真宗"不喜诡随"，"执直无矫"，"尽规纳诲，有犯无隐"，以强硬的态度"焚封妃之诏以格人主之私"，告真宗"不可用新进喜事之人"。在李沆死去二十年后，真宗依然铭记着李沆关于人事任命的教诲。在真宗作为宋朝第一个正常继统的君主即位之初，李沆的这一系列言行，起到极为重要的作用。其作用之一，就是让真宗正确地认识了皇权。

我曾讲到这样一个例子。在皇太后去世治丧期间，真宗停止了一切政务的处理。李沆等大臣上奏，希望皇帝恢复听政。而真宗答复："梓宫在殡，四方之事，各有司存，所请听政，朕情所未悉。"就是说，在真宗看来，是否听政并不重要，即使皇帝不在，正常运作的政务也几乎不受影响。宰相是"各有司存"的首脑，总揽国政，真宗认为是理所当然之事。真宗这样的认识，为防止皇权转化为私权力，从而最大限度为政府的公权力所吸收提供了保障。另一个作用则是，从第一个正常继统的君主开始，新型的君臣关系得以定格，皇权的位置也得到了确定。宋代君臣合作下的宰辅专政，从这一时期起真正开始。

（二）中期的正常期

对于真宗来说，在李沆死后，以契丹入侵为契机，素以"面折廷争"闻名的寇准登上相位，强使真宗亲征，缔结澶渊之盟，为北宋带来百余年的和平。不仅限于军事行动，在人事任免方面，寇准也"左右天子"。面对强势的寇准，本来就软弱的真宗，几乎将一切政务放任给了政府。

伴随着战争状态向和平时期的转轨，作为宰相，王旦登场。性格温厚的王旦，与李沆、寇准相比，是另外一种类型。王旦尽管既没有李沆的帝师经历，也没有寇准作为前朝执政的资望，但他处理君臣关系相当高明。王旦非常尊重软弱而心重的真宗，事无巨细都向真宗请示汇报，即使进谏也注意场合，悄悄进行，以保全真宗的面子。这与李沆和寇准处理君臣关系的做法适成对照。

在王旦那里，真宗逐渐摆脱压抑，感受到了作为帝王的尊严，从而君臣之间建立了牢固的信赖关系。在这种信赖关系的基础上，王旦一直到去世之前，连续担任宰相近十二年，加上此前担任参知政事，则长达十八年，这在宋朝开国以来是前所未有的。真宗对王旦"素重其德望，委任莫二"。王旦在处理政务时，"有不经上览者，但批旨奉行"，就是说，省略了真宗过目的过程，王旦直接以皇帝的名义批复实施。有人发现了王旦越权独断后，向真宗报告，真宗的回答则让报告的人都吃惊："旦在朕左右多年，朕察之无毫发私。自东封后，朕谕以小事一面专行，卿等谨奉之。"由此可知，王旦的越权独断是真宗给予的特权。这无异使以宰相为首的执政集团的权限吸收皇权从而合流。对王旦这样长期执政且拥有丰富经验的大臣让权，给予充分信任，这是真宗发自内心的愿望。真宗曾对王旦等执政大臣说："朕观古今之事，若君臣道合，上下同心，何忧不治？"真宗对王旦的信赖程度，从《长编》的记事可以窥见："（王旦）当国岁久，上益倚信，所言无不听。虽他宰相大臣有所议，必曰王某以为如何。事无大小，非旦不决。"由此可见，尽管真宗对王旦"谕以小事一面专行"，实际上是"事无大小，非旦不决"。

在人事任免上，"进贤退不肖"的话，寇准和王旦都说过，但处理方式，两个人有很大不同。寇准是强硬实施，王旦是柔软对应。比如，两个人对王钦若都抱有反感。寇准任相时，自作主张把真宗指名的王钦若资政殿学士的立朝序列降低，让真宗感到不快。而在王旦为相时，真宗要任命王钦若为宰相，被王旦拒绝了。王旦举出了两个拒绝的理由，一是不任南人为相的"祖宗法"，二是公议不佳。充分的理由，让真宗自行收回成命。王旦的做法可以说是皇权支持下的宰辅专政的典型做法。

除了澶渊之盟，奉祀天书和泰山封禅等一系列宗教活动也是真宗朝的大事件。作为宰相的王旦默认了真宗的行动，为此遭受到后世的非难。不过，真宗的宗教活动得以进行，并不完全显示皇权的力量，而是皇权获得朝廷中一些势力的支持，迫使王旦妥协的结果。澶渊之盟缔结后，朝野内外都为和平的到来而欢欣雀跃，并且宋王朝的经济实力，经过建国以来几十年的积蓄，也达到了鼎盛。在这样的氛围下，东封西祀，举行不世大典，在当时的人看来，极为自然，并无不妥。尽管王旦等执政大臣并不想搞这类劳民伤财的活动，但既无法违逆当时朝野内外的气氛，也无法违逆王钦若、丁谓等人为真宗提供的各种可行的理由。并且，真宗为了达成目的，居然宴请王旦，并暗中送珠宝向王旦行贿。对竭力想摆脱弱势的真宗抱有同情态度的王旦，不得不顾全真宗的面子。正是这样的种种因素，使真宗达成所愿。

从更为深刻的因素看，澶渊之盟尽管给宋王朝带来百余年的和平，但盟书互称皇帝也给宋人"天无二日"的一元天下观带来莫大的冲击。因此，真宗要通过奉祀天书和泰山封禅等一系列宗教活动，来强调天命"付于恒"，强调天命属于他赵恒的正统地位。不仅如此，还是效法汉唐，以汉民族特有的方式来强调宋王朝依然是天下共主。

从这个角度看，真宗的行动并不是皇权的暴走，而是得到广大士大夫层支持的皇帝与政府的共同行为。在参知政事王钦若的主持下，前后担任三司使、参知政事的丁谓调拨国家财政予以支援，轰轰烈烈地进行了奉祀天书和泰山封禅等一系列宗教活动。对此，王旦只是进行了消极的合作。在这些活动中，皇权可以说被持有宗教狂热的王钦若和具有政治野心的丁谓所左右。本书举出王钦若、丁谓的事例，试图揭示所谓的"奸臣"左右和利用皇权的模式。其他的宰相大臣也左右皇权，但唯独"奸臣"左右皇权为时论和后世非难的原因，是他们让皇权逸出了士大夫政治的常轨。

（三）后期的混乱期

这一时期是伴随着王旦的去世和王钦若作为宰相登场来临的。在王旦去世之前，皇权的行使形成分化状态：一面是被王钦若等人操纵大搞宗教活动，一面是王旦维持日常政务运营。王旦死后，朝廷政治陷入混乱状态。先是出守地方的寇准利用任地的假降天书，与皇权结盟，取代失宠的王钦若，重返朝廷，再度成为宰相。然而，疏于心计和政治策略的寇准，先后与参知政事丁谓和枢密使曹利用形成激烈对立。随着寇准的同盟者首相向敏中的病逝，寇准派的势力大为削弱。另一方面，真宗也身患重病，具有政治野心的刘皇后成为皇权的代理人。刘皇后在被立为皇后之际，曾遭到寇准的反对，对寇准心怀旧怨,自然在政治立场上向丁谓派倾斜,这就无异于丁谓派获得了皇权的行使权。失去对皇权控制的寇准派,企图使用政变这样的极端手段挽回颓势,不过最终还是被与皇权结盟的丁谓派击败。

以这次派系斗争为开端,在寇准被贬逐之后,朝廷依然处于混战局面。丁谓对李迪、丁谓对王钦若、丁谓对王曾等大臣的敌对关系不断形成。在这些代表人物的背后都集结着众多的朋党,一旦败北便会集体遭到清洗,逐出朝廷。真宗后期上演的就是这样的派系混战连续剧。对于各个派系来说,此时的皇权就像天平上的砝码,倾向哪一方就决定了哪一方的胜利。最终,王曾借助皇帝的权威将宋代历史上第一个权臣丁谓打倒,收拾了真宗朝的政局,使朝廷恢复到正常状态。从真宗病重不起开始,朝廷事实上处于皇帝不在的状态,真宗驾崩,年幼的仁宗即位,这种状态仍在持续。然而这并不意味着皇权真空,正常的政务运行也好,处于混战状态的朝廷政争也罢,一切都是以皇帝的名义进行的。这一事实也在诉说着皇权的象征性。

从决策和颁令的机制看,无论是皇帝的内降、内批,还是中书的拟旨、进熟状,都是通过书写者知制诰或翰林学士才完成的。在这一过程中,书写者依据自己的政治理念与派系立场,至少是部分地加入了自己的意志,由此,政令所显示的皇权也在一定程度上走样变形。这还是正常的决策过程,若是极有争议的决策,尚在政令起草的阶段,书写者封还词头等阻止行动便有可能发生。即使是通过了书写者这一关,在朝廷还有给事中封驳,甚至台谏的论驳等一道道关口在等待着。这样的制度性机制不仅可以防止皇帝肆意妄为,也可以制约权臣暴走。这正是包括士大夫政治在内的中国传统官僚政治所具有的自身防御机制。

三　宰相类型：真宗五友

　　中国过去的君臣关系，不同于商业中的主顾关系，皇帝常常把臣僚看作师友。叶适这样形容宋孝宗与宰相史浩的关系："天生我公，实畀孝宗。君臣之间，自初及终。岂惟君臣，以师以友，言同虑从，恩隆情厚。"①那么，贯穿于真宗朝的几个重要宰相，对真宗来说是什么样的师友呢？我略微做了归纳。真宗初年的宰相李沆，可以称为"畏友"。他在真宗即位前就是太子师傅，真宗即位后也一直向真宗灌输忧患意识，以此来规谏真宗，让真宗整天战战兢兢。继李沆之后长达十二年为相的王旦，可以称为"诚友"。他兢兢业业，以忠诚获得真宗的信赖，从而达到真宗对他的话无不听的地步。力主真宗亲征，以澶渊之盟开创北宋一百余年和平局面的寇准，可以称为"净友"。他忠心耿耿，但处事强硬，让真宗虽不满意又不得不依靠。靠投机取信、阿谀获宠的王钦若，可以称为"佞友"。他同真宗一起伪造天书，鼓动真宗东封西祀，真宗对他"一见辄喜"。而丁谓则与以上几个宰相截然不同，他固然也迎合真宗，但更是靠他的能力让真宗离不开他。后来他大权在握，在真宗病重的特殊时期，对真宗公然欺瞒，当面矫诏，十分霸道，而真宗也拿他无可奈何。对后来临朝听政的刘太后，丁谓也不放在眼里。因而可以称为"霸友"。

　　短短二十六年的真宗朝，出现了以上五种类型的宰相。这样的分类，或许会有简单张贴标签之讥，但正如人的绰号，毕竟有一定的传神之处，反映出几分特征。我的这种分类，其实与宋真宗本人的划分

---

① 《水心集》卷二十八《祭史太师文》。

清代贡院

方式基本一致。大中祥符八年（1015）四月辛酉，真宗写下一篇《良臣正臣忠臣奸臣权臣论》赐给宰相①。真宗所论宰相类型刚好为五种，与我所论述的真宗朝的五个宰相刚好相应，并且，连顺序都差不多相同。良臣可以看作李沆，正臣可以看作寇准，忠臣可以看作王旦，奸臣可以看作王钦若，权臣可以看作丁谓。大中祥符八年的时点，真宗的皇帝历程刚刚走过三分之二，不过神差鬼使，他这篇论述将其尚未经历的类型也点到了，验之真宗朝全过程，居然契合符同。我相信真宗的论述是历史观察与现实经验的结合。这正表明真宗的论述与我的归纳，从君臣关系的角度看，可以说大致囊括了传统社会中宰相的基本类型。

四　真宗朝的意义

太宗朝扩大科举取士，大量出类拔萃之辈被汲引到了政治场中。星移斗转，十几年、二十几年过去，时至真宗朝，从中央到地方，这群出类拔萃之辈已成气候。伴随着武人、贰臣之类的旧有势力的消亡，科举入仕的知识精英完整地承担了一个王朝的全部重担，从真正

① 《长编》卷八十四大中祥符八年四月辛酉条。

意义上说，士大夫终于史无前例地成为了政治主宰。太宗朝科举规模的扩大为士大夫政治的形成，提供了人的资源。而士大夫政治的形成，则是士大夫及其宏大的士人外围的集体行为。

这种集体行为体现出一种拥有理想目标却无明确组织意识的社会文化力量。当时的士大夫不乏在政治场中叱咤风云的自豪，但对身处时代背景的认识却未见得非常清楚，至多只是一种朦胧的感觉。"士大夫政治"应当说是后来的研究者对那一时代的特征进行的归纳与表述。泛政治的社会文化力量强力地反作用于政治，最终在客观上形成了士大夫政治的格局。士大夫政治的形成尽管是一个阶层的共同行为，但出入于政治中枢的这一阶层的翘楚，其作用则不可忽视。前几章所叙述的真宗朝几个宰相的活动，无论是正人君子的作为，还是奸佞小人的举动，皆不能简单地视为个人行为，无一不是在士大夫政治的大背景下的行动。

真宗朝的意义就在于，在士大夫政治形成的初期，以这几个宰相为主的士大夫精英的活动，无论忠奸美丑，都给士大夫政治打下了鲜明的印记，为后来明确的理论建设提供了最近的审视与解剖的活体。降至仁宗朝，由范仲淹、欧阳修等人发轫的政治文化重建，最主要的参照系就是刚刚过去的真宗朝。从仁宗朝开始的政治文化建设与理学创生，其主要资源就是来自真宗朝的政治实践。

宋初君主的言行成为后世君主的"祖宗法"。同样，在士大夫政治形成初期的士大夫言行，可以说也成为后世士大夫们的"祖宗法"，像楷模一样，指导着士大夫的行为。南宋杨万里在张公神道碑中引述了张大经的奏疏："真宗尝问治道何先，李沆对以不用浮薄，此最为先。因言梅询、曾致尧等不可用。今能如此，则浮薄之风，何患不革？"接着，又引述道："转运张士逊辞王旦，旦已权利为戒。今能如此，则贪刻之风，何患不革？"①这里，杨万里引述的，是本书中所论及的真宗朝士大夫的典型言行。因此说，研究宋代及宋代以后的历史，真宗朝实在是一个绕不过的关节点。至于在这一时期对皇权的重塑，则不过是士大夫政治的一隅。

纵观士的历史，士从来就不是附着在君主这张皮上的毛。从春秋开始，到战国时代，士不仅创造了抑制君主集权的理论，还创造了与君主平起平坐的实绩。从纵横捭阖于各国的群士，到挂六国相印的苏秦，士的力量创造了辉煌。这种辉煌，在此后中央集权的大一统政体之下，几乎光芒尽失。只是在东汉儒学国教化的势头下，在太学生运动与清议政治上，一度显示了亮色。不过也很快泯灭于乱世的混浊之中。然而，往昔的辉煌，已给士人注入了自觉的基因。即使在士的力量得不到彰显的时代，"不为五斗米折腰""安能摧眉折腰事权贵"之类的话语，都显示着士人的清醒自觉与独立意识。为宋儒所阐扬的有名的八条目——"格物、致知、正心、诚意、修身、齐家、治国、平天下"②，同样显示着士人的自觉。在这八条目中，我们找不到君主的存在。

治宋史者，多以文彦博所言"与士大夫治天下"视为此一时代之特征，并且认为其体现了一代士大夫的自豪。这固然不错。不过，这句话至多也是与魏晋时代的"王与马共天下"相伯仲，只是共治的对象换成了士大夫而已，并且文彦博说这句话的神宗时代，已经到了北宋的中后期。而早在真宗稍后的仁宗时期，张载就已经喊出了"为天

---

① 《诚斋集》卷一百二十一。
② 《大学》八条目的归纳，首见于北宋后期胡安国的殿试策问，此见于胡寅《斐然集》卷二十五《先公行状》。

地立心，为生民立命，为往圣继绝学，为万世开太平"①这样气吞山河的豪言壮语。在这句天上地下唯我独尊的话语中，哪里还有君主的位置在！以太宗朝科举规模扩大为契机，终于在真宗朝形成的士大夫政治，让士大夫如这三个字的字形所显示的那样，彻底出头，实现了璀璨的再度辉煌。

真宗朝的最大意义，就在于完成了士大夫政治的奠基。以后的一切，都从这里出发。

---

① 此语见于《张子全书》卷十四，在宋代被广泛引用，甚至南宋后期，文天祥还在科举的《迂对策》中复述。此见于《宝祐四年登科录》卷四。

延伸阅读

写在书后的前言——皇权论综述

一 皇权研究的历史回顾：我与学界

二十余年前，我先后发表了《论宋代相权》和《论宋代皇权》两篇文章，在质疑通说的基础上，初步提出了我的新皇权论。二十年来，对于皇权和相权的问题，间见论述，其中也包括对我的观点的质疑与批评。对此，不断有朋友希望我对这些批评做一些回应，可是我一直没有在国内的学术杂志上发表比较全面的意见。近年来，又在互联网上看到了一篇被广泛转载的《宋代皇权与相权关系研究综述》①，同以前看到的评论一样，将我列为其中一种观点的主要代表，才觉得有必要将我关于这方面的研究做一些整理，以期澄清一下迄今为止对我的观点的误读，并报告一下我在20世纪80年代以后对皇权研究的进展。在这里，首先简单地整理一下我这二十年来的皇权研究，对其中主要的观点略加说明，也介绍一下日本学界有关这个问题的研究状况。

为什么我会关注皇权问题，在20世纪80年代写出《论宋代相权》

---

① 桂始馨，《宋代皇权与相权关系研究综述》。

和《论宋代皇权》这样两篇文章呢？对于研究缘起，我想首先说明一下。就是说，我关注皇权问题是论从史出，还是以史证论？

大学毕业以后，出于个人兴趣，作为研究方向，我选择了宋史。出身于古典文献专业的我，为了学习宋史，开始整理南宋徐自明所撰的《宋宰辅编年录》。这是一部记载两宋大部分时期宰相及执政集团政治活动的编年史。通过在整理过程中接触到的大量史实，我对从来就不曾质疑的一个近乎公理的结论产生了疑问。这个结论就是，在传统中国的社会中，皇帝拥有至高无上的权力①。的确，在中国历史上，皇帝拥有极大的权力。那么，这种权力究竟是形式上的拥有，还是实质上的拥有呢？或者是两方面都有呢？并且，历史上各个时期的皇权又是不是毫无变化的至高无上呢？

既有的研究并不能回答我的疑问，而我接触的大量史实又冲击着这一定论。心中挥之不去的疑问引发了我的进一步的思考。为什么中国历史上的政治形态被看作君主专制呢？为什么明显与多数史实相抵牾，却几十年间一直被学界异口同声地复述呢？其原因是惑于制度的表面规定所形成的虚像，还是一代又一代不假思索地复述先学的定说呢？

问题意识形成之后，强烈的解谜愿望成为我的一个研究动力。在接触大量宋代史料的基础上，我首先从皇权与相权的关系入手，写出了与前说完全相反的《论宋代相权》。由于我的最终目的是探讨皇权的消长与变迁，因而接着又写下《论宋代皇权》一文。然而，可能是因为《论宋代相权》一文发表在先，人们似乎对我的相权论更为关注，这种关注已经或多或少湮没和冲淡了我的皇权论。其实，皇权才

① 早在20世纪30年代，毛泽东就在《中国革命和中国共产党》一文中指出："在封建国家中，皇帝有至高无上的权力。"这个说法又对学术界产生了极大的影响。

是我的讨论重点。尽管立足于宋代，着眼于宋代史料进行考察，但我的研究指向则是整个传统中国。就是说，我的研究是一项带有通史意义的作业。

不过，人们似乎有这样的感觉，我在二十余年前的两篇文章之后，便已销声匿迹，因为在国内的学术杂志上再也没有见到我关于皇权问题的集中论述。而人们在回顾这一领域的研究时，只能像品评化石一样来评论那两篇文章。其实，我在1990年东赴日本之后，一直厕身于日本的宋史学界，一直没有中断对于皇权及中国政治史的研究。由于发表的论文多为日文，所以几乎不为国内的学界所知。

那么，为什么到了日本之后，我还执着于皇权研究呢？这并非是我有着强烈的学术坚持，而主要是基于日本学界对于皇权的认识。

长年在日本从事中国史研究，深感两国学界在深层次上的学术交流与沟通的不足。两国学者都是立足于本国的学术成果展开研究，对于对方的研究成果所知甚少，更少利用。比如我在20世纪80年代写那两篇文章时，就完全不知道日本学界对皇权的基本认识。这里面，固然有语言障碍和缺乏文本流通渠道的问题，但也有一个主观上认为缺乏认识的必要性问题。否则，困难是可以克服的。这是两国学者在研究上都存在的共同问题。

在二十余年前，我写那两篇文章时，对于皇权和相权的通行说法，只能溯源到20世纪40年代钱穆的《论宋代相权》①。其实，日本的中国史学界，以内藤湖南为代表，早在20世纪20年代就已经提出了君主独裁制说②。在内藤湖南之后，从40年代的佐伯富③、50年

---

① 钱穆，《论宋代相权》，载《中国文化研究汇刊》1942年第2期。
② 内藤湖南，《概括的唐宋时代观》，载《历史与地理》1922年第9卷第5号。
③ 作《王安石》。

代的宫崎市定①、70年代的周藤吉之②，直到目前的梅原郁③，都坚持这样的认识。过去日本的中国史研究学界，分为京都学派和东京学派（历研派）。两派在很多领域很多问题上都存在分歧，但对皇权的认识则没有分歧。

从上述研究谱系看，日本学界主张的君主独裁制说，与中国学界通说的君主专制论，在本质上并无二致。只不过日本的君主独裁制说主要限定在宋代和宋代以后，而中国的君主专制论则从帝政创立直到终结，纵贯两千年间。因此，可以说君主专制论是一个超越国界的共同问题。而无论是日本的君主独裁制说，还是中国的君主专制论，又都对包括欧美在内的中国史研究及相关领域的研究产生了广泛的影响。有鉴于此，赴日之后，我觉得有必要将政治史领域中的皇权研究继续进行下去。从20世纪90年代后期开始，我陆续在日本发表了下述有关论著：

（1）《再论皇权——兼答富田孔明的批评》（《东洋文化研究》创刊号，1999年）。

（2）《“圣相”李沆——君臣关系个案研究之一》（《中国社会与文化》第15号，2000年；中文版为《文史》第52期所收录）。

（3）《“平世之良相”王旦——君臣关系个案研究之二》（《东洋文化研究》第2号，2000年；中文版为台湾大学历史学系编《转变与定型：宋代社会文化史学研讨会论文集》所收录）。

（4）《宋代士大夫精神世界的一个侧面——以范仲淹为中心》（《东洋学报》第82卷第2期，2000年；中文版为河北大学《宋史

---

① 作《东洋的近世》。

② 作《中国的历史》5。

③ 作《宋代官僚制度研究》《皇帝政治与中国》。

研究论丛》2005年第6辑所收录，题为《宋代士大夫主流精神——论以范仲淹为中心的考察》）。

（5）《再论皇权（之二）——从思想史视角的考察》（《东洋文化研究》第3号，2001年）。

（6）以上述论文为基础，整理出版之专著《宋代皇帝权力与士大夫政治》（汲古书院，2001年）。其中第八章，移译为中文，题为《代王言者——以宋真宗朝翰林学士为中心的考察》（《漆侠先生纪念文集》，河北大学出版社，2002年）。

（7）《王安石新法——祖宗不足法》（《中国》月刊第13卷第1期，2002年）。

（8）《徽宗与蔡京——权力的纠葛》（《亚洲游学》月刊特辑《徽宗及其时代》，2004年）。

（9）通史著作《中国史略》（DTP出版社，2006年）。

如果把我的皇权研究分为两个阶段，那么，就是出国前为第一阶段，出国后为第二阶段。第二阶段研究可以说是对第一阶段研究的调整修正、补充和深化。由于第一阶段的两篇文章一反成说，在海内外产生了一定的反响。日本的富田孔明在1995年的一篇论文中，说我的文章全面否定和颠覆了迄今为止的君主独裁制说[1]。在各种反响中，有一种批评，说我过分强调皇权和相权的对立。批评指出我和旧说一样，在强调此强彼弱的对立这一点上，并没有摆脱一元论的框架。后来，这种批评几乎成了对我的观点的定性，凡是评论我以前那两篇文章的人均如是说。从互联网上看到，大陆和港台地区的历史教学，也这样介绍我的观点[2]。其实，这种批评与介绍，对我的观点存

---

[1] 富田孔明，《宋代君主独裁制说再检讨》，载《小山义久博士还历纪念东洋史论集》，1995年。
[2] 如武汉大学历史学院网页两宋制度史专题。

在部分误读。

由于需要服从论述的主题，自然在《论宋代相权》一文中，我主要强调相权，而在《论宋代皇权》一文中，则主要强调皇权，对彼此的关系也主要是着眼于双方对立的一面。但同时，我在《论宋代皇权》一文中也说道：

> 一般说来，皇帝与群臣，特别是与宰执大臣，并不总是处于对立状态。相权增强，往往还同宰执与皇帝关系密切有一定的关系。

遗憾的是，持这种批评意见的人，几乎都没有注意到我的这种表述。不过，也不能说是批评者完全误读了我。应当感谢的是，这种批评促使我对以往的研究进行反省。之所以产生了不止来自一个人的这种批评，还是说明我的论述存在着偏颇与不充分。反省和思考的结果，使我展开了第二阶段的研究。上述论著反映的就是我第二阶段的研究。

简单地归纳，我第二阶段研究的前提是，把皇帝看作与官僚士大夫同处于一个政治单元中的一员，把皇权看作同一权力结构中的一部分。君臣之间，不仅有着以往研究所强调的互相制约的一面，更有着互相支持的一面，而这一面则是我在第二阶段研究的主要着眼点。同时我感到，对于皇权在政治体制内如何作用的问题，只是一般性的泛泛而论是难以解决的，而且这样论述也缺乏说服力。因此，我决定深入政治活动的细部，来考察权力运作的具体状态。于是，便有了包括宰相故事在内的上述一系列论著。

那么，为什么我的研究会得出与历来的研究几乎完全相反的结论？我以为，似乎主要应当归结为方法问题。

人们在形容看问题有片面性时，经常说"只见树木，不见森林"，我想将这句话套用过来。长期以来，在中国史研究领域，往往是"只见制度不见人"，即只是停留在对制度不惮其烦的考证上。在考察制度的沿革时，也是从制度到制度，却忽视或者说起码是轻视了一个最重要的因素，这就是在制度运作过程中人的活动。相对而言，制度是死的，是静态的，人是活的，是动态的。任何制度都要靠人来运作，人的活动在制度的运作中至关重要。因为制度本身与制度的实施不尽相同，甚或大相径庭，完全相反。这种现象，古往今来，概莫能外。就是说，制度本身是个常数，而制度的具体实施则充满了变数。王安石变法实施青苗法的过程就是一个现成的例子。而制度的变迁，则正是由于人的活动与制度运作时的调整与改变。我的研究的着眼点，重在制度实际运作下的人的活动。我在三十年前那篇《论宋代相权》的开头便指出：

> 要区别开这样两方面的问题：第一，君主的主观意图与政治舞台上的客观事实；第二，制度的设立与制度的实施。比较这两方面问题的两极，前者自然不应忽视，但后者则是更重要的方面，是决定问题性质的方面。历史的发展，政局的演变，是有其内在的原因的，而不是以某个人的意志为转移的。政治舞台上风云变幻的事实与制度的具体实施，往往与君主的主观意图及制度设立之初衷相悖。因此，如果我们只注意了前者，忽视了后者，就往往会惑于一些表面现象，难以揭示出潜藏于表象之下的本质性的东西。

我这样强调人的活动，并不是不重视对制度本身的研究。作为基础性的研究，对制度的研究不可或缺，只是不能"只见制度不见人"。与我所说的制度的设立与制度的实施相映成趣的是，最近读到的马克斯·韦伯的一段话：

> 政治行为的最终结果，往往不如人愿，与当初的意图相违，甚至常常相反。这种情形是百分之百的真实，是一切历史的基本事实。①

这里，韦伯强调的也是实际政治运作的结果。

制度史研究所存在的偏向，已经逐渐为研究者所认识。在2000年，当时的韩国东洋史学会会长李成珪在东京演讲时说："我有两个忧虑，一个是对较之动态发展过于强调静态循环感到忧虑；一个是对忽视宏观的历史体系的理解，停留于微观的分解上感到忧虑。"而邓小南的"走向活的制度史"②的呼唤，则引发了更为广泛的共鸣，令人欣喜。

二 基本概念的说明

（一）皇权

什么是皇权？如果对概念的理解不一致，则易生歧义。我所考察的皇权，是指在中央集权制度下的皇帝的权力。这种意义上的皇权，其真正形成，当始自秦始皇。在秦以前，中国社会尽管经历了夏、

---

① 马克斯·韦伯，《作为职业的政治》。

② 邓小南，《走向活的制度史——以宋代官僚政治制度史研究为例的点滴思考》，载《浙江学刊》2003年第3期。

商、周和春秋战国这样漫长的历史，当时的中国，名义上虽然也有号令之主，但实际上却是一个个相对独立的诸侯国的松散组合，并没有形成像后世那种在中央集权制度下的皇权。

"秦王扫六合"[①]，统一了中国，并自称"始皇帝"，企图把皇权万世一系地延续下去。秦朝在全国实行郡县制，皇帝权力与中央政府的权力一并走上了前所未有的高峰，真正实现了"溥天之下，莫非王土；率土之滨，莫非王臣"[②]。汉承秦制，长时期皇权强盛。在这样的历史背景之下，汉武帝时期的思想家董仲舒首倡"君权神授"说，使皇权得到了理论上的明确与巩固。

在此之后，皇权尽管不断受到挑战，如汉唐的外戚、宦官之烈，宋代的权臣之强，明代的宦官、权臣之盛，以及历代都发生的叛乱等，但除了对当朝皇帝取而代之，从未废除过皇帝制度，从未否定过皇帝的存在。并且，所呈现出的形态，大多是在维持皇帝的表面权威之下的侵权与弄权。这表明，对于皇权来说，更重要的是其象征意义。至于篡弑夺位，以及外戚、宦官和权臣干政专权，毕竟是政治生活中的极端和变例。论述皇权的演变，这仅仅是一种参数。当然，这类事实本身，既诉说着皇权本身巨大象征意义与可利用价值所带来的皇权的变质，也在一定程度上反映了对实际皇权的蔑视，实际皇权在人们观念中地位的低落。皇权的演变，我以为主要还是应当从相对正常的政治状态中加以考察。这样，得出的结论才是较为准确的。

皇权问题是一个复杂的问题。皇权之消长，不仅不同朝代不同，即使同一朝代的不同时期也不同。这种不同，又往往因人而异。然而，纵观中国历史，皇权的走向可以说是有一定规律可循的。我考察

---

① 《全唐诗》卷一百六十一，李白《古风》之三。

② 《诗经·小雅·北山》。

传国玉玺

传国玉玺取材于和氏璧，乃奉秦始皇之命所镌，正面刻有李斯所书"受命于天，既寿永昌"八篆字，以作为"皇权神授，正统合法"之信物。

秦末战乱，刘邦率兵先入咸阳。秦亡国之君子婴将"天子玺"献给刘邦。刘邦建汉登基，此后玉玺珍藏在长乐宫，成为皇权象征。

西汉末王莽篡权，皇帝刘婴年仅两岁，玉玺由孝元太后掌管。王莽命安阳侯王舜逼太后交出玉玺，遭太后怒斥，太后怒中掷玉玺于地时，玉玺被摔掉一角，后以金补之，从此留下瑕痕。

王莽败后，玉玺几经转手，最终落到汉光武帝刘秀手里，并传于东汉诸帝。后又随江山易主辗转十数次。

至隋唐时，传国玉玺仍为统治者至宝。五代朱温篡唐后，后唐废帝李从珂被契丹击败，持玉玺登楼自焚，玉玺至此下落不明。

元至元三十一年（1294），传国玉玺忽现于大都，叫卖于市，为权相伯颜命人购得。伯颜曾将蒙元收缴各国之历代印玺统统磨平，分发给王公大臣刻制私人印章。传国玉玺亦恐在其中而遭不测。

又有传言称传国玉玺被后金太宗皇太极访得，皇太极因而改国号"金"为"清"。但清初故宫藏玉玺三十九方，其中被称为传国玺者，却被乾隆皇帝看作赝品，可见其真假实难确定。

皇权，主要考察皇帝的行政权。就是说，对于政府各个部门、各个领域的运作，皇帝究竟能插手多少，插手到什么程度。

从皇帝制度创立之日起，皇帝便被赋予了至高无上的地位与权力。然而，遗憾的是，皇权究竟是皇帝个人所特有的权力，还是以皇帝为代表的政府的权力，即公权力，从来没有制度上的明确界定。因而，就连皇帝本人也不十分清楚自己的权限，常常以个人的意志取代公权力，将二者混同。而历代的官僚士大夫，则基于"天子无私"的理念，努力将皇权限制在公权力的范围之内。当然，历代出于各种政治目的，主张无限放大皇权的，也不乏其人。

由于皇权具有这样界限不明确的特质，研究者在考察皇权时，也往往将二者混淆。过去，这个问题也像梦魇一样长期困扰着我，我总是试图将二者厘清，结果则是"剪不断，理还乱"，治丝益棼。到后来，才知道这种努力是徒劳的。皇权的这种不明确性，其实是一种出于有意或无意的政治设计。界限不明确，正是中国传统政治的特征之一。比如公与私的区别，有时是谁也说不清楚的。就像元曲中描述的那个打碎了的泥人，"我泥中有你，你泥中有我"[①]。对于皇权，我以为只要做一个广义和狭义的界定就足够了，没有必要将二者勉强区分，实际上也区分不开。

从广义上讲，所有以皇帝的名义下达的诏令，包括朝廷的行政命令，显示的都是皇权的权威。从狭义上讲，皇权代表的不过是皇帝本人的言论与行动，是一种与中央政府各部门相互协调、相互牵制的权力。因此，可以说皇权是皇帝制度的权力与皇帝本人的权力的混合物。皇权的这种特质，正如同一个人具有两副面孔一样。西方学者在研究欧洲历史上的王权时，有"两个身体"之说，就是指作为个人的王，同时又是代表公权力的王。过去士大夫所说的"天子无私"，实际上只不过是一种限制皇权膨胀的理由。皇帝的权力与皇帝的地位是分不开的，但皇帝公开的，甚至包括不少私下的活动，都处于官僚士大夫的监督与规范之下。

皇权的载体是皇帝。皇帝的身份所赋予的地位与权力具有公共性质。然而一方面是中国历史上王朝的"家天下"特征，一方面皇帝也毕竟是一个具体的有着七情六欲的普通人，并不是一台一丝不苟地按指令运转的机器，这也往往使皇帝本人在认识上发生误解，以为自己拥有生杀予夺主宰万物的权力，并且在实际上很难做到"天子无私"，甚至屡屡出现脱逸公权力的常轨，恣意妄为，滥用皇权。而官僚士大夫对皇帝的进谏，对皇权的制约，则包括了恣意的皇权与制度性皇权两方面。宫崎市定在解释君主独裁制说时，排除君主的恣意行为，只

---

① 《历代诗余》卷一百一十九。

保留了皇权公共性的一面①。实际上这是无法截然分开的。日本学者的君主独裁制说所使用"独裁"一词，极易招致个人独断专行的误解，并不是一个措辞严谨的概念。

关于皇帝的地位、权力及其作用，我曾使用过两个比喻。一个是帽子。帽子不仅仅是遮风挡雨的道具，往往还具有象征意义。特别是过去的乌纱帽，对于官员来说，尤为重要。有了它，就显示出官位与权威，失去它，则无异于被罢官。如果把过去中国的官僚政治体制比作一个人，那皇帝就是这个人头顶上戴的那顶乌纱帽。在君主制的政体之下，不能没有皇帝这顶帽子。再一个是公文与印章。以宰相为首的执政集团所主持的政治运营，就像一篇公文的实际内容，而皇帝在形式上的最后裁决，就如同公文所加盖的印章。光有印章，没有内容，公文只是没有任何意义的一纸空文。反之，光有内容，没有印章，这篇公文也缺乏效力。

关于皇权与政治体制的关系，我觉得应当导入国体与政体这样的政治学概念来说明。即中央集权制度是显示国家统治权所在的国体，而君主制则是显示国家组织形式的政体。中央集权制度下的皇权，只不过是国家权力系统中的一部分②。

（二）宰辅专政

针对史学界的君主专制和君主独裁的通行提法，我提出了宰辅专

---

① 宫崎市定，《东洋的近世》。

② 虽然不是主流认识，但值得注意的是，与我的观点在实质上接近的日本学者的提法有"皇帝机关说"。这一说法无疑受到20世纪30年代在日本引起极大政治争议的"天皇机关说"的启示。这种说法，主要把皇帝与国家视作一体，强调皇帝公共形象的一面。此说主要见于寺地遵，《南宋政权确立过程研究笔记》，载《广岛大学文学部纪要》1982年第42卷特辑；小林义广，《欧阳修及其生涯和宗族》。

政的概念。宰辅专政并不是指宰相个人的独断专权，而是指以宰相为首的执政集团在中央政治运营中的决策形态。宰辅在文字上指的是宰相与辅弼大臣。宋人使用这个词，用来指宰执，即执政集团全体。我们先来看一下正史中有关的门类设置与词语表述。在《新唐书》中设置有《宰相世系表》，而在《宋史》中，与之相应的设置，却叫《宰辅表》。表名由"宰相"到"宰辅"的变化，不仅仅反映了唐宋氏族观念的变化，还折射出政治结构的变化。《宋史》的《宰辅表》的题名与内容的变化，反映了宋朝国史的编纂者和元朝《宋史》修撰者这两朝士大夫的认识。《宰辅表》的记事，不再限于宰相个人，而是以宰相为首的执政集团全体成员的任免状况的记录。从史书的这一变化上，也可以窥见从宋代开始，在士大夫政治的大背景之下，以宰相为首的执政们，作为一个整体出现在政治舞台上的事实。这个位于士大夫政治高端的执政集团，在政治运作中发挥着极为重要的作用。我想这正是史书的记述产生变化的主要原因。

根据宋人的认识与宋代的政治特征，我将我所论述的相权的外延加以扩展，指的并不完全是宰相的个人权力，而是以宰相为首的执政集团全体的权力。在宰辅专政的形态下，并不排斥皇帝的作用，皇帝也是同一政治体制中的一员。置于君主制政体之下的士大夫政治，官员的升降任免及决策施策，尽管主要决定于以宰相为首的执政集团，或者决定于各种政治势力间的角逐，但决不能说与皇帝完全无关。所有的决定都必须以皇帝的名义来表示。无论是执政集团也好，还是各种政治势力也罢，都不能无视皇帝的存在，都必须在一定程度上尊重皇帝的意志。从这个意义上说，宰辅专政实质上是在与皇帝合作下的专政。在这样的政治形态之下，皇帝的合作最为重要。因而执政集团为了取得皇帝的密切合作，最大限度地吸收皇权，往往不是将意志强加于皇帝，而是柔性应对，时而向皇帝做出一定的妥协，充分照顾到皇帝的面子。作为官僚个人,与皇帝关系的亲疏,同其官场沉浮有着相当密切的关系。然而,从实际作用上看,在决策过程中,皇帝并不担当决定性角色。一般说来,与执政集团相结合的皇权,才是强有力的皇权,反之则是孤立和无力的。同样,有了皇权的支持,宰辅专政才得以实现。二者是互补关系。

(三)士大夫政治

士大夫政治是指以士大夫为主体的官僚政治。我的考察基点之所以定在宋代,不仅仅是因为我对这一时代的史料比较熟悉,更主要的是,宋代是一个承前启后、极有特色的时代。关于宋代的时代特征,业已有许多学者论述。我以为最大的政治特征,就是士大夫作为一个独立的阶层或者说势力获得了空前的成长。这个时代被日本学者认为是中国的近世或者是前近代开始的时代[①]。从这个时代开始,通过科举进入政界的士大夫,支配了从中央到地方的主流政治。为了把这种政治形态与欧美所说的文官政治相区别,并且凸显其时代特征,我称之为"士大夫政治"。

需要特别说明的是,士大夫和士大夫政治都是一种集合概念,不含褒贬,不带感情色彩,并不完全是通常人们意象中的正面指向。士大夫指的是成为官僚的知识人,士大夫政治则是由这群人所主导的政治。就个别士大夫来看,既有秉持儒学理想的正面意义上的士大夫,亦不乏无耻之徒。而无论是德政还是恶政,只要由这样出身的人来主导,便可以称为士大夫政治。个别人的行为,改变不了整体上的政治性质。

这种知识人占绝对支配地位的政治形态,让表面上依然是君主独裁的政治制度发生了根本性的变化。在政治舞台上,皇帝不再担当主

[①]一般说来,京都的学者通常使用"近世",东京的学者则多用"前近代"。

角，而是成了配角。皇帝或许可以罢免作为个人的官员，却无力与士大夫阶层全体相对抗。实际上，皇帝如果不与朝廷的某种政治势力联手，几乎不可能轻易地罢免宰相或执政大臣。因此，皇帝必须采取合作的态度，与士大夫共治天下。从这个时代起，皇权真正开始走向象征化。

在士大夫政治这样新的国家体制下，皇帝是一种特殊的存在，皇权也是一种特殊的权力，这是延续千年的君主制政体所决定的。以士大夫为主体的政治形态，并非为宋代所独有，是从宋代开始，并为后世所承续的政治形态。作为历史长河中的一段流程，宋代不是孤立的时代，无论是皇帝制度，还是科举制度，都是从前代继承而来的。包括皇权观在内的士大夫的思想也是接受于前人，并影响到后世的。因此，可以说对宋代皇权的考察，具有通史性的意义。

（四）派系政治

派系政治是位于士大夫政治之下的概念。士大夫阶层相对于其他阶层，相对于皇帝，具有相对的独立性，或者说一体性。在与外界发生冲突时，士大夫之间以往的恩怨往往会烟消云散，共同守卫全阶层的利益。然而，士大夫阶层和其他阶层一样，人的集结总会产生派别之争。在士大夫阶层内部，由科举而生成恩师、门生、同年等关系，由荐举和共事而生成故吏、僚属等关系，由婚姻而生成联姻关系，由志趣而生成友朋关系，由政治立场而生成党派关系，总之，存在着大大小小的有形或无形的圈子和派系。在传统中国的政治生活之中，党同伐异的派系角逐随处可见。在士大夫政治之下，所谓的皇权和相权之争已经成为次要问题，政治斗争大多是以派系之争的形态呈现的，这也是宋代党争异常激烈的原因之一。

在派系政治之下，无论是作为言官的谏官御史，还是作为载笔者的侍从学士，无论是执政大臣，还是皇帝，都无一例外地成了派系斗争这个大棋盘中作用各异的棋子。在众多的棋子中，在宋代被称为"台谏"的御史台官与谏院官是最具有攻击力量的，犹如象棋中的炮。本来在中国传统的政治体制中，按照原本的设计，言官的确应当是独立于皇权和相权之外的第三势力，但由于派系政治的缘故，言官在事实上无法独立，不可能超脱于政治斗争的圈子之外。在政治斗争尚未激化之时，言官或许还可以行使其规谏君主"佚豫失德"[①]和"绳纠执政之不法"[②]，但当政治斗争趋于激化之时，言官几乎毫无例外地成为某一政治势力的鹰犬[③]。

走向象征化的皇权，尽管有着空洞化、形式化的一面，但由于直至最后也没有完成象征化的缘故，毕竟还有着实体性的一面。所以在君主制政体中的党争背景下，皇帝像神佛一样被尊崇着，皇权作为战胜对手的王牌，成为各方争取的对象。只要能与皇帝结盟，左右皇帝，就可以在党争中掌握主导权。位于政界顶端的以宰相为首的执政集团，是派系政治中的执政党，但执政党也常常会产生分裂。在党争中，皇帝没有超然置身于局外的可能。并且，卷入党争旋涡的皇帝并不能主导党争，只会被党争左右，成为某一派系的利用工具。

宋代的政治运作，并不是君主独裁，而是以宰相为首的执政集团的专政，即前面说的宰辅专政。但宰辅专政也具有派系政治的特征，人事任免、政策制定，往往可以看到派系的影子。政治的正常运作时期，派系活动潜藏于水面之下；党争激烈的非正常时期，则泾渭分明，势同水火。

---

① 《徂徕石先生文集》卷十三《上孔中丞书》。
② 《长编》卷三百六十元丰八年十月丙子条。
③ 关于言官成为某一政治势力的鹰犬，而皇权几乎不能有效地支配言官这方面的史料，不胜枚举，参见下述。

派系政治不仅是士大夫政治最主要的特征之一，也是中国传统政治的基本特征之一。如果从派系政治的角度考察包括皇权在内的许多政治现象，几乎都可以得到合理的解释。我以为从派系政治的角度入手，是研究中国政治史的一个关键。

（五）政治力学

这里并不是想机械地套用物理学的概念，而是取其相似性，借以说明政治活动的某些特征。

1.合力说

从政治学的角度看，权力也是一种力。从表面上看，多数的决策与人事任免，是出于皇帝或权臣的意志，但置于派系政治的背景之下观察，实际上并不是如此简单。透过表面现象，几乎朝廷所有的重大举措，都是君臣间公开商议或暗自策划的结果，即各种力综合作用的结果，而不是某一方面单独的力，这一点与物理学上说的合力很相似。当然力与力之间，并不是简单地相加，而是充满了较量和妥协，这里面则反映出各种力的利益诉求。较量和妥协的结果，则最终由某一种力占了上风，于是结果形成，达成平衡。

2.惯性法则

持有古代崇拜倾向的中国人，较之法律更重视先人或自己的经历和经验。这种经历和经验，在过去被称为"故事"，在宋代，大凡本朝以前实施过的即谓之"祖宗法"。实际上，故事也好，"祖宗法"也好，都是一种惯例。政治的运作几乎就是由这样的惯例推动着的。任何时代，任何地域，惯例一旦形成，就像行驶中的车子，很难停下来。要想停止，除非强制刹车。然而在通常情况下，一般不会这样做，也没有必要这样做，而是任车子一如既往地运转。随着运转速度的增大，加速度也不断增大。宋代许多所谓的"祖宗法"，实际上最初就是由某个人因某件事所形成的先例，从而成为惯例。

然而，人们往往在自己制造的惯例面前呈现出无力感。这与地位无关，皇帝也好，大臣也好，都难以抗拒惯例。在多数情况下，只能顺从惯例。还是用车子的比喻。改革之所以困难，就是难在试图让行驶中的车子停止下来或改变方向。这不仅是物理学的惯性法则问题，还有一个现实惯性和人们心理惯性的问题。人总是对未知和生疏的事物表现出本能的排斥，而对熟悉的东西感到亲切，并自然地接受，这就是加速度增大的原因。从而，惯例形成得愈久就愈难改变。正所谓积习难改，或者说积重难返。正因为如此，人们较之法律，更重视惯例，而法律亦因惯例而生，这在重视"祖宗法"的宋代尤其如此。我们常常可以看到有关宋代的编纂"类编故事"或"条法事类"的记载。当然，同样一个惯例，其效应具有着正面与负面的两面性。在政治上，不同的利益集团，站在不同的立场，总是制造于己有利的先例，并对既有的惯例，向着于己有利的方向加以微调。像这样政府以皇帝的名义实施的先例，对后来的皇帝来说，是一种制度上的制约。皇帝如果无视这些故事，无异于无视"祖宗法"，将会面临非难的压力。从这个意义上说，故事或"祖宗法"，可以说是士大夫制约皇权的工具之一。

三　思想史视野下的考察

（一）士大夫的皇权观

社会存在决定社会意识。中国历史环境下的皇权形态，决定了士大夫的皇权观。反过来，士大夫的皇权观又左右着皇权形态。

在中央集权制度下的皇权产生之前，从中国大地上出现国家形态之时起，便有了君主。随之而来，便有了古代思想家的君主论。这些古代思想家的君主论，最后大都为儒家的君主论结合现实政治加以调整、吸收和改造。特别是在春秋战国的乱世中形成的中国古代思想家的君主论，由于先于大一统的中央集权制度下的皇权而存在，就为具有尚古唯旧思想倾向的传统社会的士大夫形成其皇权观提供了强有力的理论支持。

首先，我们来观察一下中国历史环境下的皇权形态。

在中国尚未形成大一统的中央集权政权以前产生的儒家及其他学派，对于君主的认识，是在当时的时代背景之下的认识。那是一个纷乱的时代，即周王室衰微、诸侯征伐的时代。当时，不仅周天子形同虚设，就连诸侯国君主的权力也常被剥夺和取代。如鲁国的三分公室，赵、魏、韩的三家分晋，齐国的田氏代齐，等等。篡弑与取代国君的事情时有发生，而战争和内乱又给人民带来了深重的灾难。因此，当时的思想家们比较一致的思想倾向是重民，认为君主不过是某一地某一政权的行政首脑，并无神圣可言。以儒家为代表的"民贵君轻"①，可以说是那个时代君主论的集中反映。

本来，儒家思想强调的"君君、臣臣、父父、子子"②，并不是对君权的推崇，而是针对当时礼崩乐坏的时代，希望建立一种井然有序的等级秩序的主张，这与儒家所强调社会应遵守"仁义、忠孝"的道德秩序是一致的。可以这样说，先秦思想家的思想，既为后世皇权的尊崇奠定了基础，也为后世人臣限制皇权提供了理论武器。

秦始皇建立了中央集权的大一统政权。他从主宰宇宙万物的"天

———————————

① 《孟子·尽心》下。

② 《论语·颜渊》。

皇、地皇、泰皇"的名称中取其"皇"字，又从上古帝位之号中取其"帝"字，定名为"皇帝"，以主宰天上人间的上帝自况①。尽管如此，人们从长期历史现实中形成的观念，并不以秦始皇的主观意志为转移。在人们眼里，秦始皇不过就是六国争雄中的得胜者而已，仅仅是一国之主，并无神秘可言。所以，看到秦始皇巡行，项羽说："彼可取而代也！"②刘邦说："大丈夫当如此也！"③连陈涉、吴广造反时，也说："王侯将相宁有种乎？"④都认为皇帝不是天生的，而是谁都可以取而代之的凡人。五代时的武将安重荣更是直截了当地说："天子，兵强马壮者当为之，宁有种耶！"⑤宋末元初的思想家邓牧也说："所谓君者，非有四目两喙，麟头而羽臂也，状貌咸与人同，则夫人固可为也。"⑥而普通老百姓说得更明白："成者王侯败者贼。"

以上引述的这些言论，无论是知识人，还是武夫、百姓，都没有把皇帝看成神，而是看作普通的人，看作众多权力角逐者中的得胜者。这一点，中国的皇帝与同处于亚洲的日本天皇不同。

历史上的日本天皇，有着君临不执政的传统。有的学者认为在律令国家建立之初可能并非如此。不过，比较政治学者河合秀和指出："律令国家的中心是天皇家族，但政治的运作委托给了门阀，天皇的权力转化为象征性的名义。"⑦进入中世以后，统治权的行使归于摄政关白。经历了战国时代，拥有实力的织田信长、丰臣秀吉、德川家康等武将先后兼并了分立的小国，统一了日本。到了江户时代后期，全国

---

① 《史记》卷六《秦始皇本纪》。

② 《史记》卷七《项羽本纪》。

③ 《史记》卷八《高祖本纪》。

④ 《史记》卷四十八《陈涉世家》。

⑤ 《旧五代史》卷九十八《安重荣传》。

⑥ 《伯牙琴·君道篇》。

⑦ 河合秀和，《比较政治入门》。

握有实质上统治权的是将军，而天皇只不过拥有授予荣誉性称号的名义上的权力。日本历史上天皇亲政，只是在律令制下的太政官时期。19世纪后期，从德川庆喜实行大政奉还开始，特别是明治维新之后，将古代沿袭下来的天皇神格化。从而，与实质性的权力不同，天皇神圣不可侵犯的绝对权威被军国主义法西斯所利用，发动了战争。

纵观天皇的历史，天皇主要是一种精神象征的存在，几乎从来就没有充当过行政首脑。可以这样说，任何政治都有缺陷，任何执政者都有失误，而与尘世隔绝的天皇则永远是神圣的。在第二次世界大战之后，日本天皇才从天上回到人间。然而，也还是作为国家元首的身份出现的，他不必为国务大臣的任何行为负责。因而，在现代日本社会，天皇依然具有着巨大的象征作用。

中国则不然。皇帝从来就是人间帝王、世俗皇帝，是普通的凡人。在传统中国，皇帝无一不号称是"真命天子"，但这至多只能说明其皇位的合法性、正统性，是膺天命来治理天下，而并未给他带来神的身份。并且由于历朝的初代皇帝主要是以行政首脑的面目出现的，而后继的皇帝，虽说不具有开国之君的强势，但也并未完全脱离政务。因此，无论是德政还是恶政，他们都必须承担责任。政事有失，特别是重大失误，还要下诏罪己，甚至要禅让，让位给被认为是贤者的人。由于不是万世一系，不是不可替代的神，那么，就势必总是成为被指责的对象，其皇位也一直是被觊觎的目标。

早在《左传》中就有这样的论述："社稷无常奉，君臣无常位，自古以然。故《诗》曰：高岸为谷，深谷为陵。三姓之后，于今为庶。"①明代问世的小说《西游记》，更是借孙悟空之口对此做了极为

---

① 《左传·昭公三十二年》。

通俗的表述："皇帝轮流做，明年到我家。"①神不存在被革命的危机，而皇帝则不断被推翻。内忧、外患、战争、政变、灾害、民生，各种问题都可以威胁到皇位的安危。中国的皇帝由于总是留恋着手中的那点权力，不愿意超凡脱俗，成为被作为牌位供奉的神，自然，也无法摆脱被推翻、被革命的厄运。

这里还有一个问题是，既然是真命天子，何以不断被推翻呢？古代的思想家们似乎也解释不清这个问题，只好用金、木、水、火、土五行相克相生的历史循环论来加以说明。然而，无论怎样解释，也改变不了皇帝只是一个政权的代表的身份。历史上无数次的改朝换代，使皇帝已经很难在人们心目中成为真命天子。

尽管如此，在中国历史上，皇帝毕竟是一个具有特殊地位的特殊人物。开国打下了江山，创立了一个王朝，后世的皇帝又多以血统相承，在名义上，自然是这一王朝的总代表。同时，在古代中国，一个政权往往还是一个民族、一种文化的代表。因此，作为皇帝，其必然具有崇高的地位、巨大的象征性。此外，传统中国的王朝本身，具有家天下的特征。例如，汉朝是刘家的天下、唐朝是李家的天下、宋朝是赵家的天下、明朝是朱家的天下等。这种家天下的特点，也使得皇帝神圣化、正统化。

中国的皇帝尽管没有神化，但在不同人的眼中，皇帝还是非同常人。在普通老百姓的眼里，皇帝是号令天下的最高行政长官，他的诏令具有不可抗拒的权威。而在群臣士大夫的眼里，特别是在宰相等高层官僚的眼里，皇帝也是一个政权的最高行政长官，但却基本上是名义上的。与其说他们是看重皇帝本人，还不如说是看重皇帝那颗"皇帝之玺"。他们利用皇帝这个不可抗拒的权威，来发号施令，统治臣

---

① 《西游记》第七回。

民，威服四夷，推动一个王朝庞大的统治机器的运转。既然皇帝是人，不是神，加之时而插手行政事务，就不可能绝对正确。所以，在士大夫们看来，"大凡人主，不能无过"①。

士者，仕也。传统中国的知识分子，之所以叫作士大夫，就是说纯粹钻研学术、钻研科学者少，而多是与官僚政治相联系。"学而优则仕"，差不多是每一个传统中国知识分子的必由之路。因此，传统中国的知识分子，积极入世者多，消极避世者少。"修身、齐家、治国、平天下"，是传统中国知识分子的最高政治理想，因此，他们的政治责任感与事业心格外强烈。"国家兴亡，匹夫有责"，他们把亲身参与王朝的盛衰兴亡，看作自己的事业。

《宋史·儒林传》援引王回的《告友》云：

> 君之于臣也，父之于子也，夫之于妇也，兄之于弟也，过且恶，必败乱其国家，国家败而皆受其难，被其名，而终身不可辞也。故其为上者不敢不诲，为下者不敢不谏。②

王回这个下层的士人，在这里把一个王朝的命运与个人的命运紧紧联系在一起，荣辱与共，休戚相关。为了国家不败，为了避免"皆受其难"，他对"为下者"特别强调一个"谏"字，可见在他看来，"不敢不谏"的理由，并不仅仅是规谏君失，更是为了国家不败。这是一个极普通的例子。对于深受儒学思想陶铸的士大夫来说，谏诤是一种最起码的政治道德要求，儒家经典为他们提供了足够的思想武器与道德勇气。王回的这段话似乎就是《孝经·谏诤章》的复述：

---

① 《宋史》卷四百零五《刘黻传》。
② 《宋史》卷四百三十二《王回传》。

曾子曰：若夫慈爱恭敬，安亲扬名，则闻命矣。敢问从父之令，可谓孝乎？子曰：是何言与！是何言与！昔者天子有争臣七人，虽无道，不失其天下。诸侯有争臣五人，虽无道，不失其国。大夫有争臣三人，虽无道，不失其家。士有争友，则身不离于令名。父有争子，则身不陷于不义。故当不义，则子不可以不争于父，臣不可以不争于君。故当不义则争之。从父之令，又焉得为孝乎？

这里，尽管只提出了"孝""义"的概念，实际上与"忠""公"的概念有着直接的联系。"孝"是由父子关系生成的概念，然而将概念扩大，来表示君臣关系，"孝"便转化为"忠"。在传统中国，历来用父子关系来表示君臣关系，因而指向父母的"孝"与指向皇帝的"忠"，在一定程度上可以说是同义词，区别只在于概念的广狭。此外，"义"与"公"相关联。与之相反，"不义"与"私"相关联。在上的父或君若行"不义"，便与"忠"或"义"形成对立。此时，对行"不义"之父或君尽"孝"或尽"忠"，便带有"私"的性质。基于儒学的"君子之爱人也以德，细人之爱人也以姑息"①的逻辑，守"义"就必须要进谏。进谏的行为正是"公"的体现，这便是士大夫向君主进谏的理论依据。

历代王朝更替、江山鼎革之际，忠君死国的士大夫不计其数，这是因为皇帝代表了国家社稷乃至士大夫所置身的既得利益集团，对于异族入侵，皇帝还是一个民族、一种文化的代表。《礼记·文王世子》中说"为人臣者，杀其身，有益于君，则为之"，正是因为君主是一

---

① 《礼记·檀弓》。

个代表，从整体利益上说，君臣同乘一条船，所以必须同舟共济，否则，一损俱损。所以说，士大夫们对以皇帝为首的国家忠心耿耿，竭力维护，拼死匡正，并不仅仅意味着是对一姓皇帝之忠。皇帝固然是国家、社稷的代表，但在具体事情上，士大夫则将皇帝与国家分离开来。在皇帝看来，"朕即国家"；但在士大夫看来，二者则不是一回事。宋代士大夫张昭在《谏畋猎疏》中说："陛下纵自轻，奈宗庙、社稷何？"①译成白话就是："即使你皇帝不要命，那国家怎么办？"

在士大夫们看来，国家利益、社稷安危、天下兴亡，这一切都高于皇权。愚忠，"妄随人主意"，并不是美德，而是"媚道"②。为了国家利益"左右天子"，才是大忠。这种认识本身，就已经在观念上淡化了皇权，决定了士大夫在皇权问题上的是非观。作为士大夫，无疑对拥有巨大象征意义的君主恭敬有加，但这种恭敬也不是无条件、无原则的，而有其特殊的方式，此即孟子所云："责难于君，谓之恭；陈善闭邪，谓之敬。"③可见，在士大夫那里，责君、谏君即是爱君、忠君。清人评价明朝万历初年的内阁首辅大学士张居正说："明知其害于身而为之者也，明知害于身而利于国，又负天下后世之谤而勇为之者也。"④不仅是明代的张居正，宋代的范仲淹、王安石等多数士大夫也完全如此。应当说张居正是传承了宋代士大夫的担当精神的。

范仲淹守边，因违反"人臣无外交"的传统惯例，给西夏李元昊复信而被责降。对此，范仲淹在给友人的信中，正气凛然地写道："既去职任，而尚怀国家之忧。如卞生献璧，不知其止。足虽可刖，

---

① 《宋史》卷二百六十三《张昭传》。

② 《宋史》卷二百六十五《吕蒙正传》记载吕蒙正对太宗说："臣不欲用媚道妄随人主意，以害国事。"

③ 《孟子·离娄》上。

④ 杨铎，《张江陵年谱》。

璧犹自贵。"①这种被20世纪80年代一位作家称为"第二种忠诚"的理论与作为，实为中国士大夫自古以来的"道统"。

以上所说的以儒学思想为主的传统中国思想家的理论，以及由此陶铸并在长期政治实践中形成的士大夫的皇权观，正是使皇权逐步由实体性强制走向象征性、神圣性的一个最重要的思想根源。

（二）将错就错：宋代士大夫的皇权理论整合

我在前几章叙述的北宋真宗朝宰相的活动，对刚刚发轫的宋代士大夫政治具有定型的意义，对后来的君臣关系又具有强烈的示范意义。正是在这些高端政治家实践的基础上，嗣后仁宗朝以范仲淹、欧阳修为主，士大夫们开始了宋王朝的理论建设。这种理论建设并不是另起炉灶，凭空打造，而是充分利用了全社会所认同的传统文化中的主流思想儒学。

儒学走到了宋代，已经被附加了很多政治、文化的身外物，成为皇权的一个强有力的理论支撑。然而在士大夫政治的新格局之下，宋代士大夫急需进行新的理论建设，以权威的文化解释来涵盖支撑新兴的士大夫政治。利用旧有的理论资源，是最为便捷而又易于获得广泛认同的方式，所以这一方式为历代的思想家与政治家屡用不厌。范仲淹、欧阳修等士大夫也走了同样的路径，并且他们的理论建设更为深化和巧妙。他们从推原儒学本义的原道出发，最终建立起一个适足以凌驾皇权的坚固的精神壁垒。他们的原道操作，意义远远超出了有宋一代，直至帝制终结都散发着无形的能量，并且，还成为帝政之后知识人的精神营养。因此说，在真宗朝士大夫精英的政治实践之后，范仲淹等人的理论建设，对此后中国政治产生了不可估量的深远影响。

---

① 《范文正公文集》卷九《答安抚王内翰书》。

从某种意义上说，理学也是范仲淹等人理论操作的衍生物。与真宗朝士大夫的政治实践同样重要，范仲淹等人的理论建设奠定了士大夫政治下皇权认识基调，为士大夫角力皇权整合了理论资源。范仲淹等人的理论建设嗣后在理学那里大放异彩，因此，论述士大夫的皇权论，绝不能绕开范仲淹。

范仲淹像

范仲淹（989—1052），字希文，谥文正。北宋著名政治家、文学家、军事家、教育家。南京博物院藏。

以孔子的学说为主而形成的儒家学说，降至汉代，逐渐成为主流文化。然而，真正让儒学大放异彩的则是宋代的理学。宋代开创的理学，使儒学的辉煌登峰造极，渗透到中国传统文化的每一个角落，犹如空气一般无所不在。追溯理学的创生，可以说一个向来处于理学谱系之外的人厥功甚伟，这个人正是范仲淹。

尽管在《宋元学案》的《高平学案》①中也有范仲淹的一席之地，但一般并不将范仲淹视为理学家。这实在是由于范仲淹政治作为的辉煌遮蔽了他在其他方面的成就。一般述及范仲淹于理学创生的功绩，大多都说他以其当时所居的政治地位直接奖掖提携了理学的创始诸人。的确，缕述理学之滥觞，人们大多会想到宋初三先生，《宋元学案》也是从这里铺叙的理学谱系。宋初三先生为胡瑗、孙复、石介，这三个人均与范仲淹有着密切的关系。胡瑗、孙复由范仲淹推荐

———————————
① 《宋元学案》卷三。

入官，开始讲学生涯；而石介之于范仲淹，则属亦徒亦友，曾写下有名的《庆历圣德颂》①来称扬范仲淹，赞颂庆历新政。除了宋初三先生，早期的理学家张载、李觏也得到过范仲淹的指点与提携。

其实，范仲淹对于理学创生的贡献还应当包括他早期身体力行主持书院，而后在庆历新政中实施普及学校教育。这些都为理学的兴起造就了人的资源，构筑了坚实的基础。

从更广阔的视野着眼，范仲淹对于理学的贡献，则绝不仅仅限于人与事方面的作为。正如《宋史·范仲淹传》②所云，"一时士大夫矫厉尚风节，自仲淹倡之"，就是说，在宋代理学家乃至士大夫精神人格的塑造方面，范仲淹发挥的作用亦极为重要。宋初太祖、太宗两朝处于建国统一时期，第三代真宗朝组织建设大致底定，然均未遑精神建设。进入第四代仁宗朝，精神建设终于被提上日程。关于这一点，我在2001年出版的日文版《宋代的皇帝权力与士大夫政治》中有具体论述，兹不赘述。余英时先生在2004出版的《朱熹的历史世界》中也认为，欲复二帝三代的意态，大盛于仁宗之时。我想余先生所指也正是宋朝的精神建设。

范仲淹可以说是宋朝精神建设的开创者之一。范仲淹振臂疾呼，其政治盟友与文坛同道尹洙、欧阳修等人风从响应，使宋代士风为之一变。因此，我以为范仲淹的意义主要不在于他的庆历新政与抵御西夏的事功，而是他所开创的宋代精神建设。关于这一点，宋人已经意识到了。宋代理学的集大成者朱熹就这样评价范仲淹："本朝忠义之风，却是自范文正作成起来也。"③

---

① 《徂徕石先生文集》卷一。
② 《宋史》卷三百一十四。
③ 《朱子语类》卷四十七《论语》。

在宋朝的精神建设方面，范仲淹的言行起到了重要的导向作用。历来，大多把理学的出现，视为儒学的变异，而把清代的汉学视为儒学的回归。其实，清儒的儒学回归，至多是回归到将儒学定于一尊的汉代，故而多称之为"汉学"。以范仲淹为首的精神建设，则在一定程度上、一定领域里回归到了儒学原始。对于这一认识的表述，我借用韩愈文章的题目，称之为"原道"，即推原到儒学初始的精神本义。宋代士大夫的政治实践与政治言论在规范君臣关系方面，正体现了孔子的原意与春秋战国时代儒家的基本思想。

在《论语》中，记载不少孔子有关君臣关系的言论。下面，我们略加考察。

《论语·八佾》载：

> 定公问孔子："君使臣，臣事君，如之何？"孔子对曰："君使臣以礼，臣事君以忠。"

君主对臣下要尊重，双方要相敬如宾，这绝不同于后世曾出现过的"君要臣死，臣不得不死"的绝对君权。

《论语·子路》还记载了鲁定公问孔子有没有"一言而丧邦"这回事，孔子回答：

> 如不善而莫之违也，不几乎一言而丧邦乎？

就是说，君主如果说得不对也没有人违背和反对，就等于一句话能使国家灭亡。其实，孔子在这里强调的是反对君主不正确言行的重要性，这关乎国家的存亡。所以，《论语·宪问》记载：

子路问事君，子曰："勿欺也，而犯之。"

"勿欺"就是"事君以忠"。"犯之"就是反对君主的错误言行，避免"丧邦"。

以上援引的孔子言论，反映了原始儒家的君臣关系论。孔子的君臣关系论应当说既是对当时政治实践的总结，又是孔子的政治理想的宣示。在《左传·桓公二年》就可以看到这样的记载：

周内史闻之曰：臧孙达其有后于鲁乎？君违，不忘谏之以德。

可见在春秋时期，进谏君主是受当时舆论所称扬的事。任何理论都有其产生的背景与土壤，孔子的君臣关系论就是在这样的背景与土壤中产生的。这种君臣关系论在孔子之后得到了极大的发挥。《礼记·檀弓》讲了三句话：

事亲有隐而无犯，事君有犯而无隐，事师无犯无隐。

就是说，对父母要尽孝，不能冒犯顶撞，出于善意对一些事情要有所隐瞒；对老师则既不要隐瞒也不要顶撞；对君主出于尽忠，则要毫无保留地犯颜直谏。汉代大儒孔安国在《左传正义·宣公十二年》便将这种"事君有犯而无隐"的思想表达得更为充分：

进见于君，则必竭其忠贞之节，以图国事，直道正辞，有犯无隐。

在孔安国之前，战国时期的孟子就已经发挥过孔子的思想，告诉人们如何做才是对君主的恭敬：

> 责难于君，谓之恭；陈善闭邪，谓之敬。

新近出土的郭店楚简中《鲁穆公问子思》一节，也记载有子思回答鲁穆公何谓忠臣的发问：

> 恒称君之恶者，可谓忠臣矣。①

为什么在春秋战国时期会产生这样的儒家君臣关系论呢？有必要分析一下其时代背景与产生的土壤。春秋时期，王权衰微，天下诸侯争霸；诸侯国内部，则是"权去公室"②"政在家门"③的现象频发。经济关系、人际关系、土地制度、社会秩序都发生了前所未有的巨变。剧烈的动荡，使原本处于封建制框架内贵族最下层的士的处境，也发生了巨大的升降变化。多数的士沦落为平民，或成为武士及普通的士兵，也有少数拥有文化知识的士游走于教师和政客之间，或聚徒讲学著述，或游说权势、诸侯。

这种状况降至战国发展为极致。在弱肉强食的激烈竞争中，为了免于被吞并，诸侯与权门纷纷招揽人才为己所用。于是有了齐国的稷下学宫，于是有了养士达上千人的战国四公子。这种形势为拥有文化知识的士的活跃，创造了广阔的空间。这些士著书立说，献计献策，

---

① 《郭店楚墓竹简》，文物出版社整理本，1998年。

② 《朱子语类》卷八十三《春秋》。

③ 《左传·昭公三年》。

既是为了改变乱世开处方，也是为了改善自身的地位。士的活跃不仅促成了百家争鸣，奠定了中国传统思想的基础，还在中国大地上演出了合纵连横的大剧。挂六国相印的苏秦，昭示着那个时代的士的力量。

我们还是先看一下孔子处理君臣关系的态度。

《论语·宪问》记载：

> 子曰：邦有道，危言危行；邦无道，危行言孙。

就是说，劝谏君主的前提是"邦有道"，即国家政治处于尚可解救的正常状态。如果不是这样，那就洁身自好，谨慎发言。

同样是《论语·宪问》记载：

> 宪问耻，子曰：邦有道，谷；邦无道，谷，耻也。

就是说，国家政治处于正常状态，领取俸禄是应当的，反之则是一种耻辱。在孔子看来，如果"邦无道"，就不应当领取俸禄，也就是应当离开。

《论语·述而》记载孔子对颜渊说：

> 用之则行，舍之则藏。

主张积极入世的原始儒家其实也是提倡隐逸的。《论语·卫灵公》记载孔子称赞蘧伯玉说：

君子哉蘧伯玉！邦有道则仕，邦无道则可卷而怀之。

在《论语·公冶长》中还看到孔子称赞宁武子的记载：

宁武子，邦有道则知，邦无道则愚。其知可及也，其愚不可及也。

不与无道合作，被孔子视为大智若愚。

在《论语·先进》中，孔子回答季子然的提问：

所谓大臣者，以道事君，不可则止。

可见"道"就是孔子的原则尺度。

在《论语·卫灵公》中，可以看到孔子明确地说：

道不同，不相为谋。

在《论语·公冶长》中，孔子甚至说：

道不行，乘桴浮于海。

就是说，如果自己的政治理想得不到实现，就要远走海外。看到过太多的后世士大夫对君主苦谏、强谏，甚至"尸谏"，以前总觉得以上引述所见的孔子责任心不强，甚至有逃避现实的倾向，并且觉得"有犯无隐"与"道不行，乘桴浮于海"有些自相矛盾。其实，仔细思忖，并不矛盾。孔子的态度正是当时那个时代的写照，正是那个时代的士人处理君臣关系的正常方式。

君臣以义合，是那个时代君臣关系的特征，也是我们把握那个时代君臣关系的关键。既然君臣以义合，便是合则留，不合则去。所以孔子可以周游列国，所以士人可以求售于多国。不合则去，既无政治操守不坚之讥，亦无投敌叛国之嫌。可以说那个时代的君臣关系是相当开放的，也是相对平等的。在当时，君臣是一种互敬互助的合作关系，而不是人身依附的从属关系，甚至都不是一种具有法律意义的契约关系，这正是孔子以上言论的时代背景。《左传·隐公三年》中记载石碏谏卫庄公的一段话，也可以作为当时君臣以义合的时代特征的一个佐证：

> 君义，臣行，父慈，子孝，兄爱，弟敬，所谓六顺也。

这里，反映家庭关系用了"父慈，子孝，兄爱，弟敬"，反映君臣关系则用了"君义，臣行"，可见"君义"，实在是"臣行"的前提，这就是孔子所说的"君使臣以礼"，与孔子的思想一脉相承。我们在《孟子·万章》下篇可以看到：

> 君有过则谏；反覆之而不听，则去。

同样，在《礼记·曲礼》下篇也可以看到：

> 为人臣之礼，不显谏，三谏而不听，则逃之。

君臣以义合，只能存在于春秋战国的乱世，而不可能延续到以专制为特征的君主制确立的秦汉以后。因此，考察一个时代的人物言行不能脱离那个时代的背景，更不能以后世的价值观去揣度古人。在这里，还需要辨明的是，孔子所说的"事君"，即那个时代君臣关系的"君"，所指为何？这是解决问题的非常重要的关节点。

春秋战国时期的君，并不是当时名义上的天下共主周天子，而是诸侯国的国君，与秦以后君主制确立的各王朝的皇帝不可同日而语。当时的所谓"事君"，不过是与诸侯国的国君共事。那个时代的君，地位并不稳定，外敌进攻，内乱篡夺，都可能失位亡国。因而《左传·昭公三十二年》说"社稷无常奉，君臣无常位"。

在当时君的地位并不是很高。孟子就说："民为贵，社稷次之，君为轻。"①关于君臣关系，孟子还说："君之视臣如手足，则臣视君如腹心；君之视臣如犬马，则臣视君如国人；君之视臣如土芥，则臣视君如寇雠。"②明初，太祖朱元璋读到孟子的这段话时，曾勃然大怒。《明史·钱唐传》载："帝尝览《孟子》，至草芥寇雠语，谓非臣子所宜言，议罢其配享，诏有谏者以大不敬论。"③朱元璋不仅要将孟子逐出孔庙，还下令删节"非臣子所宜言"的《孟子》。其实，孟子所言，不过是孔子"君使臣以礼，臣事君以忠"的展开。孔子与孟子一脉相承的君臣关系论，正是那个时代精神的折射。

不过，由于儒学在后世的普世化，使得朱元璋误读。不仅是朱元璋误读，由于"君"的字义旨归在后世就是指皇帝，所以后人也往往不考虑其历史内涵，不加区分地使用，也不加区分地将先秦文献中的"君"字与后世的皇帝等同视之。历史内涵在同一词语中产生的变化，往往将人们的理解导入误区。

---

① 《孟子·尽心》下。
② 《孟子·离娄》下。
③ 《明史》卷一百三十九。

公元前221年，中国大地上出现了皇帝。秦始皇创制，把皇帝推向了至高无上。为了强化皇帝的权威，规定了一整套专用的称呼。汉代蔡邕《独断》[①]载："天子正号曰皇帝，自称曰朕。臣民称之曰陛下。其言曰制诏，史官记事曰上。车马衣服器械百物曰乘舆。所在曰行在所，所居曰禁中，后曰省中。印曰玺。所至曰幸，所进曰御。其命令一曰策书，二曰制书，三曰诏书，四曰戒书。"不仅如此，历代还逐步完善了一整套强化皇权的礼仪制度，"草具一王仪，群豪果知肃"[②]。从此，儒家文本所反映的春秋战国时代以义合的君臣关系，便失去了存在的基础。

在君主制下，皇帝处于金字塔顶端，君临天下。尽管历代历朝的各个时期实际皇权的强弱消长不同，但君主制犹如一顶帽子，扣在中国历史的头上，其权威不容置疑，直到20世纪初叶才得以脱去。

不过，尽管中国历史一直扣着君主制的帽子，但在各个时期则呈现出不同状况。10世纪中叶稍后，中国历史走到了宋代。在宋代之前，中国历史经历了一个类似春秋战国那样失去权威的乱世，这就是五代十国。虽然这个乱世加上唐代后期的混乱，总共只有百余年，但由于历史步伐的节奏业已大大快于春秋战国时期，因而带给社会的冲击仍然不可谓不大。

唐末五代的大动荡，加速了社会流动，荡涤了魏晋南北朝余绪于唐代的门阀观念。特别是五代时期政权像走马灯似的频繁更迭，不仅打散了传统的政治组合，也让皇帝头上"君权神授"的光环变得黯淡，这也给君主制下的君臣关系带来了冲击。

在隋唐以来经济发展与文化繁荣长期积淀的大背景下，宋朝的统

---

① 《独断》卷上。
② 《临川先生文集》卷九《叔孙通》。

治层怀有强烈的摆脱唐末五代以来武人跋扈的意识，避免新兴的宋王朝成为继五代之后的第六代，自然而然地选择了重文抑武的政策取向。这个同样是通过篡夺的方式建立起来的政权，从统一事业大体底定的第二代太宗时期起，开始扩大科举取士的规模。

隋朝创立的科举制度，在唐朝被继承发展下来。不过，由于每科取士过少，科举官僚并未成为政治的主流，至多只是带给及第士人一种"春风得意马蹄疾，一日看尽长安花"①的愉悦与荣耀。不绝如线的科举终于在宋代成为洪流，一榜及第士人往往由过去的十数人或数十人增达数百人甚至上千人。这是一种能够最广地笼络士大夫的政治策略，这种政治策略增强了士大夫对宋王朝的向心力。而科举取士规模的扩大则势所必然地造成了士大夫政治。

士大夫政治，无疑是以士大夫为主角的政治形态。那么，在君主制下的士大夫政治体现的是一种什么样的君臣关系呢？用北宋宰相文彦博的话说，就是"与士大夫治天下"。"与士大夫治天下"这句话省略的主语是皇帝。在士大夫作为一个强势阶层空前崛起的时代背景之下，"与士大夫治天下"这句话实在是充满了一代士大夫的自豪与自信。文彦博是同宋神宗的对话时说到这句话的，实际上也在提醒君主，我们是这个政权的合作者。既然君主"与士大夫治天下"，就必须"君使臣以礼"。"与士大夫治天下"所透射出的新型的君臣关系，也可以说是对春秋战国"君臣以义合"的一种客观事实上的回归。

从语言表述上考察，宋人又重拾"君臣以义合"的话语。南宋初年的李衡在他的《周易义海撮要》卷五引述程颐的话就有"同德相求，如君臣、朋友以义合也"。南宋中期的杨简也在其《杨氏易传》卷七说"君臣以义合，有道则见，无道则隐"。同为南宋中期的王宗

---

① 《唐才子传》卷三引孟郊诗。文见《孟东野诗集》卷三。

传在《童溪易传》卷二十二论述父子、君臣、夫妇、长幼、朋友关系时也说："父子以仁亲，君臣以义合，夫妇以礼别，长幼以序秩，朋友以信遇。"南宋后期真德秀所云亦如出一辙："父子之恩即所谓仁，君臣之敬即所谓义，夫妇之别即所谓礼。"①

《大学》所言有名的八条目"格物、致知、诚意、正心、修身、齐家、治国、平天下"，尽管先是讲了不少个人学习与修养，但旨归则是最后的"治国、平天下"，这正体现了儒学的积极入世精神。在儒学的这种思想的世代熏陶之下，在中国知识分子的血液里，一直流淌着一种责任意识，一种以天下为己任的责任意识。不过，许多士大夫的这种责任意识，由于客观环境与统治者的政策等因素，在许多时期里都得不到施展。魏晋南北朝时期，门阀士族是政治舞台上的主角，"上品无寒门，下品无士族"，这种门阀制度及其残余观念一直影响到唐代。这样就使大多数士大夫难以"达则兼济天下"，只好转而"穷则独善其身"。

而宋代科举取士规模的扩大，则促进了和平时期的社会流动，打破了曾经是贵族垄断官位的局面。由于"取士不问家世"②，读书人只要耐得寒窗苦读，在机会基本均等的竞争之下，其中的出类拔萃之辈便能够脱颖而出，通过科举而跃入统治层，成为统治结构中的一分子。入仕后的士大夫们，不再因难跳"龙门"而顾影自怜。恰恰相反，社会环境的改变，入仕的成功，"兼济天下"之志的再度激发，使他们以所投入的政权安危为己任，不再充当冷眼观世的局外人。这一切都强化了一代士大夫的责任感与事业心。

出身贫寒的范仲淹作为这一政策的受惠者，通过科举及第，参与

---

① 《西山文集》卷四《召除礼侍上殿奏札》。
② 《通志》卷二十五《氏族略》。

到士大夫政治之中。其政治主张与政治实践，在"与士大夫治天下"的政治框架之下，把君主制下的君臣关系向原始儒学进行了大幅度回归，为士大夫政治的实行提供了理论保障，这也可以视为范仲淹在理学上的一个贡献。我们来看一下范仲淹的言论。

范仲淹主张："儒者报国，以言为先。"①根据孔子的原则，"邦有道，危言危行；邦无道，危行言孙"，范仲淹的"儒者报国，以言为先"的前提，是他出于"邦有道"的认识，力图使自己身处的政治更为理想。天圣七年（1029），垂帘听政的刘太后准备在冬至接受朝拜大礼，届时将由宋仁宗率文武百官为太后上寿。范仲淹闻讯后，上疏极言不可。他认为天子"奉亲于内，自有家人礼。顾与百官同列，南面而朝之，不可为后世法"②，并且要求太后还政于宋仁宗。范仲淹的这些言论，触怒了颇有野心效法武则天的刘太后。她把范仲淹逐出朝廷，贬为河中府通判。范仲淹的这些言行，也使曾推荐他的晏殊担心连累自己。晏殊把范仲淹叫去严加责备。为此，范仲淹给晏殊写了封长信，理直气壮地做了解释。信中写道："事君有犯无隐，有谏无讪。杀其身，有益于君则为之。"在这封信中，范仲淹公然申明，他不想做明哲保身、不负责任的"循吏"，而是要"发必危言，立必危行"，以"致君于无过，致民于无怨"，使"政教不坠，祸患不起，太平之下，浩然无忧"③。

明道二年（1033），刘太后死去，宋仁宗亲政。范仲淹被招还，担任了谏官。不久，就发生了仁宗废黜郭皇后之事。范仲淹与御史中

---

① 《范文正公集》卷十六《让观察使第一表》。按，范仲淹此语又为同时代的田况在《儒林公议》中援引。

② 《宋史》卷三百一十四《范仲淹传》。

③ 《范文正公集》卷八《上资政晏侍郎书》。按，北宋人所编《宋文选》卷六亦收录此信。

丞孔道辅率众台谏"伏阁争之",结果被押解出京城,贬知睦州①。即使这样,范仲淹依然不忘劝谏仁宗,他告诉仁宗,"有犯无隐,人臣之常;面折廷争,国朝盛典"②。以上,范仲淹两次说到的"有犯无隐",正是前面引述《论语》的思想和《礼记》的原话。

朱熹说:"本朝忠义之风,却是自范文正作成起来也。"同时朱熹还说:"士大夫以面折廷争为职。"③"面折廷争",历代不乏其人,但在宋代作为一种风气,实在是"自范文正作成起来"的。而范仲淹的理论依据正是原始儒家的君臣关系论。

宋代理学,由二程至朱熹建构起全新的君主论,从心、性、理、道等基本范畴出发,勾勒出理想的内圣外王的君主像。为了塑造出他们心中企盼的君主,他们主张以义理规范君主,要求君主讲求王霸之辨,明义利之分,期望君主自律,正心诚意,最终恢复"尧舜相传之道"④,三代王道之治。一个时代有一个时代的理论,而任何理论的产生都不是无由头的空穴来风,更不是哪个人的突发奇想,都是时代的产物,有着鲜明的时代印记。

在士大夫政治的大背景之下,范仲淹等主流政治家的政治理论与政治实践,为后来的理学家建构新君主论提供了坚实而深厚的积淀,使其不必仅仅凭依空洞虚幻的传说来复原三代。北宋立国以来,太祖、太宗、真宗三朝所形成的"祖宗法",并不仅仅是君主个人的作为,而是君臣共创的集体行为。特别是士大夫政治真正形成的真宗朝以来,政治家规范皇权的作为,不仅给后来的政治家树立了得以效法的行为模式,也给理学家的理论建设提供了精神资源,树立了一个真

---

① 《宋史》卷三百一十四《范仲淹传》。
② 《范文正公集》卷十五《睦州谢上表》。
③ 《朱子语类》卷一百三十二。
④ 《朱子语类》卷五十八《孟子》。

真切切的参照系，让虚幻的三代在现实中得以凿实。不仅如此，士大夫政治打造出的君臣和谐的"邦有道"的氛围，更给了理学家极大的精神自信。

说范仲淹开创了宋朝的精神建设，不仅是指范仲淹提携理学开山诸先生，积蓄了人的资源，还表现在范仲淹大力倡导古文运动，疾呼"当抗心于三代""追三代之高"①。

"回向三代"并不仅仅是宋代政治文化中一种特有的现象，这是从孔子以来的儒学士人的长久梦想。不过，"回向三代"不仅在春秋战国的乱世没有实现的可能，在君主制树立起绝对君权之后更是化为泡影。宋朝开国，惩于前鉴，以重文抑武为基本国策，又急于以本朝之文人官僚取代前朝及列国之旧臣，遂将科举取士规模空前扩大，士大夫势力崛起，终于形成与君主共治天下的士大夫政治。于是历史给了宋代士大夫一个绝好的机会，使宋代士大夫得以不变动君主制外壳而重塑皇权。

在宋初强势君主太祖、太宗逝去之后，李沆、王旦、寇准等科举出身的士大夫官僚成功地规范了宋朝第一个正常即位的君主宋真宗②。此后，真宗朝政治便成为宋朝"祖宗法"的一部分，影响并规范了后来的政治。真宗朝政治最明显的效果，就是造就了下一代的"百事不会，只会做官家"③的宋仁宗。无为而长期在位的宋仁宗，给了包括范仲淹在内的宋代士大夫大展拳脚的广阔空间与时间，也让包括理学在内的宋代文化真正从这一朝发轫。可以这样说，宋代的士大夫政治为"回向三代"理想的实现提供了可能。这其中，范仲淹的

---

① 见《范文正公集》卷七《奏上时务书》。参见笔者《范仲淹与北宋古文运动》，载台湾《大陆杂志》1997年第94卷第4期。

② 参见本书第一章、第二章、第三章。

③ 《北窗炙輠录》善上。

言行对后人产生了相当大的影响。

理学家塑造内圣外王的君主形象，主要以尧舜为楷模。而范仲淹规劝君主正是处处抬出尧舜。比如范仲淹希望君主从善如流，舍己从人，就举出古代的虞舜，说"虞舜以舍己从人而称圣德"①。范仲淹儆诫君主时也如是说："尧舜则舍己从人，同底于道；桀纣则以人从欲，自绝于天。"②范仲淹主张砥砺名节时也说："名教不崇，则为人君者，谓尧舜不足慕，桀纣不足畏；为人臣者，谓八元不足尚，四凶不足耻。"③由此可见，范仲淹的言行不仅给后来的士大夫提供了可供效仿的政治资源，也给理学的产生直接提供了理论营养。

下面，我还想讨论一下范仲淹关于忠的言论。向来，都把忠理解为向皇帝尽忠、效忠，以致还有"愚忠"的说法，这其实是君主制创立以后形成的观念。范仲淹所理解的忠与前人甚至后人都有所不同。范仲淹在他的《杨文公写真赞》④中有一段对寇准的评论：

> 寇莱公当国，真宗有澶渊之幸，而能左右天子，如山不动，却戎狄，保宗社，天下谓之大忠。

澶渊之盟时的宋真宗，按当时的佞臣王钦若的说法是，被寇准像赌博的孤注一样掷于澶州城下。而范仲淹则把寇准这种"左右天子"的行为视为大忠。由于范仲淹这段话很典型地代表了宋代士大夫的皇权观，因此被《国朝二百家明贤文粹》《古今源流至论》《自警编》

---

① 《范文正公集》卷十六《让观察使第三表》。
② 《范文正公集》卷二十《用天下心为心赋》。
③ 《范文正公集》卷八《上资政晏侍郎书》。
④ 《范文正公集》卷八。

《宋史全文》等宋、元人的著述广泛征引①。

以范仲淹为端绪，宋代士大夫对忠的认识也比以前有了相当大的改变。《东都事略》的作者王称在卷九十六《李清臣传》中写道："人臣以公正为忠。"②就是说，对宋代士大夫来说，忠并不仅仅意味着对皇帝本人效忠，而是体现在行为的公正上。这样的忠，更接近于忠诚、忠实的意思。范仲淹对寇准"左右天子"的行为评价为"天下谓之大忠"，这种大忠，无疑是"大公"的同义语，也就是把通常意义上的忠转化成为对天下尽忠的"大公"。

范仲淹对忠的解释，最接近原始儒家的认识。孔子说"臣事君以忠"。在《论语·卫灵公》中，孔子还说"事君，敬其事而后其食"。这句话可以看作孔子对"臣事君以忠"的解释。这个解释从文字学上也可以找到根据。《说文解字》云："忠，敬也，尽心曰忠。从心，中声。"《论语·学而》记载孔子的弟子子夏也阐述过"事君"。他说："事君，能致其身。"这里的"致其身"并不是后世理解的献身，而是孔子所说的"敬其事"，即尽心尽力。将"敬其事"具体化，并不是教人做个循吏，而是要像孔子所说的"勿欺也，而犯之"，也就是《礼记》所说的"有犯无隐"，只有这样做了，才能称得上是忠，才是郭店楚简中子思所说的"恒称君之恶者，可谓忠臣矣"。而范仲淹的"左右天子为大忠"，正是这种原始儒家君臣关系论的回归。不仅是回归，更是发展。因为范仲淹的"左右天子"已经不是停留于进谏层面的言论，而是付诸了切实的行动。

原始儒家的君臣关系论产生的背景是春秋战国的乱世，其君臣的

---

① 对范仲淹这段文字的援引，分见《国朝二百家明贤文粹》卷八十八、《古今源流至论》后集卷九、《自警编》卷八、《宋史全文》卷七。

② 此语也为稍后的徐自明在《宋宰辅编年录》卷十一援引。

"君"，指的是诸侯国君。一千多年后，范仲淹摒弃在君主制出现后形成的变形了的君臣关系论，直向原始儒家的君臣关系论回归，实际上是一种概念错位，把原始儒家所指原本的诸侯国君，来向上对应君主制下的皇帝。在讨论范仲淹与原始儒家的君臣关系论时，我们必须要注意这一点。

按说以范仲淹的儒学素养是不应当会有这样简单的错误的。那么，解释就只能有一个，就是范仲淹有意识地做了这样的概念错位。从前人的论述中寻求理论支持，其实往往也是取其所需，古为今用。这在古今中外并不稀见。不过，让我深感兴趣的是，宋人居然完全接受了范仲淹的这种概念错位，并没有一个人指出过这个问题。

从宋代开始的对范仲淹的充分肯定与形象重塑，也说明了宋代及后世的士大夫对范仲淹的君臣关系论的认同。这又是一个值得探讨的问题。正如探讨原始儒家的君臣关系论必须回到春秋战国的语境中去一样，探讨范仲淹有意错位不同时代的君臣关系概念，也应置于宋代的具体氛围中审视。

宋代是一个不同于以往的全新社会。唐末五代动荡的现实，几乎把"君权神授"的观念打得粉碎，皇帝也在这种现实之下，从至高无上的天子重新走回人间。在宋代士大夫那里，皇权观念降低的同时，国家意识却增强了。皇权在实际政治生活中受到很大的限制，而中央政府的管理机制则日趋完善。这种局面，使皇帝重新定位，即将其地位以新的形式再度"提高"——推向象征化。作为皇帝，其作用在于，以国家、民族的象征，来维系一个社会、一个民族的凝聚力、向心力。当然，中国古代的皇权由于各种复杂的原因，并没有走向彻底象征化，因而也就没有最终形成君主立宪。

唐末五代时期近百年的剧烈动荡，造成了一种文化断层。这种机缘，使在新的社会环境下崛起的一代士大夫得以回头重新审视原始儒家，重塑传统，再造理论。在对待皇权的问题上，宋代士大夫的观念也与前代有着明显的不同。在这样的背景下，着手从事宋代精神建设的范仲淹、欧阳修等士大夫，以中国传统知识人习用的复古方式，向原始儒家回归，从原点开始寻求精神武器。武器重在性能，重在效果，概念错位也是为了现实需要。

君主制出现后形成的变形了的君臣关系论，强调孔子的"君君，臣臣，父父，子子"，用以强化皇权，要求臣子的绝对服从。出于限制皇权、维护士大夫政治的需要，范仲淹重新拾回并还原了原始儒家的君臣关系论，用以排斥上述变形了的君臣关系论。从此，范仲淹等宋代士大夫还原的原始儒家的君臣关系论一直成为后世士大夫抵抗皇权的精神武器。从朱元璋迁怒于孟子，我们可以看到原始儒家的君臣关系论在后世所显示的力量，由此也可以看到范仲淹等宋代士大夫原道的意义所在。

其实，从前面引述的孔孟言论中，我们可以看出，在春秋战国时期产生的原始儒家的理论中已经含有与君权对抗的基因。儒家的这种超国家主义的文化哲学滋养了民本思想。原始儒家的君臣关系论，与君主制出现后形成的变形了的君臣关系论完全是南辕北辙、背道而驰的。这种原始儒家的理论基因，理所当然地在士大夫阶层空前崛起的宋代成为新的理论资源。

程颐极口称赞孟子，说"周公没，圣人之道不行；孟轲死，圣人之学不传"①，把孟子与周公相提并论。真德秀也接着程颐称颂程颢"辨异端，辟邪说，使圣人之道焕然复明于世，盖自孟子之后一人而已"②。在宋人看来，从孔子到宋儒，传承道统，孟子是极为重要的

---

① 《二程文集》卷十二《明道先生墓表》。
② 《西山读书记》卷三十。

一环。南宋时朱熹为《孟子》做注释，将《孟子》与《论语》《大学》《中庸》并列，《孟子》的地位上升，成为儒学最重要的经典"四书五经"之一。当然，对孟子言论的重视，在宋代以前具有独立意识的士大夫那里已见端倪，比如唐代韩愈在其名篇《原道》中，就把孟子视为战国时唯一的孔子道统传承者。

不过，揣度君主的心理可知，不仅朱元璋对孟子的言论恼火，宋代的君主同样感到不舒服。南宋末年的皇太后在榜朝堂文中就说："孟轲谓：君视臣如草芥，则臣视君如国人。又谓：谏于其君而不听，去则穷其力而后止。识者犹以为非君臣之正谊。"[1]这段话正反映出君主对孟子的不满。然而，尽管不满，也阻挡不了孟子在宋代上升到"亚圣"的地位，这恰恰说明了士大夫政治的强势。

而在士大夫政治的背景下，尤为宋代理学家所看重的，有很大成分是孟子学说中与君权对抗的要素。正是这样的要素，促使范仲淹等宋代士大夫向原始儒家的君臣关系论回归。当然，他们回归原始儒家的君臣关系论，用以限制皇权，仅仅是限制皇权暴走，防止皇权走向绝对化，并不是寻求与皇权形成彻底对立。限制的目的，是为了更和谐、更有效地共治天下。而朱熹称颂范仲淹，更可以说是从一个侧面反映了从政治层面走向社会层面的理学与原始儒家的深刻回应。

范仲淹不仅在言行上努力向原始儒家的君臣关系论回归，还在理论层面上进行了具体操作。比如他曾写下解释《周易》的《易义》[2]，还写过《说春秋序》[3]。把范仲淹对儒家经典的解释与后来王安石的《三经新义》及二程、朱熹等理学家的经典重释结合起来考

---

① 《钱塘遗事》卷七《朝臣宵遁》。

② 《范文正公集》卷五。

③ 《范文正公集》卷六。

察，可以发现其中蕴含有更为深远的意义。就是说士大夫阶层的空前崛起，不仅占据了实际的政治制高点，还试图通过经典重释来拥有绝对文化权力。文化权力的掌握反过来更可以成为政治权力的保障。而范仲淹正是宋代士大夫及后来的理学家试图努力掌握文化权力的先行者之一。

我还想从更为宏观的视点来思考范仲淹向原始儒家君臣关系论回归的意义。作为知识人，发散着独立精神的春秋战国时期的士，随着秦汉时代的君主制的确立，由原来"君臣以义合"的游离状态被吸附到统治体制中，就像附着在皮上的毛。而唐宋以来科举制施行的原初立意，未尝不是君主"天下英雄尽入吾彀中"[①]那样的强化吸纳，使知识人都成为为我所用的"天子门生"，让皮上的毛粘贴得更为紧密。不过，正如列宁借用俄国一位作家的话所说的那样，"据说历史喜欢作弄人，喜欢同人们开玩笑，本来要进这间屋子，结果却跑进了那间屋子"[②]，宋代士大夫政治的确立，反而使被吸纳到体制内的士大夫形成了适足与君权抗衡的强大势力。依然处于体制内，却不再是君权附庸的御用工具，而成为政治舞台的实际主宰，此时已经皮毛难分。这是对君主本意的异化，也意味着对春秋战国时期士的独立精神的复苏与回归。可见同样是处于体制内，不同时期不同环境则呈现出不同状态。这一点必须加以区分，不能一概而论。

范仲淹在言行上努力向原始儒家君臣关系论回归的操作，在新的背景下对士大夫独立精神的唤醒、独立人格的塑造，其意义不仅在于朱熹所说的作成了宋朝忠义之风，还像一种被重新激活的基因，被植入中国知识人的深层意识之中，世世代代产生着影响。

---

① 唐太宗语，见《唐摭言》卷一。

② 《列宁全集》第25卷，人民出版社，1963年。

（三）君主的自律意识

征服欲作为一种动物性本能，一直存留在开化与未开化的人类身上。而权力与地位，则最能激发一个人的驾驭欲与统治欲，这也是变形的征服欲。同时，人的本性又是不愿被束缚的。对皇帝来说，本来，贵为天子，不仅理应没有任何束缚，而且其地位又使他合法地拥有最大的权力。然而，在中国历史上，有过太多的弑君篡位、改朝换代。殷鉴不远，回顾这一幕幕血与火交织的政治史，是无法使在位的君主轻松起来的。

史载，宋太祖有一天闷闷不乐，左右问其故，他却反问道："尔谓天子为容易耶？"①"天子置身兆庶之上，若治得其道，则此位可尊；苟或失驭，求为匹夫不可得。"②这样的道理，不仅为宋太祖，也为多数皇帝所深知。唐太宗与他的大臣们也屡屡言之："人犹水也，水所以载舟，亦所以覆舟。"③头脑清醒一点的君主总是以史为鉴，以人为鉴，如履薄冰，如临深渊地做着"万乘之主"。这种历史的因素，无形中制约着君主不能滥用权力，对自己的行为有着一定的自律性。所以，宋太祖"以坠马之故而罢猎，又以乘醉之误而戒饮，迁善改过，不俟旋踵"④。

南宋的黄震转述了这样一件事：

---

① 《长编》卷一建隆元年十二月壬辰条。
② 这是《宋史》卷二百四十二《后妃传》记载杜太后对宋太祖说的话。按，"求为匹夫不可得"之语，最早见于《新序》卷六，西汉刘向以纣王为例告诫后世君主。
③ 《贞观政要》卷一记魏征对唐太宗言此语时，说"闻古语云"；《旧唐书》卷七十《岑文本传》在岑文本的奏疏中记载了这句话，声称为孔子所言。按，此语较早见于《荀子》的《王制》《哀公》两篇。《哀公》篇亦记为孔子所言。
④ 《皇宋中兴两朝圣政》卷四十七乾道四年六月戊戌条。按，此语又见朱熹《晦庵集》卷九十六《陈公（俊卿）行状》。

太祖即位，造薰笼，数日不至而怒。左右对以事下尚书省，尚书省下本部，本部下本局，覆奏得旨，复依方制造。太祖怒曰：“谁做条贯？”曰，可问宰相。（赵）普至，对曰：“此自来条贯。不为陛下设，为陛下子孙设。后代若非礼制造奢侈之物，经诸处行遣，必有台谏理会。此条贯深意也。”上大喜曰：“此条贯极妙，无薰笼事小事。”[1]

这是转引北宋学者刘安世叙述的宋太祖轶事。由此可见，烦琐的行政条例、缓慢的公文旅行，尽管带来行政效率低下的弊端，但在各个环节都具有一定的监督机制，监视着包括皇帝在内的不正当行为的发生。这是传统中国政治体系中官僚系统的特殊设计，这种设计使文书传递需要时间。有意迟缓的传递过程，实际上是等待着一道道反馈机制发生作用，来防止匆促决策与草率行动。

进入行政运营的系统之中，大量的行政条例就像绳索一样将包括至高无上的皇帝在内的一切都束缚住了。人的本性都想摆脱束缚，但当境况与利益要求不得不接受束缚时，也只好就范。对于皇帝来说，政府的条例正是如此。正如谚语说“水从方圆之器”，置身于各种条例与法规之中的皇帝，犹如器中之水，不得不从。

在中国历史上，许多朝代的开国皇帝都是文化程度不高的粗人武夫。如五代时的荆南国君高从诲，当后晋的国子祭酒送给他经书时，他说：“祭酒所遗经书，仆但能识《孝经》耳。”[2]这些人为了长治久安，都毫无例外地接受了知识人的指导，逐渐地明白了“马上打天

---

① 《黄氏日钞》卷四十四《读本朝诸儒书》。
② 《宋史》卷四百三十一《田敏传》。

下，却不能马上治天下"①的道理，较快地从武功转向文治，这就给了士大夫用他们自己的皇权观来规范君主的机会。

为了驾驭一个国家的统治机器，开国君主不仅建立了侍讲侍读制度，自身努力学习，提高文化水平，完成从军人到政治家的转变，而且，为了使江山世世代代永保，还为子孙建立了严格的保傅制度。这样，太子保傅与皇帝的侍讲侍读学士，在君主即位前后，整日向他灌输传统的为君之道，告诫他要做个好皇帝，将其纳入符合统治集团根本利益的君道。

在我看来，在中国历史上，较为正常的政治形势之下，基本上未出现特别过分的暴君这一点，就与历朝特别是唐宋以后建立有健全的保傅制度与侍讲制度有很大关系。这种士大夫所施加的君主观，强化了君主的自律意识，使其往往主动将自己的行为约束在君道的规范之内。因此，士大夫们非常重视侍讲侍读制度。程颐就说"天下治乱系宰相，君德成就责经筵"②。《东都事略》高度评价了宋真宗重新设置侍讲侍读制度："讲读之职，自唐有之。五代以来，时君右武，不暇向学，故此职亦废。太宗崇尚儒术，尝命著作佐郎吕文仲侍读，寓直禁中。然名秩未崇。真宗奉承先志，首置此职，班秩次翰林学士，禄赐如之。"③

刘邦在成为皇帝之前一边洗脚一边延接儒生的轶事为众所周知。宋太祖在登上皇位之初，也有过很蛮横的行为。有一天，太祖正在后苑用弹弓打雀鸟。一个官员声称有紧急事情求见，玩到兴头上的太祖只好停下来接见这个官员。结果听了报告，不过是些寻常并不紧急的

---

① "居马上得之，宁可以马上治之乎？"是汉初陆贾讲给刘邦的道理。见《史记》卷九十七《郦生陆贾列传》。
② 《长编》卷三百七十三元祐元年三月辛巳条。
③ 《东都事略》卷三十七《夏侯峤传》。

事情，太祖便质问那个官员。官员说，再不急也急于您弹雀。太祖恼羞成怒，拿起随身携带的柱斧，用斧柄打掉了那个官员的两颗牙齿。那个官员从容地拾起地上的牙齿，装到衣袋里。太祖见状更为恼怒，说难道你还要告我不成？那个官员回答，臣不敢讼陛下，自有史官书之。这句话让太祖清醒起来，怒气顿消，和颜悦色地抚慰了那个官员[1]。刘邦和宋太祖的这些行为，正显现出其没有接受过帝王教育的野性的一面，而接受过正常帝王教育的皇帝几乎不会做出这样的举动。

宋真宗曾在晚上召见担任翰林学士的王曾，君臣二人聊了好久。当王曾告辞后，真宗又让内侍立刻去告诉王曾，刚才是因为急着想见你，所以来不及更换朝服，你千万不要以为我是怠慢你呀[2]。这是一个与刘邦洗脚接见儒生适成对照的例子。此时的真宗已不是处于尚未适应九五之尊地位的即位初期，但依然如此在意接见臣下未穿正式朝服的事情，为此还专门向臣下表示歉意，可见帝王教育的效果已经渗透到了帝王生活的一点一滴。

历史上谏官制度的设立，是为了规劝纠正君主的过失。然而，这毕竟是一种过失已经出现之后的纠偏，犹如消极的防御。努力使君主增强自律性，则是一种从根本上防止君主犯错误的有效措施。用陈亮的话说，就是"谏身不如谏心"。他说：

---

[1] 《豫章文集》卷二《尊尧录》："太祖一日后苑挟弓弹雀，臣僚中有一人，称有急事请见。帝亟出见之。及览奏，乃常事耳。帝怒曰：'此何为急事？'其人曰：'亦急于弹雀耳。'帝以斧钺柄撞其口，两齿坠焉。其人徐跪地取齿置于怀中。帝曰：'汝持此齿讼我耶？'曰：'臣不敢讼陛下，自有史官书之。'帝怒解，赐以金帛慰劳之而遣之。"

[2] 《宋史》卷三百一十《王曾传》载："（王曾）迁翰林学士。帝尝晚坐承明殿，召对久之。既退，使内侍谕曰：'向思卿甚，故不及朝服见卿，卿勿以我为慢也。'其见尊礼如此。"

过固人主之不免，谏亦人臣之当为。然遏水于滔天之后，孰若遏之于涓涓之始？扑火于燎原之时，孰若扑之于荧荧之初？后之谏臣能谏人主之身过，而不能谏人主之心过。夫身过之过自心过之过。微自其微而砭之则易，及其白而药之则难。皋夔之吁咈，伊傅之警戒，未尝俟其君之过昭灼于外而后言也，芽蘖之萌固以剿而绝之矣。而人有德义以浇其内，礼法以绳其外，是以无污轮之劳，无牵裾之诤，无折栏之呼，而人主之过已潜消于冥冥之中矣。后世之君，固有志于唐虞三代之君，然知正君之身而不知正君之心，知淑君之政而不知淑君之德。是以制诰之差，赏罚之谬，刑法之酷，暴于中外，然后纷纷纭纭，争以颊舌白简之弹，至于数十章，皂囊之上，至于数千言，吁，亦晚矣。①

观陈亮所言谏心之论，可知其目的在于防君过于未然。而保傅制度与侍讲侍读制度，就正是这样一种谏心之制。这种积极的谏心之制，为谏身之制——台谏制度的贯彻实行提供了前提与可能。因为没有君主的自律，就不可能有君主的从谏如流。

宋仁宗刚即位时，"宰相请择名儒以经术侍讲读"。于是，就选中了经学家孙奭为翰林侍讲学士。孙奭"每讲论至前世乱君亡国，必反复规讽。仁宗意或不在书，奭则拱默以俟，帝为竦然改听"②。看来，正如《红楼梦》中的贾宝玉不喜欢听薛宝钗絮絮叨叨获取功名的话一样，皇帝和皇子皇孙们实际上也不完全愿意听侍讲侍读学士与太子保傅们絮絮叨叨地说教。然而，正是由于侍讲侍读学士与太子保傅们坚持不懈始终不倦地说教，才把君主硬是纳入了士大夫的规范

① 《群书考索》别集卷十八《人臣门》。
② 《宋史》卷四百三十一《孙奭传》。

之中。

史载：

> 御史中丞尝劾奏开封尹许王元僖。元僖不平，诉于上（太宗）曰："臣为天子儿，以犯中丞，故被鞫，愿赐宽宥。"上曰："此朝廷仪制，孰敢违之？朕若有过，臣下尚加纠摘。汝为开封府尹，可不奉法邪？"论罚如式。[①]

宋太宗在宋代可以说是半个开国之君，因为他既参与了陈桥兵变，又在"烛影斧声"之下即位。就是这样一个强权的君主，也从感叹"万乘之主不能庇一人"[②]的不情愿，走向了不宽宥"天子儿"的主动奉法。

宋太宗曾以手诏的形式告诫他的儿子们："帝子亲王先须克己励精，听卑纳诲。每著一衣则悯蚕妇，每餐一食则念耕夫。至于听断之间，勿先恣其喜怒。朕每亲临庶政，岂敢惮于焦劳。礼接群臣，无非求于启沃。汝等勿鄙人短，勿恃己长，乃可永守富贵，以保终吉。先贤有言曰，逆吾者是吾师，顺吾者是吾贼。不可不察也。"[③]并且，他曾对侍臣说："夫小心翼翼，君臣皆当然。"[④]不管宋太宗是否真的有这种认识，但来自上一代君主的这种言传身教，作为一种家教，也是使后代君主保持自律性的一个重要因素。

在法制面前，君主往往显得小心翼翼。史载，宋真宗"以汉唐封乳母为夫人、邑君故事付中书。因问吕端等曰：'斯礼可行否，如不

---

① 《长编》卷二十九端拱元年闰五月丙申条。

② 《长编》卷二十九端拱元年三月乙亥条。

③ 《宋朝事实》卷三《诏书》。

④ 《宋史》卷二百六十五《贾黄中传》。

可行则止。朕不敢以私恩紊政法也'"①小心地试探。"不可行则止",作为君主,已完全自觉地把皇权置于法制的规范之内。

天道也好,君道也好,法制也好,群臣士大夫之于皇权,最终目的是希望君主清静无为,尽量不要干涉政务,让政府机器在宰执的操纵下正常运转。对于这一点,宋仁宗就很知趣。他曾说过这样的话:"措置天下事,正不欲自朕出。若自朕出,皆是则可。如有不是,难以更改。不如付之公议,令宰相行之。行之而天下以为不便,则台谏得言其失,于是改之为易矣。"②无怪乎当时的人就说宋仁宗"百事不会,只会做官家"③。宋仁宗之所以深得为君之道,也与来自侍讲侍读学士等群臣的灌输教育有关。

有时候,皇帝与宰相、群臣发生一些争执,最后往往都是皇帝不大情愿地屈己从臣。这也可以看作君主自律性的表现。

君主的自律,固然因"殷鉴不远",与"求为匹夫不可得"的恐惧保位心理有关,也与传统思想的影响、正规的教育有关,还与群臣的不断约束有关。同时还反映了君主的一种无奈。没有人愿意拱手让权,更没有人甘愿受制于人。可政治现实已经使不少君主认识到,皇帝虽有至高无上的权威,却并未握有至高无上的实际权力。

史载:

> 嫔妃久不得迁,屡有干请。上答以无典故,朝廷不肯行。或对曰:"圣人出口为敕,谁敢不从?"上笑曰:"汝不信,试为降旨政府。"政府奏无法。上收以示嫔御,曰:"凡事必与大臣佥

---

① 《长编》卷四十一至道三年八月己巳条。
② 《龟山先生语录》卷三。
③ 《北窗炙輠录》卷上。

议，方为诏敕。"或有只请御笔进官者。上取彩笺，书某官某氏特转某官。众忻谢而退。至给俸时，各出御书请增俸。有司不用，退还。复诉于上前。上笑曰："果如是。"诸嫔对上毁其御书曰："元来使不得。"上笑而遣之。①

在这里，有人提出了皇权高于一切，"圣人出口为敕，谁敢不从"。然而，政府居然不买皇帝的账，一点面子也不给。这说明，皇权并未高过以相权为代表的政府的权力。宋仁宗在这里既是拿皇权做了个小小的尝试，又是同众人开了个玩笑。而这苦涩的玩笑中，也包含了他的无奈。

对于仁宗主动放权给宰相的言论，宋代士大夫好评如潮。杨时说："仁宗识虑如此，天下安得不治？人君无心如天，仁宗是也。"②陈亮说："大哉王言！此百世人主之所法，而况于圣子神孙乎？"③黄履翁说："大哉言乎，其天地之心欤？"④吕中说："此言真为万世法。"⑤宋代士大夫盛赞仁宗此言的原因，正在于仁宗主动认识到君主应当无为而治。

我在《论宋代皇权》一文中曾讲道："考察宋代有关皇权的诸多史料，可以发现，强权的君主更多的是受到传统观念与舆论压力的限制，即要做一个好皇帝；而庸懦的君主则更多的是受到权臣的挟制。但不论君主强抑或弱，有一点可以肯定，即他们对于自身地位的认识大多较为清楚。"实际上，上述现象并不仅限于宋代，历代大抵如此。

----

① 《庶斋老学丛谈》卷二引《宋官制》。按，《清波杂志》别志卷三亦载此事。

② 《龟山先生语录》卷三。

③ 《陈亮集》卷二《中兴论》。

④ 《古今源流至论》别集卷三。

⑤ 《类编皇朝大事记讲义》卷二十二。

皇帝在各种影响与压力之下的自律，也可以说是皇权走向象征化的一个因素。

那么，抑制个人恣意行为的皇帝的自律，与皇权的消长究竟有着怎样的关系呢？在各种影响与压力之下形成的自律意识，使皇帝在相当大的程度上不得不抑制个人意志，从而皇权中私的一面被公权力所吸收。其必然结果就是，皇帝只能机械地遵从王朝的政治运作，完全成为中央政府支配系统的一部分。由此形成的"天子无私"的公共形象，促进了皇权走向象征化。

四　政治史视野下的考察

（一）相互制约的君臣关系

论述传统中国的君臣关系，似乎应当从古代的宗法制谈起。传统中国的政治结构，实际上就是家族结构的放大。而这种家族结构的放大，又是有其来源的。存在于上古的氏族部落联盟，实质上已经是一种大家族的结构。此后，进而发展成为封建制。封建制是以宗法制为原则建立起来的政治制度，反映了原始氏族部落联盟的遗存。封建制把旧有的家族管理放大，扩大于全国各地。尽管随着社会的进化，封建制明显不适应国家管理，但作为家族管理方式则是有效的。

封建制犹如一个大家庭拥有许多子女，成年之后从父母的大家庭中分家出来，另立为一个个子女的小家。这一个个小家，尽管必须听命于父母的大家，但却有相当的独立性。从国家统一管理的视点看，这种独立性无疑是不利的。由于封建制本质上是一种主权分散的制度，因此中国传统的政治管理，最终放弃了封建制，而实行中央集权的郡县制。在这样的制度之下，众多臣民作为家族成员仍保留于一个大家庭之中，直接听命于家长——君主。顺便说一句，中国历史上"分久必合"，统一为主流，从国体上说，也得益于这种中央集权的郡县制。

在传统中国，宗法制虽然后来并未应用于国家管理，但大至国家政权的继统，小到家族财产的继承，都无一不体现着宗法制。而且从宗法制衍生出来的观念，更贯穿于各种人际关系之中，例如主仆关系、师生关系、君臣关系等。传统中国的君臣关系，正是由家族内部的宗法性从属关系衍生而来，扩展到政治组织中去的，这就是过去常说的君臣如父子。这样的君臣关系，少了许多单纯的雇佣关系的利益性与冷淡，而多了不少家庭般的向心认同与温馨。

然而，在走向成熟的政治体制之中，君臣关系又不能简单地等同于父子关系。关于这一点，前文引过孔子曾与鲁定公的一段对话：

> 定公问孔子："君使臣，臣事君，如之何？"
> 孔子对曰："君使臣以礼，臣事君以忠。"

由此可见，正常的君臣关系，恰似家长与成年后的子女之间的关系，彼此须以礼相待。如果为君者违反了这一原则，那么，结果就会像孟子对齐宣王所说的那样，"君之视臣如犬马，则臣视君如国人；君之视臣如土芥，则臣视君如寇雠"。

表述中央集权制度下的君臣关系，有的学者称之为"宫府关系"，即皇帝与政府的关系[1]。在此基础上，我想把这种归纳进一步具体化，集中表述为皇帝与以宰相为首的执政集团的关系，也就是皇权与

---

[1] ArthurWaldron，*The Great Wall of China：From History to Myth*. Cambridge University Press，1992.

相权的关系。在中国传统的政治生活中，君臣关系是一种很特殊的关系。二者之间，常常显得很微妙。不能简单地理解为上对下的矢向性的隶属关系，而是一种双向性的相互作用的关系。皇帝需要宰相辅佐，宰相则需要在皇帝的支持下主持文武大政。从这个意义上说，二者是互相依存的。然而，皇帝还时时防范宰相专权，宰相也经常限制皇帝越轨。从这个意义上说，二者又是互相制约的。总的说来，传统的中国式的政治体制，就是一种制约性的体制。

在君主制下，皇帝的地位至为重要。之所以重要，主要并不在于皇帝握有多大的权力，而在于他身份尊贵，神圣不可侵犯。这种尊贵，又是来自他所代表的正统地位。"名不正则言不顺"，中国人的民族心理与传统文化颇重名分，有着强烈的正统观念。一个人打下了天下，坐稳了江山，那么他就应了天命，代表了正统，天下就要奉他的正朔。从一定程度上说，是否代表正统，决定了人心向背。历史上的无数次农民暴动，每当具有了一定的规模，就要立个名号，树个皇帝。史学界曾经连篇累牍地讨论过这种皇权思想。实际上，反乱者想要的，就是一个正统地位，以取得民众的拥护。在历史上，每逢改朝换代之际，登基的皇帝总要千方百计地寻找理由，论证自身地位的正统性与合法性。这种法，并不是哪一朝哪一家之法，正是人们心中的正统观念。正因为如此，西汉末的农民起义要找一个刘姓的放牛娃，说他是刘邦的后裔，立为君主。三国时的刘备也号为汉，号称刘皇叔。五代时，沙陀人李克用，本来与唐朝宗室无任何血缘关系，但当他成为一方之主时，也自号为唐，标明是承唐朝的正统。这样的例子不胜枚举。这说明，在中国过去，皇帝象征了天命，代表着社稷江山。这种正统地位所带来的象征意义，足以在相当长的时期内维系和凝聚住一个朝代的多数士大夫及千百万黎民百姓的心，形成一种向心力。所谓的五德终始说，实际上也是宣示和强调正统的理论方式。因此，在传统中国，皇帝的名分绝不是可有可无的。政治舞台上，宰相可以"乱哄哄你方唱罢我登场"，但皇帝则不能。这关键并不在于皇帝所拥有的权力，而在于其地位所带来的巨大的象征性。

在传统的中国社会中，由于皇帝的这种至高无上的象征地位，因此除了非常时期，极少有人直接挑战皇权。我所说的皇权与相权的对立，也仅仅是就一个政权体制内，皇权与相权的互相牵制而言。并且在实际政治生活中，这种对立多非表面化。在许多时期内，尽管宰相等大臣可以操纵一切，但这一切又必须置于皇帝的名义之下进行，方可为群臣及百姓所接受。

就皇权与相权的关系来说，皇权不仅是法统的代表、国家的象征，在实际政治生活中，对相权更是一种直接的制约力量。宰相的地位，居于一人之下、万人之上。这"一人"，就是皇帝。如果皇权完全虚化，就会使这种制约机制遭受破坏。当权相胡作非为之时，尽管可以有来自以谏官御史为代表的群臣的弹劾，但地位处于宰相之下的群臣，终究还是无权罢黜宰相。因此，必须要有一种名义，这就是要以皇帝的名义，用皇帝的命令，借助皇权来罢黜需要罢黜的宰相，这样才符合一个王朝长治久安的根本利益。因此，在虽有法制却往往以人曲法的中国传统社会，皇权可以说是群臣用来悬在宰相头上的一把"尚方宝剑"。从这个意义上，也可以说皇权是士大夫用来制约权臣独裁的一种工具。

然而，对于皇帝，无论是宰相，还是群臣士大夫，从他们的内心来讲，绝不希望皇帝事必躬亲，独揽一切权力。在这一点上，宰相与群臣士大夫的立场是一致的。群臣希望由以宰相为首的执政集团来主持政府机器的正常运转，一切权力归政府，而一切号令又以皇帝的名义发出。因为如果不是以皇帝的名义发号施令，则效力有限，甚或行不通，理由就是"名不正言不顺"。所以二者要互相依存。

在传统中国，君主制政体是自古以来的传承，面对君主制，无论遭遇的皇帝是好是坏，作为官僚都没有选择的余地。因为在传统中国没有一个君主制以外的政体可以作为参照系。所以官僚们能做的就是，维持君主制，在这一制度的框架内，努力使这一制度更为完善，更具建设性，更少破坏性。不少的调整与改革的最终目的正在于此。

那么，对于皇权，群臣用什么方式来制约呢？在我看来，中国传统的士大夫，在皇帝的头上勒了三道"紧箍咒"。

其一曰"天"。在泛宗教的传统中国，天就犹如基督教徒所说的"主"、佛教徒所说的"我佛如来"，是最高的神，是法力无边的上帝。它无形，却又无所不在。所有的自然现象与社会现象，都被认为是天的旨意。而皇帝，其别称则叫作"天子"，意即"皇天之子"。其皇位的拥有是受命于天，是代天理民，这就是"皇天眷命，奄有四海，为天下君"[1]。早在中央集权制度下的皇权出现以前，古代的士大夫便已经习惯于以"天谴"来告诫君主了。《左传》记载：

> 秋，宋大水，公使吊焉。曰："天作淫雨，害于粢盛，若之何不吊。"对曰："孤实不敬，天降之灾，又以为君忧，拜命之辱。"臧文仲曰："宋其兴乎！禹汤罪己，其兴也勃焉。桀纣罪人，其亡也忽焉。"[2]

这里臧文仲的言论很值得重视。到了汉代，董仲舒则明确打出"君权神授"的旗号。这些言说，从本质上讲，都是一种神道设教的方式。然而，神道设教又是一柄双刃剑。尽管它有助于皇权神秘化，

---

[1] 《尚书·虞书·大禹谟》。

[2] 《左传·庄公十一年》。

但与此同时，也在至高无上的皇帝头顶加上了一个无形的却足以影响其命运的"顶头上司"，使皇权不再是毫无制约的至高无上。

这种天命论，正是皇帝制度产生之后，为了限制皇权的膨胀，在旧有的儒家天道观的基础上，加以补充发展，应运而生的。汉代鲍宣劝谏汉哀帝的上疏云："天下乃皇天之天下也。陛下上为皇天子，下为黎庶父母，为天牧养元元。……夫官爵，非陛下之官爵，乃天下之官爵也。……治天下者，当用天下之心为心，不得自专快意而已也。"①由此可见，在这种理论之下，皇帝仅仅是作为管理者出场的，而不是天下的拥有者。就像一个大企业的首席执行官，而不是企业的拥有者。这样一来，皇权便受到了一定的限制。类似言论，散见于历代，这种思想一脉相承。日本学者尾形勇将皇帝制度建立之初的秦朝皇帝与置于"君权神授"理论之下的汉代以后的皇帝做了比较："汉代（以及以后）皇帝的地位建立在天界帝王与地上臣庶双方支持的基础之上，同夸耀与天帝拥有同等地位的秦朝皇帝相比较，具有相当程度的自我约束特征。"②在我看来，不仅是"自我约束"，更是官僚士大夫所施加的精神约束。

《宋史·天文志序》云："夫不言而信，天之道也。天于人君有告戒之道焉，示之以象而已。……《易》曰'天垂象，见吉凶，圣人则之'。"由于有这种天人感应的理论，天就成了人臣儆诫君主最有效的手段之一。例如，宋代的参知政事李迪曾借天灾对宋真宗进言："及幸汾、亳，土木之役，过往时百倍。今旱蝗之灾，殆天意所以儆陛下也。"宋真宗听了，立即首肯，战战兢兢地承认："卿之言然，一二臣

---

① 《汉书》卷七十二《鲍宣传》。
② 尾形勇、岸本美绪编，《中国史》第2章"皇帝统治的建立"。

误朕如此。"①在南宋初期，也有一段极为类似的君臣对话，我们来看一下。

> 上（宋孝宗）因言："朕近览《神宗纪》，见是时灾异甚多，何故？"
>
> 魏杞等奏："天出灾异遣告人君，正如父母训饬人子者。不必问自己有过无过，但常恐惧修省而已。"
>
> 上曰："卿之言甚善。若不恐惧修省，自取灭亡之道也。"②

我们且不论古代中国的皇帝是否真正相信天命，但他们的确是借助天命来确立和宣示其正统合法地位的。因此，话说穿了，所谓畏天，实质上是畏人，怕的是群臣百姓假天之意来革其"天命"。既然是"君权神授"，那么，神可予之，同样亦可夺之。而予与夺，则是通过人来具体执行的。

由于从理论上说，只有天位于皇帝之上，那么如果皇帝不畏天，事情就不太好办。并且如果不是处于非常时期，官僚士大夫是不会轻易革皇帝的命的。所以，同样是出于神道设教，官僚士大夫总是千方百计地引导皇帝畏天。史载：

> （富）弼再入相，既至，有于上前言灾异皆天数非人事得失所致者。弼闻之叹曰："人君所畏惟天，若不畏天，何事不可为者！去乱亡无几矣。此必奸臣欲进邪说，故先导上以无所畏，使辅弼谏诤之臣无所复施其力。此治乱之机也，吾不可以不

---

① 《长编》卷九十天禧元年九月癸卯条。
② 《皇宋中兴两朝圣政》卷三十九乾道二年十月乙亥条。

速谏。"①

富弼的言论很有代表性，清楚地表明了官僚士大夫把天道作为一种工具，用来限制君主的目的，即借神权来威慑皇权。

其二曰"道"。道是一种广义的社会规范，实际上最通俗的表达就是人们常说的"道德"或"道理"。在共通的大规范之下，不同的领域，又具体为不同的行为准则，诸如为人之道、为师之道、为政之道等。这种道，并不是哪一个思想流派所单独强调的，而是泛化的普世公理。对于君主来说，在中国传统的思想家的皇权理论中，无论是儒家还是道家，都强调为君之道。即如孟子所言，"欲为君，行君道"②。君之道，即为君之德。这个"道"或"德"，就是为君主规定的行为准则，它把皇帝纳入特定的规范之中。身为皇帝，君临天下，尊贵至极，但其自由却极其有限，并不能随心所欲，为所欲为。一举一动、一言一行，只能在君道所规定的范围内，不可越雷池一步。对于君道或君德的具体内容，诸如"从谏如流"之类，我们可以归纳出许多。但归为一点，就是"无为"，即所谓"帝王之德，以天地为宗，以道德为主，以无为为常"③。

有一段有名的逸话。宋太祖曾问宰相赵普："天下何物最大?"大概宋太祖本心是希望赵普回答"陛下最大"。但赵普却回答："道理最大。"面对这样令人哭笑不得的回答，宋太祖什么也说不出，只好连连称善。到了南宋，一个州学教授向宋孝宗讲了这段逸话。并说，"夫知道理为大，则必不以私意而是公中"。于是，宋孝宗回答，"固

———————————

① 《宋宰辅编年录》卷七。

② 《孟子·离娄》上。

③ 《庄子·天道》。

不当任私意"。"不任私意",就必然被束缚于为君之道的规范之中。后来,宰相留正就这段史实议论道:

> 天下惟道理最大,故有以万乘之尊而屈于匹夫之一言,以四海之富而不得以私于其亲与故者。①

作为君主,最大的罪名莫过于无道。一个皇帝走到了这一步,也就等于走到了他的政治生涯的尽头。在这种时候,群臣就会废黜无道的君主,按照他们的意志另立新君。官僚士大夫们这样做,完全符合礼义,从孔孟先哲的经典中可以找出充分的理论根据,最根本的依据,就是从原本意义上所说的"革命",即所谓"汤武革命,顺乎天而应乎人"②。孟子又把这个思想加以发挥,在与齐宣王的对话中,他反复强调:"君有大过则谏,反复之而不听,则易位。……君有过则谏,反复之而不听,则去。"这些让齐宣王"勃然乎变色"的话语,实际上说出了在君主之上,还有其不可逾越、不可蔑视的"道统"存在。正是由历代思想家传承弘扬的道统,支持着历代士大夫向至高无上的皇权做道德抗争。当一个君主因无道而被废、被弑之时,实际上,这个君主已不被人们承认是君主了。此亦如孟子与齐宣王的对话所示:

> 齐宣王问曰:"汤放桀,武王伐纣,有诸?"
> 孟子对曰:"于传有之。"
> 曰:"臣弑其君,可乎?"

---

① 《皇宋中兴两朝圣政》卷四十七乾道四年三月戊午条。
② 《周易·革卦》。

曰:"贼仁者,谓之贼。贼义者,谓之残。残贼之人,谓之一夫。闻诛一夫纣矣,未闻弑君也。"①

在平时,皇帝无时不处于谏官及群臣的监督之下,防止其越轨。文献中,士大夫颂扬君主英明伟大的文字连篇累牍。但颂扬归颂扬,作为士大夫,并不真心希望君主具有雄才大略,只是希望君主清静无为,最好不干涉政府机器的正常运转。相反,如果君主过于精明,反倒会成为臣子的负担,难以被左右。这时,臣子们就要想尽一切办法来使之有所畏惧。《宋史·真宗纪》最后的赞语就说:"真宗英晤之主。其初践位,相臣李沆虑其聪明必多作为,数奏灾异以杜其侈心。盖有所见也。"对于宰相李沆的做法,编纂《宋史》的元朝文人也是赞同的。看来,不使君主过于聪明、过于精明能干,是传统社会里士大夫们的共识。在古代,就留有这样的文字记录:"君罔以辩言乱旧政,臣罔以宠利居成功,邦其永孚于休。"②这大概是最早奉劝君主"无为"的记载了。

道的外化与具现的形式之一,则是繁冗的礼仪制度。王安石写诗赞颂汉初的叔孙通,说他"草具一王仪,群豪果知肃"。其实,礼仪制度作为框架与常轨,纳入的不仅是群臣,皇帝一举手一投足也必须中规中矩。

其三曰"法"。如果说道是礼仪性的软性规范,那么,法则是强制性的硬性规范。中国传统社会,法制不健全,几乎已成为学术界的通说。然而,在我看来,在中国传统社会,法网颇密,法律制度相当

---

① 《孟子·梁惠王》下。
② 《尚书·商书·太甲》下。按,《尚书》的问题很多,所反映的思想有不少是后世的整理者甚至伪造者的思想。

健全，人们对法律也相当重视。俗语"无法无天"，则正是把法放到了与天同等的地位。因此，皇帝也必须遵守他亲自颁行的律令格式及各种政策规定。

史载，赵普欲对宋太宗宠爱的不法妖人治罪，宋太宗求情说："岂有万乘之主不能庇一人乎？"赵普回答："陛下不诛则乱天下法，法可惜，此一竖子何足惜哉！"太宗不得已，只好"命赐死"①。法是维护统治秩序的重要手段，代表的是一个政权长治久安的根本利益。因此，在法与皇权的天平上，在士大夫们看来，法显然要重于皇权。人治还是法治，常常是君臣之间的主要矛盾所在。君主常常试图以其唯我独尊的特殊身份来摆脱法的约束，而士大夫则往往以法来限制君主的行为。法是士大夫用来压倒皇权的主要武器之一。在法的背后，则有道支持着。君主如果不想无道，就必须守法。一纳入法律的规范，皇权便显得软弱无力了。因此，才出现了"万乘之主不能庇一人"的事态。

史书中，对守法的君主和执法的官僚则是倍加赞赏。《皇宋中兴两朝圣政》记载了宋孝宗的一件事："进呈：环卫官元有指挥，不许差戚里。前日，得旨差潘才卿，有碍元降指挥。上（宋孝宗）曰：卿等如此理会甚好，可别理会。"本来，宋孝宗要任命自己的亲属为官，但是臣下搬出宋孝宗过去自己颁布的法令来反对，他也无可奈何，只能说你们这样处理很好，不要顾及我的诏旨。对此，南宋宰相留正把双方都大加赞赏了一番，他说：

> 天子不能无私恩，而公法之守，则一付之臣下，而吾无容心焉。而后天下之名器始不能轻以畀人矣。环卫之职，将以为将帅

---

① 《长编》卷二十九端拱元年三月乙亥条。

之储也，是以寿皇有不除戚畹之旨，而才卿乃复得之，岂一时之私恩有不能遽绝耶？大臣以为有碍前旨，可谓善守天下之公法者也。寿皇嘉叹其请，遽命改除，自非不以公循私，不以恩废法。畴克尔哉！《书》曰：无偏无党，王道荡荡。无党无偏，王道平平。寿皇之谓矣。①

由此说来，在人臣士大夫看来，即使是天子之私恩也不能违背天下之公法。私与公的鸿沟，乃是天地间任何人都不能也不应逾越的公理道义。尤其在传统的中国社会里，法维系着一个政权是否长治久安的根本利益。正如留正在《皇宋中兴两朝圣政》的另一处所说："法令者，人主所以维持国家也，不可以自坏之。"②

君主不仅要守法，还要遵守政府的各种制度规定。官僚不能"越职言事"，同样，皇帝也不能越权行事。宋初乾德二年（964），范质等三相在同一天被罢免，与此同时，赵普受任为相。在任免程序上，出现了中书无宰相署敕的问题。宋太祖说："卿但进敕，朕为卿署字可乎？"赵普说："此有司所行，非帝王事也。"③类似事情还有不少。皇祐三年（1051），夏竦卒，初谥为"文献"。因与僖祖同谥，宋仁宗自作主张，改为"文正"。当时任判考功的刘敞便说："谥者，有司之事也。竦奸邪，陛下谥之以正，不应法，且侵臣官。"④由此看来，即使是贵为天子，也不能越俎代庖，指挥一切，干涉朝廷官员和朝廷各机构的政务。

这里所说的法，不仅仅指法律、法令，还包括各种制度规定，以

① 《皇宋中兴两朝圣政》卷四十六乾道三年二月乙未条。

② 《皇宋中兴两朝圣政》卷四十六乾道二年八月丁丑条。

③ 《长编》卷五乾德二年正月庚寅条。

④ 《长编》卷一百九十一皇祐三年九月乙卯条。

及各种成例。法令一旦颁布，制度一旦确立，成例一旦形成，就如同一架巨大的车子开动了，具有一定的惯性。这种运动力学的社会惯性，不光是皇帝，任何人都难以违逆，不管你愿意不愿意，它都推着你往前走。法律、法令，包括各种制度规定，尚可加以修改，但作为其补充的成例，则极难改变。这也是一种二律背反，是人制定与创立了种种法律规定与成例，反过来人在其面前又显得无能为力。尽管士大夫也受制于种种法律规定与成例，但它更是群臣约束皇帝的有效工具，因为这些法律规定与成例的多数，原本就是士大夫们根据自身的理念与利益诉求做出的。

并且，士大夫们还尽可能地向对于自己有利的方向，改造或创立成例与故事。北宋时，韩晋卿任大理卿，"尝被诏按治宁州狱，循故事当入对，晋卿曰：'奉使有指，三尺法具在，岂应刺侯主意，轻重其心乎'"[①]。到地方去治理刑事案件，按成例应当请示皇帝，但韩晋卿认为，已经有法律明文，就没有必要再征求皇帝的意见了，以免对案件的处理造成干扰。在这里，我并没有与近代以来欧美的司法独立进行类比的意图，但从韩晋卿的话中可见，也并非丝毫没有这样的意识。这件事表明，一是法重于皇权，二是当成例不利于限制皇权时，士大夫们亦可不遵循成例，开创新例。

士大夫用来约束皇权的三道"紧箍咒"，如果用体育比赛的术语来比喻，"天"犹如严重警告的黄牌，"道"是关于各种动作的基本原则，"法"则是竞赛的具体规则，三者密切相关。在小说《西游记》中，唐僧一念"紧箍咒"，顽皮的孙悟空便会头痛得满地打滚，顿时老实起来。在传统中国的政治生活中，上述这三道"紧箍咒"，也将皇帝束缚得规规矩矩。

---

① 《宋史》卷四百二十六《韩晋卿传》。

除了上述三道"紧箍咒",还有三堵墙来约束皇权。

一是"紧箍咒"之一的"法"的外延:不成文的习惯法。对于在前朝以皇帝的名义颁布与实施的事项,被士大夫上升为"祖宗法"。"祖宗法"实际是个杂货铺,应有尽有,但士大夫只筛选有利于制约皇权的"祖宗法"来加以强调。公然明确喊出"祖宗不足法"的,大概只有王安石一人,对于自己权力来源的祖宗,皇帝是无论如何不敢不敬的。这样一来,这堵墙便有效地限制了皇权。

另一堵墙是公议,也就是舆论。舆论在各个时代都具有相当影响力,不容无视。尤其是在自由空气浓厚的宋代,士大夫政治激发起的士人责任感,使得舆论的力量空前强大。舆论,主要是拥有话语权的士大夫们的声音。舆论也有导向,也可以制造,也可以被左右,尤其是在党争激烈的时候,舆论便像乱气流,头绪纷杂。舆论一旦产生,便具有相当大的能量,皇帝及任何权力的持有者都难以与舆论相对抗。在正常政治状态之下的舆论,是制约包括皇权在内的各种权力脱逸常轨的一堵无形的墙。

还有一堵墙,便是留名的青史。孔子删削《春秋》,并不仅仅让乱臣贼子惧,也让皇帝畏惧。无论是流芳千古,还是遗臭万年,都取决于史书的记录,而史书的记录又取决于入史人的行为。古代中国人有着强烈的历史意识,很早便建立有完备的修史制度。左史记言,右史记动,君主的一举一动、一言一行都处于史官的视线之内。担任史官的士人多数保持着独立精神,彪炳史册的就有秉笔直书的春秋时期的董狐和齐太史。降至后世,史官的这种独立精神不仅没有因后来专制皇权的建立而消失,并且逐渐形成制度,当朝皇帝不能阅读记录自己言行的起居注。关于这个惯例,唐太宗曾与臣下有过讨论:

上谓监修国史房玄龄曰:"前世史官所记,皆不令人主见之,何也?"对曰:"史官不虚美,不隐恶。若人主见之必怒,故不敢献也。"上曰:"朕之为心,异于前世帝王,欲自观国史,知前日之恶,为后来之戒。公可撰次以闻。"谏议大夫朱子奢上言:"陛下圣德在躬,举无过事。史官所述,义归尽善。陛下独览起居,于事无失。若以此法传示子孙,窃恐曾玄之后,或非上智,饰非护短,史官必不免刑诛。如此则莫不希风顺旨,全身远害。悠悠千载,何所信乎?所以前代不观,盖为此也。"①

观此,我们不能不敬佩志在取信千载的唐代史官的眼光远大。过了将近二百年,唐文宗又想看记载自己的史书。

上就起居舍人魏谟取记注观之。谟不可曰:"记注兼书善恶,所以儆戒人君。陛下但力为善,不必观史。"上曰:"朕向尝观之。"对曰:"此向日史官之罪也。若陛下自观史,则史官必有所讳避,何以取信于后?"上乃止。②

本朝前代君臣的言行,可以成为后世君臣的"祖宗法",而历史上合乎常理和道德的前例,也成为后世所遵循的故事。宋代的史官也一定是遵循了皇帝不可观本朝史的惯例。所以,当恼怒的宋太祖蛮横地打掉奏事官员的两颗牙齿之后,听那个官员说自有史官书之,便立马压下怒气,堆上笑脸,进行抚慰。皇帝如有名垂青史之心,就会有被钉上历史耻辱柱的恐惧,因而容易朝着士大夫所规定的规范去努力做个好皇帝,也就容易接受来自士大夫的劝谏。因此说,出于惯例,

---

① 《资治通鉴》卷一百九十七贞观十七年七月辛卯条。
② 《资治通鉴》卷二百四十六开成四年冬十月乙卯条。

皇帝不好插手的史官的记录，也是约束皇权暴走的一堵墙。

这三堵墙也是"天""道""法"三道"紧箍咒"的具体体现和士大夫们制约皇权的最后坚守。在君主制下，尽管作为人臣，没有限制皇权的绝对权力，上述这三道"紧箍咒"与三堵墙已足以把多数君主规范于难以跨越的"雷池"之中了。

互相制约，是中国传统政治体制的一个特征。这一特征既有互相扯皮、效率不高的弊端，也有可以防止一方专权暴走的长处，可谓为防偏激而提倡的中庸之道在政治领域的巧妙运用。君臣关系，从本质上说，也有其互相制约的一面，而这种互相制约又为自古以来的思想家所提倡。春秋时期晏子就说："君所谓可，而有否焉，臣献其否，以成其可。君所谓否，而有可焉，臣献其可，以去其否。是以政平而不干，民无争心。……今据不然，君所谓可，据亦曰可，君所谓否，据亦曰否。若以水济水，谁能食之？若琴瑟之专一，虽能听之？"①在这里，晏子批评了不讲原则的一味服从，而认为作为人臣，应该以自己不同的意见来修正君主的意见，在修正的基础上达成君臣间新的一致。这种以异求同的思想，到了宋代士大夫那里，则被表述为"不以媚道妄随人主意"。

然而，话又说回来，互相制约，这只是君臣关系中的一个方面。君臣关系的另一个方面，则是互相依存。

皇帝与宰相，或者说皇帝与群臣，从大范围来说，毕竟处于同一个统治集团内，只不过位置不同而已。从根本利益上讲，他们是一致的，并不对立。就此而言，君臣关系更是一种互相依存的关系。关于这一点，前面曾引述过我在《论宋代皇权》一文中被批评者忽视的一段话："皇帝相对于群臣来说是孤立的，因此要考虑不使自己成为群

① 《左传·昭公二十年》。

臣的对立面。所以，在许多情况下，要违心地同意臣下的意见。当然，臣下的意见大多是符合统治集团的根本利益的，也并不尽是强君主所难。一般说来，皇帝与群臣，特别是与宰执大臣，并不总是处于对立状态。相权增强，往往同宰相与皇帝关系密切有一定的关系。"

在这里，我还可以补充一些史料，加以说明。刘安世讲道："（王安石）得君之初，与主上若朋友，一言不合己志，必面折之，反复诘难，使人主伏弱乃已。"①从这条史料看，王安石同宋神宗的早期关系相当密切，"若朋友"一般。同时可以看出，君臣关系几乎是处于平起平坐的状态。而王安石那种咄咄逼人、"使人主伏弱乃已"的做法，似乎又凌驾于宋神宗之上。至少从这条史料观察，宋神宗在王安石那里是没有什么权威可言的。王安石与宋神宗关系密切，反映了亲政后的宋神宗欲有一番作为，而倚信锐意变法的王安石。反过来，王安石也借助宋神宗的地位，来加强自己的权威，实现自己的变法主张。然而，熙丰时期的政局，斗争相当复杂，既有变法与反变法这样不同政治集团之间的斗争，也有执政的变法集团内部的斗争。如王安石与吕惠卿之间的矛盾，即属后者。熙丰变法的十几年间，王安石几起几落，最后郁郁而终。这种现象不能简单地解释为成也神宗，败也神宗，归结为皇帝的信赖与否。神宗并非庸主，也有一定的主见。但正如初期王安石可以左右他一样，他同样还受到其他政治势力的影响与左右。王安石的几度失势与东山再起，则正是反映了他所代表的政治集团在政治角斗场上的沉浮。关于中国传统政治的派系特点，我在后面还要专门述及。

总之，不管王安石代表什么政治集团，他与宋神宗的密切关系，使他得以借助皇权，展开变法。然而，这种君臣之间的依存，又是不

---

① 《元城语录解》卷上。

甚平等的，是一种"使人主伏弱"的依存。我反复说，在传统中国，皇权是一种象征，是一种至高无上的身份与地位的象征。不过，这种象征也具有一定的实力，具有一定的工具性。谁都想借助皇权来达到自己的目的，加强自己的发言权，"拉大旗，做虎皮"。宰相借助皇权，是为了抬高自己，加强自己的权威；普通官僚借助皇权，则有时是为了限制相权，打击相权。

居于九重宫禁中的皇帝，虽然尊贵，高高在上，却也为一种孤独感所深深笼罩，他是一个名副其实的孤家寡人。关于这一点，当时的士大夫们看得很清楚。《仁宗实录》载："张昇为中丞，仁宗以升指切时事无所避，曰：'卿孤特，乃能如是。'昇曰：'臣朴孝愚忠，仰托睿圣，是为不孤。今陛下之臣，持禄养交者多，而赤心报国者少。似陛下孤立也。'仁宗亦为之感动。"①仁宗之所以"感动"，正是因为触到了他的隐痛。不仅北宋的张昇如是说，南宋的魏了翁也告诫理宗说："臣以古今祸福观之，则陛下虽曰势重形佚，其实巍然孤立，居至艰至危之地而不自觉也。陛下试思之，独居深宫之中，可托者谁欤？当事变遽来之时，可以系天下之重者谁欤？"②可见对皇帝属于孤家寡人的认知，无论北宋南宋，这是士大夫的共识。皇帝如果没有士大夫的支持、百姓的拥戴，也就没有了皇帝的地位。因此，即使从自身的地位着想，他也绝不想同宰相及群臣失和，把自己孤立起来。皇帝如果认识到了这一点，为了维护自身的皇权，就必须部分地牺牲皇权，屈己从臣。

以上，我讲述了不少士大夫限制皇权的方式。其实，士大夫政治本身就构成了对皇权的限制。我看到过这样的理论，说是对权力而

---

① 《古今合璧事类备要》后集卷二十五引《仁宗实录》。

② 《宋季三朝政要》卷一，《鹤山集》卷十九。

言，最好的约束办法就是让另外一种利益与之分享。在士大夫政治的背景下，皇帝与士大夫共治天下就是一种权力共享。士大夫政治的形成，使皇权受到了前所未有的强有力的约束，这种约束加速了皇权的象征化。

（二）派系政治下的台谏

传统的中国式的政治，从某种意义上说，带有派系特征，即宰相往往是当政政治集团的代表，政治斗争也往往是在政治集团或派别之间展开。在实际的政治生活中，政治斗争纷繁复杂，既有在朝与在野的势力之间的斗争，也有执政集团内部的斗争；有分有合，有沉有浮。这种政治的派系特征，在多数情况下，往往隐伏于政治生活的海面之下，表面上风平浪静，表现出的派别特征并不明显。政坛内外，很少有人公然宣称自己属于哪个宗派。但仔细分析政界的各种人物，便会发现，他们小则可以说分属于不同的势力，大则可以说分属于不同的集团，代表着一定阶层的利益。有时这种派系特征则很明显，政治人物公然宣称自己的政治派别。就宋代来说，自从欧阳修划分"君子之党与小人之党"的《朋党论》①提出之后，党争一直泾渭分明、壁垒森严。北宋神宗初年担任宰相的韩琦，在宋代众多的权臣中，是列不上名次的。但当时的御史中丞王陶就攻击说："（韩）琦执政一年，上视两府大臣，中外要职，莫非亲旧，根盘节错。异己者必逐，附己者必升。"②仅仅作为一般的宰相，仅仅执政一年，就达到了"根盘节错"的程度。如果是长期执政的权臣，则更不知几何！面对这样盘根错节的庞大集团势力，皇帝要想独立特行，可以说难上

---

① 欧阳修的《朋党论》作于庆历二年知谏院之时，收录于《欧阳文忠公集》卷十七。
② 《长编纪事本末》卷五十七《宰相不押班》。

加难。

在传统中国，大凡政令，多以皇帝的名义颁行。但可以这样说，基本上只是名义而已，所反映的主要并不是皇帝本人的意志。我们先从制度上来看一下中国传统的政治体制中的决策过程。隋唐时代，确立了三省制：中书省拟旨，门下省审核，尚书省颁行。在宋代，"凡诏令，皆中书门下议，而后命学士为之"①。正如朱熹所说："君虽以制命为职，然必谋之大臣，参之给舍，使之佥议，以求公议之所在。然后扬于王廷，明出命令而施行之。"②按宋仁宗的话说，"凡事必与大臣佥议，方为诏敕"③。由此可见，政令从制定到颁行，皇帝在其中并不起主要作用，至多是在最后的颁布阶段，起到一个"印鉴"作用。这是由于皇帝虽然不处理具体政务，不握有实际权力，但他的地位与象征性有着巨大的影响力，所以要用他的名义号令天下。传统中国皇帝的这一特点，为执政的政治集团所充分利用——以皇帝之名，行该集团之实。

一般说来，政令并不完全代表皇帝的意志，而恰恰反映了以宰相为首的执政集团的意志。当然，在政治生活风平浪静之时，执政集团正常运作政府机器，政令也没有明显的政治斗争色彩。然而，当政治斗争风起云涌之时，政令则明显带有政治倾向。我们试举一例。史载，宋哲宗亲政，大臣交攻前执政吕大防，哲宗于是下诏："吕大防等永不得引用期数及赦恩叙复。"并将吕大防"以光禄卿分司南京、安州居住"。这些处罚，表面看来似乎出于君主所为，其实不然。有史实表明，宋哲宗对吕大防做出贬谪的决定是违心的，"上之念大防

---

① 《宋史》卷二百七十二《蔡京传》。

② 《群书考索》别集卷十八《人臣门》。

③ 《庶斋老学丛谈》卷二引《宋官制》。

深矣。议者由是知痛贬元祐党人，皆非上本意也"①。

有记载表明，权相当政，君主则更是言难由衷，甚至以皇帝名义发出的诏令也无须皇帝同意。北宋后期蔡京为相，自己拟旨，让皇帝抄写后发出，以致有些语言已经"不类帝札"，不符合皇帝的身份了②。这种现象反映了皇帝在实际政治生活中，往往成了一定政治集团的工具。

对于诏令并不出于皇帝本人意志这一点，在当时，人们实际上已经看得很清楚。在蔡京复相后，以前随其罢相而废止的政令均被恢复，他的反对派也纷纷获罪。于是，叶梦得质问宋徽宗："陛下前日所建立者，出于陛下乎？出于大臣乎？……今徒见一大臣进以为可作，则法度从而立。一大臣退以为不可作，则法度从而废。无乃陛下有未了然于中，而不出于己者乎？"③

诏令并不出于皇帝本人意志，但却必须以皇帝的名义颁行。历史上东汉的"党锢之祸"、唐代的"二王八司马"被贬、宋代的党籍碑之立、明代的东林党人获罪，这些朋党之间的残酷打击，无一不是借皇帝之名义进行的。

说到宋代的党籍碑，使我想起了朱熹讲的一件轶事："徽宗因见星变，即令卫士仆党碑，云：'莫待明日，引得蔡京又来吵。'明日，蔡以为言，又下诏云：'今虽縻碑，而党籍却仍旧。'"④这件轶事至少说明两个问题：第一，设置元祐党籍碑之事，并非徽宗本意。迫于

---

① 《宋宰辅编年录》卷十二绍圣元年三月乙亥条。

② 《宋史》卷二百七十二《蔡京传》载："熙宁间，有内降手诏，不由中书门下共议，盖大臣有阴从中而为之者。至（蔡）京则又患言者议己，故作御笔密进，而丐徽宗亲书以降，谓之御笔手诏，违者以违制坐之。事无巨细，皆托而行，至有不类帝札者，群下皆莫敢言。"

③ 《宋宰辅编年录》卷十二。

④ 《朱子语类》卷一百二十七《本朝》。

强烈的反对意见，徽宗多次想废除党籍碑，但终因经不住宰相蔡京的吵闹而未果。无奈之下，徽宗只好借星变这样在过去被认为是不祥之兆的天象变化之机，让卫士急急忙忙连夜推倒了党籍碑。可见作为皇帝的徽宗畏惧宰相蔡京之一斑。第二，不废党籍之事，亦非徽宗本意。本来，推倒了党籍碑，就意味着废除了党籍。但正如徽宗所料，在推倒党籍碑的第二天，蔡京果真来纠缠徽宗，徽宗只好又违心地下诏"今虽縠碑，而党籍却仍旧"。可见皇帝如果违背了宰相的意志，有时候则不得不下诏更改自己的做法。前面提及的北宋御史中丞王陶，他在因言事被贬为地方官后，就在写给皇帝的到任谢表中抨击权臣说："夜取敕诰于上阁，藏在私家；朝请宣召于御前，押归政府。转主心易于拳石，夺君命轻若鸿毛。"①

本来，御史台官与谏院官（宋代合称"台谏"）作为言官，在传统中国的政治体制设计中，是独立于皇权与相权之外的第三种势力。但是，由于中国传统政治的派系特点，使得台谏官也不可能超脱于政治斗争的圈子之外。在政治斗争尚未激化的正常状态下，台谏多少还可以正常行使其规谏君主与"究执政之不法"的职能。而当政治斗争趋于激化之时，台谏几乎毫无例外地成为某一政治集团的工具与鹰犬。

从制度规定上看，言官必须由皇帝任免，宰臣不得干预。但大量事实证明，至少在宋代，言官基本上是由宰臣任免的，或者是遵从了宰臣的意志。宋真宗时，寇准"在中书喜用寒俊，每御史阙，辄取敢言之士用之"②。宋仁宗时，余靖、欧阳修等谏官推荐石介为谏官，

① 《长编纪事本末》卷五十七《宰相不押班》。
② 《长编》卷六十二景德三年二月丁酉条。

"执政亦欲从之"，但终因参知政事范仲淹的反对而未果①。可见宰相大臣都有权决定台谏的任免。宋哲宗时，宰相吕大防欲用侍御史杨畏为谏议大夫，要另一位宰相范纯仁同书名进拟。范纯仁说："上新听政，谏官当求正人。畏倾邪，不可用。"②说明台谏任用须由宰臣共同进拟提名。反过来说，皇帝则不能自行任用台谏。元丰八年（1085），中书除范纯仁等人为谏官，当即遭到了作为执政之一的知枢密院事章惇的断然反对："故事，谏官皆令两制以上奏举，然后执政进拟。今除目从中出，臣不知陛下从何知之，得非左右所荐？此门不可浸启。"③章惇尽管人望不佳，但此话问得有理。皇帝自行任官，他又从何知之，还不是受一定政治势力的影响与左右。所以章惇要维护当政的政治集团的利益，由他们来掌握任官权，特别是台谏这类把持舆论的言官的任用权。这样做，在客观上也就等于维护了宰相集团的人事权。

台谏既然由宰相大臣任命自己政治集团内的人物来担任，皇帝要靠他们来"究执政之不法"，是很困难的；而台谏则成为宰臣限制皇权、排斥异己、打击对立的政治势力的工具。吕惠卿曾攻击王安石说"夕出于权势之口，朝书于言者之奏"④，很形象地说明了宰臣对台谏的操纵。早在王安石之前，仁宗初年担任左正言的孔道辅就指出过"言事官多观望宰相意"的现象⑤。南宋第二代皇帝宋孝宗即位之后，曾试图改变这种状况，他亲自选拔"曾任知县人为六院察官，阙则取以充之"。但实际状况却正如朱熹亲口对宋孝宗所说的那样："虽曰亲

---

① 《东轩笔录》卷十三。
② 《宋宰辅编年录》卷十。
③ 《长编》卷三百六十元丰八年十月丁卯条。
④ 《长编纪事本末》卷六十一《吕惠卿奸邪》。
⑤ 《宋史》卷三百一十一《庞籍传》。

擢，然其途辙一定，宰相得以先布私恩于合入之人。及当言责，往往怀其私恩，岂肯言其过失！"对于朱熹所言，宋孝宗也承认是事实①。

不论皇帝抑或朝臣，实际上都对台谏为一定的政治势力所利用这一点看得很清楚，但谁都无力改变这种状况。宋孝宗就曾说："凡台谏初除，人已逆揣其必论某人，既而果然。"②这说明，正因为台谏的任用为某一势力所操纵，所以其将要攻击弹劾什么人，朝野内外都是明明白白的。

在传统中国派系政治的情势下，台谏几乎不可能成为理想的政治设计中独立的第三势力，常常为某些个人、某种势力所利用。因而，在宋代，台谏屡屡被称为"鹰犬"。《宋史》卷三百二十七《唐坰传》载："台官张商英，乃（王）安石鹰犬。逆意者虽贤为不肖，附己者虽不肖为贤。"《宋史》卷三百五十六《宋乔年传》载："时乔年尹京，父子依凭蔡氏（蔡京），陵轹士大夫，阴交谏官蔡居厚，使为鹰犬。"南宋时，也有人把台谏直接称为宰相的"鹰犬"。太学生刘黻在上给宋理宗的一篇奏疏中，首先援引了宋高宗绍兴二十年（1150）的诏书："台谏风宪之地，年来用人非据，与大臣为友党，济其喜怒，甚非耳目之寄。"然后说："臣窃观近事，不独台谏为大臣友党，内简相传，风旨相谕，且甘为鹰犬而听其指嗾焉。宰相所不乐者，外若示以优容，而阴实颐指台谏以去之。台谏所劾击者，外若不相与谋，而阴实奉承宰相以行之。"③这段话所说的"与大臣为友党"，明确地指明了宰相与台谏合流，形成同一政治势力。表面上，台谏的弹劾与宰相毫不相干，但"阴实颐指"与"阴实奉承"两句，则揭示出事实真

---

① 《朱子语类》卷一百零七《内任》。

② 《宋会要辑稿》职官三之五八。

③ 《宋史》卷四百零五《刘黻传》。

相。作为刘黻援引绍兴二十年诏书的旁证，《宋史》记载了上言者对谏议大夫尹穑的抨击："穑专附大臣为鹰犬。如张浚忠诚为国，天下共知，穑不顾公议，妄肆诋诽。凡大臣不悦者皆逐之。相与表里，以成奸谋。"①这里，指出了作为"鹰犬"的言官与大臣"相与表里"的政治合作关系。《宋史》卷四百七十四《丁大全传》载："台臣翁应弼、吴衍为大全鹰犬，钳制学校，贬逐（陈）宗等。"

南宋末年的周密也记载："自丞相史弥远当国，台谏皆其私人。每有所劾者，必先呈副，封以越簿纸书，用简版缴达。合则缄还，否则别以纸，言某人有雅故，朝廷正赖其用。于是，旋易之以应课，习以为常。端平之初，犹循故态。"②这条史料，则清楚地记载了台谏私下奉承宰相旨意拟弹章的过程。南宋人刘应起，作为监察御史，对这类现象深有感触："台谏之议论，庙堂之风旨，颇或参同；夹袋之欲汰，白简之所收，率多暗合。"③

实际上，上述史料所列举的现象，不独南宋，在北宋就已存在。宋仁宗时有名的御史中丞孔道辅曾说："今之御史，多承望要人风旨，阴为之用。"④

政治的运作，一向有幕前与幕后之别。重重帷幕的背后，演出的才是不著面具的活报剧，诸如上述所云。然而，在台前，跳的则是假面舞。从表面上看，台谏独立于皇权、相权之外，具有相当强大的监察权，即苏轼所说的"不问尊卑，言及乘舆，则天子改容；事关廊庙，则宰相待罪"⑤，并且，就连"中书、枢密亦不敢与御史府抗威

---

① 《宋史》卷三百七十二《尹穑传》。

② 《癸辛杂识》前集《简椠》。

③ 《困学纪闻》卷十五。

④ 《古今合璧事类备要》后集卷二十五《台官门》。

⑤ 《东坡先生全集》卷二十五《上神宗皇帝书》。

争礼。而反畏怵而尊事之"①。在宋代，特别是在南宋，有着大量宰相因台谏弹劾而被罢黜的史实。因为宋代有这样的故事惯例，即宰相一旦被言官弹劾，不论虚实，皆须自行停职，居家待罪，等候调查与处理。

怎样解释这一现象呢？我看还是必须拉开重重帷幕，才能窥见庐山真面目。

首先，我认为这种现象的存在并不意味着皇权对台谏的有效支配。

从史实上看，皇权支配台谏的能力很有限，常常难以行得通。举例来说，治平年间，宋英宗听说三司使蔡襄曾反对过立他为皇位继承人，便"欲使台谏言其罪，以公议出之"。但宋英宗的这一打算遭到了谏官傅尧俞的断然拒绝："若副公议，臣不见其罪。臣身为谏官，使臣受上旨言事，臣不能。"②谏官拒绝"受上旨言事"，俨然独立于皇权之外。著名的理学家程颢也说过类似的话，他在担任御史时，回答宋神宗如何做个好御史的提问时说："使臣拾遗补阙、补赞朝廷则可。使臣掇拾臣下短长，以沽直名，则不能。"③

既然台谏弹击宰相大臣不是受皇权支配，那么，是出自台谏的独立意志吗？也很难这样说。仅就宋代政治的考察来说，台谏的活动与皇权关系不大，特别是与皇权的强弱关系不大。编写《通鉴纪事本末》的袁枢就曾对宋孝宗说过："威权在下，则主势弱，故大臣逐台谏以蔽人主之聪明。威权在上，则主势强，故大臣结台谏以遏天下之公议。"王应麟在引述了袁枢的话之后，指出："机仲（袁枢字）之言

---

① 《徂徕石先生文集》卷十三《上孔中丞书》。
② 《古今合璧事类备要》后集卷二十五《谏官门》。
③ 《古今合璧事类备要》后集卷二十五《台官门》。

未尽也。台谏为宰相私人。权在下，则助其搏噬，以张其威。权在上，则共为蔽蒙，以掩其奸。"①总而言之，皇帝不过是处于政治斗争圈子之外的一个被利用的工具而已，而台谏则是握于宰相大臣手掌之中的另一个被利用的工具。

前面说过，在中国历史上，政治斗争纷繁复杂。除了在朝与在野的政治势力间的斗争，即使是同一执政集团内部，在权力、利益分配不均，或政见发生分歧时，也会产生矛盾纷争。当这种纷争明朗化和白热化的时候，对立的双方势同水火，就会分裂成不同的政治派系。势弱的一方就会被势强的一方逐出朝廷，被迫下野。下野的一方，也会联合各种势力，调整策略，重新组织进攻，这样又会有东山再起的可能。而台谏作为一种攻击力量，自然成为被网罗的对象。就是说，台谏既可以成为执政集团的工具，作为执政集团的一员，充当宰执的鹰犬，也可以成为与当政者对立的另一政治势力的鹰犬与工具，攻击当政的政治集团。当这种攻击得胜之后，这些台谏，或是在权力再分配中成为新的执政集团的主要人物，或是充当新的执政集团的鹰犬。总之，无论是在朝在野，无论为哪个政治集团服务，其作为鹰犬的作用都没有改变。南宋后期，权相史弥远当政，"任憸壬以居台谏，一时君子贬斥殆尽"②。

我根据宋人的说法，将台谏表述为一定政治势力的鹰犬。在史学界尽管没有人明确这样说，但也不乏近似的看法。有文章说："台谏作为宋代社会的舆论中心，对改革的成败至关重要。当改革派掌握了台谏官的任用权或充任了台谏官，台谏则推动改革；当反改革派掌握

---

① 《困学纪闻》卷十五。
② 《续宋宰辅编年录》卷五。

了台谏官的任用权或充任了台谏官，台谏则阻碍甚至破坏改革。"①
这种说法，实质上还是强调台谏的工具性，只不过没有使用"鹰犬"
这个贬义词而已。言官成为特定政治集团的鹰犬，并不仅限于宋代，
可以说是中国历史上的普遍现象。特别是自从宋代形成士大夫政治以
后，这种情形更为明显。《明史》卷二百零九《杨继盛传》就明确说：
"陛下喉舌乃贼（严）嵩之鹰犬也。"有名的官僚海瑞也视御史齐康为
大臣高拱的鹰犬。②剧作家汤显祖则非难给事中胡宁为"权门
鹰犬"。③

　　台谏成为一定政治集团的工具与鹰犬之后，可以说除了政治攻
击，实际上已经基本失去了"纠执政之不法"的作用。原本的两个作
用，只剩下限制皇权这个作用尚能发挥。这就是，"君有佚豫失德，
悖乱亡道，荒政弗谏，废忠慢贤，御史台得以谏责之"④。所以，欧
阳修说："未有闻规谏人主而得罪者。臣故谓方今，谏人主则易，言
大臣则难。"⑤

　　台谏成为一定政治集团的鹰犬，这种现象的出现，并非偶然。正
是在皇帝从行政长官的角色中淡出后，皇权逐渐走向象征化过程中所
必然出现的。因为当皇帝不再在具体行政事务中起主要作用之后，作
为职务本身就带有很强的政治色彩的言官，必然要有所依托，成为一
定政治势力的工具。同时，作为工具，他们又是各种政治势力所争取
拉拢的对象。

　　成为一定政治集团工具的台谏，对皇帝的规谏有两种取向：从正

①　贾玉英，《台谏与宋代改革》，载《中州学刊》1999年第3期。

②　《明史》卷二百二十六《海瑞传》。

③　《明史》卷二百三十《汤显祖传》。

④　《徂徕石先生文集》卷十三《上孔中丞书》。

⑤　《长编》卷一百九十三嘉祐元年六月庚辰条。

常的言官的作用上讲，他们从维护整个王朝的统治大局出发，力图把皇帝纳入正常的君道；从具体政治势力的角度来看，他们规谏的目的，又往往是利用皇权的影响力，让皇权在政治斗争中加重本集团角逐的砝码，为本集团的利益服务。

至于说宰相畏惧台谏，这也是一种表面现象。在"四方多士，惟知奔趋宰相之门，而不知君父之尊"①的政治现实之下，要说宰相真的怕台谏，恐不合常理。这种现象只能解释为，在复杂的政治斗争环境中，宰相并不希望与台谏处于对立状态，而贻敌对势力以攻击的口实。

反过来，台谏如果不依附于某一政治势力，特别是不依附于执政的政治集团，而试图保持其自身的独立性，那么，其命运往往相当可悲。欧阳修就说："自（范）仲淹贬饶州后，至今凡二十余年间，逐台谏者多矣。"②这还是相对正常的政治局面。而当王安石当政，对于反对变法的台谏一概罢斥，"二年间，谏官、御史以安石去者凡二十人"③。比罢斥更有甚者，"谏官孙觉尝论边事，不合（章）惇意，而惇肆言于人曰：'议者可斩！'中外闻之，无不骇愕"④。史书中，还不乏宰相罢斥台谏的记载："刘沆以（赵）抃、（范）师道尝攻其短，阴上书出之。抃、师道既出，御史中丞张升言：'天子耳目之官，进退用舍，必由陛下，奈何以宰相怒斥之？'"⑤这个仁宗朝宰相刘沆在受到言官弹劾后，令人做奏疏，将言官骂作犬⑥。当然，这次的

————————

① 《宋宰辅编年录》卷十二，《宋史全文》卷十四。

② 《宋史全文》卷十。

③ 《宋宰辅编年录》卷八。

④ 《宋宰辅编年录》卷九。

⑤ 《宋宰辅编年录》卷五。

⑥ 《东原录》载："宰相刘沆为台官言后，令裴煜代作章奏言，虽三省之无他，奈群犬之已甚。台官吴中复上言，刘相以犬斥言事之官。"

言官没有做宰相的鹰犬，而可能是受其他政治势力的左右，吠向了宰相。这是北宋的情况。那么，南宋又如何呢？史籍中也有类似记载："丞相郑清之为台官潘凯、吴燧所论，清之改选之。"①仅就宋代的政治现实来看，事实正如宋末的监察御史吴昌裔所言："数十年来，台谏言人主者易，言大臣者难。攻及上身者，犹能旷度有容；议及宰相者，往往罪在不赦。"②然而，正如宰相与君主一般并不总处于对立状态一样，台谏更是宰相所利用与依靠的对象。

在皇帝与宰执之间，台谏的存在的确值得注目。有的学者将台谏看作独立于皇权和相权之外的"第三势力"③。然而，其在实际政治运作中是否真正能够起到这样的作用，是要打个很大的问号的。至少从宋代的政治状况观察，台谏在多数情况下，或成为执政集团的追随者，或成为反对者。我借用宋人的说法，将台谏形容为"鹰犬"。用"鹰犬"来形容，主要是表现台谏的主要作用。这仅仅是从士大夫内部派系斗争的层面上的表达。然而，"鹰犬"一词，过分强调了台谏与宰相或其他政治势力从属关系的一面，这可以说是一个缺陷。在朝廷的政争中，不仅是台谏，皇帝也成为整个棋盘上的一颗棋子。不过，如果超越派系斗争来观察，毕竟台谏也是士大夫层的一员。在权衡全体士大夫层与皇帝的利益关系上，最终还是会维护士大夫的利益的。进一步展开视野，从包括皇权在内的士大夫政治的整体来看，台谏是"鹰犬"也好，是"天子耳目"也罢，他们对皇权支持也好，制约也罢，对宰相拥护也好，攻击也罢，从积极的意义上看，都是在守卫着一个王朝的士大夫政治。所谓的"第三势力"说，颇有机械地套

---

① 《续宋宰辅编年录》卷十七。

② 《续宋宰辅编年录》卷十二。

③ 虞云国，《宋代台谏系统的破坏与君权相权之关系》，载《学术月刊》1995年第11期。

用近代欧美政治制度中三权分立之嫌，与中国传统政治的实际状况并不切合。

五　走向象征化的皇权

（一）皇权走向象征化的历史因素

通过对中国传统政治的考察，我们可以寻绎到皇权从实体化走向象征化的轨迹。

考察这个问题时，首先我想把视线投向皇位世袭制。从这个角度考察，可以形成以下几点认识：

第一，开国君主大多是通过战争、政变等非常手段夺取政权的。这种取得政权的方式，势必使开国皇帝大权在握，成为行政首脑，而绝不可能成为仅具象征意义的礼仪性的虚位君主。然而，由于人的生理极限，即使是极有能力和精力的皇帝，也不可能做到事必躬亲，这就给以宰相为首的执政集团的权力发展留下了空间。

第二，能够取代前政权而登上皇位的开国皇帝，一般说来具有较强的能力，非平庸之辈。而后继君主即位登基，则往往与其自身的能力无关，一般也不需要经过激烈的角逐，仅仅由于宗法关系而继承了皇位。即位的君主缺乏政治实践与政治经验，更缺乏政治威信。即使是制度性的皇权，也需要皇帝本人的威信与人格力量来维护和强化。早在中央集权制度开始起步的战国时期，就有了这样的议论："人主之子也，骨肉之亲也，犹不能恃无功之尊、无劳之奉，而守金玉之重也。"①这种皇位世袭制，不可避免地造成了人主的低能与自身威信的不足。仅此一点，后继君主就势必要比开国皇帝显出弱势。他所拥有的名义上属于他的权力，往往并不代表他的政治实力，而仅仅是由皇位这一特殊地位所带来的，因而这种地位更多的是带有一种象征性。

第三，在皇位世袭制下即位的皇帝多是幼主。由于尚未成年，难以理政，所以决事多由前朝顾命元老和宰执大臣。新君对于前朝元老往往毕恭毕敬，唯恐不尊，这就使新君从即位之始便直不起腰身，受宰执所左右。例如宋真宗即位时，虽已非年幼，但史载，"（真宗）对辅臣于禁中，每见吕端等，必肃然拱揖，不以名呼。端等再拜而请。上曰，公等顾命元老，朕安敢比先帝"②。若是幼主，就更离不开顾命大臣的辅佐。南汉国主刘铱被擒至开封后，对宋太祖说："臣年十六僭伪位，澄、枢等皆先臣旧人，每事臣不得专。在国时，臣是臣下，澄、枢是国主。"③这条史料清楚地表明，未成年君主嗣位，多受制于前朝顾命大臣。从被辅佐到亲政，不仅不起实际作用，也大多养成了事事听命于大臣的庸懦性格。因而，君弱臣强亦势所必然。对此，司马光有"定策国老"和"门生天子"的说法④。明代的皇帝，除了洪武和永乐，也多以"先生"称呼实际的宰相内阁大学士，尊其为师长。历史上频发的外戚、宦官、权臣弄权与太后摄政，都是假皇权之威来行弄权之实。这一方面反映了皇权的变质，另一方面也正显示出皇权的巨大象征意义。

第四，除了开国皇帝，后世的皇帝自幼就在保傅制度下接受严格

---

① 《战国策·赵策》触龙言说赵太后章。

② 《宋宰辅编年录》卷三。

③ 《宋史》卷四百八十一《南汉世家》。

④ 《宋史》卷三百三十六《司马光传》。

的君道教育，即位后，又有侍读侍讲制度进行继续教育，这使多数君主都具有一定的自律性，能在士大夫规定的"雷池"中循规蹈矩。较之规劝皇帝过失的谏官制度，保傅制度和侍读侍讲制度是一种防患于未然的更有效的预防机制。用陈亮的话说，是"谏心"之制①。这种"谏心"之制必然使皇帝主动向以宰相为首的执政集团让权，其结果是皇权逐渐虚化。

以上所述，大多并非中国史上的皇帝制度所独有，几乎是世界史上王位世袭制下君主执政的共性问题。尽管如此，依然可以看作皇权走向象征化的一个因素。

如果说皇位世袭制是导致皇权走向象征化的皇帝自身的因素，那么政治制度的逐渐完备则是导致皇权象征化的主要且决定性的因素。这是两个层次的问题：一是从中国历史的整个历程看，有一个政治制度逐渐走向完备的过程；二是从各个王朝看，政治制度也有一个逐渐走向完备的过程。

我们先从中国历史的整个历程来观察。

秦始皇时期，随着皇帝制度的创立，形成了至高无上的皇权，但那个时期却尚未形成完备的政权体制。因此，这个时期君主作为行政长官的职能显得特别突出，而宰相等大臣则基本处于日常事务处理者和政策执行者的地位。然而随着历史的发展，政权体制日臻完备和政治运作渐次成熟，政务分工亦愈加细密而具体，宰相或以宰相为首的执政集团的决策功能也愈加强化。因此，君主直接参与处理政事的机会也就越来越少。皇帝除了其象征意义，在整个政府机器的运转中，成了"多余的人"，其主要作用是"图章"。从这个意义上说，成熟的政权体制本身，就是对皇权的一种排斥。南宋末年的一个监察御史就

---

① 《群书考索》别集卷十八《人臣门》。

说:"政事由中书则治,不由中书则乱。天下事当与天下共之,非人主所可得私也。"①这表明,在完备的政治体制之下,皇权在实际政治生活中几乎没有立足之地。到了明代,不少君主几年甚至几十年都不迈出宫门一步,政事基本上全由实际上的宰相内阁大学士来处理。清人郭嵩焘就说,"明与宰相、太监共天下"②,可谓一语中的。

我们再从各个王朝的发展来看。

开国皇帝或亚开国皇帝(如宋太宗与明成祖及经过激烈角逐而登基的清朝诸帝)对政府的行政事务有着较多的干预。但当政权运作走上正轨,政权体制和各种制度逐渐完备之后,就像计算机执行程序一样,几乎所有的政务都按照既定的法规由惯性来推动。在王朝的草创期结束后即位的皇帝,对政府行政事务的关心程度和影响力都逐渐减弱。与此同时,以宰相为首的执政集团则自然占有了这个权力空间,成为政治运营的主要角色。因此从这一时期开始,皇帝必然与开国皇帝不同,基本上从行政长官的角色退役,成为不需要事必躬亲的名义上的君主。

从开国皇帝到后继皇帝,皇权渐渐产生了实质性的变化。这种变化,用近代以后的共和政治体制来形容,就是由总统制转向了以总理为负责人的议院内阁制。在总统制下,总统既是国家礼仪性的元首,也是最高的行政首脑,对一切行政事务负有责任。然而,在议院内阁制下,总统仅仅是礼仪性的国家元首,对一切行政事务不再负有责任。

总之,考察传统中国的皇权,一个有趣的事实是,君主为了形成强大的皇权,而建立起高度集权的政治制度。然而,为这一制度的创

---

① 《宋史》卷四百零五《刘黻传》。
② 《清稗类钞》。

立者所始料不及的是，历史的发展，竟使这种集权制度成为皇权的"克星"。皇帝及其谋臣共同创立的巨大的中央集权国家机器一旦开动，上下一致都跟着运转。无论是皇帝，抑或大臣，谁都不可能完全成为这架机器的操纵者，都不过是这架巨大的机器上作用各异又互相合作、互相制约的齿轮和螺丝钉。皇权也成为国家权力的一部分。从这一层面上观察皇权，美国学者贾志扬的见解与我极为接近：

> 制度层面的、机构性的变化，它们限制了皇帝周围的人，也限制了皇帝。这就如同明治、昭和时代的日本，皇帝在概念上拥有绝对权力，而这种权力不等于任意行使权力的能力。最可能的情形是，皇帝性情温顺，允许宰相大权在握，高效行使皇权。①

制度的完备需要制度外的保障。这种保障，是一种皇权之外的政治力。尽管历代都有这种政治力，但历史发展到了宋代，空前崛起的士大夫阶层，从上到下形成了对政治的全方位的支配。由这种支配所生成的责任感，又培育了空前活跃的士论。依存于士大夫政治的士论，或者称为"公议"，是防止皇权及其他权力从制度的框架中脱逸的最有力的制约。这种制约让皇权及所有权力必须遵从士大夫政治既定的轨道，皇帝及所有的权力持有者都无法同这种政治力相对抗。除了传统的天道、道理和法规，在宋代，"祖宗法"和公议是限制皇权和其他权力暴走的两大利器。如果说"祖宗法"还属于制度性的限制，公议则是舆论的限制。对于"祖宗法"，有时还可以公开声称"祖宗不足法"，但很少有人公然藐视公议。政治体制的成熟，有一个历史发展过程，呈渐进性。因而，从总的历史趋势看，皇权从实体性走向

---

① 贾志扬，《天潢贵胄：宋代宗室史》。

象征化，是和政权体制的成熟同步渐进演化的。从这个意义上说，制度维护皇权，制度限制皇权，同时制度又化解和销蚀实际皇权。

考察传统中国的皇权走向，从断面的历史看，在每一个朝代，伴随着从王朝创立到王朝衰微，实体性的皇权都经历了一个由盛到衰的过程。而每一部分断面的历史，都是纵向发展的历史的一部分，反映的都是皇权演变的某一阶段与过程。从整个历史的发展趋势看，实体性的皇权由高向低渐进发展；反之，象征性的皇权则由低向高渐进发展。传统中国的皇权，从实体性到象征化，经历了两个至高无上的演变。

那么，怎样评价皇权走向象征化的趋势呢？从客观意义上说，这一趋势反映了政治的进化，国家管理由家长式的原始形态，走向制度化、科学化。从道德意义上说，这一趋势反映了从专制走向民主的过程。除此之外，绝对的君主专制在传统中国被抑制的事实，似乎可以部分地回答史学界曾经长期争论的难题，即中国封建社会为何长期停滞的问题①。在回答这个问题时，我想到了英国阿克顿的那句经典名言，即"绝对的权力导致绝对腐败"②。所谓绝对的权力是指高度集中的、不受任何监督和制约的权力。从历史事实看，君主不可能做到完全独裁，因而就不拥有绝对的权力。而由于传统中国互相制约的政治设计，其他任何势力也难以长期拥有绝对权力。在传统中国，由于绝对权力不存在，所以很难导致绝对腐败的发生。即使产生局部的一

---

① 我在20世纪90年代以后的文章，一直回避使用"封建社会"一词，而改称为"传统社会"或"传统中国"。在日本，包括封建社会在内的五种社会形态，被称为"世界史基本法则"，曾经支配了战后的日本史学界。从20世纪70年代起，日本学者开始逐渐挣脱这个藩篱，现在基本已无人使用。

② 见《自由与权力——阿克顿勋爵论说文集》。有人指出，根据原文，"绝对的权力导致绝对腐败"，应当译为"绝对的权力绝对导致绝对腐败"。这也许是正确的，因为在日文中就是这样译的。但现在的译文已为广泛接受，似不必更改，况且后一个"绝对"就是"完全"或"彻底"之意。

时的问题，贵族政治或士大夫官僚政治的自身机制可以进行调整，不断给王朝的母体灌注活力。我认为这正是中国传统社会长期延续的一个原因。

（二）权力关系与皇权结构、变迁图示

1. 皇权结构模式

历来在说明皇权结构模式和描述体现君臣关系的官僚体制时，大多使用金字塔式的建筑物来比喻。在正四角锥形的金字塔结构中，皇帝位于顶端，皇权也位于王朝权力体制的顶端。人们很乐于接受这样的比喻，并不觉得其有何不妥之处，因为制度的规定就是如此。无论是秦汉时代的三公九卿制，还是隋唐的三省六部制，当对其结构加以图示时，皇帝自然要放在最上部。

然而，我觉得金字塔式的比喻还是有些问题的。因为如果是金字塔式的结构，那么对位于顶端的皇帝，来自下面群臣的，只有支持，而无任何制约，这是不符合实际情况的。考察实际状况，我觉得似乎用拱桥形来描述皇权结构和君臣关系更为贴切。拱桥形是半圆弧形结构，多用于门窗桥梁的上部。在拱桥形上部的砖石中，位于最中央顶部的砖石可以看作皇帝或皇权，两侧的砖石可以看作群臣或政府权力机构。中央的砖石受到来自两侧砖石的挤压，这种挤压，既是支持，又是限制，使之不得随意活动。而中央的砖石对两侧的砖石也是一种支持和限制。砖石与砖石之间，构成了一个统一体，谁都离不开谁，缺一不可。一旦有个体脱离，整个结构就会崩溃瓦解。

2. 权力与权威的关系

现代政治学理论一向把权力（power）和权威（authority）区分开来，而不是等同视之。

（1）权力递减的观察。力在作用过程中，如果不追加能量，就会

金字塔形与拱桥形示意图

逐渐衰减。犹如一颗石子投入水中，最初的波纹最深，随着向四方扩散，波纹逐渐变浅，直至消失。皇权的行使，最初或许是出于皇帝本人的意志，但与执政集团或者其他强势势力的意志发生抵触时，在传达和执行的过程中，则很有可能发生下述情形：首先是起草敕令制诏的知制诰或翰林学士之类的文臣，加入自己的私货，然后是宰相和执政大臣以自己的意志加以变更，到了最后，以皇帝名义发布的政令，就几乎与皇帝的初衷毫不相干了。反过来看，政令所反映的则是朝廷中强势集团的意志。被歪曲的皇权也是皇权，但并不代表皇帝本人的意志。以上是从政令的具体发布过程来看的。如果从皇权的整个走势来看，在皇权走向象征化的过程中，皇帝实际行使的权力逐渐被政府权力吸收和取代。从这个意义上看，也是一种权力递减。

（2）权威增大的观察。皇权实际上主要反映的是皇帝的权威。在皇帝的地位逐渐走向象征化的背景下，皇帝个人所握有的实际行政权力越来越小，皇帝的权威却越来越大。关于这一点，我想具体用图形来说明。当一个王朝创立之初，或皇帝可以充分行使行政长官的职能时，其权力与权威是合一的。用圆来表示，权力与权威处于同心圆的圆心一点上。但当皇帝逐渐从行政长官的角色中淡出，政府首脑的作用则日益凸显，这个时候的同心圆就被拉成了椭圆。因此权力和权威发生分离，形成了两个圆心。权力成为政府的权力，权威则是皇帝的权威，二者同处于一个椭圆，即同一统治体系。权威辐射涵盖整个椭

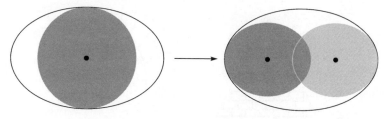

权力与权威转化示意图

圆,烘托支持权力,权力则利用和体现权威。

3.皇权走向的两个"至高无上"

中国历史上的皇权走向,如果用坐标来表示,似乎应当是下图的情形。随着历史的发展,实质性的皇权逐渐下降,反过来象征性的皇权逐渐上升。就是说,皇权经历了由实质性的至高无上向象征性的至高无上的变迁。这种变迁也可以说是从权威的权力向权力的权威的变迁。在这个图中,我用纵坐标表示皇权的升降,用横坐标表示历史的发展。横坐标的每一区间从左到右表示一个王朝的开始和终结。坐标轴以外的实线表示实质性的皇权的变迁,虚线则表示象征性的皇权的变迁。

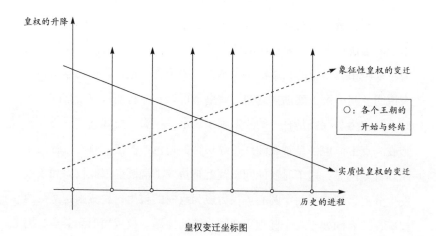

皇权变迁坐标图

用图形来示意，总有将复杂的历史线性化、简单化之嫌。并且，正如任何比喻都不能等同比喻本体，任何图表也不可能做到完全贴切，但图表的好处就在于一目了然。这个图仅仅意在描述皇权变迁的基本趋势，不用说，历史的发展自是呈曲线形、螺旋形，实际的状态立体而复合，复杂又多样。

（三）猜想与假说：中国为什么没有成为君主立宪制国家

我讨论的皇权，主要并不是着眼于皇权与其他权力的对立，而是注重于皇权的象征化的演变。并且我的皇权思考并不局限于宋代，是一种通史性的通盘思考。了解了我的上述见解，也许有人会问，既然说传统中国的皇权逐渐由实体性走向了象征化，那么，为什么中国没有形成迄今依然存于东西方一些国家的君主立宪制政体呢？对此，我想列举出如下因素来试加回答。

第一，中国历史上频繁的政权转换、王朝更迭，使中国的皇帝难以最终走向神的境界，虽说是神圣，也被称为"天子"，但毕竟是"人固可为"[①]的人间世俗帝王。仅此一点，就使皇权难以彻底完成象征化。

第二，在新王朝建立之初或在特殊的政治背景之下，皇帝曾经作为政府首脑，位于政务处理的前台。因此皇帝必须为自己的政治过失乃至政府的政治过失负责任。历史上屡见不鲜的皇帝罪己、禅让，正是受行政长官的名分所累。由于有过这样的经历，并且从未彻底地退出过政治舞台，加之也不情愿退出，所以，皇帝就不能完全被神化，也就不能彻底走向象征化。

---

① 邓牧在《伯牙琴·君道篇》中说："彼谓君者，非有四目两喙，麟头而羽臂也，状貌咸与人同，则夫人故可为也。"

第三，历史上经常性的改朝换代，使原本在一个王朝内业已走向象征化的皇权，在新王朝建立之初又得以"返祖"，回归为实体化。尽管政治体制随着历史的进化愈加完备，但历史过程的反复，妨碍了皇权最终走向象征化。

第四，中国君主制的最后一个王朝是清朝，是由满族人入主中原的政权。尽管在中原经历了数百年的民族融合，但仍有民族排斥的问题，尤其是清末的革命运动又夸大和煽动了民族对立的历史与现实。因此，进入近代以后，爆发了以"驱逐鞑虏，恢复中华"为号召的辛亥革命。加之西方共和政治的影响，使得辛亥革命在推翻清朝的同时，连同君主制也一起埋葬掉了。

第五，偶然性决定了历史。我一直认为，中国社会如果顺其自然地发展，步入近代，当是君主立宪制政体。中国历史已经走到了这个边缘。尽管历史不允许假设，但我仍想大胆做个假想，如果当年康有为、谭嗣同等人的"戊戌变法"成功，今天的中国或许跟日本一样，是一个君主立宪制的国家亦未可知，只是阴错阳差，历史走进了另一个胡同。我的这个想法，在1985年的时点，不方便在文章中直言，但已经在文章的结尾做了暗示，并且在1989年的文章中，再次引用了这个暗示。①

（四）皇帝走了以后

20世纪初叶，在中国大地上生存了两千余年的皇帝走了。共和取代帝制，尽管可以说发生了制度性的转变，然而，从思想层面上看，更多的不过是一种象征意义。犹如一个人换了套衣服，本质并未

---

① 《论宋代相权》一文结尾写道："没有皇权的象征化和作为集体领导的相权的强化，恐怕也不会有迄今仍存东西方一些国家中的君主立宪制政体。"

立刻改变，宗法意识、皇权思想，无所不在，多数人依然像看皇帝一样看总统。旧有观念的转化也历时弥久，才能被时间所销蚀。从这个层面上看，时至今日，皇权研究依然不无意义。

参考文献

一 典籍史料

1. 《周易》，中华书局影印《十三经注疏》本，1980年。

2. ［宋］杨简，《杨氏易传》，上海古籍出版社影印文渊阁《四库全书》本，1989年。

3. ［宋］李衡，《周易义海撮要》，上海古籍出版社影印文渊阁《四库全书》本，1989年。

4. ［宋］王宗传，《童溪易传》，上海古籍出版社影印文渊阁《四库全书》本，1989年。

5. 《尚书》，中华书局影印《十三经注疏》本，1980年。

6. 《诗经》，中华书局影印《十三经注疏》本，1980年。

7. 《礼记》，中华书局影印《十三经注疏》本，1980年。

8. 《左传》，杨伯峻撰《春秋左传注》本，中华书局，1981年。

9. 《左传正义》，中华书局影印《十三经注疏》本，2003年。

10. 《孝经》，中华书局影印《十三经注疏》本，1980年。

11. 《论语》，杨伯峻撰《论语译注》本，中华书局，1980年。

12. 《孟子》，杨伯峻撰《孟子译注》本，香港中华书局，1997年。

13. ［宋］朱熹，《四书集注》，凤凰出版社，2006年。

14. ［汉］许慎，《说文解字》，中华书局，1963年。

15. ［汉］司马迁，《史记》，中华书局点校本，1999年。

16. ［汉］班固，《汉书》，中华书局点校本，1962年。

17. ［唐］房玄龄等，《晋书》，中华书局点校本，1974年。

18. ［唐］李百药，《北齐书》，中华书局点校本，1972年。

19. ［后晋］刘昫，《旧唐书》，中华书局点校本，1975年。

20. ［宋］宋祁、欧阳修等，《新唐书》，中华书局点校本，1975年。

21. ［宋］薛居正等，《旧五代史》，中华书局点校本，1976年。

22. ［元］脱脱等，《宋史》，中华书局点校本，1977年。

23. ［清］张廷玉等，《明史》，中华书局点校本，1974年。

24. ［宋］司马光等，《资治通鉴》，中华书局点校本，1956年。

25. ［宋］李焘，《续资治通鉴长编》，中华书局点校本，1992年。

26. ［宋］李心传，《建炎以来系年要录》，上海古籍出版社影印本，1992年。

27. ［宋］阙名，《太平宝训政事纪年》，《宋史资料萃编》第4辑影印本，台北文海出版社，1981年。

28. ［元］阙名，《宋季三朝政要》，王瑞来笺证本，中华书局，2009年。

29. ［元］阙名，《宋史全文》，《宋史资料萃编》第2辑影印本，台北文海出版社，1970年。

30. ［唐］吴兢，《贞观政要》，谢保成集校本，中华书局，2003年。

31. ［宋］彭百川，《太平治迹统类》，适园丛书本。

32. ［宋］杨仲良，《续资治通鉴长编纪事本末》，北京图书馆出版社影印本，2003年。

33. ［宋］阙名，《皇宋中兴两朝圣政》，国家图书馆出版社影印本，2007年。

34. ［宋］郑樵，《通志》，中华书局影印本，1987年。

35. ［宋］曾巩，《隆平集》，《宋史资料萃编》第1辑影印本，台北文海出版社，1967年。

36. ［宋］王称，《东都事略》，《宋史资料萃编》第3辑影印本，台北文海出版社，1981年。

37. ［汉］刘向编，《战国策》，范祥雍校正本，上海古籍出版社，2006年。

38. ［清］杨铎，《张江陵年谱》，台湾商务印书馆，1980年。

39. ［宋］阙名，《绍兴十八年同年小录》，《宋史资料萃编》第3辑影印本，台北文海出版社，1981年。

40. ［宋］阙名，《宝祐四年登科录》，《宋史资料萃编》第3辑影印本，台北文海出版社，1981年。

41. ［宋］朱熹等，《五朝名臣言行录》，《四部丛刊初编》本。

42. ［宋］杜大珪编，《名臣碑传琬琰集》，《宋史资料萃编》第2辑影印本，台北文海出版社，1969年。

43. ［元］辛文房，《唐才子传》，傅璇琮主编《唐才子传校笺》本，中华书局，1990年。

44. ［宋］洪遵辑，《翰苑群书》，《丛书集成初编》本，中华书局，1985年。

45. ［宋］徐自明，《宋宰辅编年录》，王瑞来校补本，中华书局，1986年。

46. ［明］吕邦耀，《续宋宰辅编年录》，王瑞来校补本，中华书局，1986年。

47. ［清］徐松辑，《宋会要辑稿》，中华书局影印本，1957年。

48. ［宋］阙名，《宋大诏令集》，司义祖等点校本，中华书局，1962年。

49. ［宋］谢深甫等，《庆元条法事类》，《中国珍稀法律典籍续编》第一册，戴建国点校本，黑龙江人民出版社，2002年。

50. 《吏部条法》，《中国珍稀法律典籍续编》第二册，戴建国点校本，黑龙江人民出版社，2002年。

51. ［宋］李攸，《宋朝事实》，《国学基本丛书》本，上海商务印书馆，1935年。

52. ［宋］晁公武，《郡斋读书志》，孙猛校证本，上海古籍出版社，1990年。

53. ［宋］陈振孙，《直斋书录解题》，徐小蛮、顾美华点校本，上海古籍出版社，1987年。

54. ［宋］吕中，《类编皇朝大事记讲义》，台北文海出版社影印本，1981年。

55. ［宋］李心传，《旧闻证误》，崔文印点校本，中华书局，1981年。

56. ［清］王先谦，《荀子集解》，中华书局点校本，1988年。

57. ［宋］杨时，《龟山先生语录》，《四部丛刊续编》本。

58. ［宋］黎靖德编，《朱子语类》，王星贤点校本，中华书局，1986年。

59. ［宋］黄震，《黄氏日钞》，日本京都中文出版社影印本，1979年。

60. ［宋］刘炎，《迩言》，台湾商务印书馆影印文渊阁《四库全书》本，1986年。

61. ［清］黄宗羲等，《宋元学案》，陈金生、梁运华点校本，中华书局，1986年。

62. ［宋］真德秀，《西山读书记》，台湾商务印书馆影印文渊阁《四库全书》本，1986年。

63. 吴则虞，《晏子春秋集释》，中华书局，1962年。

64. ［汉］刘向，《新序》，马达注释本，湖北人民出版社1986年。

65. ［汉］蔡邕，《独断》，上海古籍出版社影印文渊阁《四库全书》本，1989年。

66. ［宋］吴曾，《能改斋漫录》，上海古籍出版社标点本，1979年。

67. ［宋］赵升，《朝野类要》，王瑞来点校本，中华书局，2007年。

68. ［宋］王应麟，《困学纪闻》，孙通海点校本，辽宁教育出版社，1998年。

69. ［宋］龚鼎臣，《东原录》，《丛书集成初编》本，中华书局，1985年。

70. ［宋］沈括，《梦溪笔谈》，胡道静校证本，上海古籍出版社，1987年。

71. ［宋］苏轼，《东坡志林》，王松龄点校本，中华书局，2002年。

72. ［宋］马永卿辑，《元城语录解》，《丛书集成初编》本，中华书局，1985年。

73. ［宋］叶梦得，《避暑录话》，《丛书集成初编》本，中华书局，1985年。

74. ［宋］吴炯，《五总志》，《笔记小说大观》本，江苏广陵古籍刻印社，1983年。

75. ［宋］陆游，《老学庵笔记》，刘德权、李剑雄点校本，中华书局，1979年。

76. ［宋］罗大经，《鹤林玉露》，王瑞来点校本，中华书局，1983年。

77. ［宋］张端义，《贵耳集》，《丛书集成初编》本，中华书局，1985年。

78. ［元］盛如梓，《庶斋老学丛谈》，《丛书集成初编》本，中华书局，1985年。

79. ［宋］张镃，《皇朝仕学规范》，书目文献出版社影印本，1998年。

80. ［宋］赵善璙编，《自警编》，台北商务印书馆影印文渊阁《四库全书》本，1986年。

81. ［宋］章如愚，《群书考索》，日本京都中文出版社影印本，1982年。

82. ［宋］谢维新辑，《古今合璧事类备要》，国家图书馆出版社影印本，2004年。

83. ［宋］林駉，《古今源流至论》，上海古籍出版社影印文渊阁《四库全书》本，1989年。

84. ［宋］曾慥，《类说》，北京文学古籍刊行社影印本，1955年。

85. ［民国］徐珂，《清稗类钞》，中华书局点校本，1984年。

86. ［五代］王定保，《唐摭言》，姜汉椿校注本，上海社会科学院出版社，2003 年。

87. ［宋］欧阳修，《归田录》，李伟国点校本，中华书局，1981 年。

88. ［宋］王曾，《王文正公笔录》，《全宋笔记》张剑光、孙励整理本，
大象出版社，2003 年。

89. ［宋］司马光，《涑水记闻》，邓广铭、张希清点校本，中华书局，
1989 年。

90. ［宋］王辟之，《渑水燕谈录》，吕友仁点校本，中华书局，2006 年。

91. ［宋］吴处厚，《青箱杂记》，李裕民点校本，中华书局，1985 年。

92. ［宋］魏泰，《东轩笔录》，李裕民点校本，中华书局，1983 年。

93. ［宋］苏辙，《龙川略志》，俞忠宪点校本，中华书局，2006 年。

94. ［宋］文莹，《玉壶清话》，郑世刚、杨立扬点校本，中华书局，
1997 年。

95. ［宋］邵伯温，《邵氏闻见录》，李剑雄、刘德权点校本，中华书局，
1983 年。

96. ［宋］陈鹄，《耆旧续闻》，孔凡礼点校本，中华书局，2002 年。

97. ［宋］施德操，《北窗炙輠录》，王根林点校本，上海古籍出版社，
2001 年。

98. ［宋］周辉，《清波杂志》，刘永翔校注本，中华书局，1997 年。

99. ［宋］周密，《癸辛杂识》，吴企明点校本，中华书局，1988 年。

100. ［清］郭庆藩，《庄子集释》，王孝鱼点校本，1997 年。

101. 《郭店楚墓竹简》，文物出版社整理本，1998 年。

102. ［唐］柳宗元，《柳宗元集》，中华书局点校本，1979 年。

103. ［唐］孟郊，《孟东野诗集》，人民出版社点校本，1959 年。

104. ［唐］李商隐，《李义山诗集》，上海古籍出版社，2005 年。

105. ［宋］王禹偁，《小畜集》，《四部丛刊初编》本。

106. ［宋］寇准，《寇忠愍公诗集》，《四部丛刊三编》本。

107. ［宋］杨亿，《武夷新集》，福建人民出版社点校本，2007 年。

108. 〔宋〕欧阳修，《欧阳修全集》，李逸安点校本，中华书局，2001年。

109. 〔宋〕夏竦，《文庄集》，《宋集珍本丛刊》影印本，线装书局，2004年。

110. 〔宋〕范仲淹，《范文正公集》，《四部丛刊初编》本。

111. 〔宋〕石介，《徂徕石先生文集》，陈植锷点校本，中华书局，1984年。

112. 〔宋〕李觏，《直讲李先生文集》，王国轩点校本，中华书局，1981年。

113. 〔宋〕程颢、程颐，《二程集》，王孝鱼点校本，中华书局，1981年。

114. 〔宋〕王安石，《临川先生文集》，中华书局上海编辑所影印本，1959年。

115. 〔宋〕苏轼，《东坡全集》，《四库全书荟要》影印本，吉林出版集团，2005年。

116. 〔宋〕罗从彦，《豫章文集》，上海古籍出版社影印文渊阁《四库全书》本，1989年。

117. 〔宋〕朱熹，《晦庵集》，上海古籍出版社影印文渊阁《四库全书》本，1989年。

118. 〔宋〕陈亮，《陈亮集》，邓广铭点校本，中华书局，1987年。

119. 〔宋〕真德秀，《西山文集》，上海古籍出版社影印文渊阁《四库全书》本，1989年。

120. 〔宋〕魏了翁，《鹤山先生大全文集》，《四部丛刊初编》本。

121. 〔宋〕邓牧，《伯牙琴》，张岂之、刘厚祜标点本，中华书局，2001年。

122. 《全唐诗》，中华书局点校本，1982年。

123. 北京大学古文献研究所编，《全宋诗》，北京大学出版社，1991年。

124. 《宋文选》，上海古籍出版社影印文渊阁《四库全书》本，1989年。

125. 〔宋〕杨亿编，《西昆酬唱集》，王仲荦注本，上海书店出版社，

2001 年。

126. [宋] 吕祖谦编，《宋文鉴》，齐治平点校本，中华书局，1992 年。

127. 《国朝二百家明贤文粹》，《宋人珍本丛刊》影印宋庆元刻本，线装书局，2004 年。

128. [宋] 胡仔编，《苕溪渔隐丛话》，人民文学出版社，1981 年。

129. [宋] 魏庆之，《诗人玉屑》，王仲闻点校本，上海古典文学出版社，1958 年。

130. [清] 沈辰垣等编，《历代诗余》，上海书店影印本，1985 年。

131. [明] 施耐庵，《水浒传》，北京大学出版社会评本，1981 年。

132. [明] 吴承恩，《西游记》，人民文学出版社，1962 年。

133. [清] 曹雪芹，《红楼梦》，中国艺术研究院红楼梦研究所校注本，人民文学出版社，1982 年。

二 今人论著

1. 梁启超，《中国历史研究法补编》，河北教育出版社，2001 年。

2. 顾颉刚编，《古史辨》，朴社，1933 年。

3. 黄仁宇，《万历十五年》，中华书局，1982 年。

4. 许倬云，《中国古代文化的特质》，联经出版事业公司，1988 年。

5. 余英时，《朱熹的历史世界：宋代士大夫政治文化的研究》，生活·读书·新知三联书店，2004 年。

6. 王德毅，《宋史研究论集》第二辑，新文丰出版社，2008 年再版本。

7. 曾枣庄，《论西昆体》，复文图书出版社，1993 年。

8. 杨果，《中国翰林学士制度》，武汉大学出版社，1996 年。

9. 何冠环，《宋初朋党与太平兴国三年进士》，中华书局，1994 年。

10. 王瑞来，《宋代的皇帝权力与士大夫政治》，汲古书院，2001 年。

11. 王瑞来，《中国史略》，DTP出版社，2006年。

12. 宫崎市定，《东洋的近世》，教育时报社，1950年。

13. 佐伯富，《王安石》，富山房，1941年。

14. 周藤吉之、中岛敏编著，《中国的历史》5，讲谈社，1974年。

15. 梅原郁，《宋代官僚制度研究》，同朋舍，1985年。

16. 梅原郁，《皇帝政治与中国》，白帝社，2003年。

17. 砺波护，《冯道》，中央公论社，1988年。

18. 小林义广，《欧阳修及其生涯和宗族》，创文社，2000年。

19. 河合秀和，《比较政治入门》，有斐阁，1996年。

20. 尾形勇、岸本美绪编，《中国史》，山川出版社，1998年。

21. 池泽滋子，《丁谓研究》，巴蜀书社，1998年。

22. 佐竹靖彦编，《宋元时代史的基本问题》，汲古书院，1996年。

23. 《岩波讲座·世界历史》第9《3至13世纪中华的分裂与再生》，岩波书店，1999年。

24. 克罗齐，《历史学的理论与实际》，傅任敢译，商务印书馆，1986年。

25. 马克斯·韦伯，《作为职业的政治》，日文版，岩波书店，1980年。

26. 《自由与权力——阿克顿勋爵论说文集》，侯健、范亚峰译，冯克利校，商务印书馆，2001年。

27. 安东尼·M.奥勒姆，《政治社会学导论——对政治实体的社会剖析》，董云虎、李云龙译，浙江人民出版社，1989年。

28. 贾志扬，《天潢贵胄：宋代宗室史》，赵冬梅译，江苏人民出版社，2005年。